Nietzscheanismo

Dados Internacionais de Catalogação na Publicação (CIP)
(Câmara Brasileira do Livro, SP, Brasil)

Woodward, Ashley
  Nietzscheanismo / Ashley Woodward ; tradução de
Diego Kosbiau Trevisan. – Petrópolis, RJ :
Vozes, 2016. – (Série Pensamento Moderno)
  Título original : Understanding Nietzscheanism
  Bibliografia
  ISBN 978-85-326-5297-3
  1. Cultura 2. Existencialismo 3. Fenomenologia
4. Filosofia – Estudo e ensino 5. Filosofia alemã
6. Nietzsche, Friedrich Wilhelm, 1844-1900 –
Filosofia I. Título. II. Série.

16-04837 　　　　　　　　　　　　　　　　　　CDD-193

Índices para catálogo sistemático:
1. Estudos nietzscheanos : Filosofia e cultura   193

ASHLEY WOODWARD

Nietzscheanismo

TRADUÇÃO DE DIEGO KOSBIAU TREVISAN

Petrópolis

© 2011, Ashley Woodward
Tradução autorizada a partir da primeira edição em língua inglesa publicada pela
Acumen e atualmente pela Routledge, membro do Grupo Taylor & Francis.

Título original em inglês: *Understanding Nietzscheanism*

Direitos de publicação em língua portuguesa – Brasil:
2016, Editora Vozes Ltda.
Rua Frei Luís, 100
25689-900 Petrópolis, RJ
Brasil

Todos os direitos reservados. Nenhuma parte desta obra poderá ser reproduzida ou transmitida por qualquer forma e/ou quaisquer meios (eletrônico ou mecânico, incluindo fotocópia e gravação) ou arquivada em qualquer sistema ou banco de dados sem permissão escrita da editora.

CONSELHO EDITORIAL

Diretor
Gilberto Gonçalves Garcia

Editores
Aline dos Santos Carneiro
Edrian Josué Pasini
José Maria da Silva
Marilac Loraine Oleniki

Conselheiros
Francisco Morás
Leonardo A.R.T. dos Santos
Ludovico Garmus
Teobaldo Heidemann
Volney J. Berkenbrock

Secretário executivo
João Batista Kreuch

Editoração: Fernando Sergio Olivetti da Rocha
Diagramação: Sheilandre Desenv. Gráfico
Revisão gráfica: Nilton B. da Rocha e Nivaldo S. Menezes
Capa: WM design
Arte-finalização: Editora Vozes

ISBN 978-85-326-5297-3 (Brasil)
ISBN 978-1-84465-293-8 (Reino Unido)

Editado conforme o novo acordo ortográfico.

Este livro foi composto e impresso pela Editora Vozes Ltda.

Sumário

Agradecimentos **7**

Abreviaturas **9**

Introdução – Nietzsche e nietzscheanismo **13**

1 Nietzscheanismo e existencialismo **51**

2 Nietzscheanismo e pós-estruturalismo **105**

3 Nietzscheanismo e política **157**

4 Nietzscheanismo e feminismo **206**

5 Nietzscheanismo e teologia **241**

6 Nietzscheanismo e pós-humanismo **278**

7 Nietzscheanismo, naturalismo e ciência **311**

Conclusão **357**

Cronologia **361**

Questões para discussão e revisão **365**

Leitura complementar **371**

Referências **381**

Índice **401**

Agradecimentos

Em primeiro lugar, eu gostaria de agradecer ao editor da série, Jack Reynolds, por ter me convidado para escrever o livro. Eu agradeço também a Tristan Palmer, da Acumen, tanto pela contínua paciência e compreensão como pelas generosas palavras de encorajamento. É preciso igualmente agradecer aos leitores anônimos da proposta inicial do livro e aos pareceristas do manuscrito em seu primeiro rascunho. Em ambos os estágios, muitas sugestões úteis (assim como estimulantes palavras de encorajamento) me ajudaram a fazer do livro o que ele é hoje. Agradeço calorosamente a Catherine Cameron e Jon Roffe por ter generosamente lido e comentado capítulos do livro. Materiais e partes de muitos capítulos foram postos à prova na disciplina "Legado de Nietzsche: Existencialismo, Pós-estruturalismo, Trans-humanismo", que lecionei na Melbourne School of Continental Philosophy no verão de 2010; eu gostaria de agradecer a todos os estudantes que assistiram às aulas por terem me dado a oportunidade para tanto. Um agradecimento especial é devido a Chloe Bo-kyung Kim por sua paciência e apoio durante a redação do manuscrito. É claro que, como sempre, as falhas e limitações do livro são de minha inteira responsabilidade.

Abreviaturas

As edições das obras completas de Nietzsche em alemão são:

KGW: *Kritische Gesamtausgabe:* Werke. Berlim: Walter de Gruyter, 1967 [COLLI, G. & MONTINARI, M. (eds.)].

KSA: *Sämtliche Werke:* Kritische Studienausgabe. 2. ed. Berlim: Walter de Gruyter, 1980 [COLLI, G. & MONTINARI, M. (eds.)].

As referências às obras de Nietzsche são realizadas da seguinte forma: o título abreviado do livro, conforme a lista fornecida abaixo, seguido do título abreviado do capítulo, do número da parte ou seção, ou ainda, quando necessário, da combinação destes. Por exemplo, HDH 97 refere-se à seção 97 de *Humano, demasiado humano*, ao passo que Z: 2 "Dos poetas" refere-se à seção intitulada "Dos poetas" em *Assim falava Zaratustra*, segunda parte[1].

ABM: *Além do bem e do mal.* São Paulo: Cia. das Letras, 2005 [Trad. Paulo César de Souza].

Ant: *O anticristo.* São Paulo: Cia. das Letras, 2007 [Trad. Paulo César de Souza].

---

[1]. Na sequência são listadas as edições em português que foram utilizadas para a tradução das passagens de Nietzsche citadas pelo autor. Foi igualmente consultado o original alemão, procurando-se manter uma padronização na tradução de conceitos centrais de Nietzsche [N.T.].

AS: "O andarilho e sua sombra". In: *Humano, demasiado humano II*. São Paulo: Cia. das Letras, 2008 [Trad. Paulo César de Souza].

CI: *Crepúsculo dos ídolos*. São Paulo: Cia. das Letras, 2005 [Trad. Paulo César de Souza].

CW: *O Caso Wagner*. São Paulo: Cia. das Letras, 1999 [Trad. Paulo César de Souza].

DS: "David Strauss, o devoto e o escritor". In: *Obras incompletas*. São Paulo: Abril, 1983 [Trad. Rubens Rodrigues Torres Filho].

EN: *Writings from the Early Notebooks*. Cambridge: Cambridge University Press, 2009 [Eds. R. Geuss e A. Nehamas; trad. Ladislaus Löb].

EH: *Ecce homo*. São Paulo: Cia. das Letras, 1995 [Trad. Paulo César de Souza].

GC: *A gaia ciência*. São Paulo: Cia. das Letras, 2001 [Trad. Paulo César de Souza].

GM: *Genealogia da moral*. São Paulo: Cia. das Letras, 1998 [Trad. Paulo César de Souza].

HDH: *Humano, demasiado humano*. São Paulo: Cia. das Letras, 2000 [Trad. Paulo César de Souza].

HV: "Da utilidade e desvantagem da história para a vida". In: *Obras incompletas*. São Paulo: Abril, 1983 [Trad. Rubens Rodrigues Torres Filho].

LN: *Writings from the Late Notebooks*. Nova York: Cambridge University Press, 2003 [Ed. R. Bittner; trad. K. Sturge].

NT: *O nascimento da tragédia*. São Paulo: Cia. das Letras, 1992 [Trad. Jacob Guinsburg].

OSD: "Opiniões e sentenças diversas". In: *Humano, demasiado humano II*. São Paulo: Cia. das Letras, 2008 [Trad. Paulo César de Souza].

SE: "Schopenhauer como educador". In: *Obras incompletas*. São Paulo: Abril, 1983 [Trad. Rubens Rodrigues Torres Filho].

VM: "Sobre a verdade e a mentira em um sentido extramoral". In: *Obras incompletas*. São Paulo: Abril Cultural, 1983 [Trad. Rubens Rodrigues Torres Filho].

VP: *Der Wille zur Macht:* Versuch einer Umwertung aller Werte. Stuttgart: Alfred Kröner Verlag, 1996.

WB: "Richard Wagner in Bayreuth". In: *Untimely Meditations*.

Z: *Assim falava Zaratustra*. Petrópolis: Vozes, 2008 [Trad. Mário Ferreira dos Santos].

Introdução
Nietzsche e nietzscheanismo

> *Conheço a minha sina. Um dia, meu nome será ligado à lembrança de algo tremendo – de uma crise como jamais houve sobre a Terra, da mais profunda colisão de consciências, de uma decisão conjurada contra tudo o que até então foi acreditado, santificado, requerido. Eu não sou um homem, sou dinamite* (EH. "Por que sou um destino", 1).

Eu não consigo pensar em uma melhor maneira de começar este livro sobre a influência do filósofo Friedrich Nietzsche (1844-1900) senão com essa bem conhecida autoavaliação de seu próprio significado. Como ele mesmo previu, Nietzsche foi, decerto, uma das figuras mais influentes no pensamento moderno desde o final do século XIX. A obra de Nietzsche, contudo, é também notoriamente ambígua. Ela foi interpretada de uma grande variedade de formas e influenciou movimentos e escolas de pensamento fortemente contrastantes entre si, do ateísmo à teologia, do existencialismo ao pós-estruturalismo, e do nazismo ao feminismo. Este livro mapeará a influência de Nietzsche, tanto histórica quanto tematicamente, através dessas disciplinas e escolas interpretativas opostas entre si.

A importância de Nietzsche para o pensamento moderno não pode, decerto, ser reduzida a uma única ideia ou ponto interpretativo; contudo, se houver um tema abrangente que nos ajude a compreender sua tremenda influência, então ele seria, sem dúvida, o *niilismo*, a transvaloração dos valores supremos da cultura ocidental. Mais do que qualquer outro pensador de seu tempo, Nietzsche examinou o significado das vastas mudanças produzidas na cultura desde o Iluminismo no âmbito dos *valores*. Em outras palavras, ele analisou mudanças em crenças e tradições com respeito a um possível sentido da existência ao qual eles serviam como suporte. Nietzsche argumentava que os "valores supremos" que haviam sido propostos na cultura ocidental e que haviam sido apoiados por tradições filosóficas e religiosas (essencialmente o platonismo e o cristianismo) estavam sendo anulados pelos avanços do pensamento que se inspirava no Iluminismo. Nietzsche acreditava que a maioria das pessoas ainda não havia percebido as implicações radicais dos desenvolvimentos contemporâneos no pensamento, aferrando-se a valores que não mais encontravam apoio em estruturas de crença (p. ex., ateístas confessos ainda esposavam uma moral cristã). Portanto, é possível afirmar que a importância de Nietzsche repousa em sua tentativa de acelerar os processos do pensamento moderno, extraindo, de suas tendências, conclusões extremas. A rica variedade de formas pelas quais ele dirigiu críticas contra modos tradicionais de pensar, valorar e viver, assim como suas propostas radicais de novas alternativas, foram largamente influentes em uma ampla variedade de áreas. Entender o pensamento de Nietzsche e sua influência é, assim, crucial para compreender muitos aspectos do pensamento e da cultura contemporâneos.

Como ler este livro

Este livro é introdutório em seu tom geral, não presumindo por parte do leitor nenhum conhecimento prévio seja de Nietzsche seja das escolas de pensamento que ele influenciou. Na medida do possível, os capítulos foram concebidos para poderem ser lidos de forma independente e em qualquer ordem. Dessa maneira, se você está interessado em nietzscheanismo e feminismo, por exemplo, você pode ler o capítulo 4 isoladamente. Contudo, tanto para evitar repetições como para tornar o livro legível da primeira à última página como um todo coerente, o leitor é por vezes remetido a temas abordados em outros capítulos. Aqueles que não têm conhecimento prévio sobre a vida, obra e influência de Nietzsche devem primeiramente ler este capítulo introdutório. Ele fornece um breve panorama da vida e obra de Nietzsche, introduzindo conceitos básicos (como niilismo, a vontade de potência ou de poder[2] e o eterno retorno) que serão, nos próximos capítulos, analisados em maior profundidade e a partir de uma série de diferentes perspectivas.

A introdução volta-se então ao tema do nietzscheanismo. Ela traça em linhas gerais a recepção de Nietzsche em vida e pouco após sua morte, além de fornecer um breve panorama geral das diferentes "escolas" de nietzscheanismo a serem examinadas nos próximos capítulos.

O capítulo introdutório tem como objetivo prover o leitor sem conhecimento prévio com informações suficientes sobre Nietzsche, permitindo-lhe navegar pelos próximos capítulos. Entretanto, devemos relembrar que aqui se trata de um livro sobre *nietzscheanismo*, de modo que seu foco central não é a própria filosofia de Nietzsche. Aqueles leitores com pouco conhecimento nessa área podem achar por bem complementar a leitura deste livro com uma

---

2. O termo em alemão é *Wille zur Macht*, traduzido, para o inglês, como "will to power". Este conceito central do pensamento de Nietzsche é traduzido em português ora como "vontade de potência" ora como "vontade de poder". O termo em alemão *Macht* remete, de fato, aos dois termos em português. Preferimos, via de regra, vertê-lo como "vontade de potência", remetendo, em algumas passagens, à outra possível opção de tradução, sobretudo se o contexto assim o permite e, sobretudo, exige [N.T.].

introdução mais extensa sobre a filosofia de Nietzsche. Na seção sobre "leituras complementares" são feitas várias recomendações; nela também se encontram sugestões para um estudo mais aprofundado sobre os temas abordados em cada capítulo do livro. Para facilitar ainda mais o estudo, os capítulos apresentam caixas de texto com os "pontos centrais" abordados, além de um sumário a ser fornecido ao final de cada capítulo. Questões para discussão e revisão relativas a cada capítulo podem ser encontradas ao final do livro.

Finalmente, tornou-se um padrão para compêndios introdutórios nas humanidades alertar o leitor para que ele ou ela não se deixe apoiar meramente na introdução mesma, exortando-o(a) a também ler os textos originais para os quais o compêndio serve como introdução. Eu não poderia aqui reiterar esse sentimento de maneira mais enfática. Os textos do próprio Nietzsche exigem ser lidos, e sua própria excelente e sedutora escrita é uma das chaves para explicar sua duradoura popularidade e influência. Contudo, como Walter Kaufmann nota, "mais do que os de qualquer outro pensador, os livros de Nietzsche são fáceis de serem lidos, mas mais difíceis de serem entendidos" (1974: 72), tornando, assim, a bibliografia secundária igualmente inestimável. Ademais, muitos dos intérpretes de Nietzsche abordados neste livro, dos existencialistas aos especialistas contemporâneos de Nietzsche, passando pelos pós-estruturalistas, são pensadores por si mesmos difíceis e estimulantes, merecendo também serem lidos no original. Estudar Nietzsche e sua influência significa embarcar em uma aventura, e eu espero que a leitura desta obra introdutória possa entusiasmar meu leitor a prosseguir nela.

A vida de Nietzsche

Friedrich Wilhelm Nietzsche nasceu em 1844 na pequena vila de Röcken, na Saxônia, uma província da Prússia (Röcken é agora parte da cidade de Lützen na Alemanha). Seu pai, Karl Ludwig Nietzsche, era um pastor. Sua mãe se chama Franziska Nietzsche, *née* Oehler. Friedrich era o mais velho de três irmãos; sua irmã Elisabeth nasceu em 1846 e seu irmão Joseph em 1848. Ainda bem jovem, Nietzsche sofreu a perda de seu pai e de seu irmão. Karl Ludwig morreu em 1849 de um "amolecimento do cérebro", e Joseph em 1850 antes de completar 2 anos de idade. Nietzsche frequentou o prestigioso liceu de Pforta e posteriormente estudou teologia na Universidade de Bonn. Ele abandonou o estudo de teologia e concentrou-se no de filologia (o estudo de textos antigos, sobretudo gregos e romanos, hoje em dia frequentemente denominados "clássicos"), seguindo seu professor predileto, Friedrich Ritschl, até a Universidade de Leipzig. Em 1868 conheceu o grande compositor Richard Wagner, que se tornaria uma influência decisiva para o então jovem Nietzsche. Na sequência do encontro, Nietzsche tornou-se um amigo próximo da família, visitando frequentemente a residência de Wagner em Tribschen, onde um quarto era sempre reservado a ele. Ritschl ficou tão impressionado com a aptidão do jovem Nietzsche para a filologia que o recomendou para o cargo de professor em filologia na Universidade da Basileia, ocupado por Nietzsche em 1869. Ele tinha 24 anos, incrivelmente jovem para ser indicado a um cargo de professor ordinário.

Em 1870 Nietzsche contraiu difteria e disenteria quando servia como enfermeiro na Guerra Franco-prussiana. Os efeitos posteriores dessas doenças, assim como outros problemas de saúde crônicos e severos, iriam atormentá-lo para o resto de sua vida. Em 1872 Nietzsche publicou seu primeiro livro, *O nascimento da tragédia*, em parte um exercício de propaganda wagneriana. Desprovido das referências comuns em obras mais especializadas e detendo um tom acadêmico, o livro frustrou as expectativas da comunidade filológica, tendo efetivamente encerrado a promissora carreira de Nietzsche como filólogo. No entanto, ele continuou a lecionar filologia na Basileia pelos sete anos seguintes, frequentemente em turmas pequenas, e a lutar contra sérios problemas de saúde. No período de 1876 a 1878 Nietzsche progressivamente desiludiu-se e distanciou-se de Wagner. Um momento decisivo nesse distanciamento ocorreu em 1876, quando Nietzsche – explicitamente alegando problemas de saúde – abandonou o festival de Wagner em Bayreuth antes do seu término (Wagner mandou construir uma ópera especialmente para encenar seus dramas musicais, e a estreia do festival, que gira em torno dessa ópera, foi em 1876. O festival continua – sempre com todos os ingressos vendidos – até os dias de hoje).

Nietzsche continuou escrevendo e publicando, tendo abandonado, em 1879, seu posto de professor em virtude de motivos de saúde. Ele então viajou por toda a Europa, em especial Suíça e Itália, realocando-se de acordo com a temporada, pois acreditava que alguns climas eram benignos para sua saúde. Ele frequentemente pernoitava em pensões baratas, vivendo com a aposentadoria da universidade e com pacotes contendo comida, meias, e assim por diante, que eram enviados pela sua mãe. Os problemas de saúde de Nietzsche eram amiúde severos. Ele era acometido com acessos de vômitos que duravam dias, além de severas enxaquecas que o deixavam de cama e incapaz de ler ou escrever por longos períodos de tempo. Ele escreveu sobre seu intenso sofrimento e a frequente tentação de dar a cabo na própria vida para acabar com ele. Ao invés de descansar, contudo, tão logo Nietzsche se sentia bem o suficiente, ele se punha a escrever. No período de dez anos entre 1879 e 1889 – isto é, da renúncia ao cargo de professor ao seu colapso final – Nietzsche produziu uma quantidade de material que seria extremamente impressionante mesmo para alguém com saúde perfeita. Em 1881 Nietzsche teve a experiência de algo como uma revelação visionária da ideia sobre o "eterno retorno" enquanto caminhava na costa do Lago Silvaplana, na Suíça. O desejo de comunicar essa intuição o impulsionou a novos esforços de pensamento e escrita.

Nietzsche permaneceu solteiro, a despeito de ter pedido várias mulheres em casamento. Seu envolvimento romântico mais notável foi com Lou Salomé, à época uma mulher de 20 anos, a quem Nietzsche apresentou em 1882 o moralista Paul Rée, seu amigo próximo. Aparentemente sem saber das intenções românticas de Paul Reé com ela, Nietzsche pediu Lou Salomé duas vezes em casamento e ambas as vezes teve o pedido rejeitado. Ela não queria casar-se com ninguém; ao invés disso, ela sugeriu um *ménage à trois* intelectual com Nietzsche e Rée, no qual eles viveriam e trabalhariam juntos. Depois de um tempo fazendo isso, Rée e Salomé fugiram juntos. Nietzsche magoou-se profundamente com a experiência de rejeição.

Em janeiro de 1889, Nietzsche sofre em Turim um completo colapso mental do qual nunca se recuperaria. A famosa história que se conta é que seu colapso foi ocasionado pela visão de um cavalo sendo impiedosamente chicoteado na rua pelo seu próprio dono. Nietzsche abraçou o cavalo para protegê-lo e voltou, delirante, ao quarto do hotel pelas mãos do próprio dono do hotel, que havia testemunhado a cena. Nietzsche então escreveu uma série de cartas infames a seus amigos, dando mostras de desvarios. Nietzsche foi aceito em uma clínica psiquiátrica na Universidade de Jena, mas logo em seguida foi liberado para ficar aos cuidados da mãe, que zelou por ele na casa da família em Naumburg. Em 1897 sua mãe morreu e Nietzsche foi levado a Weimar para ser cuidado pela sua irmã Elisabeth. Nietzsche faleceu ali em 25 de agosto de 1900.

A causa da doença de Nietzsche e de seu colapso mental são um tema de mistério e controvérsia já há muito tempo. Até recentemente, a opinião mais aceita entre os especialistas em

Nietzsche era a de que ele sofria de sífilis, contraída de uma prostituta durante seus dias de estudante. Contudo, essa teoria foi desmontada por estudos mais recentes, alguns deles realizados por profissionais médicos (cf., p. ex., CYBULSKA, 2000; SAX, 2003). Apesar de a sífilis poder levar à loucura, os outros sintomas de Nietzsche não batem com esse diagnóstico. Uma série de teorias alternativas foram propostas, mas a doença de Nietzsche permanece um mistério não resolvido. Entre as outras teorias incluem-se uma deficiência hereditária (como já mencionado, o pai de Nietzsche morreu em decorrência de um "amolecimento do cérebro") e a possibilidade de um tumor cerebral. Alguns pesquisadores sustentaram até mesmo que foi sua própria filosofia – e não alguma causa física – que finalmente levou Nietzsche à insanidade.

Nietzsche era a antítese do acadêmico brilhante e bem-sucedido que constrói e mantém uma reputação em torno de uma única ideia, fincada em um campo estreito e defendida por toda uma vida, sem que essa única ideia chegue a perturbar o resto de sua vida acadêmica ou o leve a questionar o resto do mundo ou da existência humana. Sem dúvida, o impulso descompromissado de Nietzsche em pensar de forma larga e penetrante fez com que ele fosse malsucedido como acadêmico, destruiu sua saúde e causou ondas de choque que reverberaram por todo o mundo desde então.

A filosofia de Nietzsche

O breve panorama da filosofia de Nietzsche que se segue pretende orientar o leitor não familiarizado com sua obra, além de fornecer pontos de referência acerca de suas ideias principais aos quais o leitor pode referir-se para auxiliá-lo a compreender as discussões que ocorrem nos próximos capítulos em torno dessas ideias.

Costuma-se dividir a filosofia de Nietzsche em três períodos, nos quais enquadram-se seus principais escritos da seguinte maneira: o período "inicial" (*O nascimento da tragédia*; *Considerações extemporâneas*), o período "intermediário" (*Humano, demasiado humano*; *Aurora*; *A gaia ciência*) e o período "tardio" (*Assim falava Zaratustra*; *Além do bem e do mal*; *O crepúsculo dos ídolos*; *O anticristo*; *O Caso Wagner*; *Ecce homo*). Ademais, uma coleção de notas chamada *A vontade de potência* foi publicada postumamente (para maiores informações sobre o estatuto e caráter desse livro, cf. abaixo). Muitas das visões de Nietzsche mudam radicalmente entre os períodos de suas obras, e por vezes ele até mesmo parece contradizer-se num mesmo escrito. Contudo, como indicado nos parágrafos iniciais desta seção, é possível afirmar que a filosofia de Nietzsche possui um certo grau de coerência pelo fato de girar em torno de um conceito central, o niilismo. Embora Nietzsche não use esse termo até um momento relativamente tardio de sua obra, nós podemos retrospectivamente considerar suas primeiras obras como expressando as mesmas preocupações, apenas sob outros termos. Neste sumário introdutório da filosofia de Nietzsche nós iremos empregar como expediente o emprego do termo "niilismo" para denominar suas preocupações centrais ao longo de toda sua carreira. Dito de forma mais ampla, pois, é possível afirmar que o pensamento de Nietzsche começa, em primeiro lugar, com um diagnóstico do niilismo – ou, ao menos, as *sementes* do niilismo – por ele percebido como já existente no interior da sociedade de seu tempo. Em segundo lugar, ele *radicaliza* de forma aguda esse niilismo; ele faz com que as sementes já existentes floresçam. Em terceiro lugar, ele propõe uma *superação* desse niilismo radical por meio de uma "transvaloração de todos os valores".

Ora, mas o que é então niilismo? Trata-se, decerto, de um conceito ambíguo, para o qual Nietzsche fornece várias definições e classificações taxológicas. Nós iremos desdobrar essas definições por meio de uma explicação da história do niilismo feita por Nietzsche, a qual seguirá o ciclo de seu pensamento através dos três estágios do niilismo que ele identifica: diagnóstico, radicalização e superação.

> **Ponto central:** *Niilismo* – algumas definições:
> - O repúdio radical do valor, significado e desejabilidade (WP 1).
> - Os valores supremos desvaloram a si mesmos (WP 2).
> - O homem desliza do centro para X (WP 1).

Diagnóstico do niilismo

O niilismo ocorre quando todos os valores supremos anteriormente existentes se tornam desvalorados ou desvalorizados. O diagnóstico de Nietzsche sobre o niilismo na Modernidade não consiste em afirmar que todos os valores *já foram* desvalorados, mas, antes, que o pensamento moderno produziu as sementes para tal desvaloração. No prefácio de *A vontade de potência*, Nietzsche escreve: "Narro aqui a história dos dois séculos que virão. Descrevo o que virá, o que não mais deixará de vir: a *ascensão do niilismo*. [...] O futuro fala desde já pela voz de cem signos, a fatalidade anuncia-se em toda a parte" (VP "Prefácio" 2). Assim, o diagnóstico de Nietzsche sobre o niilismo é, de certa forma, profético; ele é uma extrapolação das condições da cultura europeia de então. A visão de Nietzsche sobre o niilismo é um diagnóstico sobre a doença existente da Modernidade e um prognóstico sobre o curso que a doença iria assumir.

O niilismo (ainda que não com esse nome) pode ser visto como uma preocupação constante no período inicial de Nietzsche. Seu pensamento filosófico de juventude tomou forma sob a dupla influência do filósofo Arthur Schopenhauer e do compositor Richard

Wagner. Grosso modo, esse período do pensamento de Nietzsche possui ressonâncias da tradição romântica, isto é, ele enfatiza o sentimento em face da razão, além da arte em face da ciência, como caminhos que melhor contribuem para a vida e para uma cultura sadia. O primeiro livro de Nietzsche, *O nascimento da tragédia*, desenvolve uma "metafísica do 'artista'" por meio de uma interpretação original sobre o significado da tragédia grega antiga, e propõe um "renascimento" da arte trágica nos dramas musicais de Wagner. O que serve de guia para a análise de Nietzsche é a concepção de que boa parte da cultura ocidental foi – e permanece – decadente. A preocupação primordial de Nietzsche é com o significado e valor da vida; ele argumenta que os gregos antigos conheciam algo importante que nós havíamos perdido, mas que poderíamos redescobrir por meio de Wagner.

> **Ponto central:**
> - O *apolíneo*: beleza, sonho, harmonia, forma, artes plásticas, individuação, ilusão.
> - O *dionisíaco*: sublimidade, intoxicação, desarmonia, ausência de forma, música, unicidade, realidade.

As tragédias gregas antigas, como as obras de Ésquilo, Sófocles e Eurípides, eram também "dramas musicais"; elas incluíam um elemento musical muito mais forte do que hoje em dia costuma-se levar em conta. Os atores desenvolviam uma narrativa cercados por um coro que cantava e dançava. Nietzsche argumenta que a tragédia combina dois tipos de estética que são usualmente mantidos em separado nas outras artes: o *apolíneo* e o *dionisíaco*. Apolo é o deus da beleza; Nietzsche o associava ao sonho, harmonia, forma e artes plásticas (como a escultura). Dionísio é o deus do vinho; Nietzsche o associava à intoxicação, desarmonia, ausência de forma, sublimidade e música (tradicionalmente, Dionísio era venerado com festivais orgiásticos, nos quais os participantes se embriagavam e envolviam-se em práticas sexuais promíscuas). Nietzsche também associava essas duas estéticas com princípios metafísicos: Dionísio era o princípio da realidade mais profunda, na qual "tudo é uno" e não há distinção entre as coisas, ao passo que o apolíneo é o princípio da individuação, da distinção das coisas segundo suas partes e formas estruturadas.

Dito de forma simples, a "metafísica do 'artista'" de Nietzsche em *O nascimento da tragédia* propõe que o dionisíaco toca a verdadeira natureza da realidade como uma sublime unicidade desdiferenciada, ao passo que o apolíneo cobre essa realidade com a aplacante ilusão de belas formas. Com respeito à vida, ambos têm limitações, e Nietzsche considera a combinação de ambas as estéticas na tragédia como a forma ideal de arte, uma forma que mais bem nos permite lidar com a vida e afirmá-la. As belas formas desenvolvidas na narrativa são energizadas pelo poder orgiástico do coro; nós somos ao mesmo tempo intoxicados com a realidade e aplacados com a ilusão.

Nietzsche propõe que essa sabedoria artística foi "corrompida" pelo advento da filosofia na Grégia antiga, exemplificada pela figura de Sócrates. Em uma palavra, Nietzsche argumenta que a estética trágica foi usurpada pelo ideal socrático de razão, que progressivamente dominou a cultura ocidental desde então. Em particular, as forças irracionais do dionisíaco foram progressivamente eclipsadas e desvalorizadas. Do ponto de vista da vida, o problema com a predominância da razão consiste em ela exigir que a vida seja racional e – o que para Sócrates é a mesma coisa – boa. O mais característico da tragédia é que "coisas ruins acontecem" no palco, mas são transformadas esteticamente: enquanto tal, a tragédia nos ensina como lidar com a vida e até mesmo afirmá-la enquanto reconhecemos plenamente o sofrimento que ela comporta. O racionalismo socrático, no entanto, em nome de "ideais mais altos" que encarnam o racional e o bem, nega a realidade do irracional e do sofrimento, desvalorizando, por conseguinte, a vida conforme ela é vivida aqui e agora. Assim, Nietzsche propõe – e este é o ponto central de toda a sua filosofia – *uma forma "mais elevada" de pessimismo* que aceita o sofrimento na vida, mas que, ao invés de desabar no niilismo, é também capaz de afirmá-la.

Para Nietzsche, o racionalismo de Sócrates conseguiu dominar a cultura ocidental por meio de sua aliança com o cristianismo (muitos dos primeiros cristãos eram gregos e consideravam Sócrates e Platão "cristãos antes de Cristo"). No cerne desta tradição está o que Nietzsche identificava como uma espécie de "niilismo religioso", um niilismo que gira em torno da ideia de que há um mundo metafísico "verdadeiro" por trás do mundo de nossa percepção sensorial. De noções religiosas como o Reino do Céu até ideias filosóficas como o mundo platônico das formas, Nietzsche vê nessa postulação de um mundo metafísico diferente daquele em que vivemos uma parte essencial de todos os sistemas dos valores supremos na tradição ocidental. Esse "outro" mundo é postulado, unanimemente, como superior, como a vontade ou realidade por trás desse mundo inferior, imperfeito e ilusório no qual vivemos. Ao postular um mundo superior, Nietzsche argumenta, nós estamos sentenciando – estamos condenando e desvalorizando – o mundo em que vivemos. Nietzsche vê essa crença em um mundo metafísico como niilista, já que ela considera o mundo da percepção como "não bom o suficiente"; ela desvaloriza nossa vida aqui e agora em relação ao ideal do além-deste-mundo.

Em suas obras tardias, Nietzsche desenvolve essa crítica de juventude à cultura ocidental através da ideia de que os "valores supremos" inventados com o declínio da tragédia começam a romper-se, ameaçando o colapso de todos os valores. Para Nietzsche, o pensamento moderno desvalorou os valores supremos ao destruir a base na qual eles em última instância repousavam. Ademais, esses valores desvaloraram *a si mesmos*. Nietzsche é bem específico sobre a *causa* do niilismo. De acordo com ele, os valores supremos postulados pelo homem ocidental estão *todos* enraizados – e dela dependem – na interpretação "moral cristã" da vida. Nietzsche considera que nenhum dos sistemas existentes de valores seja independente desse paradigma, incluindo a filosofia, ciência, política, economia, história e arte. De acordo com Nietzsche, *todos* os valores supremos postulados pelas principais tradições do pensamento em todo o decorrer da história ocidental apoiaram-se em um tipo de *divinação da natureza*. A religião, a filosofia e até mesmo a ciência apoiaram-se em uma visão metafísica do mundo que é idêntica ou similar à postulação de um Deus que estrutura e controla o mundo. Donde que o diagnóstico sobre o niilismo como a transvaloração de todos os valores supremos gire em torno da famosa sentença de Nietzsche: *Deus está morto*. O contexto em que essa proclamação surge (a saber, a primeira parte do livro três de *A gaia ciência*) torna claro seu significado: Nietzsche sentencia não apenas a morte do Deus cristão (no sentido da morte da *crença na existência* de Deus), mas também a morte de todas as semelhantes explicações metafísicas sobre a vida.

Na Modernidade os valores supremos se desvaloram através do *desenvolvimento* de vários valores, em particular o valor da *verdade*. A verdade é postulada como uma virtude no interior do paradigma da moral cristã ao lado de várias outras virtudes como bondade, fé, amor, caridade, e assim por diante. A verdade é a virtude que motiva a filosofia, a ciência e vários outros empreendimentos de aumento do conhecimento humano. Trata-se de uma tese importante tanto da religião quanto do pensamento do Iluminismo que as virtudes postuladas sejam complementares: que o avanço da verdade promova, por exemplo, o bem da humanidade. Um dos argumentos mais importantes de Nietzsche consiste em afirmar que, na verdade, não é este o caso. As virtudes do paradigma da moral cristã são, quando levadas ao extremo, antitéticas. Em particular a virtude da sinceridade – a virtude que está no cerne do projeto do Iluminismo e do pensamento moderno – desvelou as mentiras das outras várias virtudes.

Nietzsche tem em mente as descobertas feitas em nome da busca pela verdade que debilitaram crenças cristãs fundamentais, por exemplo a revolução copernicana na cosmologia, que desmontou a crença de que a Terra e, por conseguinte, a humanidade estavam no centro do universo (e, portanto, eram de central importância para este). De forma mais significativa, a ampla aceitação da Teoria da Evolução devido às pesquisas de Charles Darwin minou a Teoria da Criação e, com ela, a necessidade de um Deus criador. Embora Nietzsche dirija uma artilharia pesada contra a ciência e doutrinas como a explicação racional e a lei de causa e efeito, nós poderíamos dizer que, de modo geral, aos olhos de Nietzsche a busca do Iluminismo pela verdade, busca esta que caracteriza o pensamento moderno, mina as virtudes e crenças da moral cristã (em especial a crença em Deus) na medida em que fornece como alternativa uma visão de mundo científica.

A radicalização do niilismo

Embora a grande maioria dos europeus à época de Nietzsche ainda acreditasse em Deus, muitos intelectuais e artistas já repudiavam a crença na existência de Deus. Entretanto, Nietzsche se queixava que, embora não acreditassem em Deus, eles ainda acreditavam, em grande medida, em muitos dos valores da interpretação moral do cristianismo. Para Nietzsche, a ideia de Deus é a *base* para todos os valores supremos, e sem Deus eles não *podem existir*. Remova a crença em Deus e todos os valores devem ser desvalorados. Além disso, era uma prática de Nietzsche considerar as motivações *emocionais* e *psicológicas* que subjaziam a ideias e crenças, e, de acordo com elas, classificar tais ideias em tipos. Dessa forma, a ideia de Deus para Nietzsche não era simplesmente a do Deus teísta, mas, antes, a ideia que representava todas as crenças metafísicas que dão ordem e significado ao mundo. Portanto, a radicalização de Nietzsche sobre o niilismo envolve (i) expandir a noção de morte de Deus para a morte de todas as crenças metafísicas, (ii) *demonstrar* a insustentabilidade dessas outras crenças metafísicas, e (iii) mostrar como a desvalorização do *além*-mundo postulado (céu, formas platônicas etc.) leva a uma necessária desvaloração dos valores *deste* mundo (moral etc.). A maioria das obras de Nietzsche a partir de *Humano, demasiado humano* (ou seja, do início do "período intermediário" em diante) efetua, ao menos em parte, uma radicalização do niilismo. Nietzsche conduz essa radicalização por meio de métodos de argumentação e questionamento filosófico que minam os princípios e crenças anteriormente adotados tanto pelas tradições filosóficas quanto pela cultura comum.

Ao passo que em *O nascimento da tragédia* Nietzsche efetivamente acreditava que o niilismo da cultura moderna seria superado pela redescoberta wagneriana da estética trágica, *Humano, demasiado humano* marca uma mudança abrupta. Nietzsche rejeita seu romantismo de juventude, critica a arte e a metafísica, e acolhe a razão, a ciência e a explicação psicológica. Com efeito, as visões de juventude que Nietzsche adotava como antídoto ao niilismo tornam-se, agora, parte do problema do pensamento e da cultura ocidentais que ele deseja atacar. As motivações para essa mudança radical de perspectiva são complexas, mas ao menos duas influências decisivas podem ser mencionadas. Em primeiro lugar, Nietzsche se desiludiu com Wagner, rompeu seus laços com o compositor e passou a acreditar que sua música estava sucumbindo às demandas do gosto popular, assim como ao nacionalismo, antissemitismo e cristianismo. Em segundo lugar, Nietzsche começou a ser influenciado por um novo amigo, Paul Rée (1849-1901), cuja principal obra, *A origem das sensações morais* ([1877] 2003), explora a psicologia humana de uma maneira que marcou decisivamente o psicologismo e a crítica nietzscheana da moral. De forma mais geral, nós podemos interpretar a adesão de Nietzsche ao espírito científico em seu período intermediário como motivada pela compreensão de que ele contribuía à desmitologização dos "valores supremos" e preparava o caminho para sua transvalorização.

O leque de temas atacados por Nietzsche é muito amplo para ser resumido, de modo que precisamos nos contentar em listar apenas alguns dos seus alvos mais importantes e recorrentes.

Moral

A moral é notoriamente um dos alvos centrais de Nietzsche. Em muitos de seus escritos e especialmente em seu livro *Genealogia da moral* (1887), Nietzsche procura debilitar os valores morais correntes ao mostrar como eles têm origens que estão longe de serem nobres. Ele distingue dois tipos centrais de moral: a "moral do senhor" (também chamada "moral do nobre") e a "moral do escravo" (ou "moral de rebanho").

Ponto central:
- *Moral do senhor*: senhores são os tipos fortes, capazes de afirmar a si mesmos, lidar com a natureza trágica da vida e legislar sobre seus próprios valores morais.
- *Moral do escravo*: escravos são os tipos fracos, que não conseguem lidar bem com o sofrimento e que, em compensação, desenvolvem uma crença em uma ordem moral do universo.

Nietzsche explica o desenvolvimento da moral do escravo por meio de três atitudes psicológicas e existenciais básicas, que são igualmente manifestações de uma forma "incompleta" de niilismo (elas permitem ao escravo viver, mas apenas segundo uma forma muito enfraquecida ou niilista de vida). Essas atitudes começam com uma tentativa de responder à questão: "Por que eu sofro". Em primeiro lugar, o escravo reage com "ressentimento" contra o senhor e contra a vida mesma, culpando-os pelo sofrimento por que passa. Em segundo lugar, o escravo internaliza o ressentimento em uma "má consciência", dizendo a si mesmo que ele sofre por ser uma má pessoa e merece o sofrimento. Em terceiro lugar, o escravo adota um "ideal ascético", privando a si mesmo dos prazeres dessa vida com base na crença de que ele será recompensado no além-vida. Para Nietzsche, o cristianismo adota cada uma dessas três atitudes. Ademais, em razão do ressentimento contra os senhores, ele tenta diminuir o poder deles, taxando de "má" a moral do senhor. A crítica de Nietzsche acerca da moral e sua própria tentativa de ir para "além do bem e do mal" é realmente uma defesa da moral do senhor e uma tentativa de criar novos valores morais, mais do que uma rejeição pura e simples da moral enquanto tal.

Verdade

A relação de Nietzsche com a ideia de verdade é ambígua e ainda hoje calorosamente discutida, mas não há dúvidas de que ele atacou certos aspectos da noção de verdade em vários momentos de suas obras. Um ponto digno de nota sobre o profundo questionamento de Nietzsche sobre a "verdade" diz respeito a seu valor para a vida. Desde Sócrates, a verdade foi comumente associada de forma estreita com o bom: assumia-se como bom para nós aquilo que é verdadeiro. Por vezes Nietzsche coloca em dúvida essa tese de forma enfática, sugerindo que talvez a *inverdade* é uma condição para a vida: decerto, são as inverdades que nos permitem viver e nos conduzem à felicidade. Nietzsche escreve:

> Nós arranjamos para nós um mundo no qual possamos viver, admitindo a existência de corpos, de linhas, de superfícies, de causas e de efeitos, de movimento e de repouso, de forma e de fundo: não fossem esses artigos de fé, ninguém hoje suportaria a vida! Mas isso não prova nada em seu favor. A vida não é um argumento: porque o erro poderia encontrar-se entre as condições da vida (GC 121).

O debatido tema sobre a relação de Nietzsche com a verdade receberá uma atenção mais detida no capítulo 7.

O "mundo verdadeiro"

O complemento ao questionamento de Nietzsche sobre a noção epistemológica de verdade é seu ataque à noção metafísica de um "mundo verdadeiro". Como vimos acima, Nietzsche vê a crença em um "mundo verdadeiro" como niilismo religioso. Ele acredita que essa ideia é uma das principais a serem abolidas pela pesquisa científica da verdade (dado que, em poucas palavras, nós não fomos capazes de descobrir qualquer evidência científica para sua existência). Com a perda de um fundamento para dar significado a um "mundo verdadeiro", há duas formas pelas quais nós podemos ver significado em um mundo "aparente". Nietzsche abole ambas. A primeira delas é postular um tipo de *ordem* cósmica, uma rede de regras e leis que subjazem à realidade. Trata-se do jogo da ciência, filosofia e moral. Nietzsche rejeita uma tal ordem, afirmando que toda a ordem aparente no mundo é uma criação humana; trata-se de parte da inveracidade que nos permite viver. Para Nietzsche, o mundo é um caos de vir-a-ser dinâmico; não há um ser estático, uma ordem permanente.

A segunda dessas formas consiste em afirmar que, dada a visão do mundo como um vir-a-ser, nós poderíamos instaurar um sentido por meio da ideia de que o vir-a-ser tem algum *objetivo*. Novamente, Nietzsche rejeita isso. Ele rejeita a ideia de que o mundo e a humanidade progridem em direção a algum tipo de objetivo, como sugerem as histórias dialéticas de Hegel e Marx ou o projeto do Iluminismo acerca da emancipação da humanidade. Nietzsche não vê a história como um progresso. Ele escreve que "o século XIX não representa um progresso em relação ao século XVI [...]. A 'humanidade' não avança" (VP 90). Para Nietzsche, o mundo do vir-a-ser não tem um objetivo. Como ele escreve, "o vir-a-ser não visa a *nada* e não atinge *nada*" (VP 12 (A)).

Em suma, uma vez perdida nossa crença em um mundo verdadeiro (e essa perda de crença é uma forma de morte de Deus, a desdivinização da natureza), nós podemos então tentar instaurar um significado neste mundo. Neste estágio do *niilismo parcial*, no qual Deus está morto, mas persistem a moral e outros "valores supremos", formas de instaurar significado por meio da ordem e de objetivos. Esse é o estágio do niilismo diagnosticado por Nietzsche na Modernidade do final do século XIX. O *niilismo radical* decorre da compreensão de que, uma vez abolido o mundo, todos os valores do mundo aparente são igualmente abolidos. Isso ocorre pois, segundo Nietzsche, todas as noções de ordem e objetivo estão enraizadas e dependem de uma divinização da natureza. Se Deus está morto, então todos os valores supremos até então postulados devem também perecer.

Para Nietzsche, o niilismo é um estado lamentável de fraqueza e desespero (algumas vezes ele chama de *niilismo passivo* aquele que se estenua no desespero, opondo-lhe o *niilismo ativo*, que tenta radicalizar a destruição dos valores supremos e preparar uma transvaloração). Contudo, o niilismo é apenas um estado transitório que, segundo Nietzsche, pode eventualmente ser superado. Contudo, por que é que se deve radicalizar o niilismo? Por que não deixar o niilismo em seu estado mais parcial e suportável? A resposta a essa pergunta é encontrada na teoria nietzscheana da *decadência*, em outras palavras, em sua crítica da Modernidade. De acordo com Nietzsche, a cultura europeia do final do século XIX tornou-se decadente. A decadência é o nome que Nietzsche dá à *degeneração cultural*; ela é um estado de doença e fraqueza que atinge a sociedade. A própria decadência é considerada por Nietzsche como uma consequência do paradigma da moral cristã; ela se manifesta no niilismo religioso, na moral do escravo, no ressentimento, na má consciência, e assim por diante. Em uma palavra, Nietzsche deu boas-vindas ao advento do niilismo enquanto uma necessária "purgação" que destruiria a decadência e reestabeleceria a força, saúde e vitalidade da cultura europeia.

Superação do niilismo

Além de radicalizar o niilismo, Nietzsche nos fornece princípios orientadores para uma nova valoração, uma transvaloração de todos os valores que precisa seguir-se ao niilismo. Esses princípios orientadores incluem três ideias bem conhecidas, porém gnômicas: a vontade de potência, o eterno retorno e o *Übermensch*. Cada uma dessas ideias fornece não um novo conjunto de valores enquanto tais, mas, antes, um novo princípio que, segundo Nietzsche, propicia uma interpretação do mundo mais afirmativa da vida e um guia para a criação de novos valores.

A vontade de potência

A vontade de potência é uma visão do mundo e da vida. Para Nietzsche, não se trata de afirmar que a vontade de potência *é* vida (ele rejeita a concepção de Schopenhauer de que a vida é uma expressão da vontade, afirmando que a vontade é um fenômeno apenas de coisas já viventes); pelo contrário, trata-se de uma *vontade de* vida. A vontade de potência é o desejo por mais força, mais abundância; ela é o desejo por expansão e crescimento. De acordo com Nietzsche, o desejo básico por vida não é pela vida em si mesma, pela mera existência e conservação (ora, como aquilo que não vive pode desejar vida?). O interesse pela conservação de si, Nietzsche argumenta, provém de um estado de fraqueza. O estado de força manifesta a vontade de potência como um desejo por *mais* potência ou poder, *não obstante* a conservação. Em um estado verdadeiramente forte e sadio, a vontade de potência exige um aumento de potência ou poder a despeito das consequências, mesmo se isso signifique a morte. Nietzsche escreve: "[a] vontade de conservação é a expressão de uma situação desesperada, uma restrição do verdadeiro instinto vital, instinto que visa à *expansão da potência* e, por isso, põe muitas vezes em jogo, e sacrifica, a 'conservação de si'" (GC 349). A vontade de potência manifesta-se também como uma superação de si. Criaturas viventes procuram tornar-se maiores do que são; novamente, procuram expandir-se, crescer, aumentar. Nietzsche faz Zaratustra proclamar: "E este segredo a própria vida me contou: [...] eu *sou o que sempre tem de superar a si mesmo*". Para Nietzsche, a vontade de potência é um impulso fundamental de toda vida. Zaratustra declara ainda: "Onde encontrei vida, ali encontrei vontade de potência" (Z: "Da superação de si", 2).

A vontade de potência pode ser, sem dúvida, alvo de uma interpretação marcadamente fascista, e este foi certamente um dos elementos da filosofia de Nietzsche do qual o nazismo se apropriou. Nós poderíamos ver as invasões de outros países da Europa por parte da Alemanha nazista – e, decerto, por parte do imperialismo e colonialismo de modo geral – como manifestações da vontade de potência ou poder. Trata-se, decerto, de movimentos de crescimento e expansão. Nietzsche parece oferecer um suporte a essa interpretação em passagens tais como

Além do bem e do mal, 259, onde ele afirma que a própria vida é necessariamente um processo de apropriação, ofensa e sujeição do que é mais fraco.

Mais recentemente, contudo, algumas interpretações bem influentes de Nietzsche tenderam a enfatizar a vontade de potência como superação de si, ao invés de exploração, dominação e intolerância. Ademais, é significativo que Nietzsche considerasse que os piores crimes provêm de estados de fraqueza, não de estados de força e abundância. Nós poderíamos sugerir, portanto, que é a vontade *frustrada* de potência que de fato busca prejudicar os outros como um último recurso para qualquer tipo de poder; a vontade de potência forte, sadia, abundante, exige meramente expansão e é indiferente aos efeitos de tal expansão.

> **Ponto central:** *A vontade de potência*
> De acordo com Nietzsche, o impulso básico da vida não é a conservação, mas sim a expansão de potência. A vontade de potência é tanto um princípio psicológico de explicação do comportamento humano, como uma teoria metafísica do mundo como um vir-a-ser imanente de forças.

A vontade de potência, como uma concepção da vida e do mundo, fornece a Nietzsche a base para uma nova valoração, um novo critério para determinar valores. O critério é nitidamente expresso da seguinte forma:

> O que é bom? – Tudo o que eleva o sentimento de potência, vontade de potência, a potência mesma no homem.
>
> O que é mau? – Tudo o que vem da fraqueza
>
> O que é felicidade – O sentimento de que o poder cresce, que uma resistência foi superada (Ant 2).

A ideia de Nietzsche sobre a vontade de potência tem uma importante dimensão adicional: trata-se de uma teoria metafísica – uma descrição da natureza mais fundamental da realidade. Nesse sentido, a vontade de potência descreve o mundo de acordo com uma teoria, por assim dizer, atômica, na qual a unidade fundamental da realidade é um centro de força que se empenha em expandir-se para fora (empenha-se em aumentar seu poder). Ao fazê-lo, tal força entra em contato com outras forças, com as quais luta para dominá-las ou formar alianças. A vontade de potência descreve o mundo como algo constituído, em um nível fundamental, por uma diversidade de forças que competem entre si; os objetos do mundo aparentemente estáveis (incluindo nós mesmos) são produtos de alianças temporárias de forças. Trata-se aqui de uma teoria imanente do mundo como um mundo em constante vir-a-ser, a qual, por conseguinte, é uma teoria alternativa à metafísica do ser transcendente: ela explica como as coisas vêm a ser no mundo por meio de processos de mudança, sem ser preciso apelar a um outro mundo no qual as coisas supostamente teriam sua origem em configurações fixas. (A física da vontade de potência é abordada em mais detalhes no cap. 7.)

O eterno retorno

A ideia nietzscheana de eterno retorno (ou eterna recorrência do mesmo, como por vezes é denominada) consiste em afirmar que todo evento que ocorreu, ou ocorrerá, é repetido eternamente. De um ponto de vista individual, isso significa que tudo o que ocorreu na vida do indivíduo já ocorreu antes e ocorrerá de novo *exatamente da mesma forma*, até o mais ínfimo detalhe, repetidamente, *ad infinitum*. Nietzsche parecia acreditar que esse é um fato real sobre o universo: uma conclusão que poderia ser extraída de certos princípios da física. O eterno retorno como um fato físico baseia-se na admissão de um tempo infinito, da matéria finita e da lei de conservação de energia. Nietzsche crê que, dada a verdade dessas teses, o eterno retorno pode ser provado. Nietzsche argumenta que, em uma quantidade infinita de tempo, uma quantidade finita de matéria tem de arranjar-se da mesma forma por um número infinito de vezes. Por conseguinte, as circunstâncias físicas nas quais nossa vida consiste têm de ocorrer de novo exatamente da mesma forma por um número infinito de vezes. Nietzsche expressa o aspecto físico do eterno retorno da seguinte forma:

> Se o mundo *pode* ser pensado como grandeza determinada de força e como número determinado de centros de força – e toda outra representação permanece indeterminada e consequentemente inutilizável –, disso se segue que ele tem de passar por um número calculável de combinações, no grande jogo de dados de sua existência. Em um tempo infinito, cada combinação possível seria alguma vez alcançada. Mais ainda: seria alcançada infinitas vezes (VP 1.066).

É praticamente um ponto pacífico que Nietzsche se equivoca quando pensa, com base nesse argumento, que o eterno retorno é um fato físico. (Cf. cap. 7, para mais discussões sobre a física do eterno retorno.) Contudo, é inquestionável que a efetividade física do eterno retorno não é aquilo que tem importância central para Nietzsche. O que é importante aqui é a *experiência* da ideia e as consequências existenciais que tal experiência pode ter. Nietzsche coloca a seguinte pergunta:

> E se, um dia ou uma noite, um demônio se visse introduzir na tua suprema solidão e te dissesse: "esta existência, tal como a levas e a levaste até aqui, vai-te ser necessário recomeçá-la sem cessar; sem nada de novo; muito pelo contrário!" A menor dor, o menor prazer, o menor pensamento, o menor suspiro, tudo o que pertence à vida voltará ainda a repetir-se, tudo

o que nela há de indizivelmente grande e de indizivelmente pequeno; tudo voltará a acontecer, e voltará a verificar-se na mesma ordem, seguindo a mesma imperiosa sucessão (GC 341).

> **Ponto central:** *O eterno retorno*
> O eterno retorno é a ideia de que o tempo é cíclico e tudo o que aconteceu acontecerá novamente infinitas vezes. Ele tem ao menos dois importantes sentidos para o pensamento de Nietzsche. Primeiro, é uma teoria – por assim dizer – científica sobre a natureza real do tempo. Segundo, é um "experimento mental" existencial.

O eterno retorno é uma espécie de experimento mental que atua como um *catalisador* do niilismo. Sua ideia mesma é a forma mais extrema de niilismo; trata-se da *radicalização* nietzscheana mais extrema do niilismo; trata-se de uma visão da mais absoluta falta de sentido; um eterno retorno dos eventos sem uma finalidade e sem um fim. De acordo com Nietzsche, essa é potencialmente a mais paralisante das ideias. Trata-se de uma ideia que pode aniquilar alguém, que pode forçar alguém a sucumbir ao abismo da ausência completa de sentido.

O eterno retorno é uma ideia que também pode tornar-se suportável. Porém, para que alguém possa suportá-la, Nietzsche crê que essa pessoa tem de superar o niilismo pela transvaloração dos valores. O eterno retorno nos ensina um outro princípio dessa nova valoração: *amor fati*, o amor ao destino. Nietzsche reconhece o inescapável sofrimento da vida, um fato com o qual o eterno retorno nos ensina a confrontar-nos. Mas como reagimos à ideia de ter de passar por esse sofrimento repetidas vezes, infinitamente? Nietzsche escreve que a única maneira de suportar esse fato é afirmá-lo. Para Nietzsche, a dor da vida é inseparável de sua alegria. Trata-se de uma tendência natural da alegria querer mais de si mesma; é fácil afirmar a alegria, querê-la novamente. Porém, se queremos novamente a alegria, então *temos* de afirmar a dor e o sofrimento, pois ambos são inseparáveis da alegria. É isto o que o eterno retorno ensina ao forte: a afirmação da vida, incluindo seu sofrimento. Dessa maneira, é possível superar o ressentimento: o ressentimento contra as inadequações da vida que motiva a postulação de Deus, do "verdadeiro mundo", a moral e todas as demais bases para os antigos valores. O eterno retorno é também uma motivação para assumir a responsabilidade por nossas experiências, a saber, para fazer de cada evento de nossa vida um evento tal cujo eterno retorno possamos afirmar.

Há ainda um importante sentido pelo qual o eterno retorno pode ser considerado uma teoria do tempo alternativa àquela predominante no cristianismo, no qual à vida é dado um significado indexado a um ponto-final no tempo histórico (o Juízo Final, no qual cada um de nós será recompensado ou punido pela forma como escolhemos conduzir nossas vidas). A forma cristã do tempo é bem expressa por um clérigo em *O retrato do artista quando jovem*, de James Joyce: "O tempo é, o tempo foi, mas o tempo não existirá mais!" (1993: 366). Nietzsche rejeita essa concepção do tempo, pois ela justifica um significado ilusório da vida e, pior ainda, uma moral que nega a vida (o ideal ascético). Nietzsche substitui tal concepção do tempo pelo desafio do eterno retorno, no qual o próprio tempo tem de ser afirmado sem que seu sentido seja encontrado em um ponto-final ou objetivo: o tempo é, o tempo existirá novamente.

O Übermensch

O termo de Nietzsche "*Übermensch*" já foi traduzido de várias formas, a saber, como "além-do-homem", "além-do-humano", "super-homem", contudo, em virtude dos potenciais equívocos que esses termos podem provocar, muitos comentadores contemporâneos preferem deixar o termo sem tradução. Em consonância com sua visão da Modernidade como decadência, Nietzsche insiste que o homem moderno é também inadequado. Nietzsche afirma que a humanidade não deve ser conservada, mas, antes, *superada*. Ele postula um tipo superior do humano: o *Übermensch*. O *Übermensch* de Nietzsche é um tipo superior que virá no futuro; a humanidade presente é uma ponte entre o animal e o *Übermensch*. Nietzsche escreve: "O homem é uma corda, atada entre o animal e o *Übermensch* – uma corda sobre um abismo" (Z "Prólogo" 1). Supostamente, o homem estará para o *Übermensch* assim como o animal está para o homem. No entanto, o *Übermensch* não é uma ideia darwiniana sobre uma necessária evolução biológica. Pelo contrário, a existência do *Übermensch* tem de ser conscientemente desejada pelo homem; nós temos de fazer deliberadamente de nós mesmos pontes para o *Übermensch*. (Para maiores discussões sobre o *Übermensch* e a evolução, cf. cap. 7.)

Mas o que é então o *Übermensch*? O *Übermensch* é fundamentalmente um afirmador e um criador. Ele ou ela é alguém que sobreviveu ao niilismo, afirmou a vida (ao lado do sofrimento) no nível mais radical exigido pelo eterno retorno e expresso por sua vontade de potência por meio da *ativa criação de valores*. O *Übermensch* é aquele que legisla sobre valores e cria uma visão do mundo por meio de interpretações ativas. Ademais, o *Übermensch* cria *a si mesmo*. Nietzsche não crê que haja algum Eu unitário e preexistente que possa ser um puro e simples objeto de conhecimento, como sugere o dito grego "conheça a si mesmo". Pelo contrário, Nietzsche proclama *"queira um Eu"* (OSD 366): nós temos de tornarmo-nos quem nós somos através da *autocriação* ou *criação de si*. Nietzsche insiste que nós precisamos, em certo sentido, formar a nós mesmos da mesma maneira pela qual um artista forma uma obra de arte. Ele escreve, "'dar estilo' ao seu caráter – uma arte deveras considerável, mas que raramente se encontra!" (GC 290). Ele escreve sobre a formação do caráter como remoção de partes da natureza original de alguém, acréscimo de aspectos da segunda natureza, ocultamento do feio onde ele não pode ser removido e acentuação do belo, tudo isso através de uma "longa prática e trabalho diário" (GC 290).

Nietzsche não acreditava já ter existido qualquer exemplo bem-acabado do *Übermensch* (ele certamente não pretendia ser, ele mesmo, um *Übermensch*). Contudo, Nietzsche acreditava que certas culturas produziram *acidentalmente* certos *tipos superiores*, que, embora ainda não *Übermensch*, dão pistas de quais tipos podem vir no futuro. Entre os exemplos de tipos superiores mencionados por Nietzsche contam-se Alcibíades, Cesare Borgia, Napoleão, Frederico II da Germânia, Leonardo da Vinci, Goethe e Jesus Cristo. Para Nietzsche, todos esses homens foram poderosos criadores de si mesmos, de valores e de interpretações do mundo que exerceram grande influência.

A concepção nietzscheana de *Übermensch* parece ser bem elitista. Embora por certas vezes Nietzsche pareça sugerir que o *Übermensch* substituirá a humanidade da forma como a conhecemos hoje, por outras vezes ele insiste que a grandeza é possível apenas para poucos: os tipos superiores serão escassos em número e irão legislar valores para "o rebanho". Ele escreve: "Eu ensino que há homens superiores e inferiores, e que um único indivíduo pode, sob certas circunstâncias, justificar a existência de todo um milênio – isto é, um ser humano rico, grande, pleno em relação aos incontáveis homens incompletos e fragmentados" (VP 997). Além disso, Nietzsche claramente afirma que o "homem inferior" tem de desempenhar um papel político subordinado: "na ausência de grandeza espiritual, não deve ser permitida a independência, ele causa prejuízo, a despeito de seu desejo de fazer o bem e exercer a 'justiça'. Espíritos pequenos têm de *obedecer* – portanto, não podem possuir *grandeza"* (VP 984). Se a interpretação elitista do *Übermensch* de Nietzsche for correta, nós precisamos então considerar toda sua história sobre o niilismo a partir de um ponto de vista elitista; apenas os poucos escolhidos serão submetidos às provações do niilismo, irão sobreviver e criar valores. As massas da sociedade – "o rebanho" – serão salvas do niilismo, pois acreditarão nos valores que os *Übermenschen* (ou, ao menos, os *tipos superiores*) terão criado. (A questão do elitismo de Nietzsche e sua política de forma geral serão abordadas no cap. 2.)

Para Nietzsche, "o fim não é o homem, mas o *Übermensch*" (VP 1.001). É questionável, porém, se Nietzsche considera isso um fim passível de ser obtido. O ponto pode ser simplesmente que se trata de um fim *constante*. Segundo essa interpretação, é o próprio empenho em direção à grandeza que torna algo grande. Essa interpretação apoia-se na concepção de Nietzsche sobre o universo como um vir-a-ser constante, sem um ponto-final estático. Ela também faz sentido nos termos da vontade de potência: o *Übermensch*, como toda a vida, é uma constante superação de si mesmo, um constante empenho por crescimento e ainda mais abundância. Como um princípio para a transvaloração dos valores, portanto, o ideal nietzscheano do *Übermensch* ensina a autocriação, a criação de valores e a interpretação criativa do mundo, e instaura o Eu criador como um fim não a ser finalmente atingido, mas como algo a cuja direção devemos constantemente tender.

> **Ponto central:** O Übermensch
> O "além-do-homem" ou "além-do-humano" é um tipo superior de ser humano que é capaz de afirmar a natureza trágica da existência, ser mestre de si mesmo e criar novos valores.

Em resumo, Nietzsche conta uma história do niilismo que começa com um diagnóstico das sementes do niilismo (niilismo parcial) na Modernidade, passa para um prognóstico do niilismo radical ao longo dos dois séculos que virão – um recorte de tempo acelerado pelo próprio Nietzsche e suas observações e argumentos "niilistas" – e termina com a superação do niilismo, esboçada por uma série de princípios condutores. Para Nietzsche, o niilismo é o repúdio radical dos significados e valores que se segue à morte de Deus. O niilismo radical é a compreensão de que, sem Deus, não é válido nenhum dos valores supremos até então postos; desaparecem a moral e todas as formas de divinização da natureza. Não há razão para acreditar em um "mundo verdadeiro", e o "mundo aparente" é considerado como algo sem ordem e sem finalidade. Para Nietzsche, o niilismo é um passo necessário no desenvolvimento tanto do indivíduo como da sociedade. Para Nietzsche, trata-se de uma oportunidade para erradicar a decadência que ele vê como marca da Modernidade e que fora desencadeada pela visão de mundo da moral cristã. Nietzsche fornece três princípios gerais para a superação do niilismo. A vontade de potência oferece um sim e um não: sim para tudo o que é forte, expansivo e poderoso; não para o que é fraco e reativo, para o que diminui a potência. O eterno retorno é um teste que exige uma radical afirmação da vida para que possa ser suportado; ele nos ensina a amar até mesmo o sofrimento e a agir de modo a que *possamos* afirmar a vida. O *Übermensch* é um fim para o qual devemos tender, ele nos ensina que, mesmo diante do niilismo, nós precisamos ativamente criar a nós mesmos e a nossos valores.

O advento do nietzscheanismo

Nietzsche permaneceu relativamente desconhecido no decorrer de sua vida sã. Seus livros, alguns dos quais foram publicados por ele mesmo, venderam poucas cópias e tiveram poucos leitores. Talvez algumas das hipérboles de seu estilo de escrita possam ser atribuídas à frustração de um homem que sentia ter coisas importantes a dizer, mas a quem ninguém estava dando ouvidos. Em todo caso, as coisas tomaram um novo e dramático rumo por volta da época final da sanidade de Nietzsche, e no intervalo de poucas décadas ele já era indiscutivelmente um dos escritores mais famosos e influentes da Europa, cuja repercussão se estendeu por todo o globo. O primeiro uso do termo "nietzscheanismo" é provavelmente de autoria de Herman Conradi em seu romance *Frases* [*Phrasen*], de 1887, no qual fala sobre "nós, os nietzscheanos" (DIETHE, 2006: xxii). O termo pode ser empregado para referir-se a um vasto leque de autores que, de uma forma ou de outra, foram adeptos de Nietzsche ou seguiram seus passos.

Em 1888, o especialista em literatura Georg Brades ofereceu pela primeira vez uma disciplina sobre a obra de Nietzsche numa universidade, em Copenhagen. Brades publicou em 1890 um importante ensaio sobre Nietzsche, "Um tratado sobre o radicalismo aristocrático" [*Eine Abhandlung über aristokratischen Radikalismus*]. Esse ensaio é frequentemente citado como o início do nietzscheanismo na Alemanha, na medida em que introduziu Nietzsche na discussão intelectual *mainstream* (p. xxii-xxiii). Ainda que o tom que prevalecia era de entusiasmo, Nietzsche também teve seus detratores nesses dias iniciais de fama – o exemplo mais conhecido é Max Nordau em seu escrito *Degeneração* [*Entartung*] (1893). Outra obra crucial que merece ser mencionada, ainda que somente por seu título incrivelmente claro, é *Nietzsche e seus descaminhos filosóficos* [*Nietzsche und seine philosophischen Irrwege*] (1891), de Hermann Türk. A irmã de Nietzsche, Elisabeth Förster-Nietzsche, foi uma antissemita oportunista; na sequência do colapso mental de Nietzsche, ela se dedicou a utilizar a obra do irmão e sua crescente reputação para promover sua própria agenda racista e nacionalista. Em 1892 ela começou a publicar a primeira edição das obras de

Nietzsche, editada por Peter Gast. Em 1894 ela substituiu Gast por Fritz Koegel como responsável pela edição, conhecida como *Grossoktavausgabe*. Nesse mesmo ano, Lou Salomé publicou um livro sobre Nietzsche (SALOMÉ, 2001) e Elisabeth montou o *Nietzsche-Archiv* em Naumburg. Em 1896, Elisabeth mudou o arquivo (e, um ano depois, o próprio Nietzsche, que por vezes era exibido, em seu estado entorpecido, pela irmã aos visitantes) para Weimar, onde até hoje é localizado.

Hoje em dia é notório que Elisabeth editou as obras do irmão de modo que se encaixassem em seus próprios interesses (notadamente omitindo comentários contra o antissemitismo e o nacionalismo alemão, assim como ao menos uma observação negativa contra ela). O produto mais infame, influente e controverso de seus esforços editoriais é o livro *A vontade de potência*, uma coleção de anotações não publicadas de Nietzsche dispostas fora de sua ordem cronológica e agrupadas tematicamente de acordo com a visão da própria Elisabeth sobre a obra do irmão. O livro foi publicado pela primeira vez em 1901 e uma versão significativamente expandida apareceu em 1906. *A vontade de potência* exerceu uma poderosa influência sobre a recepção das obras de Nietzsche em razão do retrato que Elisabeth fazia do livro como o *magnum opus* de Nietzsche, a suma de seu pensamento mais importante, a despeito de seu caráter incompleto. O livro dividiu os intérpretes de Nietzsche, alguns (como Heidegger) usando o material póstumo quase que exclusivamente, alguns usando o material publicado e não publicado indiferentemente, e outros insistindo que algo que o próprio Nietzsche não selecionou para a publicação deveria permanecer inteiramente fora de uma interpretação sobre seu pensamento. (As anotações póstumas de Nietzsche estão agora disponíveis de forma bem menos distorcida na edição Colli-Montinari das obras completas de Nietzsche.)

Grande parte da recepção inicial de Nietzsche se deu entre artistas e escritores, naquilo que, de forma bem geral, pode ser denominado "cena cultural". Durante as primeiras décadas do século XX, Nietzsche foi interpretado mais como um poeta, místico e visionário do que como um filósofo academicamente respeitado. Ele influenciou praticamente todos os movimentos modernistas ou vanguardistas do início do século XX, mas também entre seus notáveis admiradores incluíam-se os escritores August Strindberg, André Gide, Thomas Mann e Herman Hesse, o poeta Stefan George e seu "Círculo", os compositores Richard Strauss e Gustav Mahler, e os dançarinos Vaslav Nijinsky, Isadora Duncan e Mary Wigman. A despeito dessa dimensão inegavelmente importante do nietzscheanismo e para manter-nos em sintonia com o tom predominante da série da qual este livro faz parte, nosso escopo aqui é restrito às disciplinas e movimentos fundamentalmente *acadêmicos* que foram influenciados por Nietzsche. Para o leitor interessado na influência de Nietzsche na literatura, eu sugiro o livro de John Burt Forster, *Herdeiros para Dionísio* [*Heirs to Dionysus*] (1981). Para um panorama geral do nietzscheanismo literário, artístico e cultural, ver *Dicionário Histórico do Nietzscheanismo* [*Historical Dictionary of Nietzscheanism*] de Carol Diethe (2006). Outra área notável da influência de Nietzsche que infelizmente terei de deixar de lado é a psicoterapia. Nietzsche foi objeto de grande interesse por parte dos três pais fundadores da psicanálise, Sigmund Freud, C.G. Jung e Alfred Adler, e foi também importante para a tradição da psicoterapia existencial. Eu indico ao leitor interessado nessa área o volume de ensaios *Nietzsche e a Psicologia Profunda* [*Nietzsche and Depth Psychology*] (GOLOMB et al., 1999) e o estudo comparativo mais específico *Freud e Nietzsche* [*Freud and Nietzsche*] (ASSOUN, 2006).

Até 1900, boa parte da atenção dada a Nietzsche era dirigida à sua biografia e ao valor literário de sua obra (tanto sua loucura como sua escrita – e talvez a curiosa combinação de ambas –

parecem ter exercido uma fascinação peculiar). Elisabeth Förster-Nietzsche foi influente também a esse respeito, publicando uma biografia de seu irmão em três tomos entre 1895 e 1904. Na primeira década do século XX, contudo, foram publicados inúmeros livros que procuravam fornecer um panorama abrangente de seu pensamento (VATTIMO, 2001: 170). Essas obras começam a levar o pensamento filosófico de Nietzsche mais a sério, comparando-o frequentemente com outros importantes filósofos, como Kant. Obras dignas de menção desse período incluem *Nietzsche como filósofo* [*Nietzsche als Philosoph*] (1902), de Hans Vaihinger; *A filosofia de Nietzsche* [*Nietzsches Philosophie*] (1904), de Arthur Drews; *Schopenhauer e Nietzsche* [*Schopenhauer und Nietzsche*] (1907), de Georg Simmel. Nietzsche também exerceu uma ampla influência cultural na Alemanha no início do século XX, tendo sido adotado por uma extensa lista de grupos de interesse, incluindo nacionalistas, vegetarianos e naturistas. É digno de nota que, desde sua recepção inicial, Nietzsche foi entusiasticamente lido e adotado por representantes tanto da extrema-direita como da extrema-esquerda no espectro político.

Uma história popular relata que, na Primeira Guerra Mundial, Nietzsche era considerado uma figura tão importante da cultura alemã que uma cópia de *Assim falava Zaratustra* foi inserida na mochila de todo soldado. Ainda que, como Diethe (2006: xxvii) conta, essa história não seja verdadeira, edições baratas do livro eram amplamente comercializadas. O livro mais importante sobre Nietzsche a ser publicado entre as duas guerras mundiais foi *Nietzsche: Tentativa de uma mitologia* [*Nietzsche: Versuch einer Mythologie*] (1918), de Ernst Bertram. Essa obra retratava Nietzsche como um autor que respondia a um problema particular: como unificar o povo de uma nação no horizonte do declínio da religião. Bertram entendia que Nietzsche tentou criar uma nova mitologia para cumprir essa tarefa. Ademais, o próprio Bertram criou, de forma consciente, uma versão mitologizada de Nietzsche, uma versão que "fazia de Nietzsche um espelho da alma alemã, de seu sofrimento, suas irrupções, seu poder criativo e seu destino" (SAFRANSKI, 2003: 331). Essa interpretação altamente influente de Nietzsche o posicionou de forma decisiva na tradição do nacionalismo romântico de extrema-direita, preparando o caminho para a infame adoção de Nietzsche pelos ideólogos do nacional-socialismo nos anos de 1930. A mais importante "interpretação nazista" de Nietzsche é *Nietzsche, o filósofo e político* [*Nietzsche, der Philosoph und Politiker*] (1931), de Alfred Baeumler. Como é conhecido, Elisabeth presenteou Hitler com a bengala do irmão por ocasião de sua visita ao *Nietzsche-Archiv*, e durante esse período o nome de Nietzsche ficou maculado com a pecha de nazista. Bem rapidamente, porém, alguns importantes estudiosos começaram a defender Nietzsche contra a interpretação nazista, desenvolvendo, com isso, interpretações do pensamento de Nietzsche que se tornariam altamente influentes, desde a Segunda Guerra Mundial até os dias de hoje. Entre esses intérpretes incluem-se Martin Heidegger, Karl Jaspers e Karl Löwith na Alemanha, e Georges Bataille na França.

Ainda que por vezes teremos oportunidade de voltar ao nietzscheanismo de final do século XIX e começo do século XX, a maior parte dos capítulos que se seguem irá acolher a história do nietzscheanismo de meados da década de 1930 em diante, quando as importantes interpretações de Heidegger, Jaspers e Löwith começaram a estabelecer Nietzsche como uma figura filosoficamente respeitável. São essas últimas obras – que em geral apagaram as ressonâncias românticas, nacionalistas e mitológicas que marcaram profundamente as correntes iniciais do nietzscheanismo – que permanecem mais influentes e mais relevantes para o estudante contemporâneo do nietzscheanismo.

Durante o inverno de 1880-1881 Nietzsche viveu e trabalhou em Gênova, a cidade onde Cristóvão Colombo nasceu. Nietzsche se imaginava como um segundo Colombo: um explorador não do mundo externo, mas sim da alma e do espírito (SAFRANSKI, 2003: 206, 219). Ao passo que Kant notoriamente concebia a razão como uma ilha da qual não devemos nos arriscar sair, é possível considerar que Nietzsche se põe a explorar os mares de seu entorno (p. 350). Nós podemos imaginar seus copiosos e heterogêneos escritos como relatos de suas descobertas, indicando que, afinal de contas, não estamos vivendo em uma ilha isolada, mas, antes, em um vasto arquipélago. O "nietzscheanismo" consiste no conjunto das tentativas que foram feitas – e ainda estão por serem feitas – de seguir Nietzsche até as misteriosas ilhas por ele descobertas, muitas das quais ainda precisam ser exploradas. Este livro pode ser concebido como uma espécie de mapa, cujos capítulos mapeiam algumas das ilhas mais importantes do arquipélago nietzscheano, para as quais alguns exploradores do domínio do pensar já se dirigiram e as quais eles começaram a mapear.

1

Nietzscheanismo e existencialismo

> Mas logo que assim rejeitamos
> esta interpretação cristã, logo que
> a rejeitamos como uma moeda
> falsa, vemos desenhar-se diante
> de nós, terrivelmente, a pergunta de
> Schopenhauer: "Tem a existência,
> nesse caso, um sentido?" Esta pergunta
> vai exigir séculos antes de poder ser
> simplesmente compreendida de maneira
> exaustiva nas pregas das suas profundezas
> (GC 357).

O existencialismo é uma das formas de filosofia mais conhecidas fora do mundo acadêmico. Embora frequentemente seja considerado hoje em dia como algo ultrapassado, o existencialismo gozou de grande popularidade em meados do século XX. Ademais, ele permanece sendo uma das vogas intelectuais e culturais com a qual o nome de Nietzsche é frequentemente associado no imaginário popular. A correção e utilidade da caracterização de Nietzsche como um existencialista é atualmente um tema de debate, e alguns especialistas contemporâneos de Nietzsche prefeririam que essa associação fosse esquecida (para maiores discussões sobre isso, cf. ANSELL-PEARSON [2011]). Não obstante, não há dúvidas de que Nietzsche foi interpretado como um existencialista ou, ao menos, como um importante precursor do existencialismo. Em uma obra intitulada *Razão e existência* [*Vernunft und Existenz*], por exemplo, o filósofo existencialista alemão Karl Jaspers (1883-1969) identifica Nietzsche (ao lado de Kierkegaard) como um dos pensadores existenciais originais:

A situação filosófica contemporânea é determinada pelo fato de dois filósofos, Kierkegaard e Nietzsche – que não eram relevantes em sua época e por um longo tempo permaneceram sem exercer grande influência na história da filosofia – cresceram continuamente em significado (JASPERS, 1955: 23).

Da mesma forma, o filósofo americano Walter Kaufmann argumenta que "na história do existencialismo Nietzsche ocupa um lugar central: Jaspers, Heidegger e Sartre são impensáveis sem ele, e a conclusão de *O Mito de Sísifo*, de Camus, soa como um eco distante de Nietzsche" (1975: 21). Esses exemplos indicam como no período imediatamente após a Segunda Guerra Mundial a imagem de Nietzsche como um protoexistencialista dominou os estudos nietzscheanos tanto da tradição continental europeia como da tradição anglo-americana. Ademais, o impacto do pensamento de Nietzsche sobre os filósofos existencialistas do século XX implica dizer que, ao menos em muitas de suas formas, o existencialismo era uma forma de nietzscheanismo: uma das mais influentes formas de nietzscheanismo do último século.

Neste capítulo pretendemos expor a recepção de Nietzsche como um pensador existencial, enquadrando as interpretações existencialistas de sua obra junto aos precursores e sucessores desse movimento. Em primeiro lugar, pretendemos considerar a profunda influência de Nietzsche sobre duas importantes vogas filosóficas na Alemanha que precederam o existencialismo: a filosofia da vida e a Teoria dos Valores. Pretendemos então introduzir o existencialismo enquanto tal e examinar a leitura de Nietzsche feita por Jaspers. Na sequência, procuraremos analisar a influência de Nietzsche sobre o existencialismo francês, centrando nossa atenção na presença de Nietzsche no pensamento de Jean-Paul Sartre e Albert Camus. Nós iremos então examinar a recepção anglo-americana de Nietzsche como um existencialista nas obras de Kaufmann, seu mais importante intérprete e tradutor do pós-guerra no cenário anglo-americano. Nós pretendemos, por fim, fornecer um panorama das razões para classificar Nietzsche como um existencialista, antes de concluir o capítulo com um esboço da interpretação de Nietzsche feita por Heidegger. Embora Heidegger desempenhe um importante papel no pensamento existencialista devido às obras de sua primeira fase, a interpretação que faz de Nietzsche coincide com seu distanciamento em relação a temas existencialistas, fornecendo um fundamento para leituras pós-existencialistas de Nietzsche.

Antes do existencialismo: a filosofia da vida e a Teoria dos Valores

Antes que Nietzsche fosse amplamente associado ao existencialismo, sua obra exerceu forte influência em dois movimentos na Alemanha que podem ser tidos como precursores do existencialismo: a filosofia da vida (*Lebensphilosophie*) e a Teoria dos Valores. Esses movimentos e os filósofos originalmente ligados a eles não costumam ser incluídos nas histórias do existencialismo, e a maior parte dos existencialistas do século XX não foi diretamente influenciada por eles. Contudo, eles merecem aqui uma breve menção pois alguns dos temas centrais da obra de Nietzsche que foram discutidos pelos existencialistas encontram uma primeira acolhida nos filósofos da vida e nos teóricos dos valores. Assim, ao invés de representarem uma linha direta de influência, a filosofia da vida e a Teoria dos Valores podem ser consideradas precursoras do existencialismo devido à fonte comum que ambas têm em certos temas nietzscheanos, e seu impulso comum para responder a algumas necessidades e problemas particulares.

Embora pouco conhecida atualmente, a filosofia da vida era uma corrente dominante da filosofia alemã (bem como da cultura de modo geral) entre, grosso modo, 1870 e 1930. Suas origens podem ser remontadas até as reações críticas ao Iluminismo nas obras de filósofos como J.G. Hamann (1730-1788) e J.G. Herder (1744-1803), e em movimentos como "Tempestade e ímpeto" (*Sturm und Drang*; final da década de 1760 até início da de 1780) e o romantismo alemão (final do século XVIII, começo do século XIX) (GAIGER, 1998: 488). De acordo com Herbert Schnädelbach (1984), contudo, a história da filosofia da vida propriamente dita teve início apenas com as obras tardias de F.W.J. Schelling (1775-1854), nas quais os princípios da "vida" são opostos aos princípios do idealismo filosófico (representado mais notoriamente pela filosofia de G.W.F. Hegel [1770-1831]). Seus mais importantes "pais" foram Arthur Schopenhauer (1788-1860), o filósofo francês Henri Bergson (1859-1941) e Nietzsche.

Mas então o que *é* a filosofia da vida? Em um sentido bem geral, a filosofia da vida é "uma filosofia que pergunta pelo significado, valor e propósito da vida" (GAIGNER, 1998: 487). De forma mais específica, contudo, a filosofia da vida faz da "vida" um princípio fundacional que tudo abrange, e compreende esse princípio como algo fundamentalmente irracional: a vida é, assim, oposta à racionalidade. (É justamente por isso que Schnädelbach identifica a origem da filosofia da vida na oposição de Schelling entre vida e idealismo, uma vez que o idealismo filosófico coroa a razão.) Por esse mesmo motivo, a filosofia da vida rejeita as abstrações teóricas, dando preferência a uma filosofia dos sentimentos e intuições. Ademais, como Schnädelbach sugere ainda (1984: 141), a vida mesma é compreendida em um sentido metafísico pelos filósofos da vida, de modo que ela pode ser definida como uma *metafísica do irracional*. A filosofia da vida é associada a um movimento na ciência biológica conhecido como "vitalismo", que se opunha a interpretações puramente mecânicas da vida (a ideia de que seres vivos são apenas uma configuração complexa da matéria inorgânica), afirmando que os seres vivos possuem algo único: uma "força vital". (Entre os mais conhecidos defensores do vitalismo incluem-se o embriologista Hans Driesch [1867-1941] e Bergson.) A filosofia da vida privilegia uma metafísica da vida baseada em um modelo biológico em lugar de um modelo da física, e esse modelo biólogo ou orgânico é aplicado a todas as formas de vida (p. ex., Oswald Spengler, autor de um livro de enorme influência, *O declínio do Ocidente* [*Der Untergang des Abendlandes*] [1932], interpretava as sociedades humanas como organismos com um ciclo de vida composto por crescimento e declínio).

Por fim – e talvez de maneira mais significativa –, a filosofia da vida erigiu a "vida" como o critério normativo último para todo e qualquer tipo de juízo, seja ele concernente ao conhecimento, à estética, à ética ou à política. Os filósofos da vida desenvolveram, via de regra, sistemas de oposição valorativa, opondo vida e morte, crescimento e decadência, dinamismo e estatismo, e assim por diante. Em suma, o *sadio*, aquilo que promove a vida e se identifica com o verdadeiro e o bom, é oposto ao *enfermo*, aquilo que diminui a vida e se identifica com o falso e o mau. Schnädelbach nota que para a maioria, quando não para todos os filósofos da vida, essa antítese normativa tende para "uma glorificação do sadio e do forte, da força e do homem como um animal que toma algo de assalto" (1984: 145). Essas antíteses normativas foram frequentemente utilizadas como a base para uma crítica da cultura, fazendo com que certos aspectos da cultura fossem criticados como enfermos ou decadentes e outros elogiados como promotores da vida; dessa forma, permitia-se um programa político geral de renovação ou regeneração cultural em nome do esforço para eliminar a enfermidade e promover a saúde (um programa realizado cultural e filosoficamente de variadas formas nesse período da história alemã, indo do nudismo até o nazismo).

Nietzsche foi uma referência essencial e inspiração para a filosofia da vida por uma série de razões. Primeiro, é possível creditar-lhe ter apresentado a vida como critério último para todos os juízos e valores. Já em seu primeiro livro, *O nascimento da tragédia*, os problemas centrais são apresentados como sendo os dos respectivos valores do conhecimento e da arte *do ponto de vista da vida*. Em um comentário posterior, Nietzsche identifica uma de suas principais inovações, a saber, o reconhecimento do racionalismo de Sócrates, como a introdução da decadência na cultura helênica. "'Racionalidade' contra instinto. A 'racionalidade' a todo preço como força perigosa, solapadora da vida!" (EH: "O nascimento da tragédia", 1). Ao longo de suas obras, a vida serve como um critério para avaliar o historicismo, cultura, moral, religião, e assim por diante. A esse respeito, Nietzsche é particularmente conhecido por colocar a verdade e o conhecimento a serviço da vida, por questionar o valor daqueles a partir da perspectiva da vida e por defender o erro contra a verdade, caso isto signifique promover a vida. Além disso, Nietzsche com frequência associa aquilo que promove a vida com o irracional: o corpo, o inconsciente, as emoções, música e arte, estados de êxtase e assim por diante. Ele analisa, ademais, a forma como a racionalidade e a consciência podem se voltar contra a vida, sufocando-a em categorias morais e metafísicas muito rígidas e negando seu valor através da crença em um mundo superior de ideias racionais (como no platonismo). Nietzsche é também responsável pela introdução da antítese normativa, central para a filosofia da vida, entre o sadio e o enfermo ou decadente (embora essa distinção seja, sem dúvida, bem mais sutil em Nietzsche do que na maioria dos filósofos da vida). Nietzsche empregou esses critérios para uma crítica abrangente da cultura, tendo sido inclusive interpretado por alguns filósofos da vida (p. ex., Wilhelm Dilthey [1833-1911]) como essencialmente um crítico da cultura e não um filósofo. Finalmente, Nietzsche associou o dinamismo à vida e o estatismo à morte, e sua doutrina da vontade de potência poderia ser interpretada como uma metafísica dinâmica e irracional da vida.

Muitas das correntes mais importantes da filosofia continental do século XX praticaram uma forma de crítica ao racionalismo que parece tributária da filosofia da vida, mesmo que inconscientemente. Nós podemos resumir o que é essencial à filosofia da vida referindo-nos, com Schnädelbach, à natureza dessa dívida:

> [S]ujeito e objeto, consciência e aquilo de que se tem consciência, são tidos, eles mesmos, como derivados e fundados em um todo antecedente, que apenas pode ser determinado através da intuição. A experiência e as emoções vividas pré- ou não objetivas, assim como a neutralidade do que é objeto da experiência – tudo isso é considerado como algo que precede toda objetividade; análise, dicotomização, o hiato entre intuição e conceito – tudo isso é considerado como vindo a ser somente através de uma exposição secundária daquele todo, o qual, até Heidegger, era denominado "vida" (1984: 147).

A despeito de sua notoriedade passada e, mais recentemente, da dívida inconsciente de outras vogas filosóficas, a filosofia da vida entrou em declínio até ser praticamente esquecida, e isso por duas razões. Primeiro, muitas das correntes da filosofia da vida foram influenciadas (tanto cultural como filosoficamente) pelo desastre que foi o nazismo. Em particular, a combinação de biologismo e criticismo cultural centrada na antítese entre sadio e enfermo preparou o terreno para políticas racistas que podiam justificar o extermínio de judeus, ciganos, inválidos etc., em nome da "higiene cultural". Por conseguinte, a filosofia da vida e em particular suas tendências biologistas e de crítica cultural foram suprimidas e esquecidas com a desnazificação da Alemanha no pós-Segunda Guerra. (A relação de Nietzsche com o nazismo será discutida de forma mais aprofundada no cap. 3.) Segundo, os esforços mais gerais para desenvolver uma filosofia que buscava valores e o significado da vida foram acolhidos no existencialismo, o qual, assim, colocou de lado a filosofia da vida. (Isso será abordado novamente na próxima seção.)

A Teoria dos Valores pode ser examinada mais brevemente, uma vez que seus principais proponentes, mesmo tendo sido inspirados pela retórica de Nietzsche sobre o niilismo e a "transvaloração de todos os valores", foram bem mais influenciados por filósofos como Kant e Hegel, e nem tanto pela própria visada nietzscheana em relação ao problema dos valores. O termo "valor" foi tomado da economia política (onde se referia ao valor monetário das mercadorias etc.) por Rudolf Hermann Lotze (1817-1881) na década de 1840. Contudo, foi a obra de Nietzsche que tornou corrente esse conceito na filosofia. Para Nietzsche, o niilismo – a decadência de sua época – pode ser compreendido como uma crise de valores, produzida pelo fato de que *os valores supremos se desvaloram a si mesmos* (VP 2). Em poucas palavras, para Nietzsche os valores supremos até então postos na cultura ocidental consistiam em uma combinação da crença em um mundo metafísico transcendente (o mundo platônico das formas etc.) com uma moral "de escravos", uma combinação à qual Nietzsche se refere com a breve expressão "interpretação moral-cristã". Um dos valores centrais da interpretação moral-cristã é a verdade, porém Nietzsche acreditava que em sua própria época a busca pelo valor da verdade havia arruinado a própria interpretação moral-cristã, pois esta revelou que não possuímos um fundamento sólido para crer na existência de um mundo verdadeiro. Isso resulta no niilismo, já que não é mais possível crer em algo. Por conseguinte, Nietzsche faz um apelo à transvaloração de todos os valores para assim renovar a cultura, colocando nossos valores em uma base mais sólida.

Na esteira de Nietzsche, muitos filósofos tentaram encontrar uma nova fundação para os valores. A Teoria dos Valores de Lotze é uma forma de idealismo, na qual os valores (o que *deve* ocorrer) têm uma existência ideal acima e para além da existência "real" do universo como algo examinado pela ciência em termos de um materialismo mecanicista. Esta posição é tributária do idealismo de Platão e Hegel, ainda que distinta destes. Filosofias transcendentais dos valores, exemplificadas pelas obras de Wilhelm Windelband (1848-1915) e Heinrich Rickert (1863-1936), foram uma modalidade de neokantismo que tentava fundar valores, examinando as condições subjetivas necessárias para que valores objetivos fossem postos. Uma última importante escola da Teoria dos Valores, a fenomenológica, procurou usar o método fenomenológico de Edmund Husserl (um exame rigoroso da consciência) para isolar as essências de valores e arranjá-los hierarquicamente. Os mais importantes representantes da filosofia fenomenológica dos valores foram Max Scheler (1874-1928) e Nicolai Hartmann (1882-1950). Embora inspirados por Nietzsche, não resta dúvida de que nenhum dos proponentes da Teoria dos Valores o seguiu em suas visões radicais sobre o valor. Os teóricos dos valores queriam, todos, fundar os valores como algo *objetivo*, como algo mais do que meras coisas postas por indivíduos subjetivos e desejantes. Como veremos, a abordagem em relação aos valores adotada pelos existencialistas foi bem mais próxima dessa última visada mais subjetiva.

A filosofia da existência

Como mencionado anteriormente, uma das razões pelas quais a filosofia da vida desapareceu na Alemanha foi a de seu impulso em direção a uma forma autêntica de vida ter sido adotada por uma espécie mais profunda de existencialismo. A transição é explicitamente marcada pelo livro de Fritz Heinemann,

Novos caminhos da filosofia [*Neue Wege der Philosophie*] (1929). Heinemann posteriormente argumentou ter sido o primeiro autor a utilizar o termo "filosofia da existência" (*Existenzphilosophie*), o termo originalmente usado para referir-se ao que ficou conhecido como existencialismo. Heinemann argumentou que a filosofia da existência ia além da filosofia da vida por integrar em seu conceito de "existência" a antítese entre "vida" e "razão" (cf. SCHNÄDELBACH, 1984: 157). Assim, a filosofia da existência dava prosseguimento ao impulso em direção à vida, mas não se opunha tão radicalmente ao racionalismo quanto a filosofia da vida. (Deve ser notado, entretanto, que *alguns* filósofos que agora costumam ser classificados como existencialistas são, de fato, fortemente antirracionalistas.) O termo "filosofia da existência" foi usado explicitamente por filósofos como Jaspers e Gabriel Marcel (1889-1973). Posteriormente, o termo "existencialismo" foi adotado por filósofos como Jean-Paul Sartre (1905-1980), Simone de Beauvoir (1908-1986) e Maurice Merleau-Ponty (1908-1961), e aplicado a outros autores que não aceitavam esse termo para descrevê-los, mais notadamente Albert Camus (1913-1960) e Martin Heidegger (1889-1976).

Assim como por ocasião da filosofia da vida, as origens do existencialismo (ou da filosofia da existência) podem ser remontadas às obras tardias de Schelling e à reação crítica ao idealismo que elas contêm. Schelling desenvolveu uma interpretação original do conceito filosófico de "existência" que foi adotada pelo filósofo e nos escritos do teólogo dinamarquês Søren Kierkegaard (1813-1855), geralmente considerado como o primeiro existencialista. Kierkegaard reagiu criticamente ao idealismo absoluto de Hegel, defendendo o indivíduo contra aquilo que ele via como a negação do indivíduo em um sistema totalizante, e defendendo, ainda, o valor da fé subjetiva pessoal contra a hegemonia da razão. O segundo filósofo do século XIX costumeiramente tido como um existencialista e predecessor do existencialismo do século XX é Nietzsche. Nós examinaremos as "credenciais existencialistas" do próprio Nietzsche em uma seção posterior desse mesmo capítulo. Por ora, antes de examinar como Nietzsche foi interpretado pelos existencialistas do século XX e como sua própria filosofia pode ser interpretada como existencialista, será útil apresentar um panorama do existencialismo de acordo com seus temas principais.

Sem dúvida, o "existencialismo" é apenas um conceito bem geral usado para agrupar uma série de diversos pensadores e filósofos com certos temas em comum. Se quiséssemos exprimir de forma concisa o núcleo conceitual do existencialismo, nós poderíamos dizer que se trata daquela filosofia que se preocupa fundamentalmente com o *indivíduo existente, colocado, só, diante de um universo sem sentido*. Para aprofundarmo-nos um pouco mais nos temas existencialistas, podemos organizá-los em torno de três pontos centrais: como o existencialismo vê o mundo, como ele vê o Eu e o que ele vê como a forma correta de pensar e escrever sobre assuntos existencialistas. Em primeiro lugar, o ponto central a ser ressaltado sobre a visão existencialista de mundo consiste em afirmar que o mundo é objetivamente sem significado. Significado e valores não são dados pelo mundo ou por algo fora da humanidade. Essa ausência de sentido e as dificuldades da humanidade em encarar um mundo sem significado são o que os existencialistas denominam *absurdidade*. Com isso, os existencialistas se rebelam contra a tendência da filosofia tradicional de postular um significado nas estruturas objetivas do mundo ou em ideais transcendentes como Deus ou as formas platônicas. Em segundo lugar, o existencialismo coloca uma certa concepção do Eu no centro de sua filosofia. De forma relevante, para os filósofos existencialistas a palavra "existência" tem um sentido mais estrito do que detivera na filosofia tradicional. Tradicionalmente a *existência* opunha-se à *essência*. A essência era interpretada como "quididade" (*quidditas*): o que uma coisa é em oposição a outras coisas. A existência significava o fato mesmo de ser: simplesmente *que* uma coisa seja ("dadidade"). Enquanto tal, sobre o termo "existência" podia-se dizer que ele se aplicava a qualquer coisa que era ou existia. Para os existencialistas, contudo, a existência significa apenas a existência *humana*. Os seres humanos são pensados como existindo de uma forma que é completamente diferente das — e talvez até em desacordo com as — formas pelas quais existem ou são os objetos inanimados e animais menos conscientes.

Em virtude da importância conferida à existência humana, a filosofia existencial põe grande acento no "sujeito" (grosso modo, o nome filosófico para a consciência de si). O sujeito existencialista, contudo, precisa ser distinguido do sujeito cartesiano como uma "coisa pensante". O sujeito existencialista não se reduz ao pensamento racional, mas, antes, compreende todo o espectro de faculdades e experiências humanas, incluindo emoções, sensações e o corpo (embora não em um sentido científico-biológico). Ademais, um outro foco do sujeito no existencialismo é em sua *capacidade de ação*; a habilidade do ser humano de fazer escolhas e agir livremente. Dada a visão existencialista de mundo como uma ausência objetiva de significado, o sujeito humano é tido como a única fonte de significado e valor. Esse relevo dado ao âmbito humano como algo constitutivo de significado define o existencialismo como uma forma de humanismo (embora limitada, uma vez que nega a humanidade como essência fixa), o qual, dessa forma, pode também ser considerado como uma extensão radical do desejo do Iluminismo de rejeitar todas as pretensões dirigidas a uma autoridade para além da humanidade, além do desejo de colocar o homem em uma posição central no mundo. Por fim, o existencialismo põe em evidência — quase que exclusivamente — o indivíduo em sua experiência pessoal da experiência, considerada como particular e única (cf. OAKLANDER, 1992, cap. 1). O indivíduo é a unidade de análise existencial, e os segredos da existência são concebidos como algo que se desvela pelo contemplador solitário em uma relação *autêntica* consigo mesmo e com o cosmos. A autenticidade – compreendida como uma forma particular de ser ou existir – é a norma predominante do existencialismo; trata-se, sem dúvida, de uma nova categoria que se difere das categorias filosóficas tradicionais, como a psicologia ou a ética (CROWELL, 2010). Os modos coletivos da vida humana, tais como os grupos sociais, comportamento de multidão e relações intersubjetivas, são em sua maior parte considerados negativamente como fenômenos que retiram o indivíduo de sua autenticidade. Para o existencialista, uma verdade filosófica ocorre em isolamento, e o indivíduo é o local privilegiado para o surgimento de tal verdade.

John Macquarrie (1972: 14) sugere que o existencialismo é mais bem pensado como um *estilo* de filosofia (e não como uma escola de pensamento), de modo que ele se distanciaria mais significativamente da filosofia tradicional justamente na abordagem existencialista para o exercício da filosofia. Em primeiro lugar, o existencialismo rejeita ser possível obter uma compreensão adequada do mundo por meio de conceitos filosóficos puramente racionais, particularmente sob a forma de um sistema. Para muitos existencialistas, a tendência de construir sistemas racionais é associada a um tipo de filosofia que põe em evidência as essências em detrimento da existência. A filosofia tradicional é criticada por construir sistemas de pensamento que são excessivamente racionais, universais e abstratos; tais sistemas são concebidos para que se esqueça a importância do indivíduo particular em sua existência concreta. Ademais, o existencialismo acolhe aquela dimensão emocional da vida que a filosofia tradicionalmente rejeitava como prejudicial ao pensamento racional. Os existencialistas, em contrapartida, defendem que as emoções são uma parte essencial de nossa existência, e também que certas emoções e disposições de ânimo revelam formas de discernir a natureza da existência nas quais o pensamento meramente racional e abstrato não pode penetrar. Em particular, o existencialismo põe em evidência os sentimentos que com frequência parecem como fundamentalmente negativos: angústia, vergonha, culpa, alienação e desespero. Tais estados de ânimo são concebidos como estados de ânimo que revelam dimensões da existência, tais como a finitude, a contingência e a inevitabilidade da morte, que são constitutivas da existência humana.

Portanto, em lugar do pensamento racional abstrato, o existencialismo privilegia a experiência pessoal interna como um modo de acesso à verdade, propondo uma forma de filosofia que é um testemunho de tal experiência. Como eles negam que as formas filosóficas tradicionais de pensamento e de escrita podem expressar ou ter acesso àquilo que é existencialmente relevante, os existencialistas adotam um estilo de escrita que, por vezes, é mais próximo da literatura do que da filosofia acadêmica. Tal escrita procura uma "comunicação indireta" (Kierkegaard) com o leitor, em uma tentativa de registrar a experiência pessoal interna de tal forma que o leitor seja motivado a ter, ele mesmo, tais experiências. O modo de escrita e de filosofar existencialista tenta transmitir uma "força afetiva" com "efeitos existenciais". Isso significa que ele tenta efetuar mudanças na existência, aumentando a autenticidade das vidas de seres humanos particulares. As ideias filosóficas que não têm qualquer relação com a vida conforme esta é vivida em seu cotidiano concreto são rejeitadas como existencialmente irrelevantes (cf. OAKLANDER, 1992). Em suma, podemos dizer que o estilo existencialista de filosofar busca uma unidade de vida e pensamento que se encontra ausente nas formas tradicionalmente dominantes de filosofia (e é nesse sentido que o existencialismo assume os impulsos fundamentais da filosofia da vida). Para os existencialistas, o problema central da filosofia permanece sendo o do sentido da vida e a maneira como nós, enquanto indivíduos, devemos reagir a um mundo sem sentido.

Jaspers: o filosofar de Nietzsche

De acordo com Brian Leiter (2001), a leitura existencialista de Nietzsche origina-se em Jaspers, em particular na seção chamada "O homem que produz a si mesmo", de sua obra monumental *Nietzsche: uma introdução à compreensão de seu filosofar* [*Nietzsche: Einführung in das Verständnis seines Philosophierens*] (1936). Nós podemos concordar com Leiter e ir um pouco além: Jaspers foi o primeiro a identificar Nietzsche como um filósofo existencial, e essa obra fundamental contém a exposição essencial de Nietzsche como um existencialista, em relação não apenas ao tema da produção ou criação de si, mas igualmente a muitos outros temas existencialistas. Antes de desenvolvermos esses temas, entretanto, precisamos notar que a importância da interpretação de Nietzsche feita por Jaspers reside não apenas na interpretação em si, como também no fato de ser uma interpretação não nazista que foi publicada no contexto da Alemanha nazista e da predominância de interpretações de Nietzsche alinhadas ao nacional-socialismo, como as de Richard Oehler, Alfred Baeumler e Ersnt Bertram. Ademais, Jaspers foi um eminente filósofo, e sua obra contribuiu para afirmar a autonomia do pensamento de Nietzsche em relação à sua apropriação nazista. Contra as tendências nazistas, Jaspers enfatizou a rejeição nietzscheana de discípulos e seu encorajamento do individualismo. Além disso, como nota Kaufmann, passagens do livro como a seguinte parecem ser dirigidas contra o nazismo (embora sem fazê-lo explicitamente): "Nietzsche pode ser utilizado por todas as forças contra as quais ele lutou: ele pode servir [...] à violência que equivocadamente considera a ideia de vontade de potência como uma hierarquia para justificar qualquer brutalidade" (apud KAUFMANN, 1957: 426). O regime nazista proibiu Jaspers de exercer atividade docente em 1937 e baniu seu livro em 1938.

Kaufmann considera a obra *Nietzsche* de Jaspers "um dos livros mais fascinantes já escritos por um filósofo a respeito de um outro filósofo" (1975: 30). Ainda assim, Kaufmann argumenta, Jaspers descreve o livro de forma mais exata quando reconhece tratar-se, na realidade, de uma introdução à sua própria filosofia: "Meu Nietzsche deveria ser uma introdução para aquele rebuliço de pensamento do qual surgiria a *Existenzphilosophie*" (apud KAUFMANN, 1975: 32). Portanto, nós temos de abordar através de seu próprio projeto filosófico a interpretação de Nietzsche feita por Jaspers.

Jaspers tinha formação em psiquiatria antes de dedicar-se à filosofia, e uma forma de compreender sua "filosofia da existência" é interpretá-la como uma resposta crítica aos métodos empírico-objetivos de estudar os seres humanos predominantes na psiquiatria. Apoiando-se particularmente em Kant, Schelling, Kierkegaard e Nietzsche, Jaspers desenvolve uma filosofia na qual a existência humana, o mundo e o ser excedem a objetividade e somente podem ser elucidados por meio da reflexão filosófica. Para Jaspers, porém, a reflexão filosófica por si mesma não pode apreender a existência por permanecer abstrata e cognitiva, mas precisa, antes, acolher o irracional e ter sua fonte na experiência vivida. Jaspers insiste que os conceitos filosóficos não podem apresentar um conhecimento objetivo da experiência em definições cognitivas e, ademais, de modo a deterem valor, eles precisam adquirir sentido no contexto da vida de cada intérprete individual. Abordada corretamente, a filosofia pode elucidar a existência, e os escritos dos filósofos podem ser "existencialmente apropriados" para aumentar nossa própria compreensão de si e a dotação de sentido na vida.

Na filosofia de Jaspers, uma série de conceitos básicos traçam sua concepção da existência humana. Em primeiro lugar, o conceito central de "existência" (*Existenz*) refere-se ao ser humano ou à realidade humana no espectro completo de seu existir, incluindo os fatos da subjetividade e irracionalidade. De acordo com Jaspers, a existência não pode ser apreendida por uma psicologia objetivo-empírica, podendo ser elucidada apenas por meio de um pensamento que, em si mesmo, acolhe o subjetivo e o irracional (embora não a ponto de excluir a racionalidade). Jaspers argumenta que a existência humana é dependente de um "transcendente" (*Transzendenz*), de tal modo que a existência é "suspensa" entre si mesma e o transcendente. Em alguns de seus escritos, esse transcendente é associado com Deus. Ademais, em uma formulação não muito diferente da de Heidegger (como veremos), Jaspers entende o Ser (por vezes chamado de "o Abrangente" [*das Umgreifende*]) como aquilo que apresenta ou torna possíveis os objetos e coisas no mundo, mas que não pode ser, ele mesmo, reduzido a algo objetivo. Em todas as suas obras, Jaspers insiste que conceitos existenciais como estes não podem ser compreendidos apenas por meio da reflexão racional, e a razão precisa "fracassar" – isto é, ser trazida à experiência de seus próprios limites –, de modo a irromper no domínio em que o pensamento filosófico autêntico torna-se possível. Jaspers denomina o tipo de experiência que torna tal irromper possível uma "situação-limite" (*Grenzsituation*). Tais experiências incluem o sofrimento, a culpa e a confrontação com a morte.

Em poucas palavras, o profundo interesse de Jaspers por Nietzsche repousa na habilidade de Nietzsche em fazer o leitor ter a experiência dos limites da razão e tornar possível a elucidação da existência. Essa preocupação central coincide com uma visada única em relação aos textos de Nietzsche. Primeiro, Jaspers nota que o peculiar de Nietzsche consiste em ele correr o risco de ser mal-interpretado em razão de seus livros *parecerem* ser tão prontamente compreensíveis. Este é o caso, contudo, apenas se os aforismos ou ensaios particulares forem considerados isoladamente. Jaspers insiste que, de modo a compreender Nietzsche, nós precisamos ler o conjunto completo de suas obras de maneira comparativa; apenas através desse processo é que emerge a dificuldade delas, mas também seu valor peculiar.

Jaspers situa a obra de Nietzsche entre o aforístico e sistemático e entre o filosófico e o literário, sugerindo que ela pode ser descrita da seguinte forma: "É como se uma montanha fosse dinamitada; as rochas, mais ou menos perfiladas, transmitem a ideia do todo" (JASPERS, 1965: 3). A tarefa do intérprete da obra de Nietzsche consiste em reconstruir o todo a partir das partes, mas não de maneira a apresentá-lo como um sistema filosófico objetivo ou um conjunto de doutrinas. Para Jaspers, a verdadeira interpretação visa ao envolvimento mesmo do intérprete (p. 6), e a interpretação de Nietzsche visa tanto ao todo como a seu colapso. No caso de Nietzsche, ele escreve:

> É preciso que tenhamos a experiência tanto das possibilidades sistemáticas como de seu colapso. Apenas então tornamo-nos conscientes do poderoso motivo que Nietzsche fornece à posteridade, não ao oferecer-lhe um lugar de refúgio, mas sim ao despertá-la, indicando o caminho que deve ser seguido, isto é, a participação na elevação da existência humana que ele, Nietzsche, tornou possível (p. 4).

Jaspers então prossegue com uma passagem que merece ser destacada: "Ninguém vislumbrará o que há de essencial em

Nietzsche a menos que essa pessoa atinja isso em si mesma" (p. 4). Por conseguinte, para Jaspers, interpretar Nietzsche significa integrar, na medida do possível, em um todo o que há de multifacetado em suas obras, mas reconhecendo que esse todo, para o qual o pensamento de Nietzsche se dirige, necessariamente colapsa. Para Jaspers, o colapso mesmo é precisamente o que há de mais valioso na obra de Nietzsche, uma vez que ele permite ao intérprete cruzar a fronteira da razão e passar ao filosofar autêntico.

Um aspecto importante da leitura de Jaspers pode ser inferido do subtítulo do livro *Uma introdução à compreensão de seu filosofar*: significativamente, o livro se anuncia como uma introdução não à *filosofia* (*Philosophie*) de Nietzsche, mas sim a seu *filosofar* (*Philosophieren*). Para Jaspers, o que há de mais interessante e significativo sobre Nietzsche é sua *maneira* de filosofar; ele vê o filosofar de Nietzsche como um meio, não como um fim. Com efeito, Jaspers vai mais além e conclui que na obra de Nietzsche não há nada de muito valioso no que diz respeito às teses, posições, argumentos ou doutrinas filosóficas positivas. Segundo ele, as bem conhecidas ideias de Nietzsche, como a vontade de potência, o eterno retorno, o dionisíaco, o *Übermensch*, nada mais são senão "uma pilha de absurdos e vacuidades" (apud KAUFMANN, 1957: 419). O valor de Nietzsche repousa, antes, na sua revelação dos limites da razão e em sua habilidade de levar a razão a seu "fracasso". Jaspers escreve:

> É preciso saber o que significa interessar-se por Nietzsche e como esse interesse não leva a conclusão alguma [...]. Nietzsche é interpretado de duas maneiras. Uma interpretação localiza sua importância em algo que ele efetivamente atinge. Ele se torna o fundador de uma filosofia [...], a filosofia da vontade de potência, do eterno retorno, da compreensão dionisíaca

da vida. Segundo uma interpretação completamente diferente, justamente a que defendemos, a importância de Nietzsche reside em sua função libertadora. Sua força impulsiva, que leva o ser humano aos problemas autênticos e a si mesmo, não instrui o leitor, mas, antes, o desperta (apud KAUFMANN, 1957: 423).

Assim, o valor de Nietzsche repousa em sua capacidade de produzir "situações-limite" em seus leitores, e *compreender* o "filosofar" de Nietzsche não significa em absoluto compreender racionalmente sua obra como um conjunto de doutrinas filosóficas, mas, antes, apropriar-se existencialmente de seus textos. As obras de Nietzsche "nos abandonam sem nos deixar quaisquer fins últimos e sem nos colocar problemas definitivos. Por meio delas cada um pode tornar-se o que ele mesmo é" (JASPERS, 1975: 208). (A última frase de Jaspers é uma referência à bem conhecida adoção por parte de Nietzsche de uma máxima do filósofo grego antigo Píndaro que aparece no subtítulo de seu livro, *Ecce homo*: "Como tornar-se o que se é". Ver abaixo a interpretação de Jaspers sobre essa ideia nietzscheana.)

Para Jaspers, o fato isolado mais importante sobre o *corpus* de Nietzsche considerado em sua integralidade é que ele é permeado de *contradições*. Esse é precisamente o motivo de todo o colapsar. Em primeiro lugar, "o leitor acha insuportável que Nietzsche diga primeiro isso, depois aquilo, e então algo completamente diferente" (JASPERS, 1965: xi). Jaspers argumenta ser possível encontrar para praticamente todas as proposições de Nietzsche alguma proposição oposta em suas obras. Contudo, Jaspers confere a essas contradições um valor positivo e afirma que "a *autocontradição* é o ingrediente fundamental no pensamento de Nietzsche" (p. 10). Ele argumenta que essas contradições não são confusas e tampouco excêntricas, mas, antes, necessárias e inescapáveis. Como as contradições podem ser necessárias? A sugestão de Jaspers é que proposições isoladas (não contraditórias) são, na realidade, simplificações enganadoras do Ser. O Ser, que subjaz à apreensão racional, não pode ser elucidado por alguma proposição isolada, podendo apenas ser indiretamente indicado por meio de contradições. As contradições nos dão o *sentimento* de que há algo que não pode ser adequadamente pensado por meio da razão pura e simples. Por conseguinte, as contradições são necessárias pelo tema e objeto mesmo do pensamento de Nietzsche. Segundo Jaspers, pois, para obter uma compreensão autêntica de Nietzsche, o intérprete precisa procurar contradições e ter uma experiência direta de sua necessidade (i. é, perceber por que nenhuma das proposições contraditórias é suficiente para exprimir a verdade). Jaspers resume da seguinte maneira o objetivo que buscou ao ressaltar as contradições: "Por fim, os elementos contraditórios e círculos nos movimentos do pensamento de Nietzsche são simplesmente o meio para tocar indiretamente aquilo que repousa para além da forma, da lei e do exprimível. Nada pode estar nesse limite, mas ainda assim tudo precisa estar lá" (p. 155).

Como mostrado acima, um outro importante elemento da interpretação de Jaspers e de sua influência sobre a filosofia existencialista é sua ênfase no tema da *produção ou criação de si* em Nietzsche. Jaspers explica que a criação é a exigência suprema que subjaz à crítica nietzscheana da moral. A criação é o "ser autêntico" e "o fundamento de toda atividade essencial" (p. 151). Jaspers enfatizava que, para Nietzsche, os seres humanos não são iguais aos outros seres, que passam por alterações passivamente; pelo contrário, os seres humanos são livres e têm o poder de ativamente desenvolver a si mesmos (p. 154). (É sabido, decerto, que Nietzsche critica com frequência a ideia de uma vontade livre, e este é um bom exemplo exatamente do tipo de contradição que Jaspers considera abundante nas obras de Nietzsche.)

> **Ponto central:** *Produção ou criação de si em Nietzsche*
> Jaspers tematiza a criação de si em Nietzsche de acordo com três formulações (1965: 154-155):
>
> 1) *Valores não são dados, mas sim criados.* A autorrealização e desenvolvimento de si dependem da liberdade de crença em valores fixos e da criação de novos valores (juntos, esses pontos constituem o significado da "transvaloração de todos os valores" de Nietzsche).
>
> 2) *A transformação de si ocorre através da relação de alguém consigo mesmo.* A relação que alguém assume para consigo mesmo implica ver a si mesmo, avaliar a si mesmo, enganar a si mesmo e dar uma forma a si mesmo. Essa mudança através da relação consigo mesmo não permanece no nível do psicológico, mas toma lugar – e revela – no Eu como uma profundidade incompreensível.
>
> 3) *Através da mudança alguém se torna o que realmente se é.* Embora isso possa parecer à primeira vista paradoxal, a mudança traz consigo uma compreensão do que "realmente se é", na medida em que o fato mesmo da mudança significa que somos seres capazes de mudar; nos termos de Jaspers, nós somos seres abertos a possibilidades existenciais. Nós "nos tornamos o que realmente somos" quando acolhemos e nos damos conta de nossa natureza existencial enquanto seres capazes de ativamente alternar a nós mesmos.

Apesar dessa elaboração temática, Jaspers afirma que a criação é em última instância uma daquelas ideias em Nietzsche que não são nunca adequadamente formuladas e nas quais nosso pensamento fica imobilizado (p. 152). Talvez de forma paradoxal, é esse imobilizar-se que conduz à genuína experiência de criação através do desenvolvimento pessoal que acompanha a crescente consciência de si e o discernimento da existência.

A partir de Jaspers, Nietzsche foi interpretado como um filósofo existencialista e tornou-se (ao lado de Kierkegaard) uma das mais importantes influências do existencialismo do século XX. A força da interpretação de Jaspers sobre Nietzsche é, talvez, mais bem resumida pela seguinte passagem do final da introdução a seu *Nietzsche*:

> *Nossa tarefa* consiste em tornarmo-nos o que somos através da apropriação de Nietzsche. Ao invés de cair na tentação de tomar a aparente univocidade de doutrinas e leis como prova de sua validade universal, cada um de nós deve responder ao desafio de Nietzsche, alcançando individualmente a distinção suprema de que a natureza de cada um de nós é capaz. Nós não devemos nos submeter a princípios e imperativos simplificados em demasia, mas, antes, através de Nietzsche encontrar o caminho para a genuína simplicidade da verdade (p. 23).

Existencialismo francês: Sartre e Camus

Embora a filosofia da existência estivesse se desenvolvendo na Alemanha através das obras de Jaspers e Heidegger, também na França ela encontrava espaço. Gabriel Marcel desenvolveu a compreensão existencialista da "existência" (pondo em relevo a contingência e o indivíduo) de forma independente, antes de ler Kierkegaard ou Jaspers. Essa ideia foi primeiramente publicada em seu ensaio de 1925, "Existência e objetividade" (apud MARCEL, 1952), e então expandida no *Diário Metafísico [Journal Métaphysique]*, de 1927, que é frequentemente citado como o primeiro livro existencialista a ser publicado na França (SCHRIFT, 2005: 32). Outros pensadores franceses, como Sartre, Beauvoir, Merleau-Ponty e Camus, desenvolveram ideias existencialistas com influência mais direta de autores como Kierkegaard e Heidegger. Também Nietzsche exerceu uma profunda influência sobre o existencialismo francês, mas de forma bem mais inconsciente ou subterrânea do que no existencialismo alemão. Diferentemente de Jaspers ou Heidegger, o existencialismo francês não devota a Nietzsche grandes obras; contudo, os escritos de seus proponentes contêm referências a Nietzsche e é inegável a presença de temas nietzscheanos centrais em seu pensamento. Nessa seção eu restringirei meu foco para dois pensadores que podem ser considerados como um indicativo da importância de Nietzsche para o existencialismo francês: Sartre e Camus. Sartre é sem dúvida o existencialista mais conhecido; ainda que suas referências a Nietzsche sejam frequentemente oblíquas, sua filosofia expressa profundos interesses nietzscheanos. A caracterização de Camus como um existencialista é um pouco mais difícil, dado o próprio Camus distanciar-se conscientemente do movimento, sendo por vezes denominado um "absurdista" em lugar de "existencialista". Porém, costuma-se classificar Camus ao lado dos existencialistas, a despeito de sua própria desaprovação, e sua profunda ocupação com o pensamento de Nietzsche faz com que sua inclusão em nossa análise seja essencial.

Sartre

Em 29 de outubro de 1945, Sartre fez uma conferência chamada "O existencialismo é um humanismo" (1975) no Club Maintenant, em Paris. A conferência foi subsequentemente publicada em uma edição pequena e barata, tornando-se um sucesso de venda (o editor exigiu posteriormente os créditos por ter "feito" o nome de Sartre). Até então Sartre era um reconhecido romancista nos círculos literários (ele havia publicado *A náusea* em 1937), e já havia publicado, em 1943, o *magnum opus* de sua filosofia existencialista, *O ser e o nada* (1956). Contudo, foi no período do pós-guerra, 1945-1950, e na sequência à conferência "O existencialismo é um humanismo", que o existencialismo se tornou um fenômeno famoso internacionalmente, e Sartre foi promovido a seu principal porta-voz. Sartre é hoje reconhecido como um dos mais notáveis intelectuais do século XX, e sua obra abrange múltiplos gêneros literários, bem como interesses e temas variados. Ao lado de romances e obras filosóficas, Sartre é autor de biografias, obras de crítica literária e de arte, inúmeros tratados políticos, algumas peças teatrais bem-sucedidas e alguns roteiros de cinema nem tão bem-sucedidos. Em sua produção tardia, Sartre mudou significativamente sua posição filosófica, passando de um foco individualista característico do existencialismo para um foco político e social articulado sob o prisma do marxismo. Não obstante, pelo menos no mundo anglo-saxão, é por sua filosofia existencialista que Sartre permanece mais bem conhecido, e nenhuma discussão adequada sobre o existencialismo pode ocorrer sem que seja reconhecida sua posição central no movimento.

Dada a forte associação de Nietzsche com o existencialismo, a relação do seu pensamento com esse notório representante dos existencialistas precisa ser aqui abordada. Como Craig Beam (1998) nota, Nietzsche e Sartre são frequentemente agrupados lado a lado como representantes do existencialismo *ateísta*. Sartre afirma que "o existencialismo nada mais é senão uma tentativa de extrair todas as conclusões possíveis de uma posição ateísta consequente" (1975: 369), uma afirmação que encontra ressonância no interesse de Nietzsche em extrair todas as consequências da "morte de Deus". A despeito dessa associação comumente notada, não é claro em que medida ou de que maneiras Sartre pode ter sido influenciado por Nietzsche.

Em uma entrevista, quando perguntado se havia sido influenciado por Nietzsche no início de sua formação em filosofia, Sartre respondeu: "Eu me lembro de ter assistido a um seminário sobre ele em um curso ministrado por Brunschwicg, no meu terceiro ano na École Normale. Eu me interessava por Nietzsche, assim como muitos outros; mas ele nunca significou nada em particular para mim" (RYBALKA et al., 1981: 9, apud DAIGLE, 2004: 196). Sartre nunca publicou um livro sobre Nietzsche, embora haja evidências de que ele escreveu um longo estudo sobre o filósofo alemão, iniciado em 1947-1948, mas aparentemente ninguém leu o manuscrito, que pode ter sido então perdido (SARTRE, 1990, apud DAIGLE, 2004: 197). As obras publicadas de Sartre são recheadas com referências a Nietzsche, que, no entanto, expressam uma variedade de atitudes – em seu conjunto ambíguas – em relação a ele. Por um lado, por exemplo, Sartre parece assumir Nietzsche como um ateísta que "extrai, lógica e enfaticamente, todas as consequências de seu ateísmo" (apud DAIGLE, 2004: 196). Por outro lado, ele critica explicitamente ideias centrais de Nietzsche, tais como a vontade de potência, o eterno retorno e o *Übermensch* (p. 196). A questão sobre a possível influência de Nietzsche sobre Sartre não admite, pois, uma resposta simples; contudo, inúmeros autores tentaram aduzir suas similaridades filosóficas, e uma comentadora, Christine Daigle, até mesmo argumentou que "é mais do que possível que Nietzsche tenha influenciado o pensamento de Sartre" (p. 197).

Daigle argumenta que tanto Nietzsche como Sartre abordam o mesmo problema filosófico e propõem uma solução semelhante para tal problema. O problema que serve como um ponto de partida para ambos é o niilismo ou o sentido da vida na esteira da morte de Deus. Ambos respondem a esse problema referindo-se ao indivíduo criativo como um provedor de sentido. Sartre concorda com Nietzsche sobre os efeitos alienantes da tradição religiosa metafísica, adotando um ateísmo completo. Daigle sugere que, ao passo que Nietzsche expôs a morte de Deus de forma polêmica e tentou acelerar seu desaparecimento com um niilismo ativo, Sartre tendeu a tomar o niilismo como algo já certo: "Nietzsche ataca uma tradição que se desintegra, ao passo que Sartre a encontra já em ruínas" (p. 199). Assim como Nietzsche, Sartre vê o mundo como algo que carece de sentido em si mesmo, e, uma vez tornado redundante o papel de Deus como provedor de sentido, nós temos de encarar o problema de como encontrar uma nova forma de prover sentido. Em *Cadernos para uma moral* (uma coleçãc de anotações, publicadas postumamente, para uma obra sobre moral nunca completada, mas anunciada ao final de *O ser e o nada* e redigida em 1947-1948), Sartre escreve: "Dessa maneira, o homem encontra em si mesmo o herdeiro da missão do Deus morto: tirar o Ser de seu colapso perpétuo na absoluta indistinção da noite. Uma missão infinita" (p. 200). Assim como Nietzsche, Sartre considera a morte de Deus como a libertação de uma tradição alienante e como uma abertura para possibilidades humanas infinitas (o que ele vê, como é sabido, como algo que implica a liberdade radical dos seres humanos). Porém, essa liberdade tem como preço o problema da falta de sentido, o problema de que agora é necessário encontrar um sentido para preencher o vazio deixado pela perda da fé religiosa.

De acordo com Daigle, Sartre e Nietzsche dão uma resposta similar ao problema do niilismo ao apontar para as forças criativas dos seres humanos como algo capaz de produzir sentido. De forma significativa, Daigle considera que ambos começaram com a arte como um exemplo de produção criativa de sentido, mas depois se dirigiram para um modelo mais geral de criatividade, no qual a interpretação do mundo através de nossa vida diária e engajamento em projetos de vida é o que cria sentido. Em Nietzsche, isso se torna evidente com sua ênfase na tragédia grega antiga em *O nascimento da tragédia* como uma arte que fornece sentido e afirma a vida. Mas já nessa obra – e mais claramente nas posteriores – a criação não é apenas artística. Pelo contrário, de acordo com Daigle, Nietzsche considera o mundo "da matéria bruta" como uma "inocência do vir-a-ser", sem sentido em si mesmo, mas que é transformado em um mundo prenhe de sentido ao ser apreendido pelo ser humano e valorado por ele ("bom/mau"). Como Nietzsche vê o mundo como algo em si sem sentido, toda interpretação e valoração (e não simplesmente a arte) são atividades criativas e que conferem sentido.

Daigle reconhece em Sartre uma linha de pensamento semelhante. Em seu primeiro romance publicado, *A náusea*, Sartre apresenta o mundo como algo absurdo e em si mesmo sem sentido; essa absurdidade dá origem ao sentimento do protagonista, Roquentin, de "náusea" diante da absoluta contingência da existência. O exemplo mais celebrado de náusea na obra é o encontro de Roquentin com a massa disforme da raiz de uma árvore, o que faz com que o atinja, em toda sua força, a falta de sentido de coisas cuja existência é meramente material. Em contrapartida, Roquentin encontra alívio do sentimento de náusea enquanto escuta a canção de *jazz Some of These Days*: as estruturas deliberadas de uma obra de arte providenciam uma certa noção de sentido. Contudo, Sartre argumenta ainda que a apreciação de obras de arte existentes não é suficiente para dar sentido e justificação às nossas vidas; nós precisamos nos tornar criadores e nos considerar a nós mesmos, nossa vida e o mundo como material para uma transformação criativa. Em suas obras mais abertamente filosóficas, Sartre explica que apenas a atividade criativa da consciência humana pode conferir algum sentido e significado a um mundo que, caso contrário, permaneceria sem sentido.

O papel central da criatividade na filosofia de Sartre torna-se evidente no bem conhecido *slogan* do existencialismo: *a existência precede a essência* (SARTRE, 1975: 348). Isso significa que, pelo fato de os seres humanos serem dotados com consciência e não estarem sujeitos aos constrangimentos das leis determinísticas de causa e efeito, nós somos radicalmente livres para criar a nós mesmos. Para Sartre, "o homem antes de tudo existe, encontra a si mesmo, irrompe no mundo – e define a si mesmo posteriormente" (p. 349). Não há uma essência ou esboço preexistente que defina a natureza humana e limite o que ela possa ser. Portanto, nós somos radicalmente livres para criar a nós mesmos e – de forma mais enfática – não temos outra escolha senão criar a nós mesmos por meio de nossas ações no mundo. Em *O existencialismo é um humanismo*, Sartre usa a analogia com a arte para indicar como a criação de si pode ocorrer através da criação de valores:

> Digamos antes que devemos comparar a escolha moral à construção de uma obra de arte [...]. Sabemos que não existem valores estéticos *a priori*; contudo, existem valores que se tornam visíveis, posteriormente, na própria coerência do quadro, nas relações que existem entre a vontade de criação e o resultado (p. 346).

Na ausência de Deus, não há valores preexistentes e tampouco uma natureza humana. Para Sartre, nós temos de criar a nós mesmos por meio da criação de valores segundo os quais devemos viver, assumindo, nós mesmos, a tarefa de construir o sentido de nossas próprias vidas em um processo análogo à construção que um artista faz de sua obra. Em suma, como Daigle aponta, tanto Sartre como Nietzsche substituem Deus como provedor de sentido pelo ser humano criativo.

> **Ponto central**
>
> Nietzsche e Sartre expressam ideias existencialistas semelhantes, começando pelo mesmo problema (niilismo ou o sentido da vida na esteira da "morte de Deus") e propondo uma solução similar a esse problema (a produção criativa de sentido pelos seres humanos).

De forma similar, embora evitando questões em torno das influências, Beam (1998) tentou extrair similaridades entre Sartre e Nietzsche, mas também chamou a atenção para o que acredita serem algumas diferenças significativas entre ambos os filósofos. Em poucas palavras, embora reconhecendo (como Daigle) que ambos abordam o mesmo problema do niilismo, Beam argumenta que Sartre é "um pensador mais radical e ao mesmo tempo menos 'afirmador da vida' que Nietzsche". Beam considera Sartre um autor que mantém uma visão fundamentalmente pessimista da natureza humana que contrasta com a afirmação nietzscheana da possibilidade de alegria na existência; ademais, Beam julga que a ontologia de Sartre retém muitos elementos do platonismo que Nietzsche subverte, incluindo uma denegação da natureza e do mundo do vir-a-ser. A relação de Nietzsche com Sartre permanece um tema para investigações e debates ulteriores, mas o lugar que ambos ocupam no existencialismo é claro e bem resumido na seguinte passagem de Beam: "De todos os autores modernos que encararam resolutamente o fato de que Deus está morto e o universo não contém um sentido ou propósito inerente, Sartre e Nietzsche estão entre os mais importantes".

Camus

Camus era um jornalista e escritor franco-argelino ocasionalmente associado a Sartre e aos demais existencialistas franceses. Ele era um moralista apaixonado, cujos apelos aos leitores para que fizessem um balanço da vida sob as condições abertas pela morte de Deus continuam a ser muito populares hoje em dia. Assim como Sartre, Camus toma o mesmo ponto de partida que Nietzsche: o problema do niilismo – como devemos viver sem a crença em um sentido transcendente e um código de valores dado? Ao passo que Nietzsche permanece sem dúvida um elitista (cf. cap. 3) e Sartre desenvolve teorias filosóficas complexas e esotéricas, é possível considerar que Camus *humaniza* e *democratiza* o problema do niilismo concebido por Nietzsche. Uma anedota contada por Colin Wilson (um dos primeiros popularizadores do existencialismo na Inglaterra) sobre seu encontro com Camus ilustra muito bem esse ponto. Wilson explica a Camus suas próprias teorias sobre como a vida tem um sentido que existe fora de nós, um sentido com o qual nós talvez possamos nos unir por meio de uma experiência mística. Ele relata da seguinte forma qual foi a reação de Camus:

> A ideia parecia preocupar Camus. Ele fez um gesto apontando para fora da janela, em direção a um *teddy boy* parisiense andando de forma desleixada do outro lado da rua, e disse: "Não, o que é bom para ele precisa ser bom para mim também". O que ele quis dizer com isso era claro o suficiente: que qualquer solução para esse problema da "absurdidade" precisa ser uma solução que possa ser válida para o homem na rua, assim como para os místicos e intelectuais (WILSON, 2004: 173).

Diferentemente de Sartre, a influência de Nietzsche sobre o pensamento de Camus é ao mesmo tempo bem aparente e profunda. Nietzsche tem uma presença significativa nas duas principais obras teóricas de Camus: em *O Mito de Sísifo* [*Le Mythe de Sisyphe*] (1942) ele é uma referência constante, e *O homem revoltado* [*L'homme revolte*] (1951) contém uma seção dedicada ao filósofo alemão, "Nietzsche e niilismo". Além das discussões explícitas de Nietzsche feitas por Camus, uma série de autores notaram muitos temas nietzscheanos em suas peças e romances. Eu enfatizarei aqui, contudo, suas obras teóricas.

O Mito de Sísifo e *O homem revoltado* desenvolvem e exploram o problema do niilismo a partir de uma perspectiva individual e coletiva, respectivamente. Em *O Mito de Sísifo*, o niilismo é desenvolvido como a ideia da absurdidade da existência e explorado à luz do indivíduo e do problema do suicídio. Em *O homem revoltado*, o niilismo é desenvolvido no contexto das relações sociais entre indivíduos e explorado como a justificativa problemática para o assassinato e a revolução sanguinária. Se se entende o niilismo como uma negação da vida, então Camus dramatiza o problema e o torna mais urgente ao interpretá-lo o mais literal e praticamente possível, a saber, através do suicídio e do assassinato. Camus explora a forma pela qual o niilismo filosófico pode potencialmente justificar cada uma destas ações radicais, preocupando-se ainda em mostrar como tais justificativas podem ser rejeitadas e o problema do niilismo, superado.

É sabido que Camus começa *O Mito de Sísifo* afirmando: "Só existe um problema filosófico realmente sério: é o suicídio" (2000: 11). Para Camus, o suicídio deve ser entendido como o juízo de que a vida não merece ser vivida, seja tal juízo consciente ou não. De acordo com Camus, o que nos tenta ao suicídio – ao menos no sentido filosófico pelo qual ele está interessado – é a absurdidade. Em conformidade a isso, grande parte da análise de Camus sobre o problema do suicídio é realizada através do desenvolvimento de uma teoria própria sobre a absurdidade da existência. William E. Duvall escreve:

> A concepção de Camus sobre o absurdo é, desde seu início, fundada no diagnóstico de Nietzsche sobre o niilismo, sua lúcida consciência da falta de sentido, verdade e finalidade, que resulta na morte de Deus, além de sua consciência da realidade do sofrimento humano que acompanha esse silêncio (1999: 40).

Camus crê que a vida não tem sentido por não haver uma estrutura objetiva do universo, seja ela divina ou de outra natureza. O mundo não tem sentido e é resistente a todas as tentativas de explicá-lo. Mais precisamente, o que importa para Camus é que, mesmo se Deus existisse ou o mundo tivesse uma outra estrutura objetiva ou um significado, *nós não o saberíamos*. Ele escreve: "Eu não sei se este mundo tem um sentido que o transcende. Mas eu sei que eu não conheço tal sentido e que é impossível para mim conhecê-lo por ora. O que poderia significar para mim um sentido para além das minhas capacidades? Eu somente posso compreender em termos humanos" (CAMUS, 2000: 51).

Compreender é tudo para Camus. Sentido pode ser aceito apenas em termos do que pode ser compreendido. Como ele escreve, o desafio é "viver sem apelar" (p. 53): sem apelar a Deus ou a qualquer sentido transcendente que nós não podemos compreender ou cuja validade não pode ser assegurada. Contudo, Camus tem da absurdidade uma compreensão bem específica que é mal-interpretada se assumirmos que ela significa apenas a ausência de sentido da existência.

> **Ponto central:** *Absurdidade*
>
> Para Camus, a absurdidade da vida não é a pura e simples a ausência de sentido da vida, mas a tensão entre dois termos: a ausência objetiva de sentido e o desejo humano por sentido.

Para Camus, compreender significa sobretudo unificar. A inabilidade da razão em compreender o mundo redunda no fracasso da possibilidade de unidade. Ademais, o que obstrui a possibilidade da unidade é o fato mesmo da *consciência* e, com ela, do desejo de compreender o mundo racionalmente. Camus crê que, se nossa consciência não fosse maior do que a dos animais simples, não haveria então nenhuma divisão no mundo. Nós seríamos parte dele, estaríamos perfeitamente unidos a ele. Não haveria tensão alguma entre o mundo e o desejo humano por sentido, e a vida não seria absurda. Da mesma forma, se o universo pensasse e sentisse como nós (i. é, se houvesse um Deus que manifestasse a ordem divina), tampouco haveria divisão e a absurdidade não se firmaria. O que então Camus pensa que devemos fazer na busca por vidas prenhes de sentido? Como devemos reagir à absurdidade? Esse tipo de niilismo pode ser superado?

Camus conclui *O Mito de Sísifo* com uma famosa análise do mito referido no título da obra. Sísifo foi condenado pelos deuses a rolar uma pedra do topo de uma montanha apenas para vê-la rolando de volta até a base, então rolá-la novamente até o topo, e assim *ad infinitum*. Como Camus nota, os deuses aparentemente pensaram (não sem razão) que a punição mais terrível é um trabalho fútil e desesperançado (p. 107). Para Camus, esse mito serve como uma analogia para a absurdidade da vida humana; de fato, ele equipara a sina dos operários com os trabalhos fúteis de Sísifo. No entanto, para Camus, Sísifo é também um herói absurdo, uma figura que detém o segredo da vitória sobre a absurdidade. Camus enfatiza os seguintes aspectos de Sísifo. Primeiro, seu destino é trágico justamente por ele ser *consciente* da futilidade de seu trabalho. Tal consciência é uma faca de dois gumes: por um lado, ela pode aumentar o sofrimento; por outro, porém, Camus afirma que "verdades massacrantes perecem quando se tornam conhecidas" (p. 109). A tomada de consciência permite a Sísifo reconhecer e *afirmar* seu destino, e, dessa maneira, dominá-lo. Camus vê no desprezo de Sísifo em relação aos deuses um corolário do ateísmo contemporâneo e a libertação que dele resulta. A aceitação lúcida de um universo ateísta e absurdo torna a vida algo difícil de ser suportado por esvaziá-la de um sentido divino; no entanto, tal consciência também representa a chave para superar a ameaça de niilismo representada pela absurdidade: "Ela expulsa desse mundo um Deus que tinha vindo a ele insatisfeito e com certa preferência por sofrimentos fúteis. Ela torna o destino um assunto do homem, algo que precisa ser resolvido entre homens" (p. 110).

Como citado anteriormente, Kaufmann sugeriu que "a conclusão de *O Mito de Sísifo*, de Camus, soa como um eco distante de Nietzsche" (1975: 21). Como esse eco deve ser ouvido? Em primeiro lugar, o incessante rolar da pedra, o trabalho eternamente fútil de Sísifo destinado a não realizar absolutamente nada, é um eco do eterno retorno de Nietzsche, no qual o universal repete a si mesmo sem finalidade ou objetivo, tornando tudo o que acontece aparentemente fútil. Em segundo lugar, assim como Nietzsche, Camus enfatiza a superioridade de uma visão *trágica* da existência – uma visão que reconhece a absurdidade da vida assim como de sua alegria – por sobre um falso otimismo. Para Camus, a lucidez tem um poder próprio de dominar o destino. Segundo ele (e ainda ecoando Nietzsche), esse domínio ocorre não apenas através do reconhecimento do destino, mas, antes, também através de sua afirmação ("O homem absurdo diz sim e seu esforço será doravante incessante" [2000: 110]). Dessa forma, Camus apresenta uma resposta nietzscheana para o problema da absurdidade, argumentando ser suficiente afirmar esse mundo e nosso lugar nele para, assim, superar a absurdidade com uma noção de sentido:

> O universo doravante sem um senhor não parecerá a ele nem estéril, nem fútil. Cada átomo daquela pedra, cada lasca mineral daquela montanha repleta de noite, forma, em si, um mundo. A luta mesma em direção aos cimos é suficiente para encher o coração de um homem. É preciso imaginar Sísifo feliz (p. 111).

Nietzsche continua a ser uma influência poderosa moldando o livro posterior de Camus, *O homem revoltado*, mas aqui ele é objeto de uma discussão mais extensa e crítica. Se em *O Mito de Sísifo* há ressonâncias da afirmação absoluta nietzscheana como resposta ao niilismo, em *O homem revoltado* é justamente esse tema que se encontra sob ataque. Não obstante, como Duvall argumenta, apesar das críticas abertas a Nietzsche que surgem no livro, este precisa ser entendido, em seu todo, como tendo sido motivado por uma preocupação profundamente nietzscheana. Nessa obra, Camus examina o tema da rebelião ou revolta em duas dimensões relacionadas entre si, a *política* e a *metafísica*. Quanto à dimensão política, Camus está interessado na história das revoltas desde o final do século XVIII e no problema moral específico que surge dessa história sangrenta: O assassinato seria justificado? Quanto à dimensão metafísica, Camus está interessado na maneira como culturas inteiras, frequentemente seguindo a orientação de algum filósofo específico (como Marx e Nietzsche), rebelaram-se contra as crenças religiosas que tradicionalmente guiaram e reprimiram suas vidas. Camus relaciona o problema do assassinato em revoltas políticas com as revoltas metafísicas por dois motivos: em primeiro lugar, ele acredita que muitas das revoltas políticas foram de fato acompanhadas por revoltas metafísicas; em segundo lugar, pois, o niilismo ao qual podem levar as revoltas metafísicas oferece uma potencial justificação filosófica para o assassinato. Camus está interessado no exame da "lógica" interna da revolta, além de procurar mostrar como a revolta, segundo seus próprios parâmetros, não pode nunca justificar o assassinato.

O ponto de partida de Camus é mais uma vez nietzscheano por completo: trata-se do problema do niilismo. A revolta metafísica é similar ao niilismo ativo; ela surge da rejeição dos "valores supremos" encarnados numa ordem transcendente presidida por Deus. Camus cita a origem dessa revolta em uma insatisfação com a visão metafísica de mundo: "Ao protestar contra aquilo que a vida humana tem de inacabado, pela morte, e de disperso, pelo mal, a revolta metafísica é a reivindicação motivada de uma unidade feliz contra o sofrimento de viver e de morrer" (1971: 30). O revoltado metafisicamente se rebela ao "denunciar Deus como a origem da morte e como a desilusão suprema" (p. 30). Camus estabelece uma relação entre a revolta metafísica e a revolta política, ressaltando que, uma vez destituídos os valores metafísicos, os valores segundo os quais a ordem social existente foi estruturada são também arruinados, e o revoltado torna-se consciente de que a responsabilidade por essa ordem passa de Deus para os seres humanos. Portanto, a sociedade pode ser reestruturada de acordo com um novo e diferente conjunto de valores.

> Derrubado o trono de Deus, o revoltado reconhecerá essa justiça, essa ordem, essa unidade que em vão

buscava no âmbito de sua condição, cabendo agora criá-las com as próprias mãos e, com isso, justificar a perda da autoridade divina. Começa então o esforço desesperado para fundar, ainda que ao preço do crime, se for o caso, o império dos homens (p. 31).

O problema do assassinato surge, então, pois a revolta metafísica, que justifica a revolta política, parece levar também a um niilismo em que "nada é verdadeiro, tudo é permitido", incluindo o assassinato.

Contra isso, Camus apresenta um argumento, inspirado por Descartes, sobre a própria natureza lógica da revolta. Rebelar-se metafisicamente, Camus sugere, significa reconhecer que todos os demais estão na mesma situação metafísica que nós (i. é, todos nós estamos abandonados, sem Deus e sem valores transcendentes para conferir um sentido e um propósito a nossas vidas). Ele expressa isso como uma reformulação da famosa formulação de Descartes, *cogito ergo sum*: "Eu me *revolto*, portanto nós *existimos*" (p. 28). De acordo com Camus, ser verdadeiro ao impulso inicial e à lógica interna da revolta significa afirmar a solidariedade para com os outros seres humanos e rejeitar por completo o assassinato. Apenas quando este impulso é esquecido ou pervertido, Camus argumenta, é que a revolta pode descambar para uma revolução sanguinária e para a justificativa filosófica do assassinato.

Para além do tema nietzscheano central de *O homem revoltado*, Duvall argumentou que a história da revolta que Camus apresenta é uma espécie de genealogia nietzscheana, cujos momentos podem ser mapeados na genealogia da moral realizada por Nietzsche (DUVALL, 1999: 42). Camus tenta mostrar como a rebelião não raro tornou-se decadente, degenerando naquilo que ele denomina "revolução", na qual o assassinato torna-se desenfreado e o ímpeto original da revolta é traído. Ademais, Duvall argumenta, a discussão que Camus realiza sobre a arte no capítulo 4 do livro é profundamente influenciada pela estética de Nietzsche (p. 43). No entanto, a despeito da evidente dívida de Camus em relação a Nietzsche, a seção do livro mais explicitamente voltada a Nietzsche, "Nietzsche e o niilismo" (que foi também publicada como um ensaio isolado), é predominantemente hostil ao pensador alemão. Assumindo uma perspectiva — poderíamos dizer — caracteristicamente existencialista, Camus insiste em interrogar Nietzsche não apenas segundo o conteúdo explícito de suas ideias, mas também segundo as implicações de uma possível vida conforme tais ideias (p. 51). A esse respeito, Camus crê que Nietzsche é culpado de ter gerado ideias que ajudaram a moldar os totalitarismos do século XX.

O ponto crucial da crítica de Camus a Nietzsche é que, para ele, a afirmação absoluta da existência, que Nietzsche propõe como uma resposta ao niilismo, não pode dizer não ao assassinato. Nos termos da discussão de Camus em *O homem revoltado*, a filosofia de Nietzsche é, pois, culpada por extraviar a revolta de sua própria fundação e por seu decadente deslize em uma sangrenta revolução. Em primeiro lugar, Camus argumenta que, embora a rejeição nietzscheana de valores transcendentes pareça envolver liberdade, ela na realidade envolve uma espécie de servidão. Seu argumento se baseia na ideia de que ações livres exigem algum grau de direção; algumas coerções e algum objetivo. Sem tais restrições, um relativismo generalizado toma conta: não há mais razão para escolher uma coisa em detrimento de outra e toda ação é, assim, paralisada. Como escreve Camus (aludindo a um romance de Dostoiévski), com Nietzsche "[uma] lógica profunda substitui o 'se nada é verdadeiro, tudo é permitido', de Karamazov, por 'se nada é verdadeiro, nada é permitido'" (CAMUS, 1971: 63). De acordo com a leitura de Camus, ao rejeitar valores transcendentes, Nietzsche escolhe uma afirmação absoluta desse mundo, uma fidelidade ao destino e à história que não emite juízo algum sobre o mundo. Com tal afirmação, o pensamento se submete passivamente a uma necessidade postulada na ordem das coisas, e não deseja mudança nenhuma. Essa é a interpretação de Camus do *amor fati* nietzscheano, que ele designa como uma "divinização do destino" (p. 64).

Contudo, bem mais problemática do que essa servidão em relação ao destino, Camus considera a afirmação absoluta de Nietzsche como um consentimento ao assassinato e ao mal: "Esse magnífico consenso, nascido da abundância e plenitude de espírito, é a afirmação irrestrita da imperfeição e sofrimento humanos, do mau e do assassinato, de tudo aquilo que é problemático e estranho em nossa existência" (p. 63). Após se referir à notória influência dos equívocos interpretativos do pensamento nietzscheano durante o período nazista, Camus insiste que precisamos defender Nietzsche vigorosamente de tais más interpretações. Não obstante, ele afirma que a obra de Nietzsche *pode* ser usada como uma justificativa filosófica para o assassinato e, nessa medida, ela não é inocente. Em suma, seu juízo sobre Nietzsche é que "[d]izer sim a tudo supõe que se diga sim ao assassinato" (p. 68).

Independente de como se interprete a crítica de Camus a Nietzsche, é notável que nesse ensaio ele se refira quase que exclusivamente a uma seção particular de *A vontade de potência*, e, como Duvall ressalta (1999: 51), esse material não é representativo de nada presente em suas obras publicadas. Em resumo, portanto, a relação de Camus com Nietzsche é ambivalente: sua grande dívida com o pensador alemão é inquestionável, porém, embora reconheça Nietzsche como aquele que fez o diagnóstico mais profundo sobre o niilismo, Camus considera sua resposta a tal problema inadequada e até mesmo perigosa, procurando formular uma própria resposta. Em uma entrevista, Camus apresenta sua própria obra como essencialmente um confronto com esse tema nietzscheano: "Eu procurei [...] transcender nosso mais obscuro niilismo [...] [a partir de] uma fidelidade indistinta a uma luz na qual nasci e na qual por milhares de anos os homens aprenderam a acolher a vida, mesmo no sofrimento" (p. 47).

Kaufmann: Nietzsche com e para além do existencialismo

Como assinalado na introdução a este capítulo, Kaufmann é um dos grandes responsáveis por enquadrar Nietzsche como um existencialista no mundo anglo-saxão. Kaufmann foi um judeu alemão emigrado que deixou a Alemanha e se estabeleceu nos Estados Unidos em 1939. Ele escreveu uma tese sobre Nietzsche e valor na Universidade de Harvard, e de 1947 até sua morte, em 1980, ele foi professor de Filosofia na Universidade de Princeton. A influência de Kaufmann sobre os estudos de Nietzsche em língua inglesa não deve ser subestimada. Ele traduziu muitos dos livros de Nietzsche, e ainda hoje muitas de suas traduções, disponíveis em edições de preço acessível, são muito lidas. Ademais, seu *Nietzsche: filósofo, psicólogo, anticristo* ([1950] 1974) foi a principal publicação sobre Nietzsche em língua inglesa no pós--Segunda Guerra, contribuindo para resgatá-lo da sua vinculação com o nazismo e colocá-lo sobre uma base filosófica mais séria. Trata-se de um livro que ainda hoje é frequentemente recomendado como uma boa introdução e considerado uma obra indispensável por muitos especialistas em Nietzsche. O Nietzsche de Kaufmann tornou-se a interpretação mais amplamente disseminada sobre o autor em meados do século XX junto ao público geral e ao público especializado no mundo de língua inglesa; o amplo interesse contemporâneo em Nietzsche deve bastante a Kaufmann.

Não obstante, muitos estudiosos atuais de Nietzsche apresentam a interpretação de Kaufmann como uma infeliz *má* interpretação. Em primeiro lugar, costuma-se sugerir que Kaufmann, ao defender Nietzsche, expôs uma versão insípida de sua filosofia, tornada palatável para humanistas liberais. Como é conhecido, o Nietzsche de Kaufmann já foi descrito como um "King-Kong acorrentado [...] e fortemente sedado" (apud RATNER-ROSENHAGEN, 2006: 243). Em segundo lugar, Kaufmann é tipicamente considerado responsável pela imagem de Nietzsche como um existencialista, especialmente por aqueles que desejam repudiar o existencialismo como uma moda já ultrapassada. Mais recentemente, contudo, essa imagem do Nietzsche de Kaufmann foi colocada em questão (para alguns exemplos dignos de nota, cf. PICKUS, 2003; RATNER-ROSENHAGEN, 2006). Seguindo a insistência desses especialistas de que não devemos tomar a reputação de Kaufmann por seu valor nominal, nessa seção pretendemos expor os contornos das dimensões existencialistas da filosofia de Nietzsche na medida em que são explicitamente evocadas por Kaufmann em seus próprios escritos.

Em um ensaio tardio sobre a recepção do existencialismo nos Estados Unidos, Kaufmann argumenta que em seu *Nietzsche* ele "não apresentou Nietzsche nem como um existencialista nem na perspectiva do existencialismo" (1976: 101). Contudo, é indiscutível que há elementos de sua interpretação de Nietzsche que podem ser imediatamente identificados como existencialistas. Jennifer Ratner-Rosenhagen descreve esses elementos em termos da "'urgência da tarefa de Nietzsche': após a morte de Deus, quando as explicações divinas são insustentáveis e as explicações naturalistas não conseguem dar à experiência humana qualquer dignidade ou sentido, o indivíduo solitário precisa confrontar sua aterradora solidão em um universo indiferente" (2006: 262).

Assim como em Jaspers, um ponto-chave da interpretação de Kaufmann é o ideal nietzscheano da superação e criação de si. Em completo contraste com Jaspers, contudo, Kaufmann afirma a coerência sistemática da filosofia de Nietzsche e argumenta que as contradições que parecem caracterizar seus escritos são mais aparentes do que reais. A ênfase na criação de si e na coerência sistemática se amalgama em torno de uma interpretação da vontade de potência como a doutrina central da filosofia de Nietzsche, na qual se baseia todo o restante. Contra a imagem "protonazista" de Nietzsche, que interpreta a vontade de potência como uma apologia – da espécie da "lei do mais forte" – ao desejo de dominar os outros, Kaufmann afirma que o significado original da vontade de potência é o de uma superação de si por parte do indivíduo. A "potência" nietzscheana, na visão de Kaufmann, é a potência ou poder que os indivíduos têm sobre si mesmos: o poder de liberarem-se de constrangimentos tradicionais, religiosos e sociais, de superar a fraqueza de si próprios e, por fim, de criar e viver segundo seus próprios valores como indivíduos soberanos. Kaufmann apresenta Nietzsche como um pensador do Iluminismo e seguidor de Johann Wolfgang von Goethe, um grande pensador alemão dos séculos XVIII e XIX, na medida em que Nietzsche buscaria atingir a autonomia individual e autoperfeição. A ênfase na criação de si por parte do indivíduo é um tema reconhecidamente existencialista na interpretação de Nietzsche por Kaufmann.

Além disso, em 1956 o nome de Kaufmann foi ligado ao existencialismo pelo fato de ele ter sido o editor do livro *Existencialismo de Dostoiévski a Sartre* (1956 [1975]), que introduziu o existencialismo europeu a leitores anglófilos ao apresentar as primeiras traduções em inglês de textos de alguns dos mais proeminentes pensadores existencialistas. Em sua introdução a *Existencialismo de Dostoiévski a Sartre*, Kaufmann destaca os seguintes traços da filosofia de Nietzsche que justificariam sua caracterização como existencialista:

- a recusa em pertencer a qualquer escola de pensamento;

- o repúdio à adequação de todo e qualquer conjunto de crenças;
- oposição a sistemas filosóficos;
- insatisfação em relação à filosofia tradicional como algo superficial, acadêmico e distante da vida; e, por fim,
- uma preocupação com estados extremos do ânimo (1975: 20-21).

Contudo, Kaufmann distingue Nietzsche de outros existencialistas ao apontar sua falta de preocupação com fracasso, medo e morte. Embora esteja interessado no sofrimento, a resposta de Nietzsche ao sofrimento enfatiza a afirmação da vida e os estados extremos de amor e riso. Ademais, Kaufmann sugere que, em razão da lividez de seu espírito e estilo, Nietzsche está mais próximo dos existencialistas franceses do que de outros alemães (p. 21).

Em um artigo intitulado "Nietzsche e o existencialismo" (a transcrição de uma conferência dada em 1972; apud KAUFMANN, 1976), Kaufmann identifica os seguintes aspectos adicionais da filosofia de Nietzsche que seriam capazes de ser agrupados sob a rubrica "existencialismo":

- criticismo literário;
- um interesse na psicologia;
- uma crítica de "visões de mundo" (*Weltanschauungen*), incluindo o cristianismo;
- a análise do niilismo e uma possível atitude em relação a um mundo absurdo;
- uma preocupação com modos autênticos e inautênticos de ser; e, por fim,
- esforços literários e experimentos estilísticos.

No entanto, Kaufmann passa boa parte do artigo ressaltando as diferenças entre Nietzsche e vários outros existencialistas. Além disso, ele sugere que podemos identificar três tipos de filosofia em Nietzsche: (i) metafísica (especulações a respeito da vontade de potência e o eterno retorno); (ii) análise (observações sobre linguagem e gramática); e (iii) existencialismo. Assim como em outros lugares, aqui Kaufmann não apenas se empenha em apontar os temas existencialistas em Nietzsche, como também insiste que o pensamento de Nietzsche não pode de forma alguma ser *reduzido* ao existencialismo. Com efeito, como Ratner-Rosenhagen (2006: 254) argumentou, Kaufmann vê a filosofia de Nietzsche, com seu caráter multifacetado, como uma filosofia que está numa posição ideal para negociar a oposição entre a filosofia "analítica" anglo-americana e a filosofia europeia continental, assim como a oposição entre academia e vida pública.

Como vimos, pois, há boas razões para identificar em Kaufmann o intérprete de Nietzsche no mundo de língua inglesa que foi o principal responsável por caracterizá-lo como um existencialista. Seu livro extraordinariamente influente sobre Nietzsche contém elementos que podem ser interpretados como existencialistas, e em vários outros escritos Kaufmann explicitamente detalha as "credenciais existencialistas" de Nietzsche. Contudo, Kaufmann permaneceu, de fato, ambivalente sobre esse posicionamento, apontando diferenças e também similaridades entre Nietzsche e outros existencialistas, bem como ressaltando a rica variedade a ser encontrada nas obras de Nietzsche. O erro do "Mito de Walter Kaufmann" (cf. PICKUS, 2003) deve ser encontrado na tese de Kaufmann que reduz Nietzsche a um existencialista. A verdade, porém, é que Kaufmann insistia que o "existencialismo sugere apenas uma única faceta da multifacetada influência de Nietzsche; chamá-lo de existencialista significa, muito provavelmente, uma avaliação insuficiente de todo o seu significado" (1975: 22). Em suma, Kaufmann desejava posicionar Nietzsche como um autor central para o existencialismo, mas o próprio existencialismo como algo periférico para Nietzsche.

Heidegger: Nietzsche como o último metafísico

Heidegger foi sem dúvida um dos filósofos mais significativos e influentes do século XX, e umas das muitas áreas onde seu pensamento teve um grande impacto foi sua interpretação de Nietzsche. Ainda que pontos específicos da interpretação de Heidegger sejam com frequência alvo de disputa, ele foi incrivelmente influente ao colocar Nietzsche como um filósofo de alto escalão, que fez contribuições originais aos problemas tradicionais da filosofia, merecendo, pois, um lugar no cânon filosófico ocidental. A fase inicial da obra de Heidegger, caracterizada por seu *magnum opus*, *Ser e tempo* ([1927], 1967), fez com que ele fosse identificado como uma das principais figuras do existencialismo. Ele analisa aqui as estruturas da existência humana (ou *Dasein*, como ele a chama) de uma maneira que exerceu grande influência sobre Sartre e muitos outros. Contudo, seu embate mais sério com Nietzsche coincide com o que é denominado a "virada" em seu pensamento, distanciando-se de temas existencialistas – nos quais o *Dasein* é central – em direção a um pensamento do Ser que desloca a importância da existência humana. Isso nos permite, por sua vez, posicionar nossa discussão sobre o Nietzsche de Heidegger ao final deste capítulo sobre existencialismo, como uma transição para o próximo capítulo sobre pós-estruturalismo (um movimento que, em alguns aspectos, foi influenciado pela leitura de Nietzsche realizada por Heidegger).

A interpretação de Nietzsche feita por Heidegger foi primeiramente apresentada em uma série de conferências dadas na Universidade de Friburgo entre 1936 e 1941 e publicada em dois volumes em 1961. Porém, o ensaio "A sentença nietzscheana 'Deus está morto'" (em HEIDEGGER, 1977) apresenta muitos dos pontos centrais desses dois volumes em uma versão mais condensada e mais palatável. O panorama que se segue terá como foco alguns dos movimentos interpretativos que Heidegger realiza nesse ensaio (embora ocasionalmente nos estenderemos para além dele).

A leitura de Nietzsche feita por Heidegger é radical e em muitos aspectos representa o reverso das visões explicitamente defendidas por Nietzsche. Como vimos, para Nietzsche o niilismo é a história da desvaloração dos valores supremos até então existentes; a resposta ao niilismo consiste em uma transvaloração de todos os valores guiada pelos princípios da vontade de potência, o *Übermensch* e o eterno retorno. Heidegger vira Nietzsche de ponta-cabeça: o próprio pensamento sobre valores torna-se niilismo e o próprio Nietzsche torna-se um derradeiro niilista. Como Heidegger consegue realizar essa dramática inversão? Para entendermos a leitura crítica de Heidegger é preciso primeiramente entender alguns dos aspectos centrais do próprio pensamento heideggeriano.

É notório que o projeto filosófico de Heidegger girava em torno da "questão do Ser". O que é o Ser? Para Heidegger, a resposta e mesmo a posição da questão do Ser estavam repletas de dificuldades. De acordo com ele, isso ocorre devido ao fato de a tradição filosófica do Ocidente ter se esquecido de perguntar sobre o Ser – ou ao menos se esqueceu de perguntar sobre ele da forma como deveria. A forma de pensamento que se esqueceu de colocar a indagação sobre o Ser é denominada por Heidegger *metafísica*. Para Heidegger, o Ser é o que "dá" seres ou entes particulares para nós; ele é a condição para a possibilidade em geral de as coisas serem e para que apareçam a nós da forma como são. Para Heidegger, o Ser não pode ser reduzido a um ente particular. Ele denomina "diferença ontológica" a diferença entre Ser e ente, e critica a metafísica por ter esquecido essa diferença. Em outras palavras, segundo Heidegger, a tradição metafísica na história da filosofia tentou responder a questão do Ser referindo-se a um ente particular, porém, ao invés de responder adequadamente a questão, na verdade fez com que a questão mesma fosse obscurecida.

De acordo com Heidegger, a metafísica *é* niilismo por ser o "tornar-se nada" ou "aniquilamento do Ser" ou, ainda, o "esquecimento do Ser". Para ele, Nietzsche representa a culminação da metafísica e, por conseguinte, do niilismo. Nietzsche representa essa culminação pelo simples fato de ele acreditar ter superado a metafísica, embora esse próprio pensamento permaneça metafísico. Portanto, o pensamento de Nietzsche esquece o Ser, ainda que ele acredite estar, ele mesmo, liberto de tal esquecimento. O pensamento de Nietzsche é, assim, um duplo esquecimento do Ser. Mas por que Heidegger insiste em afirmar que o pensamento de Nietzsche permanece metafísico? Ora, porque ele dá uma resposta à questão do Ser, determinando-o como um ente.

Em primeiro lugar, Heidegger argumenta que Nietzsche consegue apenas *inverter* a metafísica de Platão, mas, ao fazê-lo, continua a pensar metafisicamente. Para Heidegger, tal inversão é insuficiente para tirar de cena o problema mesmo da metafísica; ela ainda não consegue pensar adequadamente o Ser. Ao passo que Platão afirmava a existência de estruturas estáveis e imutáveis (as ideias) como o verdadeiro fundamento da realidade e as aparências ou fenômenos cambiáveis como algo menos real, Nietzsche inverte essa imagem do mundo ao afirmar que o fluxo cambiável da vontade de potência é a verdadeira natureza da realidade, enquanto que as estruturas aparentemente estáveis são algo menos real. De acordo com Heidegger, para Nietzsche o Ser é vontade de potência. Enquanto que Nietzsche privilegia o fluxo do vir-a-ser descrito pela vontade de potência e escarnece da noção mesma de Ser (estável e eterno) como uma noção niilista, Heidegger assume a concepção de que, para Nietzsche, Ser e vir-a-ser são a mesma coisa. Quando Nietzsche chama de vontade de potência o fluxo do vir-a-ser, Heidegger considera que ele está nomeando "o que é", exatamente o que Heidegger entende como Ser. Ademais, Heidegger crê que a metafísica de Nietzsche se enquadra na fórmula metafísica tradicional da *essentia* (essência ou possibilidade) e *existentia* (efetividade ou a manifestação particular da *essentia* enquanto tal). Essa fórmula é metafísica na medida em que procura pensar o Ser, mas consegue apenas nomeá-lo como um ente, excluindo, com isso, a questão do Ser mesmo. De acordo com Heidegger, a vontade de potência nietzscheana é *essentia* e o eterno retorno é *existentia*.

Ademais, Heidegger identifica em Nietzsche uma metafísica da subjetividade (que ele chama de *subiectidade* [*Subiectität*]). De acordo com a interpretação de Heidegger sobre a tradição filosófica ocidental, a metafísica moderna começou com Descartes e a subiectidade inaugurada por seu famoso princípio *cogito ergo sum* (penso, logo existo). Heidegger interpreta o sujeito em seu significado original "como fundamento daquilo mesmo que serve de fundamento [*Als Grund Zugrundeliegenden*]" (HEIDEGGER, 1977: 148). Da mesma forma, o sujeito se torna, para Descartes, a sede da certeza: a única coisa da qual podemos ter certeza é a nossa existência autoconsciente. Enquanto tal, o sujeito se torna uma compreensão metafísica do Ser na medida em que se torna o fundamento de toda objetividade. Ora, de acordo com Heidegger, Nietzsche amplia a metafísica da subjetividade ao interpretar o Ser como vontade de potência. Segundo a interpretação de Heidegger, a vontade de potência implica sujeitos que desejam; esses são os "centros de força" que buscam conservar e promover a si mesmos. Nietzsche vê os *Übermenschen* como seres humanos que se deram conta da "verdade" da vontade de potência e buscam ampliar sua vontade até a dominação da Terra.

Outro aspecto fundamental da interpretação de Heidegger sobre Nietzsche é sua crítica ao pensamento sobre o valor. Como vimos, Nietzsche apresenta uma teoria do niilismo e de sua superação à luz do conceito de valor. Além disso, a própria vontade de potência – e, com ela, o Ser, de acordo com Heidegger – é entendida à luz do conceito de valor. O que é valor para Nietzsche? Heidegger cita o aforismo 710 de *A vontade de potência*: "O ponto de vista do 'valor' é o ponto de vista das *condições de conservação-promoção* em vista de configurações complexas de duração relativa no interior do vir-a-ser". Segundo a interpretação de Heidegger, Nietzsche pretende dizer aqui que "os valores são as condições de si mesmos estabelecidas pela própria vontade de potência" (1977: 75). Ou seja, os valores são as condições para a conservação e promoção da vontade de potência. Essas condições são, assim, o fundamento da própria vontade de potência, o que permite a Heidegger identificar a vontade de potência com o conceito de valor. E dado que, segundo Heidegger, a vontade de potência de Nietzsche é o Ser, Heidegger pode agora interpretar que Nietzsche esteja dizendo (ou melhor, dizendo *não* explicitamente, mas ao menos insinuando) que *o Ser é um valor*. Para Heidegger, trata-se da derradeira degradação do Ser. Este se tornou um "mero" valor, ainda que o supremo.

Para Heidegger – diferentemente de Nietzsche, Sartre ou Camus – o pensamento sobre valor é, ele mesmo, niilismo. O motivo para tanto é que os valores são postos ou escolhidos pelo sujeito. Enquanto tais, eles podem ser de-postos ou de-escolhidos. Na posição mesma de valores há um reconhecimento implícito de que aquilo que é valorado não tem valor *intrínseco* ou *objetivo*, mas apenas o valor que o sujeito escolhe dar. Portanto, em certo sentido, valorar algo significa também *trans* ou *des*valorá-lo. Nas próprias palavras de Heidegger, "[j]ustamente pela caracterização de algo como 'valor', se rouba a dignidade daquilo que é assim valorado. Isso quer dizer: ao avaliar algo como valor, aquilo que foi valorado é apenas admitido como objeto de avaliação pelo homem" (1993: 251). Ademais, toda valoração é uma subjetivação. Ela implica um sujeito que valora, que constitui o fundamento para o valor. Assim, de acordo com Heidegger, Nietzsche entende o Ser em termos de uma posição de valor, uma vontade subjetivante de potência. Essa vontade de potência é a culminação da metafísica e do niilismo, pois, ao pôr o Ser como um valor, ela revela apenas entes, e ao considerar a si mesma como a superação do niilismo e da metafísica, ela é a derradeira queda no niilismo por constituir-se como o derradeiro esquecimento do Ser.

Ademais, a metafísica da subjetividade representa o mundo – isto é, tudo que não é sujeito – como *objeto*. E dada sua qualidade de algo que põe valores, a subiectidade de Nietzsche nega o valor intrínseco de qualquer coisa objetiva. O mundo objetivo é apresentado ao sujeito como aquilo que subjaz a ele para seu próprio uso, para sua valoração, para sua conservação e promoção. A qualidade que o mundo objetivo tem para o sujeito que põe valores é denominada por Heidegger *Bestand*, um termo que é por vezes traduzido por "fundo de reserva", "disponibilidade" ou "subsistência" e que, como é sabido, Heidegger utiliza para nomear a essência da tecnologia (HEIDEGGER, 1977). Quando as coisas são consideradas sob esse prisma (que Heidegger denomina *Ge-Stell*, "armação"), os seres aparecem como recursos a serem utilizados pelo sujeito. Heidegger escreve:

> O soerguimento humano no seio da subjetividade transforma o ente em objeto [...]. O afastamento do ente em si, o assassinato de Deus, é empreendido em meio ao asseguramento da subsistência material, corpórea, anímica e espiritual; isso, porém, em virtude de sua própria segurança, que quer o domínio sobre o ente enquanto o possível objetivo, para corresponder ao Ser do ente, à vontade de potência (p. 107).

De acordo com Heidegger, a vontade de potência manifesta-se, dessa forma, na época histórica conhecida como Modernidade, na qual o desvelamento tecnológico e científico dos seres tornou-se hegemônico. A leitura heideggeriana sobre a essência da tecnologia entrelaça suas interpretações sobre os conceitos nietzscheanos de vontade de potência, o *Übermensch* e o pensamento sobre valores, de modo tal que Nietzsche surge como o pensador derradeiro da subjetividade, como aquele que advoga uma dominação intencional do mundo, o qual, por sua vez, é reduzido a uma coleção de objetos manipuláveis.

A leitura crítica de Nietzsche feita por Heidegger preparou o caminho para uma rejeição mais ampla do existencialismo, visto a partir de então como algo que incorpora aqueles mesmos temas criticados por Heidegger: pensamento sobre valores, subjetividade, a vontade e metafísica da essência/existência. (É notável que Heidegger critique o existencialismo de Sartre segundo muitos desses pontos; cf. sua "Carta sobre o humanismo" (apud HEIDEGGER, 1993).) Na França, essa crítica influenciou uma geração mais jovem de filósofos denominados "pós-estruturalistas", para os quais Nietzsche era também um importante ponto de referência. Nós nos voltaremos às suas leituras de Nietzsche no próximo capítulo. De fato, Kaufmann estava correto quando escreveu: "Parece ser seguro predizer que o interesse em Nietzsche será mais duradouro do que esse interesse circunstancial no existencialismo" (1976: 102). A relação de Nietzsche com esse movimento do pensamento moderno é resumida por Kaufmann da seguinte maneira: "Nietzsche é eterno, assim como Platão e Shakespeare. Quando falo sobre 'Nietzsche e o existencialismo', eu considero o existencialismo como um dos muitos fenômenos circunstanciais, uma das muitas vogas com as quais Nietzsche foi associado" (p. 38).

Sumário

Filosofia da vida

A filosofia da vida faz da "vida" um princípio fundacional que tudo abrange, compreendendo esse princípio como algo fundamentalmente irracional.

Nietzsche foi uma referência e inspiração essencial para a filosofia da vida: ele introduziu a vida como critério último de todos os juízos e valores; ele frequentemente associa com o irracional aquilo que promove a vida; ele introduziu a antítese normativa entre o sadio e o enfermo ou decadente; e a vontade de potência pode ser compreendida como uma metafísica dinâmica e irracional da vida.

Teoria dos Valores

Embora os teóricos alemães dos valores tenham sido influenciados em sua visada por filósofos como Kant e Hegel, o ímpeto que os conduziu ao projeto de encontrar uma nova base para os valores foi dado, em grande medida, pelo apelo de Nietzsche a uma "transvaloração de todos os valores".

Existencialismo

O "existencialismo" é um conceito que agrupa um amplo e diverso leque de pensadores que, em geral, têm em comum muitos dos seguintes interesses e visões:

- o indivíduo existente, colocado solitariamente diante de um universo sem sentido;
- a forma ímpar pela qual os seres humanos existem, em razão do fato de serem conscientes de sua existência e também atormentados por ela;
- uma ênfase no sujeito, porém no âmbito completo de sua existência (tanto o irracional como o racional);
- uma ênfase no indivíduo e defesa de seu significado;
- liberdade humana e sua capacidade de ação;
- uma ética que gira em torno das categorias de autenticidade e inautenticidade;
- uma suspeita em relação à construção de sistemas filosóficos;

- uma ênfase na experiência pessoal interna como modo de acesso à verdade; e
- uma visada mais literária no estilo de filosofar.

O Nietzsche de Jaspers

Jaspers rejeita a ideia de que haja algo que detém valor positivo nas doutrinas filosóficas de Nietzsche, enfatizando, em lugar disso, seu "filosofar". Esse "filosofar" tem valor, pois as muitas contradições nas obras de Nietzsche podem nos tornar bem conscientes dos limites do pensamento racional, permitindo uma experiência do transcendente através da qual podemos obter um discernimento maior de nossa própria existência.

Existencialismo francês

- Sartre: A relação de Sartre com Nietzsche tem contornos imprecisos, mas ambos são unidos por um interesse comum no niilismo e no problema do valor; ademais, ambos ressaltam o papel da criatividade em sua resposta à questão do sentido da existência.
- Camus: Camus foi profundamente influenciado por Nietzsche e, ao mesmo tempo, explicitamente crítico de seu pensamento. A resposta de Camus ao problema do suicídio em *O Mito de Sísifo* tem ressonâncias do *amor fati* de Nietzsche, mas em *O homem revoltado* ele critica a afirmação nietzscheana absoluta da existência por ela não ser capaz de condenar o assassinato.

O Nietzsche de Kaufmann

Kaufmann foi o grande responsável, no mundo de língua inglesa, por reabilitar a imagem de Nietzsche como um importante filósofo, livrando-o de sua "contaminação" nazista após a

Segunda Guerra Mundial. Ele também foi o grande responsável por identificar Nietzsche como um existencialista. Entre outros aspectos, Kaufmann vê Nietzsche como um existencialista devido à sua oposição à filosofia tradicional, na medida em que esta é excessivamente racional, sistemática, desapaixonada e afastada da vida, e também devido a seu interesse predominante pelo niilismo e pela aparente ausência de sentido da existência humana. Contudo, Kaufmann também nota diferenças significativas entre Nietzsche e outros existencialistas, sustentando haver muito mais na filosofia nietzscheana do que apenas aqueles temas que poderiam ser caracterizados como existencialistas.

O Nietzsche de Heidegger

Nietzsche tornou-se um objeto de fundamental interesse para Heidegger no começo dos anos de 1930, justamente no momento em que ele começava a distanciar-se do seu "período existencialista". Para Heidegger, Nietzsche é o último metafísico e o zênite da metafísica, precisamente pelo fato de ele acreditar tê-la superado. Heidegger caracteriza Nietzsche como um pensador metafísico pelas seguintes razões:

- sua filosofia é uma inversão do platonismo que conserva categorias metafísicas;
- vontade de potência = essência; eterno retorno = existência;
- o pensamento de valores é uma subjetivação que aprisiona o pensamento na filosofia do sujeito;
- a vontade de potência é uma vontade de dominar a Terra e implica "armação" (a essência da tecnologia).

2

Nietzscheanismo e pós-estruturalismo

> *Todo conceito nasce por igualação do não igual. Assim como é certo que nunca uma folha é inteiramente igual a uma outra, é certo que o conceito de folha é formado pelo arbitrário abandono dessas diferenças individuais, por um esquecer-se do que é distintivo [...]. Enquanto cada metáfora intuitiva é individual e sem igual e, por isso, sabe escapar a toda rubricação, o grande edifício dos conceitos ostenta a regularidade rígida de columbário romano e respeita na lógica aquele rigor e frieza, que são da própria matemática [...]. [O] conceito [...] é somente o* resíduo de uma metáfora (VM 1).

Nietzsche tem a rara característica de ser associado não apenas ao existencialismo, mas também ao mais importante movimento que o sucedeu na filosofia continental do século XX, a saber, o pós-estruturalismo. O existencialismo e a fenomenologia haviam caído significativamente em popularidade na França na década de 1960, em grande parte devido ao fato de terem sido substituídos por um novo e revolucionário movimento que tomara as humanidades de assalto: o estruturalismo. No final da década de 1960, contudo, um grupo de pensadores que seriam conhecidos no mundo de língua inglesa como "pós-estruturalistas" se ocuparam criticamente com o estruturalismo (embora, decerto, tivessem aceito algumas de suas concepções). Os mais conhecidos entre esses pensadores eram Gilles Deleuze, Jacques Derrida, Michel Foucault, Luce Irigaray e Jean-François Lyotard. Nietzsche foi uma importante influência para todos esses pensadores, muitos dos quais colaboraram ativamente para o que viria a ser conhecido como o "renascimento de Nietzsche" na França nas décadas de 1960 e de 1970. Essas interpretações pós-estruturalistas de Nietzsche foram extremamente influentes no cenário internacional na segunda metade do século XX e continuam ainda hoje a moldar outras interpretações e debates em torno de Nietzsche. Essa filiação um tanto ampla foi denominada, coletivamente, de "nietzscheanismo francês" ou "o novo Nietzsche", tendo sido associada ao pós-modernismo e a versões do feminismo, assim como ao pós-estruturalismo.

Este capítulo começa com um panorama introdutório do pós-estruturalismo e uma explicação sinóptica sobre o *motivo* de Nietzsche ter sido importante para os pós-estruturalistas. Dada a irredutível complexidade dos eventos históricos, da política institucional, além do itinerário e agenda de pensadores individuais, não raro é difícil ressaltar com exatidão por que um pensador ou escola particular de pensamento "levanta voo" em um momento particular e em um lugar particular. Não há dúvida alguma sobre o grau de fervor coletivo do nietzscheanismo francês (cf. KUZMA, 2009), mas não é algo simples identificar suas causas, motivações e real significado. Alan D. Schrift, por exemplo, sugere que o fator mais importante no renascimento de Nietzsche foi o aparecimento de Nietzsche na *agrégation* – o exame obrigatório para os professores secundaristas na França – em 1958 (SCHRIFT, 2005: x). Duas importantes conferências sobre a obra de Nietzsche são também frequentemente citadas como tendo desempenhado uma função central no contexto francês: o Colóquio de Royaumont em 1964 e o outro de Cerisy-la--Salle em 1972 (da última, intitulada *"Nietzsche aujourd'hui"* ou "Nietzsche hoje", também resultou uma importante coleção de ensaios). Não obstante, para além do contexto institucional, há razões *filosóficas* significativas que podem ser destacadas para explicar o motivo de Nietzsche ter sido extremamente útil para essa geração de pensadores franceses.

A interpretação de Nietzsche desenvolvida pelos pós-estruturalistas tem uma grande dívida com dois intérpretes franceses anteriores, Georges Bataille e Pierre Klossowski. Na sequência à introdução geral ao pós-estruturalismo abaixo, uma seção é dedicada à interpretação de Nietzsche realizada por esses dois autores. O capítulo fornece então um panorama dos principais aspectos teóricos de três dos mais proeminentes pró-estruturalistas nietzscheanos: Deleuze, Foucault e Derrida. Na década de 1980 houve uma grande reação ao nietzscheanismo na França, de modo que o capítulo se encerra com uma breve perspectiva acerca do "antinietzscheanismo" francês.

Nietzsche no contexto pós-estruturalista

O pós-estruturalismo pode ser considerado como uma reação crítica a uma série de movimentos que dominavam a *intelligentsia* francesa na década de 1960, e o recurso a Nietzsche explica-se pelo fato de eles terem encontrado em sua obra corretivos poderosos aos temas tratados por aqueles movimentos. Em outras palavras, Nietzsche parecia sugerir soluções para muitos dos principais problemas que acossavam essa geração de pensadores. Tais problemas são de variadas naturezas, mas podem ser resumidos por estas quatro correntes intelectuais:

> **Ponto central:** *O valor de Nietzsche para os pós-estruturalistas*
> Nietzsche oferece recursos para uma resposta crítica a:
> - Estruturalismo (a redução do significado a estruturas linguísticas e semióticas sincrônicas).
> - Racionalismo cartesiano e a filosofia do sujeito (incluindo a fenomenologia existencial).
> - Hegelianismo (filosofia como sistematicidade, recuperação, totalização).
> - Marxismo (uma política revolucionária e utópica no nível dos partidos e instituições).

A estas correntes associam-se temas como humanismo, racionalismo e filosofia da história, todos estes expressando visões particulares sobre a natureza dos seres humanos e sobre a natureza do sentido e significado no mundo. Eu considerarei uma a uma essas quatro correntes, indicando de forma bem geral como a obra de Nietzsche enseja um desafio e uma resposta crítica a elas. Nesta seção introdutória, eu darei mais atenção ao estruturalismo, pois é ele que, sem dúvida, melhor permite uma avaliação sobre a natureza específica do pós-estruturalismo. No restante do capítulo, muitos desses temas e ideias serão novamente examinados a partir do ponto de vista de cada pós-estruturalista nietzscheano.

Estruturalismo

Para iniciarmos nossa discussão, o mais apropriado seria abordar o movimento do qual o termo pós-estruturalismo é derivado: estruturalismo. O pós-estruturalismo pode ser considerado, por um lado, como uma aceitação e uma extensão de muitos dos princípios do estruturalismo, e, por outro, como uma crítica e um contramovimento deste último. Alguns dos principais teóricos associados ao estruturalismo podem também ser identificados como pós-estruturalistas devido à forma como sua obra tardia desenvolveu corretivos às limitações do próprio estruturalismo. Alguns dos mais proeminentes estruturalistas e seus campos de atuação são: Ferdinand de Saussure (linguística), Roman Jakobson (linguística), Claude Lévi-Strauss (antropologia), Jacques Lacan (psicanálise), Roland Barthes (teoria literária) e Foucault (filosofia/história das ideias). Os três últimos autores são também frequentemente identificados como pós-estruturalistas.

Estruturalismo é o nome dado a um método de análise que dominou as humanidades na França durante a década de 1960. Os proponentes do estruturalismo percebiam a si mesmos como os responsáveis por empreender uma revolução nas humanidades, aplicando ao sistema de significações humanas um *método científico e objetivo* de análise. O estruturalismo é uma teoria do significado que o compreende como algo dado a coisas individuais pelas estruturas das quais elas fazem parte. O estruturalismo parte da linguística estrutural desenvolvida por Saussure (1857-1913) e aplica métodos estruturais à análise de uma ampla variedade de fenômenos sociais e sistemas de significado no mundo da vida humana, a saber, de todas aquelas áreas que são tradicionalmente objeto de estudo nas humanidades (literatura, antropologia, psicologia etc.).

> **Ponto central**
> Em geral, uma estrutura é entendida como um conjunto de elementos formais e suas relações recíprocas, e o significado é entendido como algo dado por tais relações.

O estruturalismo enquanto uma teoria do significado se opõe a uma concepção mais "tradicional" segundo a qual o significado é formado livremente na mente dos indivíduos e então comunicado aos outros através da linguagem. Em contrapartida, o estruturalismo afirma que os próprios significados são uma função de estruturas extraindividuais tais como a linguagem. O estruturalismo afirma que o significado é uma função de estruturas profundas, condicionantes e por vezes inconscientes que subjazem às culturas humanas e que tornam possível expressões particulares de significado. O estruturalismo é, portanto, entendido com frequência como uma teoria que serve de apoio a uma visão determinista de mundo e solapa a ideia de livre-arbítrio, pois os seres humanos e o mundo são compreendidos como algo determinado por condições que se encontram para aquém do controle consciente por parte dos seres humanos.

Na esteira da linguística de Saussure, o estruturalismo rejeita uma visada *diacrônica* (estudo do fenômeno através de sua evolução no tempo) em favor de uma *sincrônica* (adoção de um "recorte temporal"; exame das relações entre as coisas em um intervalo determinado de tempo). Por exemplo, o significado cultural de um objeto particular, como, digamos, um carro, é considerado conforme sua relação com outros objetos daquela cultura em um determinado ponto da história, em lugar da consideração da história de seu desenvolvimento.

No esclarecedor ensaio "A atividade estruturalista" (1972), Barthes ressalta que as estruturas explicam ou tornam inteligíveis os fenômenos por elas representados. Enquanto tal, o estruturalismo pode ser considerado como um esforço para expandir a compreensão racional até áreas aparentemente irracionais, como o mito, a ideologia e o inconsciente. Por exemplo, Lévi-Strauss argumenta que os povos chamados "primitivos" são tão racionais como os ocidentais modernos, uma vez que seus mitos seguem estruturas racionalmente consistentes, e Lacan argumenta que o inconsciente – considerado por Freud como um *locus* de irracionalidade – é estruturado como a linguagem.

O aspecto distintivo das estruturas estudadas nas humanidades (entendidas em sua oposição às ciências naturais, que frequentemente empregam uma espécie de abordagem estrutural) consiste no fato de os elementos das estruturas serem entendidos como *signos*. Isso ocorre na esteira de Saussure. Ele sugeria que a linguística é apenas um ramo da ciência geral da semiologia, que estuda o papel dos signos como parte da vida social (SAUSSURE, 1986: 15).

> **Ponto central**
> Um signo é algo que representa ou está para uma outra coisa. Por exemplo, uma folha amarelada pode ser interpretada como signo do outono. Em uma estrutura, o signo se refere a outros signos em uma rede significativa complexa.

O signo é composto por dois elementos distintos, porém codependentes: o *significante* e o *significado* (Saussure diz, como é sabido, que eles são como os dois lados do mesmo pedaço de papel, que seria o signo). O significante é uma *imagem acústica*, isto é, tanto o som do mundo falado como sua aparência visual quando escrito. O significado é o *conceito* ao qual o significante se refere. Saussure escreve que a relação entre o significado e o significante é arbitrária; ele quer dizer com isso que a um conceito particular qualquer pode, por princípio, ligar-se uma palavra particular qualquer (e conceitos têm, de fato, diferentes palavras ligadas a eles em diferentes línguas).

Se significantes são arbitrários, como então eles adquirem sua significação semântica? A resposta de Saussure é: em virtude da *diferença*. Ele escreve: "Uma posição de jogo [de xadrez] corresponde de perto a um estado da língua. O valor respectivo das peças depende da sua posição no tabuleiro, do mesmo modo que na língua cada termo tem seu valor pela oposição aos outros termos" (1986: 88). Significantes diferem entre si: por exemplo, gato, pato, mato, e assim por diante. Significados também diferem entre si de forma semelhante. Os termos desses dois sistemas de diferenças são arbitrariamente ligados para formar signos. Vale notar que se tratava de uma concepção de significação semântica muito diferente da que era popular até então; anteriormente, o valor semântico era em geral compreendido em termos de identidade; uma palavra adquiriria uma significação semântica em virtude de uma *entidade extralinguística* que a *identifica* (à qual a palavra se refere ou da qual é significante). Significantes têm uma significação apenas *relativa* a todos os outros termos na língua da qual fazem parte, na medida em que *diferirem* deles. Outra ideia importante de Saussure relacionada a esta é que *não há conceitos preexistentes, anteriores à língua e independentes dela*. Esse aspecto tem importância decisiva para a filosofia continental do século XX; ele introduz a influente ideia de que a linguagem e o uso social dos signos são centrais para nossa compreensão da realidade.

Do estruturalismo ao pós-estruturalismo

Os aspectos a serem apresentados na sequência indicam as muitas maneiras pelas quais o pós-estruturalismo representou um desafio ao estruturalismo, bem como a forma pela qual a filosofia de Nietzsche se provou ser um útil recurso em tais desafios. Nós não devemos nos esquecer, contudo, de que se trata aqui de uma generalização esquemática, e um pensamento pós-estruturalista particular não concorda forçosamente com todos os aspectos a seguir. Nós tampouco devemos nos esquecer de que os pós-estruturalistas receberam essa denominação por continuarem a aceitar algumas das inovações centrais do estruturalismo – em particular, a ideia de que a significação é extraindividual e não um produto de uma consciência humana individual – e, portanto, devem ser interpretados como autores que esposam uma versão *radicalmente modificada* do estruturalismo, em lugar de rejeitá-lo pura e simplesmente. Por fim, cumpre notar que, como indicado acima, o estruturalismo foi introduzido como uma metodologia apropriada às humanidades *tout court*. Parte do ímpeto do pós-estruturalismo pode ser entendido como um desejo de defender a especificidade do pensamento filosófico contra essa metodologia hegemônica, e Nietzsche foi útil nessa tarefa precisamente por ter colocado desafios filosóficos a uma série de doutrinas dessa metodologia.

- *Gênese, não sincronia.* O pós-estruturalismo conserva a ideia de que significações culturais devem ser explicadas em termos de estruturas, mas ao mesmo tempo rejeita o método a-histórico e sincrônico dos estruturalistas. Em contrapartida, o pós-estruturalismo busca explicar a *gênese* das estruturas, ou seja, não apenas como sistemas de significação funcionam, mas como e por que esses sistemas surgem. Os pós-estruturalistas tendem a ver o estruturalismo como algo inerentemente conservador pelo fato de ele implicitamente defender os valores de uma ordem existente e não fornecer um horizonte a partir do qual esses valores poderiam ser criticados. A obra de Nietzsche sobre a genealogia é particularmente útil aqui por mostrar como os valores do presente podem ser interrogados a partir de uma perspectiva histórica. Ideologias conservadoras frequentemente apresentam os valores e tradições por elas defendidos como eternos, universais, dados pura e simplesmente. As genealogias mostram não apenas que as coisas não foram sempre como frequente e erroneamente assumimos que elas são, mas também que os valores atuais são contaminados por origens ignóbeis (p. ex., as origens das noções de bem e mal no ressentimento; cf. GM, primeira dissertação).

- *Dinamismo, não estatismo*. Ademais, o pós-estruturalismo rejeita a concepção estruturalista segundo a qual os sistemas racionais de significação podem ser autossuficientes e internamente consistentes. Os pensadores pós-estruturalistas costumam postular alguma espécie de "força dinâmica" que, embora essencial à gênese e constituição de estruturas, tende ao mesmo tempo a perturbá-las e desarranjá-las, provocando mudanças nessas estruturas e produzindo algo novo. Essas forças dinâmicas precedem ou excedem a racionalidade e significação linguística, sendo designadas, de maneiras diversas, por coisas como corpo, o inconsciente, energia libidinal, afetos, e assim por diante. Isso sugere que as estruturas são plásticas e menos rígidas ou estáticas do que supõem os estruturalistas. Nietzsche é útil aqui por estabelecer uma concepção dinâmica de significação: ele critica o "egipcismo" (CI "Razão" 1) de filósofos que mumificam a significação em conceitos mortos e rígidos, e em lugar disso sugere que a significação começa com forças fluidas e ambíguas, como a vontade de potência, as percepções e os instintos inconscientes do corpo, tornando-se conceitos estáticos por meio de complexos e falsificadores processos de tradução e habituação histórica (cf. tb. epígrafe no começo deste capítulo como um exemplo do argumento de Nietzsche em relação a esse ponto).

- *Jogo de superfície, não de profundidade*: Muitos pós-estruturalistas nutrem suspeitas em relação à ideia de que as estruturas são "profundas" e subjazem a fenômenos de superfície, rejeitando essa concepção enquanto algo de mistificação quase religiosa. Em oposição a isso, os pós-estruturalistas veem a significação em estruturas entendidas como algo constituído por um movimento lúdico de significação entre signos que se referem a outros signos. Essa rejeição da profundidade se apoia na crítica nietzscheana da religião: como o mundo é ininteligível em si mesmo, os religiosos estabelecem um "mundo verdadeiro" para além do mundo de nossos sentidos. De forma semelhante, os estruturalistas tentaram fornecer uma explicação racional do supostamente irracional – o inconsciente, os mitos dos povos "primitivos", as seduções sensuais da arte, as produções culturais aparentemente frívolas, como a moda –, estabelecendo-o como sintoma de estruturas subjacentes mais profundas que eram fundamentalmente racionais e podiam ser compreendidas racionalmente. Ao rejeitar estruturas profundas, os pós-estruturalistas seguem Nietzsche em sua rejeição de um suposto "mundo verdadeiro" como fonte de significação e, em lugar disso, afirmam a significação inteiramente como o produto do mundo imanente das aparências.

Além dessas reações críticas ao estruturalismo, o pós-estruturalismo se ocupa de forma relevante com tradições mais especificamente filosóficas que dominavam a França em meados do século XX. Uma vez mais Nietzsche constitui uma fonte completa de inspiração na resposta a essas tradições. Os principais pontos desse embate são apresentados na sequência.

Cartesianismo ou filosofia do sujeito

A geração de filósofos pós-estruturalistas procurava substituir radicalmente a filosofia do sujeito, que pode ser vista como um legado persistente de René Descartes (1596-1650) na tradição francesa. Descartes estabelecia o sujeito – o "Eu penso" de "Eu penso, logo existo" (*cogito ergo sum*) – como o primeiro e único fundamento seguro de todo o conhecimento (DESCARTES, 1954). A fenomenologia existencial havia começado a destituir o sujeito de sua função central para a filosofia, contudo, para os pós-estruturalistas, essa destituição não havia ido longe o suficiente. Por exemplo, Sartre argumentara em *A transcendência do ego* (SARTRE, 1960) que o sujeito não é uma identidade estável e contínua de si, ao contrário do que Descartes e seus sucessores haviam suposto; porém, Sartre reafirmou seu próprio cartesianismo em "O existencialismo é um humanismo", argumentando que a filosofia, se ela deve possuir alguma fundação, não pode ter seu ponto de partida em outro lugar senão no *cogito* cartesiano (SARTRE, 1975: 360-361). Em geral, os pós-estruturalistas veem o sujeito não como um fundamento estável que seria apropriado para estabelecer uma filosofia primeira, mas, antes, como um produto contingente de fatores mais primários, sejam eles históricos, culturais, políticos, linguísticos ou ontológicos. Por outro lado, contudo, ao passo que o estruturalismo parecia às vezes eliminar por completo o sujeito do panorama da teoria, os pós-estruturalistas estavam interessados em pôr o sujeito de volta em cena, mas desta vez como algo descentrado e que precisa ser explicado, ao invés de um princípio de explicação.

Nietzsche é útil para a crítica pós-estruturalista ao sujeito devido a seu questionamento penetrante acerca desse conceito filosófico. Nietzsche critica o sujeito ao questionar o valor e primazia da consciência no organismo humano considerado enquanto um todo, ao afirmar a prioridade epistêmica do corpo sobre a mente (em oposição direta a Descartes), ao questionar a identidade de si do sujeito (ele apresenta o Eu como algo múltiplo e fragmentado), e, por fim, ao sugerir que a ideia de sujeito pode ser, ela mesma, uma ficção (não há um "atuante" por detrás do "atuar"; GM I, 13).

Uma ideia que se relaciona à filosofia do sujeito, mas que, ao mesmo tempo, dela se distingue, é o *humanismo*. Embora esse termo possua uma série de significados, o sentido no qual ele interessa aos pós-estruturalistas é o da ideia de que os seres humanos são a origem e os senhores da significação no mundo. Nesse sentido, o humanismo é relacionado à filosofia do sujeito na medida em que Descartes transferiu a sede da certeza de Deus para o ser humano (em sua própria consciência subjetiva). Em geral, o pós-estruturalismo retém o anti-humanismo do estruturalismo e a crença de que a significação é uma função de sistemas extrassubjetivos ao invés de enraizar-se nas intenções de sujeitos conscientes. O humanismo também retrata o ser humano como um princípio último de explicação, cuja versão mais extrema talvez seja o "princípio antrópico", popular entre alguns cientistas contemporâneos; esse princípio salva a dotação de sentido da vida humana na concepção cosmológica contemporânea ao propor que o próprio cosmos foi orientado para produzir o ser humano como seu apogeu. Nietzsche critica o humanismo ao apontar para a ilegitimidade da tese de que uma criatura em um ponto particular de sua evolução (o ser humano como ele existe agora) é o apogeu de um vasto processo cosmológico. Ademais, ele procura minar o humanismo ao chamar a atenção para todas as limitações do ser humano, bem como apontar para o *Übermensch* como o objetivo ao qual devemos tender e em cujo nome o ser humano deve ser sacrificado.

Hegelianismo

A partir de 1930, grosso modo, Hegel foi um ponto de referência fundamental na filosofia francesa. O hegelianismo francês foi inaugurado primeiramente pelo livro de Jean Wahl, *A infelicidade da consciência na filosofia de Hegel* [*Le malheur de la conscience dans la philosophie de Hegel*], de 1929 (WAHL, 1951), e pela famosa série de conferências proferidas por Alexandre Kojève na École Pratique des Hautes Études entre 1933 e 1939. Alexandre Koyré e Jean Hyppolite também desempenharam um papel fundamental nesse movimento. Partindo de Wahl, o hegelianismo francês não era um Hegel "puro", mas, antes, um Hegel mesclado a interesses existencialistas, heideggerianos e marxistas. Em particular a imagem de Hegel que emergia de Kojève veio a ser considerada pelos pós-estruturalistas como uma espécie de contrarreflexo para seus próprios interesses, e Nietzsche foi considerado como um autor que poderia fornecer inspiração para uma filosofia "anti-hegeliana" (ou, talvez, de forma mais exata, uma filosofia "pós-hegeliana", dado que a relação dos pós-estruturalistas com o hegelianismo é de certa forma semelhante à relação deles com o estruturalismo; ela consiste mais em uma transformação crítica do que em uma rejeição pura e simples).

Como Robert Sinnerbrink explica em *Hegelianismo* [*Understanding Hegelianismo*] (2007: 127), é possível afirmar que a reação crítica francesa a Hegel gira em torno de temas conexos da tensão entre *razão* e seu *"outro"*, além do movimento *dialético* de pensamento que busca reconciliar todas as diferenças, entendidas como oposições, em um todo unificado. Hegel é um idealista que entende toda a realidade em termos de um movimento histórico e lógico de pensamento cujo objetivo é uma reconciliação final de todas as diferenças. Como é sabido, para Hegel "tudo o que é racional é real e tudo o que é real é racional" (1952: 10); nesse prisma, os franceses tendiam a considerar as diferenças reconciliadas na unidade hegeliana como os "outros" da razão – desejo, emoção, o corpo, a loucura, o feminino, a pobreza, a fraqueza, e assim por diante – e considerar, ademais, o interesse da dialética hegeliana pela "totalidade" como algo que descamba num "totalitarismo" político (SINNERBRINK, 2007: 127). Um terceiro aspecto que deve ser ressaltado aqui é que o hegelianismo, ao propor que a dialética se desdobra concretamente na história e se dirige até um fim último, considera a *história como algo que possui sentido* e – segundo as críticas pós-estruturalistas – fornece uma indevida justificativa para atrocidades, na medida em que estas podem ser vistas como mais um grão a ser moído no moinho da dialética (i. é, o mal é justificado por um bem supostamente superior).

Os pós-estruturalistas reagem ao racionalismo de Hegel, à sua dialética e compreensão sobre a história. Nietzsche se mostra útil em cada um desses casos. Contra o racionalismo hegeliano, Nietzsche questiona com radicalidade o valor da razão mesmo, valorando seus "outros", como o corpo, os instintos e as emoções. Contra a dialética, Nietzsche questiona a primazia epistêmica das oposições nas quais ela se baseia. Além disso, Deleuze em particular encontra uma "lógica da diferença" em Nietzsche que se opõe à lógica de oposição em Hegel, afirmando a diferença em si mesma ao invés de subordinar as diferenças a um princípio de identidade. Por fim, os pós-estruturalistas defendem a singularidade e contingência dos eventos históricos contra a concepção segundo a qual pode ser-lhes dado um significado determinado em qualquer narrativa coerente da história. Em particular para Foucault, as reflexões de Nietzsche sobre historicismo e seus estudos genealógicos representam uma contribuição para uma concepção alternativa de história que se refere à realidade e significação dos "resíduos" das principais narrativas históricas, que identificam apenas "grandes" datas, eventos e indivíduos em uma linha de progressão histórica.

O pós-estruturalismo é frequentemente chamado de uma *filosofia da diferença*. Nós podemos resumir os três pontos acima discutidos dizendo que o pós-estruturalismo defende a diferença contra sua negação em uma filosofia hegeliana da identidade. A filosofia hegeliana concebe o pensamento como algo capaz de totalizar a unificar a si mesmo em um pensamento elaborado. Em oposição a isso, o pós-estruturalismo afirma a natureza necessariamente aporética de qualquer sistema que tenta ser totalizando, e afirma ainda a singularidade e o valor das diferenças em si mesmas.

Marxismo

Por fim, a apropriação pós-estruturalista de Nietzsche também envolve uma mobilização estratégica a favor e contra o marxismo predominante na França na década de 1960. Como o capítulo 3 é dedicado à política, nós iremos nos abster de discutir aqui esse elemento do nietzscheanismo pós-estruturalista. No próximo capítulo esses temas serão discutidos em relação à descoberta de Klossowski, a partir de Nietzsche, de um novo sentido do político, descoberta esta que representou uma importante inspiração para os pós-estruturalistas.

Precursores: Bataille e Klossowski

Bataille: a vontade de chance ou de acaso

George Bataille (1897-1962) era um arquivista e escritor que se tornou uma influência fundamental nas letras francesas e em particular para os pós-estruturalistas. Ele era ligado a André Breton e os surrealistas, além de fundador de uma série de influentes periódicos, incluindo *Acéphale*, *Contre-attaque* e *Critique*. A filosofia de Bataille é uma filosofia do excesso e da transgressão; seus escritos denotam uma obsessão com o erotismo, obscenidade, dissipação e morte, todos estes desenvolvidos em conexão com noções originais sobre política e comunidade, sobre misticismo e religião. Nietzsche é uma referência central nos escritos de Bataille, e seu trabalho pode ser mencionado como a origem do que agora concebemos como o "Nietzsche francês". Em um esboço autobiográfico Bataille escreve que ele está "convencido, a partir de 1914, de que [sua] preocupação nesse mundo é com a escrita e, em particular, com a formulação de uma filosofia paradoxal. A leitura de Nietzsche em 1923 é decisiva" (BATAILLE, 1989: 217-218). Ainda que as próprias obras de Bataille e sua leitura de Nietzsche sejam fragmentárias, inconstantes e deliberadamente paradoxais, nós podemos resumir sua influência sobre o nietzscheanismo pós-estruturalista em torno de três pontos centrais: (i) uma defesa de Nietzsche contra a apropriação nazista de seu pensamento; (ii) confronto de Nietzsche com Hegel; e (iii) uma ênfase no irracional e paradoxal em Nietzsche.

Em primeiro lugar, durante a década de 1930, quando o nome de Nietzsche na Europa era amplamente associado ao nacional-socialismo alemão (cf. cap. 3, para maiores detalhes sobre essa associação), Bataille preparou uma importante defesa de Nietzsche em seu jornal *Acéphale*. Alguns dos aspectos mais importantes dessa defesa estão resumidos em um apêndice ao seu principal texto dedicado a Nietzsche, *Sobre Nietzsche* [*Sur Nietzsche*] (2004), concluído em 1944 e primeiramente publicado em 1945. Todos esses aspectos elencados mostram que há diferenças radicais e irreconciliáveis entre a filosofia de Nietzsche e a ideologia nazista. Essa defesa preparou o caminho na França para que Nietzsche fosse levado a sério como filósofo (em contraste com outros países como a Inglaterra, onde o contágio nazista continuou a ofuscar a imagem de Nietzsche durante um longo período de tempo).

Ponto central: *A defesa de Nietzsche contra o nazismo feita por Bataille*

- A filosofia de Nietzsche é baseada em uma admiração pela cultura da Grécia antiga, e a primazia dos valores culturais permaneceu central para ele. Em oposição a isso, no Terceiro Reich, uma cultura empobrecida é centrada no poder militar como o único objetivo.
- Nietzsche glorifica os valores dionisíacos, isto é, intoxicação e entusiasmo. Em contrapartida, o racismo nazista admite apenas valores militares.
- Nietzsche denunciava a vulgaridade dos alemães e afirmava a necessidade de novos valores. O nazismo preserva valores antigos enraizados na Vaterland ou "pátria" alemã.
- Contrariamente à ideologia nazista, Nietzsche manifesta com frequência seu desprezo pelo antissemitismo (cf. BATAILLE, 2004: 163-164).

Em segundo lugar, Bataille interpretava Nietzsche como uma espécie de anti-Hegel, uma interpretação que exerceu profunda influência em pós-estruturalistas como Deleuze e Derrida, estabelecendo a importância de Nietzsche para uma geração de pensadores franceses que procuravam um caminho para além do hegelianismo. Sobre o pensamento do próprio Bataille pode ser dito que ele possui dois lados que entram em conflito entre si: "Nietzsche" e "Hegel/Marx" (STOEKL, 1979: 64). O lado Hegel/Marx exibe um interesse pela totalidade e unidade, pela totalização e sistematização de toda a experiência em uma visão absoluta do mundo. Esse impulso à totalidade inspirou Bataille a – por exemplo – tentar uma integração da dimensão erótica da experiência em nossa compreensão intelectual e teórica da vida humana; erotizar e corporificar a teoria mesma, admitindo nela o que é comumente suprimido e excluído (BATAILLE, 1988: 21-24). Não obstante, essa tentativa de totalização *arruína* a própria totalidade ou o próprio sistema fechado em si, por mostrar como não é possível incorporar, em uma síntese superior, aquilo que é oposto à racionalidade. Dessa forma, Bataille confronta Nietzsche com Hegel na medida em que, para ele, Nietzsche representa o não totalizável, antissistemático, o acolhimento fragmentário do excesso representado idealmente pela figura de Dionísio, contra o princípio hegeliano segundo o qual todas as oposições e negatividades podem ser apropriadas em uma síntese racional superior e totalizada.

Bataille teoriza essa relação Nietzsche-Hegel/Marx através do que ele denomina "economia geral". A economia geral é oposta à "economia restrita", referida aos mercados financeiros de mercadorias e transações monetárias, governados por princípios de escassez e utilidade. O princípio motriz da economia restrita (e aqui Bataille inclui as abordagens dos economistas mais "tradicionais") é uma maximização da eficiência e um aumento de lucro e crescimento. Ademais, nós podemos ver a economia restrita em operação na dialética hegeliana, na medida em que ela funciona para suprimir e conservar quaisquer diferenças, subsumindo-as em um sistema que funciona sem produzir qualquer excesso. Em contraste, a economia geral de Bataille inclui o conjunto da cultura e do mundo natural, a saber, todos os sistemas existentes na medida em que eles podem ser considerados como fazendo parte das transações de energia. Bataille argumenta que na economia geral há sempre um *excesso* de produção de energia em um sistema, isto é, um sistema produz mais energia do que aquela utilizada no processo da produção mesma. Para Bataille, um bom exemplo disso é a produção excessiva de energia pelo sol; contudo, Bataille argumenta que o mesmo é válido para sistemas culturais humanos. Os excessos de energia precisam ser dispendidos, e Bataille vê tal dispêndio, na cultura, em fenômenos como o sacrifício, orgias, intoxicação e guerra (com efeito, ele argumenta que, a menos que tal excesso de energia seja dispendido de formas menos destrutivas como o erotismo, as guerras serão inevitáveis). A esse respeito, o princípio do excesso dionisíaco de Nietzsche é de grande inspiração para Bataille, como mostram suas anotações tardias e não publicadas sobre o papel do excesso na transação política (um ponto que é adotado por Klossowski e discutido no cap. 3).

Em terceiro lugar, o princípio do excesso se aplica à própria razão. Bataille encontra em Nietzsche uma defesa àquelas forças que foram tradicionalmente consideradas como irracionais – o corpo, o inconsciente, o instinto – assim como, em seus escritos, uma *performance* daquilo que excede a razão. O ideal hegeliano de razão expresso exemplarmente num tratado filosófico sistemático encontra um contrapeso ideal em Nietzsche e seus escritos aforísticos, fragmentários e não raro aparentemente contraditórios e paradoxais. Diferentemente de muitos intérpretes, a visada de Bataille em relação a Nietzsche não é a de uma tentativa de sistematizar, racionalizar e então criticar ou defender sua filosofia, como se ele contivesse, em sua forma fragmentária, um sistema totalizante à espera de ser constituído e avaliado pelo intérprete mais astuto. Pelo contrário, Bataille de fato acentua a natureza fragmentária dos escritos de Nietzsche, assimilando e intensificando seu potencial de subversão da sistematicidade. *Sobre Nietzsche* é, ela mesma, uma obra muito fragmentária, composta por algumas breves seções teóricas, alguns apêndices sobre uma série de tópicos variados e uma longa seleção dos diários pessoais de Bataille. Além disso, a leitura de Nietzsche feita aqui é extremamente seletiva, opondo alguns aspectos das obras de Nietzsche a outras doutrinas mais bem conhecidas. Nesse escrito, é particularmente significativa a rejeição que Bataille faz da vontade de potência em favor de uma "vontade de chance" ou "de acaso". Para Bataille, a potência ou poder implica um objetivo e um entendimento do tempo em termos de passado e futuro; tal entendimento torna possível um plano por meio do qual um objetivo pode ser atingido. Reunindo fragmentos em que Nietzsche rejeita a ideia de finalidade, contudo, Bataille prefere expor Nietzsche como um filósofo cuja aposta era tentar viver sem finalidades ou objetivos, afirmando, antes, o instante presente e os caprichos do acaso. Como veremos, cada um dos pontos acima teve um impacto profundo sobre o posterior nietzscheanismo francês.

Klossowski: o círculo vicioso

Pierre Klossowski (1905-2001) foi um tradutor, romancista, artista e ator que começou a estudar Nietzsche sob a influência de Bataille e cuja obra foi crucial para o "renascimento de Nietzsche" na França nas décadas de 1960 e de 1970. Outros importantes pensadores franceses de sua geração eram generosos em seus elogios a Klossowski: por exemplo, sobre o ensaio de

Klossowski "Nietzsche, o politeísmo e a paródia" ([1957] 2007), Maurice Blanchot escreveu tratar-se de "um dos mais importantes textos sobre Nietzsche em francês" (apud JAMES, 2007: 210), e Deleuze o celebrava por ter "renovado a interpretação de Nietzsche" (SMITH, 2005b: vii). Foucault elegeu o principal livro de Klossowski sobre Nietzsche, *Nietzsche e o círculo vicioso* ([1969] 2005), "o maior livro de filosofia que eu já li, lado a lado com o próprio Nietzsche" (SMITH, 2005b: vii). Como tal elogio indica, a interpretação de Nietzsche feita por Klossowski exerceu uma influência decisiva sobre a obra de muitos filósofos cujo pensamento viria a ser categorizado como pós-estruturalista ou pós-moderno. Apoiando-se quase que exclusivamente sobre os fragmentos tardios não publicados de Nietzsche, Klossowski desenvolveu uma leitura altamente inovadora de Nietzsche que gira em torno de três pontos relacionados entre si: o pensamento político nietzscheano, a importância do corpo e a dissolução radical das principais categorias da filosofia (realidade, conhecimento e sujeito). Cada um desses pontos é elaborado através do interesse central de Klossowski, a saber, o sentido do eterno retorno. A leitura do pensamento político de Nietzsche desenvolvida por Klossowski será abordada no capítulo 3; por ora trataremos dos dois outros pontos mencionados.

Klossowski era, ele mesmo, um pensador bem original. Ele aplicou muitos de seus próprios conceitos à sua interpretação de Nietzsche: o *impulso*, o *fantasma*, o *simulacro*, o *código de signos cotidianos*. O *impulso* resume vários termos utilizados por Nietzsche, incluindo "inclinação", "instinto" e "afeto". Os impulsos têm um grau ou magnitude (intensidade), que aumenta e diminui, e uma qualidade (tonalidade), como agressividade ou angústia. Os impulsos estão em um estado constante de flutuação e não têm significado em si mesmos – eles não possuem objetivo ou finalidade. A concepção nietzscheana de mundo como vontade de potência e nada além disso pode ser compreendida, nos termos de Klossowski, como flutuação de impulsos. Em seu nível mais fundamental os corpos são também compostos por tais impulsos. As relações entre os impulsos fazem surgir aquilo que Klossowski denomina *fantasmas*: "imagens obssessionais" que são, elas mesmas, incomunicáveis e inexpressivas, constituindo a profundidade singular e incomunicável de cada "alma" individual (no sentido de Klossowski, a alma representa as profundidades misteriosas de nosso ser, mas não é algo que se encontra metafisicamente apartado de nosso corpo). Aos fantasmas é dada expressão inteligível por meio de *simulacros*: simulações ou "cópias falsas". Como os fantasmas são por si mesmos inexprimíveis, os simulacros somente podem ser "traduções equivocadas", uma vez que eles assumem a forma de algo comunicável e exprimível.

Segundo a leitura de Nietzsche feita por Klossowski, a consciência, a linguagem e as categorias do pensamento inteligível são traduções equivocadas dos impulsos do corpo a serviço da comunicação. Essa tradução equivocada ocorre através da regularização e estabilização dos impulsos flutuantes do corpo. O sistema de impulsos regularizados é denominado por Klossowski o *código dos signos cotidianos*. Em um movimento que inverte radicalmente o privilégio concedido pela tradição filosófica à mente sobre o corpo, Klossowski enfatiza, como poucos intérpretes, a "tomada de partido" de Nietzsche a favor de seu corpo e sistema nervoso e contra seu cérebro e mente. Klossowski chama atenção para a forma como Nietzsche usava seus próprios surtos graves de doença para proveito filosófico próprio na medida em que eram utilizados como oportunidades para observar a relação entre os impulsos do corpo e o pensamento consciente. Nietzsche apresenta o corpo em seu estado fundamental de uma flutuação de impulsos como a "verdade" de nossa natureza; por sua vez, o pensamento consciente, a linguagem e os conceitos e categorias da filosofia são apresentados como inversões e falsificações dos impulsos. Klossowski insere essa revalorização radical no cerne do pensamento nietzscheano, escrevendo que "uma espécie de *fissura percorre todo o esforço* mental de Nietzsche: E se o *ato de pensar*, ao fim e ao cabo, nada fosse senão o sintoma de uma impotência total?" (KLOSSOWSKI, 2005: 59). Com base em seus próprios estados mentais, Nietzsche desenvolveu quatro critérios para avaliar toda cultura humana: *decadência* (ou enfermidade), *vigor, gregarismo* e o *caso singular*. Os primeiros dois critérios valoram negativamente a enfermidade e positivamente a saúde, ao passo que os dois últimos valoram negativamente a conformidade gregária ("moral de rebanho") como um sintoma de fraqueza, e positivamente a individualidade e unicidade ("não intercambialidade") como uma expressão de força.

De acordo com Klossowski, o eterno retorno era para Nietzsche originalmente uma *experiência vivida*. Enquanto tal, ele tinha a qualidade de um fantasma e todas as várias tentativas que Nietzsche fez para exprimi-lo (como pensamento existencial, como princípio científico etc.) eram simulacros que não podiam nunca capturar seu significado pleno. Klossowski identifica o eterno retorno como um *circulus vitiosus deus* ("deus como círculo vicioso"), um termo utilizado na filosofia medieval para indicar um argumento paradoxal. Como o próprio termo sugere, Nietzsche enfatiza aqui a forma como as categorias tradicionais da metafísica tradicional são arruinadas por meio de uma série de paradoxos. Klossowski afirma que o eterno retorno apenas pode ser uma paródia de uma doutrina, pois, ao invés de estabelecer a realidade e o conhecimento, ele arruína a possibilidade mesma destes. O pensamento do eterno retorno afirma o mundo como uma série de instantes singulares. Cada instante é afirmado como e por si mesmo, sem nenhum outro sentido ou objetivo senão o retorno a si mesmo através do eterno retorno.

Enquanto tal, a realidade afirmada dessa maneira escapa a qualquer possibilidade de ser compreendida em termos de categorias conceituais – por exemplo, uma narrativa histórica – que tornariam a existência algo com sentido. Nossas categorias conceituais que detêm sentido dependem de leis lógicas do pensamento, tais como os princípios de identidade e de não contradição, além de exclusões e seleções. Ao afirmar tudo como necessário, o eterno retorno afirma a singularidade e opacidade de todo instante, tornando o conteúdo da própria doutrina do eterno retorno ininteligível e incomunicável. Dessa forma, Klossowski expõe o eterno retorno como algo paradoxal com respeito tanto à realidade como ao conhecimento: trata-se de uma concepção da realidade que faz ir por terra nossa noção tradicional e habitual de realidade como algo estruturado e inteligível, além de ser uma doutrina que arruína a suposta verdade de toda doutrina inteligível e comunicável (cf. KLOSSOWSKI, 2007).

Por fim – e talvez de forma mais significativa para todos os pós-estruturalistas –, Klossowski argumenta que o eterno retorno mina nosso sentido de um Eu unificado e o conceito filosófico a ele associado, a saber, o sujeito. A experiência do eterno retorno, Klossowski sugere, implica que passemos, como num ciclo, por todos os "Eus" passados, assim como todos os Eus futuros, no ciclo de retorno ao Eu atual. O sentido atual de um Eu unificado e idêntico a si é dependente do esquecimento – ou da lembrança seletiva de alguns aspectos – de nossos Eus passados. Como mudamos radicalmente ao longo do tempo, muitos aspectos de nossos Eus passados não podem ser incorporados em nossa identidade atual de si, de modo que o processo de lembrança (ou "anamnese", como Klossowski o denomina) "transborda" nosso sentimento de identidade de si. O paradoxo aqui é que o eterno retorno é uma experiência vivida que mina aquilo que foi pensado como necessário para que *haja* uma experiência: a identidade do "experienciador" (cf. KLOSSOWSKI, 2005, cap. 3, "A experiência do eterno retorno"). Ao minar a realidade, o conhecimento e o sujeito, a experiência do eterno retorno nos faz retornar à flutuação dos impulsos no nível fundamental da natureza e do corpo. A leitura de Nietzsche realizada por Klossowski foi particularmente influente para o pós-estruturalismo por oferecer um desafio à filosofia cartesiana e existencial-fenomenológica do sujeito; por oferecer uma alternativa à análise estruturalista da significação em termos de signos inteligíveis; por revalorizar radical e positivamente o corpo e os efeitos; e por questionar a natureza e valor da "verdade", "conhecimento" e "realidade".

Deleuze: o retorno da diferença

Gilles Deleuze (1925-1995) foi um dos mais proeminentes e influentes pensadores da geração pós-estruturalista, sendo considerado por muitos como um dos mais importantes filósofos do século XX. O estudo de Deleuze, *Nietzsche e a filosofia* (DELEUZE, 1983), publicado em 1962, exerceu uma grande influência sobre o desenvolvimento do pós-estruturalismo e, ao lado de Bataille e de Klossowski, Deleuze pode ser considerado como tendo prestado uma significativa contribuição para o surgimento do nietzscheanismo francês. Deleuze deu continuidade à defesa de Nietzsche contra os intérpretes nazistas ao oferecer inovadoras interpretações sobre doutrinas centrais como a vontade de potência e eterno retorno, exibindo assim uma imagem de Nietzsche radicalmente diferente daquela construída pelo nazismo. Ademais, Deleuze também adotou e aprofundou o confronto, elaborado por Bataille, de Nietzsche e Hegel, ajudando a explicar o sucesso de *Nietzsche e a filosofia*; de forma mais detalhada e sistemática do que fizera Bataille, essa obra mostrou à geração de Deleuze uma forma de escapar ao hegelianismo que dominava a cena filosófica francesa.

Diferentemente de muitos intérpretes (e em direto contraste com Bataille, p. ex.), Deleuze retrata Nietzsche como um filósofo sistemático que cria novos e precisos termos para novos e precisos conceitos (DELEUZE, 1983: 52). A própria orientação de Deleuze como filósofo é primordialmente ontológica: ele está fundamentalmente interessado com o "Ser" ou a natureza da realidade. A leitura que faz de Nietzsche enfatiza essa dimensão ontológica; são centrais para sua leitura as forças ativas e reativas, a vontade de potência e o eterno retorno, todos estes considerados como conceitos ontológicos. O próprio Nietzsche introduz os conceitos de ativo e reativo originalmente como sentimentos e tipos psicológicos em *Genealogia da moral* (GM), obra em que realiza uma crítica dos valores e formas de vida que dominavam a civilização ocidental. Por meio desses tipos psicológicos, Nietzsche analisa a história da civilização ocidental como um declínio, no qual a moral do escravo pertencente aos tipos reativos progressivamente tornou-se dominante por sobre a moral do senhor, pertencente aos tipos ativos, através de instituições religiosas, jurídicas e culturais. Nietzsche denomina esse processo de declínio "niilismo". Deleuze argumenta que, na medida em que o niilismo é essencialmente uma negação da vida, o que ele nega é a natureza dinâmica da existência como *vir-a-ser*. Em termos mais simples, isso ocorre, pois o vir-a-ser se exibe no crescimento e na mudança, ambos princípios essenciais da vida. Em sua interpretação de Nietzsche, Deleuze vincula a afirmação da vida a princípios que afirmam esse vir-a-ser, como a *diferença* e *chance* ou *acaso*, e essa equação é predominante ao longo de suas obras.

Em sua sistematização do pensamento de Nietzsche, Deleuze desenvolve as ideias do ativo e do reativo como forças, em consonância com as especulações de Nietzsche sobre a natureza do universo físico em *A vontade de potência* e sob a influência de sua própria (de Deleuze) leitura de Bergson. Ao lado do conceito nietzscheano de vontade de potência, Deleuze descreve as forças ativas e reativas como os elementos constituintes básicos da realidade. Todos os fenômenos, incluindo o universo físico e a realidade psíquica, podem ser interpretados em termos de forças e da vontade de potência que os governa. Como elementos constituintes primários da realidade, as forças são reunidas pelo acaso e existem como forças apenas em relação a outras forças. As forças são definidas pela sua potência ou poder de afetar e serem afetadas por outras forças. As forças não são nunca iguais; na relação entre duas forças, uma terá maior e a outra menor quantidade. A diferença em quantidade entre as forças tem uma diferença correspondente em qualidade, e os termos "ativo" e "reativo" referem-se às qualidades das forças: forças de maior quantidade têm uma qualidade ativa e forças de menor quantidade têm uma qualidade reativa. Forças ativas e reativas estão em uma relação de superioridade e inferioridade: forças ativas dominam, tomam posse de forças reativas, comandando-as, e estas, por seu turno, são dominadas e caem sob a posse das forças ativas, obedecendo-as.

Deleuze define a vontade de potência como o diferencial e elemento genético das forças; ela é o que produz a diferença entre as forças. Contra a interpretação mais comum da vontade de potência como desejo de poder sobre os outros, Deleuze insiste que ela é primordialmente uma força criativa e doadora. É apenas o tipo reativo e escravo, operando em um nível baixo de potência, que entende a vontade de potência como o desejo de dominação. Deleuze escreve:

> Quando o niilismo triunfa, então e somente então a vontade de potência não mais significa "criar" e passa a significar, ao invés disso, "desejar potência ou poder", "desejar dominar" (e, dessa forma, atribuir a si mesma ou fazer com que outros lhe atribuam valores estabelecidos: dinheiros, honras, poder, e assim por diante) (2001: 76-77).

Essa interpretação da vontade de potência como um princípio ontológico criativo é condensado pela seguinte fórmula de Deleuze: "Potência, como uma vontade de potência, não é aquilo que a vontade deseja, mas *aquilo que* deseja na vontade" (p. 73). A vontade de potência tem também duas qualidades: negação e afirmação. A negação é o vir-a-ser reativo das forças; afirmação, por sua vez, o vir-a-ser afirmativo das forças. O niilismo é interpretado por Deleuze como o triunfo das forças reativas através de uma aliança com a qualidade negativa da vontade de potência, conhecida como a "vontade de nadidade".

> **Ponto central**
> Para Deleuze, a vontade de potência é primordialmente um princípio *criativo* e *doador*, aparecendo apenas a partir da perspectiva do escravo como um desejo por potência, poder ou dominação.

O eterno retorno desempenha um papel central na interpretação deleuziana de Nietzsche enquanto um princípio ontológico de *seleção* que permite a superação do niilismo. A originalidade da abordagem de Deleuze com respeito ao eterno retorno consiste na afirmação de que ele não pode ser entendido como o retorno do *mesmo*, mas, antes, como um retorno do *diferente*. O que é o mesmo no eterno retorno não é aquilo que retorna, mas, antes, *o fato do retorno* em si mesmo (i. é, aquilo que permanece o mesmo é o retorno contínuo do diferente). A doutrina nietzscheana do eterno retorno desempenha, portanto, uma função central na filosofia da *diferença* e na ontologia do *vir-a-ser* desenvolvida por Deleuze. O eterno retorno como ontologia seletiva ou Ser seletivo implica que nem tudo retorna. Apenas retornam a diferença e aquelas coisas que afirmam a diferença. O eterno retorno afirma a diferença, dissemelhança, disparidade, acaso, multiplicidade, vir-a-ser e forças afirmativas. Ele elimina todas aquelas coisas que não afirmam a diferença e não entram por completo no processo de vir-a-ser; identidade e negação, o mesmo e o semelhante, o análogo e o oposto. Ademais, enquanto uma ontologia seletiva, o eterno retorno exclui aquelas coisas que são opostas ao Ser enquanto seleção e que procuram tornar o Ser algo estável e imutável. Deleuze dá ao eterno retorno uma expressão figurativa como um círculo descentrado, que deve ser pensado como uma centrífuga que expele de si mesma tudo aquilo que não afirma a diferença e que não entra por completo no vir-a-ser. Em última instância, o eterno retorno supera o niilismo por afirmar o vir-a-ser e eliminar aquilo que o nega.

> **Ponto central**
> Para Deleuze, o eterno retorno não é o retorno do mesmo, mas, antes, o retorno do diferente. O que permanece o mesmo é que a diferença retorna (tudo está sempre em estado de mudança).

Deleuze situa Nietzsche insuficientemente no contexto da história da filosofia ocidental, considerando Hegel – ou, ao menos, o hegelianismo dos intérpretes mais tardios (já que não é certo que Nietzsche tenha tido um conhecimento suficiente e de primeira mão do pensamento do próprio Hegel) – como o principal inimigo de Nietzsche, e identificando em suas obras alguns princípios que são diametralmente opostos ao método dialético de Hegel. Deleuze argumenta que o "anti-hegelianismo atravessa a obra de Nietzsche como seu fio condutor" (1983: 8). O hegelianismo propõe que todo pensamento – o qual, dado que o hegelianismo é uma forma de idealismo, identifica-se com o todo da realidade – toma parte em um vasto processo dialético, através do qual as ideias são relacionadas entre si de acordo com oposição e negação. Dito de outra forma, ideias diferentes são vistas como sendo fundamentalmente opostas (elas negam uma a outra) e esse elemento opositivo é considerado como o motor que mantém o pensamento vivo e movente ao longo da história. Nesse movimento dialético do pensamento, as ideias opostas são sempre reconciliadas em uma síntese superior (*Aufhebung*), uma única ideia na qual é preservado aquilo que há de melhor e único nas ideias que se opõem. Deleuze define a dialética como a "arte que nos convida a recuperar propriedades alienadas", e pergunta: "Se nossas propriedades em si mesmas exprimem uma vida diminuída e um pensamento mutilado, por que razão recuperá-las ou tornar-se o verdadeiro sujeito delas?" (DELEUZE, 2001: 70-71). Assim, como um primeiro aspecto central da sua crítica, a dialética é, de uma perspectiva nietzscheana, impotente para empreender a transvaloração de valores necessária para superar o niilismo, exatamente por preservar o niilismo, a valoração do mundo negadora da vida.

Em segundo lugar, de forma correlata, Deleuze avalia que a ideia nietzscheana do *Übermensch* se dirige contra a noção hegeliana de homem como sujeito da história. Ao passo que o homem hegeliano conservará em si todos os valores históricos no apogeu da existência humana, o *Übermensch* de Nietzsche superará o que significou ser humano e ser livre para a criação de novos valores. Deleuze considera a preservação dialética do passado como um "fardo" em contraste com a "leveza" do *Übermensch* nietzscheano. Em terceiro lugar, Nietzsche identifica o método dialético como algo pertencente ao escravo, ao indivíduo fraco. Ele escreve: "Escolhe-se a dialética apenas quando não se tem outro recurso [...]. A dialética pode ser usada apenas como *legítima defesa* nas mãos daqueles que não possuem mais outras armas. É preciso que se tenha de *obter pela força* o seu direito: de outro modo não se faz uso dela" (CI "Sócrates" 6, apud DELEUZE, 1983: 10).

Por fim – e de maneira mais técnica –, Deleuze contrasta a *oposição e negação* no centro da dialética com a *diferença e afirmação* no centro do pensamento de Nietzsche. Como vimos, a dialética hegeliana opera por meio de oposições e negações, o que Deleuze considera como algo reativo e niilista em sentido nietzscheano. Deleuze opõe a lógica de oposições hegeliana à lógica de diferenças nietzscheana, associando negação e niilismo com a primeira, e a afirmação e a superação do niilismo com a segunda. A lógica da diferença que Deleuze encontra em Nietzsche está baseada na crítica nietzscheana do pensamento opositivo e em sua análise da relação senhor-escravo. Em várias passagens (p. ex., ABM 2), Nietzsche critica o pensamento opositivo característico da metafísica e argumenta que os conceitos e valores antitéticos desprendem-se insuficientemente de um substrato mais complexo de pensamento e sentimento (um plano contínuo de gradações sutis; ou, em termos deleuzianos, diferença). Ademais, a oposição é uma espécie de pensamento característico do escravo, que define a si mesmo através da oposição e negação do senhor, e afirma a si mesmo apenas como um subproduto secundário daquela negação primeira. O senhor, em contrapartida, primeiramente afirma a si mesmo; se o escravo é oposto e negado, trata-se apenas de um subproduto daquela afirmação primeira. A partir disso, Deleuze estabelece uma lógica da diferença que encontra ressonância na afirmação e se difere da oposição e negação. Várias formas dessa lógica da diferença são encontradas em todos os pensadores pós-estruturalistas (como a *différance* de Derrida, p. ex.) e também aqui a interpretação deleuziana de Nietzsche pode ser considera seminal.

Foucault: verdade e genealogia

Michel Foucault (1926-1984) foi um dos principais pensadores primeiramente associados (ainda que de forma complexa) ao estruturalismo e então, posteriormente, ao pós-estruturalismo. Ele era titular da Cadeira de História dos Sistemas de Pensamento no prestigiado Collège de France e foi indiscutivelmente o mais famoso intelectual público na França depois de Sartre. Apesar de ter dedicado explicitamente apenas dois ensaios a Nietzsche (FOUCAULT, 1977ª, 1990), Foucault foi profundamente influenciado por ele, tendo inclusive dito certa vez o seguinte em uma entrevista: "Eu sou simplesmente nietzscheano" (FOUCAULT, 1989: 327). Foucault foi influenciado pela perspectiva *histórica* de Nietzsche sobre os problemas da filosofia; sua própria obra combinou estudo histórico e reflexão filosófica de uma forma original e influente. Para Foucault, contudo, esse projeto de interrogação histórica era bem voltado a uma elucidação do *presente*. Por meio de uma série de estudos muito influentes, ainda que controversos, Foucault desenvolveu histórias alternativas de disciplinas especializadas, instituições e práticas sociais, como a psiquiatria, medicina, economia, a prisão e a sexualidade. Cada um desses estudos era planejado para "livrar o presente" das coerções impostas pela suposição de certos valores culturais, normas e práticas a serem eternamente fixados e não alterados, mostrando que nossas concepções das coisas mudaram radicalmente ao longo do tempo, abrindo, dessa forma, possibilidades de mudança no presente.

A obra de Foucault se concentra em três temas e nas relações entre eles: *conhecimento, poder e subjetividade*. É praxe entre os estudiosos de Foucault dividir sua *œuvre* em três "períodos" distintos, cada um deles centrado fundamentalmente em um dos temas acima mencionados. Foucault se escora significativamente em Nietzsche ao longo de toda sua obra, e alguns de seus escritos são mais significativos para outros tópicos abordados nesse livro. Nós voltaremos ao Nietzsche de Foucault na nossa discussão sobre o "fim do homem" no capítulo 6. Por ora, meu foco será o nietzscheanismo profundo que subjaz à obra de Foucault e a anima, examinando aqui os interesses foucaultianos com o problema da verdade e o método genealógico.

A obra de Foucault é dividida em ao menos duas fases metodológicas distintas: em suas primeiras obras, Foucault emprega um método que ele chama de "arqueologia"; a partir do início da década de 1970, contudo, ele desenvolve um método denominado "genealogia". A genealogia de Foucault é explicitamente inspirada em Nietzsche, de modo que nosso foco aqui será nesse método. Porém, é importante notar que, embora a arqueologia e a genealogia se distingam em importantes aspectos, elas compartilham muitas continuidades, e Foucault inclusive afirma que a própria arqueologia é fundamentalmente devedora de Nietzsche (FOUCAULT, 1989: 31). Em resumo, as diferenças centrais entre ambas as fases são as seguintes. Em sua fase arqueológica, o foco principal da interrogação de Foucault é o conhecimento. Ele busca identificar as *condições de possibilidade* de sistemas de conhecimento. A arqueologia se concentra no estudo sobre como o conhecimento se forma e se exprime através de usos da linguagem e de sistemas de comunicação. Por sua vez, a genealogia se concentra no problema do poder. Ela examina os *meios* materiais e ideológicos de comunicação: o meio *através* do qual e *conforme* o qual a comunicação é disseminada. Dessa maneira, as instituições sociais (universais, prisões etc.), disciplinas (filosofia, estudos literários etc.) e tendências sociais gerais (ideologias dominantes) são objetos de análise genealógica. Além disso, a genealogia se afasta da arqueologia devido ao fato de aquela centrar-se no corpo como o *locus* de descrição histórica. Ao passo que o foco principal da arqueologia são os sistemas de comunicação, o foco da genealogia é o corpo humano conforme este é constituído por relações de poder.

Apesar dessas diferenças, o que une arqueologia e genealogia é a rejeição de uma concepção particular sobre o papel da verdade no discurso histórico, além da tentativa de desenvolver uma sensibilidade histórica alternativa. A profundidade da influência nietzscheana em toda a obra de Foucault pode ser entrevista em sua atitude em relação ao problema da verdade. No ensaio "Nietzsche, Freud, Marx" (1990), apresentado no colóquio Royaumont sobre Nietzsche de 1964, Foucault utiliza a obra de Nietzsche para sustentar a concepção de que não há fatos que independam de uma interpretação. Para Foucault, a teoria nietzscheana da interpretação defende que, em última instância, o que é interpretado é apenas uma outra interpretação, de modo que não há nada senão interpretações.

> Desta mesma forma, Nietzsche apodera-se das interpretações que são já prisioneiras umas das outras. Não há para Nietzsche um significado original. As próprias palavras nada são senão interpretações, ao longo da sua história elas interpretam antes de se converterem em signos; interpretam, e somente significam, finalmente, por serem interpretações essenciais [...]. Por conseguinte, não é por haver signos primeiros e enigmáticos que temos agora de nos dedicar à tarefa de interpretar, mas, sim, por haver interpretações, por não deixar de haver, por detrás de tudo o que fala, o grande tecido de interpretações violentas (FOUCAULT, 1990: 65).

Foucault conclui esse ensaio opondo a *hermenêutica* – a filosofia nietzscheana das infinitas interpretações – à *semiologia*, que supõe haver uma "verdade" final para o signo: algo originalmente significado (um objeto ou fato independente de uma interpretação) que pudesse ser descoberto. Dessa maneira, a hermenêutica nietzscheana contribui para o método pós-estruturalista de Foucault na medida em que rejeita a determinidade do significado dos signos através de estruturas rígidas, em favor de uma prática mais fluida e historicizada de interpretação.

> **Ponto central:** *Foucault sobre semiologia e hermenêutica*
> - *Semiologia*: Tenta encontrar um "significado verdadeiro" derradeiro para o signo.
> - *Hermenêutica*: Aceita que há apenas interpretações, sem um significado fixo ou final.

Em seu ensaio "Nietzsche, genealogia, história" ([1971] 1977a), Foucault examina e faz um panorama dos escritos de Nietzsche sobre genealogia. Embora o ensaio seja relativamente breve, o editor da edição em língua inglesa nota que "esse ensaio representa uma tentativa de Foucault de explicar sua relação com aquelas fontes que são fundamentais para seu desenvolvimento. Sua importância para a compreensão dos objetivos de Foucault não pode ser exagerada" (1977a: 139). Esse ensaio aprofunda o problema da verdade e desenvolve a própria compreensão de Foucault sobre a genealogia, uma visada metodológica que tanto Nietzsche quanto Foucault veem como condutora de uma "história efetiva" (*wirkliche Historie*) oposta à "história tradicional". Foucault caracteriza a "história tradicional" (presumivelmente a disciplina de História mais praticada pelos historiadores) como aquela que repousa em certas teses filosóficas ilustradas por Foucault com o termo "metafísica". A metafísica avalia que as coisas têm uma essência eterna e imutável. A essência é a "verdade" da coisa; na medida em que é imutável, tal essência reside "fora" da história. Além disso, as coisas têm "propriedades acidentais": aquelas coisas que não são parte da verdadeira essência e, assim, estão sujeitas à mudança histórica. A metafísica vincula a essência das coisas à origem destas. Ademais, ela tende a considerar o estado presente das coisas como o ponto-final de qualquer desenvolvimento histórico. Dessa maneira, Foucault considera a concepção da metafísica tradicional acerca da história como uma visada que ignora "acidentes" e busca pela essência das coisas, supostamente reveladas através da conexão do estado presente das coisas com a origem destas. Por exemplo, a história tradicional busca pela verdade da história ao identificar grandes figuras e eventos históricos, construindo tudo o mais – por exemplo, a vida cotidiana supostamente sem importância das massas – como "acidentais". Em suma, a história tradicional busca as "origens"; ela tenta contar uma história unificada do que é metafisicamente "real"; ela tenta contar a *verdade* da história.

Em oposição à história tradicional, a genealogia rejeita a ideia metafísica de que as coisas têm uma essência imutável, concentrando-se, pelo contrário, na demonstração de como as coisas mudaram ao longo do tempo. Ao invés de uma concepção unificada e contínua da história implicada na verdade metafísica, a genealogia chama a atenção para a natureza arbitrária da história, suas disjunções, conflitos, descontinuidades, acidentes e multiplicidades. Foucault explica que o objetivo da genealogia

> é demarcar os acidentes, os ínfimos desvios – ou ao contrário as inversões completas –, os erros, as falhas na apreciação, os maus cálculos que deram nascimento ao que existe e tem valor para nós; é descobrir que na raiz daquilo que nós conhecemos e daquilo que nós somos não existem a verdade e o ser, mas a exterioridade do acidente (1977a: 146).

Portanto, as coisas são consideradas como tendo se desenvolvido a partir de arranjos contingentes de forças e eventos do acaso: a partir de rupturas, conflitos e acidentes. Ao invés de remontar através de uma linha direta descendente até uma origem, através da qual uma essência imutável é preservada, a genealogia exibe como as coisas surgem na história através de uma erupção de forças, "o salto dos bastidores até o centro do palco" (p. 149-150). Essas forças são intérpretes e são, elas mesmas, interpretações.

> **Ponto central:** *Foucault sobre genealogia*
> Foucault opõe o método genealógico à "história tradicional"
> - *História tradicional*: Procura a essência imutável das coisas na origem destas; ela tenta contar uma história unificada do que é metafisicamente "real"; ela tenta contar a verdade da história.
> - *Genealogia*: Rejeita essências e põe a ênfase na demonstração de como as coisas mudaram ao longo do tempo; ela enfatiza a natureza múltipla e contingente da história, compreendendo a história em termos de interpretação ao invés de verdade.

Dessa maneira, a genealogia substitui a verdade pela interpretação, conforme já ressaltado em "Nietzsche, Freud, Marx". O objetivo da genealogia não é, portanto, examinar objetos invariáveis, mas, antes, interpretar interpretações. Foucault escreve:

> Se interpretar era colocar lentamente em foco uma significação oculta na origem, apenas a metafísica poderia interpretar o devir da humanidade. Mas se interpretar é se apoderar, por violência ou sub-repção, de um sistema de regras que não tem em si significação essencial, e impor-lhe uma direção, dobrá-lo a uma nova vontade, fazê-lo entrar em outro jogo e submetê-lo a novas regras, então o devir da humanidade é uma série de interpretações. E a genealogia deve ser a sua história (p. 151-152).

De certa forma, portanto, Nietzsche e Foucault inverteram a história tradicional; em lugar de fornecer uma interpretação da história, a tarefa da genealogia é fornecer uma história das interpretações. Pelo fato de a genealogia opor-se à ideia de uma história "verdadeira", contudo, ela envolve uma consciência explícita de que qualquer história que ela produza nada mais será do que uma interpretação – *uma* interpretação entre muitas possíveis. Da forma como Foucault considera o problema, porém, isso é suficiente para que a genealogia funcione como uma crítica, pois ela anula a noção metafísica de essências invariáveis. Qualquer dogma metafísico sobre a natureza de algo será criticado por mostrar que ele não está de forma alguma vinculado a uma essência em sua origem, mas, antes, pode ser considerado como algo que mudou radicalmente ao longo do tempo. Em *A genealogia da moral*, de Nietzsche, a moral é o objetivo principal de tal crítica. Foucault adota o método genealógico em dois importantes estudos, a saber, sobre a punição (em *Vigiar e punir*, 1977b) e sobre a sexualidade (em *A vontade de saber*, 1978). Cada uma dessas genealogias também atua como uma crítica, mostrando que as coisas foram – ou poderiam ser – diferentes do que elas são com respeito ao objeto em questão.

Foucault interpretou e popularizou a genealogia de Nietzsche como uma espécie particular de metodologia filosófica que pode ser aplicada a praticamente todo objeto de análise. Contudo, vale a pena chamar atenção para o fato de que a própria interpretação de Foucault sobre a genealogia foi questionada por alguns estudiosos de Nietzsche. Por exemplo, Leiter (2002: 166-173) argumentou, contra Foucault, que para Nietzsche os objetos da análise genealógica precisam permanecer invariáveis, ao passo que o que varia historicamente é apenas o valor deles. Independente de qual seja a concepção de Nietzsche, Foucault parecia bem satisfeito em aceitar que a utilidade que ele encontrou nos textos de Nietzsche envolvia alguma violência interpretativa:

> De minha parte, eu prefiro utilizar os escritores de que gosto. A única homenagem válida ao pensamento de um autor, como ao de Nietzsche, é utilizá-lo, deformá-lo, fazê-lo sofregar-se e protestar. E se comentadores então dizem que eu estou sendo fiel ou infiel a Nietzsche, isto para mim não tem interesse algum (apud SCHRIFT, 1995: 33).

Sendo ou não *a* genealogia de Nietzsche, a genealogia de Foucault é inegavelmente uma genealogia *nietzscheana*.

Derrida: os estilos de Nietzsche

Jacques Derrida (1930-2004) é mais conhecido por ter inventado o ramo do pós-estruturalismo conhecido como "desconstrução". A desconstrução foi largamente acolhida nas humanidades no mundo anglófilo, particularmente nos departamentos de estudos literários, e ao final da década de 1980 Derrida era talvez o mais famoso filósofo vivo no mundo. Em alguns escritos tardios, como *Otobiografias – O ensinamento de Nietzsche e a política do nome próprio* [*Otobiographies – L'enseignement de Nietzsche et la politique du nom propre*] (apud DERRIDA, 1986) e *Políticas da amizade* [*Politiques de l'amitié*] (1997), Derrida adota Nietzsche para discutir questões políticas, tais como a sua culpabilidade por ter sido apropriado pelos ideólogos nazistas. Contudo, nós iremos enfatizar aqui, primeiro, os escritos iniciais de Derrida, nos quais ele desenvolve a ideia de desconstrução e nos quais as referências a Nietzsche são frequentes, ainda que intermitentes. Na sequência, nós consideraremos a leitura que Derrida faz de Nietzsche em relação à interpretação de Heidegger apresentada em sua obra mais conhecida sobre Nietzsche, *Esporas – Os estilos de Nietzsche* [*Eperons – Les styles de Nietzsche*] (1979).

Apesar de sua popularidade, a desconstrução é notoriamente difícil de ser definida. Isso ocorre devido à suspeita de essencialismo envolvida numa definição. Definir a desconstrução concisamente em uma frase do tipo "desconstrução é [...]" implicaria incorrer naquilo que os desconstrutivistas consideram como uma "armadilha essencialista". No entanto, se for preciso descrever brevemente a desconstrução de Derrida – como precisamos fazer aqui –, é possível dizer o seguinte: Na esteira de Heidegger, Derrida vê o que ele denomina "metafísica da presença" como um tema constante na filosofia ocidental. A metafísica da presença confere um privilégio metafísico, epistêmico, até mesmo moral ao instante presente (aqui, agora), construindo hierarquias conceituais nas quais os termos pensados para encarnar a presença são privilegiados e os termos pensados para encarnar a ausência são, pelo contrário, denegridos. Essas hierarquias assumem tipicamente a forma de oposições binárias, nas quais os dois termos são opostos entre si, sendo um privilegiado em relação ao outro. O projeto de Derrida envolve desconstruir essas hierarquias: a desconstrução não é tanto uma destruição quanto, na realidade, uma problematização, com vistas à libertação do pensamento para que ele possa pensar de uma forma diferente daquela que as estruturas da tradição da metafísica ocidental permitem. De forma grosseiramente simples, podemos dizer que a desconstrução envolve um processo de duas etapas: inversão e deslocamento (cf. o box abaixo).

Um dos exemplos mais famosos que Derrida dá sobre sua desconstrução é aquele da oposição entre fala/escritura (DERRIDA, 1998). Derrida mostra que a fala foi tradicionalmente privilegiada em relação à escritura como a forma de expressão que estaria supostamente mais "presente" à significação. Ele então emprega a linguística estrutural de Saussure para mostrar que a escritura está, de fato, mais próxima das condições da expressão significativa, podendo ser, pois, privilegiada em relação à fala (inversão). Na sequência, Derrida desloca a oposição entre fala e escrita com conceitos como "arquiescritura", "o traço" e o *"différance"*, que se aplicam a todos os sistemas de expressão significativa (portanto, tanto à fala como à escritura) e que deslocam a metafísica da presença ao sugerirem que a diferença, o deferimento e a ausência – não a presença – são as condições da significação. (Esse exemplo também mostra por que a desconstrução de Derrida é pós-estruturalista: ela incorpora muito da Teoria Estruturalista, embora deslocando-a e abrindo-a para questões sobre a gênese e transformação da significação.)

> **Ponto central:** *Desconstrução*
>
> 1) *Inversão*: Implica virar de ponta-cabeça a tradicional hierarquia de oposições binárias, mostrando que na realidade há razões pelas quais o conceito tradicionalmente subordinado pode ser, na realidade, o dominante.
>
> 2) *Deslocamento*: Envolve criar novos termos – denominados por Derrida "indecidíveis" – que não podem ser reduzidos à tradicional oposição hierárquica em questão.

A importância de Nietzsche para a desconstrução de Derrida é bem descrita por Schrift:

> Nietzsche frequentemente aparece no texto de Derrida como uma alternativa ao anseio nostálgico pela presença plena, identificado por Derrida no cerne da metafísica ocidental. De fato, "Nietzsche" serve a uma função talismânica como o nome próprio da possibilidade mesma de pensar de outra forma, uma espécie de taquígrafo para o outro do logocentrismo (SCHRIFT, 1995: 10).

Schrift prossegue e identifica o cerne da dívida de Derrida em relação a Nietzsche na crítica ao pensamento opositivo, que, como vimos, é um tema presente no pensamento de Nietzsche (cf. a seção sobre Deleuze acima) e central para a desconstrução. Schrift argumenta que há uma "protodesconstrução" no pensamento de Nietzsche: ora, ele não apenas denuncia o pensamento opositivo como um preconceito metafísico em geral, mas também emprega um procedimento duplo da desconstrução, a saber, inversão e deslocamento. Um exemplo disso é a crítica de Nietzsche à oposição verdadeiro/falso. Como é sabido, Nietzsche questiona o tradicional privilégio da verdade em relação à inverdade na tradição filosófica ocidental, sendo o primeiro a invertê-la e afirmar que, na realidade, a inverdade pode talvez melhor conduzir a vida dos seres humanos do que a verdade (já que, p. ex., ela torna a vida um fardo mais facilmente suportável do que a dura realidade da existência). Contudo, Nietzsche não pretende simplesmente afirmar a superioridade da mentira sobre a verdade, mas, antes, deslocar os próprios fundamentos epistêmicos e morais dessa oposição na medida em que interpreta tanto a verdade como a inverdade em termos de seu valor para a *vida*. Isso então permite uma relação bem mais volúvel entre verdade e inverdade, estabelecida conforme o serviço que cada uma destas presta para a vida em casos particulares. Ele escreve: "A falsidade de um juízo não chega a constituir, para nós, uma objeção contra ele [...]. A questão é em que medida ele promove ou conserva a vida, conserva ou até mesmo cultiva a espécie" (ABM 4). Da mesma forma, o movimento nietzscheano para além do bem e do mal – apesar das referências provocativas ocasionais a si mesmo como um "imoralista" – não invertem pura e simplesmente a hierarquia bem/mal, mas, antes, desloca esses termos em proveito de uma transvaloração de todos os valores (SCHRIFT, 1995: 21-24).

Um dos motivos-chave do pós-estruturalismo, conforme a sucinta definição de Lyotard, é que "há uma dimensão de *força* que escapa à lógica do significante" (LYOTARD, 1993: 64). Derrida desenvolve essa noção de força através de seu (não)conceito de *"différance"* (ele insiste que não se trata de um conceito no sentido filosófico tradicional, pois ele não consegue ser fixado através de conjuntos estáveis de oposições), e Nietzsche é uma das figuras centrais citadas por Derrida como inspiração para essa noção. A *Différance* indica as condições gerais de possibilidade para que qualquer coisa possa ter algum significado. Ela tem afinidades com a "diferença" estruturalista, mas é mais fluida do que a diferença que opera entre as rígidas estruturas dos termos opositivos na Teoria Estruturalista. Antes de mais nada, a *Différance* opõe-se à ideia de que as coisas têm significado por terem uma identidade fixa e estável. Derrida começa sua breve discussão sobre Nietzsche em seu ensaio programático *Différance* (DERRIDA, 1973) ilustrando esse aspecto por meio do conceito nietzscheano de força e citando Deleuze para apoiar sua tese. Para Nietzsche, as forças não têm identidade em si mesmas; forças (como vimos) são forças apenas em virtude da forma pela qual elas se relacionam com outras forças e, sobretudo, destas se *diferem*. Sobre esse ponto específico, nós precisamos ter o cuidado de notar que, para Derrida, a força não pode ser pensada de maneira tal que uma metafísica da presença seja constituída (como por vezes é indiscutivelmente o caso na filosofia e talvez até mesmo na ciência). Decerto, o objetivo de Derrida ao invocar a noção de força é que, para ele, "a força mesma nunca está presente; ela é somente um jogo de diferentes quantidades" (p. 148). Derrida explica então como essas forças diferenciais dão origem a sistemas de significação que parecem ser sistemas estáveis de termos opositivos:

> Poder-se-ia assim retomar todos os pares de oposição sobre os quais está construída a filosofia e dos quais vive nosso discurso para aí vermos não apenas a oposição, mas a emergência de uma necessidade tal que um dos termos apareça aí como *différance* do outro, como o outro diferido na economia do mesmo (inteligível como diferente do sensível, como sensível diferido; o conceito como intuição diferida – *différance*; a cultura como natureza diferida – *différance* [...]) (p. 148-149).

Essa imagem nietzscheana da significação como algo constituído por forças diferenciais se distingue tanto da filosofia tradicional como do estruturalismo ao rejeitar a ideia de que conceitos opositivos são fixados e hierarquizados, substituindo-os por um jogo fluido de forças. Derrida argumenta que o estruturalismo é assombrado por algo que é "transcendentalmente significado", um termo supostamente último que fundaria todo o sistema de significação em um ponto privilegiado da presença, uma "origem ausente" de toda significação. Em contraste a esse jogo negativo e nostálgico de diferenças na Teoria Estruturalista, Derrida valoriza a afirmação positiva de Nietzsche do jogo de forças em que cada uma tem sua própria perspectiva interpretativa e é livre da nostalgia de uma "presença plena":

> Voltada para a presença, perdida ou impossível, da origem ausente, esta temática estruturalista da imediaticidade interrompida é, portanto, a face triste, *negativa*, nostálgica, culpada, rousseauísta, do pensamento do jogo cujo reverso seria a afirmação alegre do jogo do mundo e da inocência do devir, a afirmação de um mundo de signos sem erro, sem verdade, sem origem, oferecido a uma interpretação ativa (DERRIDA, 1978: 292).

Dessa forma, Nietzsche parece ser uma inspiração central para a desconstrução de Derrida, mostrando-se uma referência presente, porém intermitente, nos textos iniciais de Derrida. Um tema central que serve de orientação às discussões mais extensas de Derrida sobre Nietzsche, contudo, é uma polêmica matizada com a interpretação heideggeriana de Nietzsche. Trata-se do tema central de *Esporas*, um texto originalmente apresentado em 1972 no colóquio de Cerisy-la-Salle sobre Nietzsche. Derrida apresenta aqui um surpreendente entrelaçamento dos temas "mulher" e "estilo" nos escritos de Nietzsche, afirmando que eles, na realidade, referem-se à mesma problemática. Heidegger desconsidera ambos os temas em seus volumosos textos sobre Nietzsche, e Derrida crê que essa omissão é significativa. Heidegger lê Nietzsche como o último metafísico (cf. cap. 1) e, nesse sentido, insiste em um significado unitário e em uma única verdade dos textos de Nietzsche. Contra isso, Derrida procura problematizar a suposição de que os textos de Nietzsche podem ser fixados numa interpretação única e veraz. Para Derrida, os tropos gêmeos da mulher e do estilo servem a esse fim. A mulher é apresentada nos textos de Nietzsche como algo não interessado pela verdade; ela se associa às meras aparências da superfície, à sedução e à ilusão. Derrida sublinha isso quando escreve que "não há nada como uma mulher, como uma verdade em si mesmo da mulher em si mesma" (1979: 101). A questão da mulher indica a Derrida a problemática da verdade mesma nos textos de Nietzsche e a suposta verdade *de* aqueles textos. (Esse tema foi levado adiante por Sarah Kofman; cf. cap. 4.)

O tema do estilo faz ruir, ademais, a suposta unidade de significado e verdade nos textos de Nietzsche. Derrida ressalta a pluralidade dos estilos de escrita de Nietzsche, assim como as proposições com frequência paradoxais e até mesmo contraditórias que podemos encontrar em seus escritos. Derrida utiliza a questão do estilo para combater a caracterização heideggeriana de Nietzsche como o último metafísico. Enquanto que Heidegger afirma que Nietzsche subverte o platonismo e permanece aprisionado na metafísica, Derrida reconhece que o pensamento de Nietzsche vai além e desloca as oposições metafísicas da tradição filosófica. Ademais, é justamente nesse jogo de estilos que os textos de Nietzsche resistem em serem reduzidos à tradição metafísica, já que não é possível fixá-los em uma única posição ou verdade que pudesse ser subordinada às possibilidades estruturais daquela tradição. Resumindo esses dois temas inter-relacionados, Derrida escreve:

> [N]ão há uma verdade de Nietzsche ou do texto de Nietzsche. Quando lemos em *Jenseits* [*ABM*] "estas são as *minhas* verdades", sublinhando "*meine Wahheiten sind*", é justamente em um parágrafo sobre as mulheres. *Minhas* verdades – isso implica que, sem dúvida, estas não são as *verdades*, pois elas são múltiplas, variegadas, contraditórias. Portanto, não há uma verdade em si, mas apenas um excesso; mesmo para mim, de mim, a verdade é plural (1979: 103).

Derrida ilustra essa ausência de um único sentido verdadeiro do texto nietzscheano ao concluir *Esporas* com a discussão de uma frase encontrada nos papéis de Nietzsche, escrita entre aspas: "Eu esqueci meu guarda-chuva". Derrida sugere que pode tratar-se de uma citação, de algo que ele escutou sem querer, um lembrete de algo a ser feito, ou até mesmo de algo não escrito pelo próprio Nietzsche. Como Derrida insiste, não há como saber com certeza qual é o sentido dessa frase. Embora pareça um exemplo extremo, Derrida argumenta que todos os textos de Nietzsche partilham dessa indecidibilidade do sentido (p. 123-143).

Vale concluir essa seção corrigindo um comum equívoco que surge no juízo sobre Derrida: ele não está argumentando que, dado não haver uma única interpretação verdadeira de um texto, toda e qualquer interpretação é plausível ou que há um número infinito de possíveis interpretações. Derrida insiste que interpretações são restringidas pelo seu contexto, de modo que as interpretações plausíveis são limitadas e algumas interpretações são mais plausíveis do que outras. A tese de Derrida consiste apenas em afirmar que as interpretações não são nunca absolutamente decidíveis: sempre haverá mais do que uma interpretação plausível possível. A questão central aqui é que as interpretações não são restringidas pela ideia de uma única verdade às quais elas se referem (como a metafísica da presença afirmaria), mas por uma estrutura relativamente flexível (o contexto), que permite várias possibilidades de sentido e torna indecidíveis as pretensões a uma única interpretação "verdadeira". Para Derrida, é esta indecidibilidade da interpretação que é notavelmente exibida nos textos de Nietzsche. O foco de Derrida na indecidibilidade interpretativa e na importância dos estilos plurais de escrita nietzscheana influenciou fortemente outros intérpretes de Nietzsche, como Kofman (1993) e Alexander Nehamas (1985); a corrente desconstrutivista do nietzscheanismo inaugurada por Derrida é uma importante dimensão do nietzscheanismo pós-estruturalista.

Antinietzscheanismo francês

Embora o nietzscheanismo tenha sido bem relevante na cena filosófica francesa nas décadas de 1960 e de 1970, uma reviravolta se preparava por volta da década de 1980. Uma geração mais jovem de filósofos buscava distanciar-se dos *"maître à penser"* da década de 1960, tais como Foucault, Derrida, Deleuze e Lacan – ou seja, distanciar-se do pós-estruturalismo. Uma das principais formas de atingir esse objetivo era perceber e criticar o nietzscheanismo dessa geração, reconhecendo que, embora outras influências filosóficas (em particular Freud e Marx) eram importantes para os pós-estruturalistas, nenhuma delas era tão fundamental como a de Nietzsche. Um texto central que marcou de forma inequívoca o antinietzscheanismo francês é *Por que não somos nietzscheanos* [*Pourquoi nous ne sommes pas nietzschéens*] (FERRY & RENAUT, 1997), que inclui artigos de Vincent Descombes, Alain Boyer, André Comte-Sponville, Robert Legros, Philippe Raynaud e Pierre-André Taguieff, além de contribuições dos dois editores. De forma geral, todos os autores presentes nesse livro são defensores do liberalismo, da democracia e dos direitos humanos, e boa parte do impulso para o ataque ao nietzscheanismo é de natureza política, além de, a rigor, filosófica. (É sabido que Luc Ferry se envolveu bem ativamente na política francesa, tendo sido ministro da Educação de 2002 a 2004.) Ferry e Alain Renaut foram particularmente francos e polêmicos em suas críticas ao nietzscheanismo pós-estruturalista. Na sequência, tomaremos suas concepções como representativas do antinietzscheanismo na França.

No prefácio a *Por que não somos nietzscheanos*, Ferry e Renaut anunciam de pronto que "pensar com Nietzsche contra Nietzsche" poderia muito bem ter sido o outro título do livro (p. vii). Sob certos aspectos, eles aceitam a importância e as lições de Nietzsche: "Naturalmente, não mais nos enganamos:

hoje em dia ninguém mais acredita no Conhecimento Absoluto, no sentido da história ou na transparência do sujeito. É exatamente por essa razão que temos de pensar contra Nietzsche junto a Nietzsche" (p. vii-viii). Os argumentos dos autores dirigem-se mais contra o nietzscheanismo pós-estruturalista do que contra o próprio Nietzsche, ainda que aqueles aspectos por eles considerados como inspiração para os pós-estruturalistas são atacados com auxílio de referências diretas ao texto de Nietzsche. No artigo coautorado pelos dois editores da coletânea, "É de pouco valor aquilo que primeiramente tem de se provar", Ferry e Renaut situam Nietzsche como um neotradicionalista que rejeita a argumentação, discussão e, portanto, o uso democrático da razão como bases adequadas da sociedade. Eles o consideram como um autor buscando "algo análogo" à tradição, uma vez que ele claramente não acredita poder retornar ao modo pré-moderno de vida dos gregos ou romanos.

Apoiando-se em várias seções de *O crepúsculo dos ídolos*, Ferry e Renaut sugerem que aquilo que Nietzsche acreditava ter dado errado no mundo antigo e levado às deficiências da Modernidade era o método socrático de discussão e argumentação, que teria arruinado a inquestionável crença tradicional na força da autoridade. Para eles, Nietzsche teria identificado a asserção bruta da autoridade às forças ativas da afirmação da vida, e a argumentação dialética às forças reativas da diminuição da vida. Dessa maneira, eles caracterizam Nietzsche como um filósofo autoritário contrário ao exercício democrático da razão argumentativa. Depois de notar que as críticas de Nietzsche à democracia são bem conhecidas, Ferry e Renaut brincam que isso os deixa "de certa forma caprichosamente perplexos sobre como tais críticas não impediram que uma geração de nossos filósofos – os da década de 1960 – professasse o nietzscheanismo" (p. 97). Resumindo o argumento, eles concluem que a rejeição nietzscheana da argumentação só pode significar o retorno da autoridade. Eles sugerem que isso é algo que os pós-estruturalistas não conseguiram perceber ou levar a sério, mas que a geração deles próprios não poderia esquecer (p. 106).

> **Ponto central:** *Ferry e Renaut: Nietzsche como antidemocrático*
> Ferry e Renaut consideram que Nietzsche é contrário ao uso democrático da razão, conforme dão testemunho suas críticas à discussão e argumentação dialética socrática. Pelo contrário, eles o consideram um apoiador de um modelo social baseado na aceitação inquestionável da tradição e da autoridade.

Nesta e em outras obras (cf. esp. FERRY & RENAUT, 1990), Ferry e Renaut criticam Nietzsche e o nietzscheanismo pós-estruturalista em uma grande variedade de outros temas, tais como a crítica do sujeito, a crítica da ciência e a crítica da Modernidade. Esse breve panorama da posição de Ferry e Renaut sobre o nietzscheanismo *vis-à-vis* a argumentação e a autoridade, contudo, serve para indicar o teor geral da crítica deles: ambos acreditam que o nietzscheanismo mina a *responsabilidade* em relação tanto às demandas da razão estabelecidas pela tradição filosófica como às demandas da justiça estabelecidas pela tradição democrática liberal. Portanto, eles veem os nietzscheanos pós-estruturalistas como filosófica e politicamente irresponsáveis.

Eu não gostaria de terminar este capítulo com a sugestão de que os antinietzscheanos franceses tiveram a última palavra. Schrift apresentou uma leitura bem mais simpática dos nietzscheanos franceses em seu livro *O legado de Nietzsche na França* [*Nietzsche's French Legacy*] (como, espero, eu também tenha feito aqui), tendo levantado sérias dúvidas sobre a correção de muitas das caracterizações do nietzscheanismo francês feitas pelos antinietzscheanos na França (p. ex., o argumento de Ferry e

Renaut de que o pós-estruturalismo desejava liquidar inteiramente "o sujeito", embora esta não seja a posição dos pós-estruturalistas; pelo contrário, trata-se de "descentrar" o sujeito). Ademais, Schrift nota que Nietzsche foi submetido a muitos altos e baixos de popularidade; o recente antinietzscheanismo na França não reflete de forma alguma um final real do nietzscheanismo, seja na França, seja no resto do mundo. Não há espaço aqui para discutir esses temas em detalhe, e os leitores interessados devem dirigir-se ao belo livro de Schrift (SCHRIFT, 1995: 120-126). Entretanto, algumas das questões políticas levantadas pelas críticas antinietzscheanas na França serão abordadas no próximo capítulo.

Sumário

O valor de Nietzsche para os pós-estruturalistas

Nietzsche fornece recursos para uma resposta crítica a:

• Estruturalismo (significação como algo redutível a estruturas linguísticas e semióticas sincrônicas):

- gênese, não sincronia;
- jogo de superfície, não profundidade.

• Cartesianismo ou filosofia do sujeito (incluindo fenomenologia existencial):

- crítica do humanismo.

• Hegelianismo (filosofia como sistematicidade, recuperação, totalização):

- dialética;
- razão e seu "outro";
- história como algo que possui um sentido.

• Marxismo (uma política revolucionária e utópica no nível dos partidos e instituições).

O Nietzsche de Bataille

Bataille defende Nietzsche contra a apropriação nazista de seu pensamento, confronta Nietzsche e Hegel, e enfatiza o irracional e o paradoxal em Nietzsche.

O Nietzsche de Klossowski

Klossowski coloca o eterno retorno no centro de sua leitura, interpretando-o como um "círculo vicioso". Ele também explora a enfermidade de Nietzsche de uma forma que tem implicações radicais para a relação entre pensamento e corpo (dando ao corpo um valor maior do que o do pensamento). Klossowski interpreta a filosofia de Nietzsche como um golpe fulminante nas noções filosóficas tradicionais de realidade, verdade e sujeito.

O Nietzsche de Deleuze

Deleuze desenvolve uma leitura sistemática e filosófica de Nietzsche que gira em torno de uma metafísica baseada no princípio de diferença. Ele apresenta o hegelianismo como o alvo principal da crítica de Nietzsche. Para Deleuze, a vontade de potência é uma metafísica de forças diferenciais e apenas de forma deficiente pode ser considerada um desejo de dominação. Ademais, para ele o eterno retorno é o retorno do diferente (não do mesmo).

O Nietzsche de Foucault

Para Foucault, Nietzsche propõe uma hermenêutica (há apenas interpretações) e se opõe à semiologia (um significado fixo e derradeiro). Foucault desenvolve a genealogia de Nietzsche como um método oposto à história "tradicional": ao passo que a história tradicional procura contar uma narrativa unificada do "verdadeiro" sentido da história, baseado numa suposta essência imutável das coisas, a genealogia atua criticamente ao contar histórias alternativas que destacam o modo como as coisas mudaram, desabilitando, assim, a noção de essência e demonstrando que as coisas poderiam ter sido diferentes do que são.

O Nietzsche de Derrida

Para Derrida, Nietzsche é uma figura central que desafia a "metafísica da presença". Nietzsche é um precursor da desconstrução em seu emprego da dupla estratégia de inversão e deslocamento de oposições binárias opostas. Em sua leitura de Nietzsche, Derrida explora o deslocamento da ideia de um sentido fixo e verdadeiro de um texto através de temas como a mulher e o estilo nos escritos de Nietzsche.

O antinietzscheanismo francês

Pensadores franceses como Ferry e Renaut consideram Nietzsche como um pensador irracional e neoconservador que rejeita o uso democrático da razão e busca substituir os valores do Iluminismo por uma aceitação inquestionável da tradição e da autoridade.

3

Nietzscheanismo e política

*Somente a partir de mim haverá grande
política na Terra* (EH: "Destino", 1).

Desde as primeiras recepções de seu pensamento no final do século XIX e começo do século XX, Nietzsche foi acolhido entusiasticamente por representantes tanto da extrema-direita como da extrema-esquerda no espectro político, que acreditavam que sua filosofia era significativa para a própria política que defendiam. Ademais, esse interesse na suposta dimensão política do pensamento de Nietzsche foi sinalizado pelo seu primeiro popularizador significativo, Georg Brandes. O foco de suas aulas sobre Nietzsche em 1888 era a dimensão política da crítica nietzscheana da cultura, atribuindo a Nietzsche uma filosofia política por ele descrita como "radicalismo aristocrático" (um termo que o próprio Nietzsche aprovou) (LEITER, 2010). Ao longo da primeira metade do século XX, a obra de Nietzsche foi frequentemente acolhida à luz de sua relação com a política de renovação cultural. Essa recepção culminou naquele capítulo negro da história do nietzscheanismo que deve ser enfrentado por toda discussão sobre nietzscheanismo e política, a saber, a apropriação de Nietzsche pelo Partido Nacional-socialista e a mácula de seu nome com as insígnias do nacionalismo e do racismo mais extremados. Logo após o fim da Segunda Guerra Mundial, os intérpretes de Nietzsche procuravam resgatá-lo da associação com os nazistas, pintando-o como, na realidade, um pensador *apolítico*. Contudo, nos últimos tempos o quadro foi alterado. O interesse pela dimensão política do pensamento de Nietzsche foi substancialmente renovado pelo livro de Tracy B. Strong: *Friedrich Nietzsche e a política da transfiguração* [*Friedrich Nietzsche and the Politics of Transfiguration*] ([1975] 2000); com efeito, o pensamento político de Nietzsche tornou-se uma das áreas que mais floresceram nos estudos nietzscheanos dos vinte últimos anos.

Neste capítulo pretendemos explorar a relação entre nietzscheanismo e política por meio dos seguintes temas. Primeiro, nós examinaremos o próprio contexto político de Nietzsche para estabelecermos a natureza e o escopo de seus interesses políticos mais prováveis. Em seguida, trataremos da apropriação de Nietzsche pelo nacional-socialismo, considerando como sua obra foi recrutada para a causa nazista. Nós examinaremos então algumas das principais linhas interpretativas acerca da própria filosofia política de Nietzsche que surgiram nos últimos vinte anos. Com isso, nós passaremos em revista algumas das interpretações mais combatidas de seu pensamento em relação às posições políticas do aristocratismo, liberalismo, socialismo e democracia. Na última seção deste capítulo nós voltaremos nossa atenção para formas menos convencionais (da perspectiva das teorias políticas mais conhecidas) de interpretar o significado político do pensamento de Nietzsche. Nós iremos examinar como uma nova ideia de política surge no nietzscheanismo francês, além do impacto multiforme de Nietzsche sobre a tradição da teoria crítica.

O contexto político de Nietzsche

As reflexões do próprio Nietzsche sobre temas políticos foram, sem dúvida, moldadas pelo contexto político em que vivia e também pelos textos que lia. O fato mais significante desse contexto foi a unificação dos estados alemães sob a liderança de Otto von Bismarck (1815-1898). Bismarck foi o primeiro-ministro da Prússia de 1862 a 1890, período que cobriu toda a vida adulta sã de Nietzsche. Um evento central para o processo unificador da Alemanha foi a Guerra Franco-prussiana (1870-1871), na qual Nietzsche serviu como enfermeiro. A guerra foi deliberadamente orquestrada por Bismarck como um veículo para a unificação da Alemanha, e a vitória da Alemanha sobre a França atingiu com sucesso esse fim. O Segundo Império Alemão (o Segundo Reich) foi proclamado em 1871, com o Imperador Guilherme I. O sistema de governo de Bismarck era constitucional e semiparlamentarista, mas a visão geral é a de que se tratava, na verdade, de uma ditadura mascarada com aspectos de um sistema político-partidário para que se criasse a impressão de um equilíbrio de poderes. O governo era dividido em três setores: o executivo (o primeiro-ministro e o imperador), o conselho federal e o parlamento. Os membros do parlamento eram democraticamente eleitos, sendo exigido seu consentimento para toda legislação. Contudo, o executivo detinha muito poder, incluindo o controle militar, e a prerrogativa de dissolver o parlamento (cf. CAMERON & DOMBOWSKY, 2008: 3). Pensa-se geralmente que o objetivo de Bismarck era conservar a autoridade da aristocracia latifundiária e das estruturas militares feudais contra as ameaças da democracia e do socialismo (p. 3).

O contexto político e cultural dos escritos de Nietzsche era, portanto, o da Alemanha recém-unificada, com um marcado sentimento nacionalista e de confiança militar nascido da vitória sobre a França. As visões políticas de Nietzsche mudaram ao longo do tempo. No início da década de 1860 Nietzsche era um monarquista e depois – após ter sido inicialmente crítico de Bismarck devido à sua tentativa de anexar militarmente a Áustria à Prússia em 1866 – se tornou um fervoroso apoiador de Bismarck. O único e breve período em que Nietzsche se envolveu ativamente com a política foi o verão de 1866, quando fez campanha em apoio a um candidato do Partido Nacional-liberal da Saxônia. Esse partido defendia um Império Alemão unificado, além de livre-mercado, livre-comércio e um Estado constitucional (ANSELL-PEARSON, 1994: 25). O candidato apoiado por Nietzsche perdeu, e logo após isso Nietzsche expressou um desdém pela política (embora continuasse a ter opiniões políticas). Para Keith Ansell-Pearson, as visões políticas de Nietzsche na década de 1870 giravam em torno da esperança de uma renovação cultural por meio da arte (em particular, os dramas musicais de Wagner, que ele entendia como o "renascimento da tragédia"), nem tanto em torno de partidos políticos, e nessa época Nietzsche era crítico da nova Alemanha de Bismarck por seu excessivo foco no poder militar e seu fracasso em renovar a cultura alemã (p. 27). No final da década de 1870, sua simpatia em relação a Bismarck aumentou, pois Nietzsche o via como uma resistência ao que entendia ser a ameaça do socialismo. Outro evento central para compreendermos o contexto político de Nietzsche é a revolução de 1848 (ocorrida tanto na França como na Alemanha), que demonstrou haver uma crescente onda de sentimento socialista na Europa. Na década de 1880, Nietzsche tornou-se mais crítico das políticas de Bismarck, especialmente o nacionalismo alemão, a política baseada no poder militar (*Machtpolitik*) e o antissemitismo. Entretanto, ele ainda parecia admirar Bismarck como alguém que encarnava um tipo forte, próximo ao ideal de um espírito livre.

As visões políticas de Nietzsche são complexas, ambíguas e objeto de um intenso debate. Nós examinaremos os vários pontos de vista a respeito de tais visões na seção abaixo sobre "a filosofia política de Nietzsche". Porém, simplificando bastante, podemos resumir da seguinte forma seus aspectos principais.

> **Ponto central:** *As visões políticas de Nietzsche em contexto*
> Sem considerar o breve período em que apoiou os nacional-liberais, Nietzsche foi um crítico do liberalismo; ele era hostil ao socialismo; de apoiador do nacionalismo ele tornou-se seu opositor; e ele era ambivalente sobre a Alemanha de Bismarck.

As visões políticas de Nietzsche o deixavam fora do compasso das principais correntes políticas da direita e da esquerda de seu tempo, de modo que não é tarefa das mais simples enquadrá-lo no interior do espectro político. Como comentam Frank Cameron e Don Dombowsky (2008: 21), o anti-igualitarismo de Nietzsche o alienava da esquerda, ao passo que seu anticristianismo e sua oposição ao antissemitismo o alienavam da direita. Um importante ponto de discórdia no entendimento da política de Nietzsche é a relação entre *política* e *cultura* em seu pensamento. Como enfatiza Ansell-Pearson (1994: 27), há um sentido em que Nietzsche desdenha a política de poder, pois ele a vê como algo que prejudica a renovação cultural, a qual foi sempre uma preocupação central de seu pensamento. Contudo, Cameron e Dombowsky insistem que esses temas não são separados para Nietzsche, afinal "ele via uma correlação direta entre a transformação da ordem política e a renovação cultural" (2008: 2). De fato, ambas as visões estão presentes em seus escritos e, como é comum em Nietzsche, trata-se de saber qual visão se prefere privilegiar. Voltemo-nos agora a uma questão desconfortável, porém essencial: como a cruel ideologia nazista pôde apropriar-se do pensamento politicamente complexo e ambivalente de Nietzsche.

Nietzsche e o nacional-socialismo

Ansell-Pearson escreve: "É um tanto paradoxal que um escritor que promoveu a causa da Europa em oposição à da Alemanha, que ridicularizou todas as formas de racismo na política, especialmente o antissemitismo, seja percebido tão amplamente como o fundador ideológico do nazismo" (1994: 28). Tal apropriação não se deu da noite para o dia. Pelo contrário, ela pode ser entendida como a culminação de uma corrente da recepção de Nietzsche estabelecida por Elisabeth Förster-Nietzsche desde os primeiros anos depois do colapso do irmão; essa corrente adaptou a obra de Nietzsche à causa do nacionalismo alemão (e frequentemente ao antissemitismo). Elisabeth era profundamente envolvida com o movimento antissemita. Ela se casou com Bernhard Förster, um ativista antissemita, e alguns dos comentários mais maliciosos de Nietzsche sobre o antissemitismo foram provavelmente inspirados por essa união, por ele bastante desaprovada. Em 1887, o casal fundou a colônia *Nueva Germania*, no Paraguai, inicialmente composta por doze famílias alemãs. A intenção era criar uma comunidade de puros arianos. A colônia era mal-organizada e tinha vários problemas. Sofrendo com o ódio dos colonos e afundado em dívidas, Bernhard cometeu suicídio em 1889. Elisabeth retornou à Alemanha em 1893. Ela fundou o *Nietzsche-Archiv* e, como vimos, assumiu o controle da edição das obras de Nietzsche. Ela também escreveu uma longa biografia sobre ele. Elisabeth moldou a reputação de Nietzsche segundo suas próprias convicções nacionalistas e racistas, e retirou dos escritos do irmão aquelas passagens que entravam em conflito com seus próprios interesses (incluindo algumas passagens nas quais Nietzsche a criticava). Na década de 1930, quando os nazistas tomaram o poder, Elisabeth os apoiou ativamente, defendendo a ideia de que a filosofia de Nietzsche refletia a ideologia nazista. O *Nietzsche-Archiv* recebeu financiamento do governo nazista, e o próprio Hitler visitou o arquivo por duas vezes. (Existe uma foto infame de Elisabeth presenteando-o com a bengala de Nietzsche.)

Por mais que Elisabeth seja culpada pela distorção do legado de Nietzsche para fins nacionalistas e antissemitas que o tornavam atrativo para os nazistas, ela não estava sozinha aqui. A obra de Nietzsche era atraente para muitos representantes da extrema-direita nas primeiras décadas do século XX, tendo recebido uma série de influentes interpretações que podem ser descritas, grosso modo, como "nacionalistas românticas". Primeiro, como já discutido no capítulo 1, as interpretações baseadas na *Lebensphilosophie* associavam a força vital de vida com o irracional e, frequentemente, com a violência de dominação e guerra, e também com o tipo racial da "besta loira". A eclosão da Primeira Guerra Mundial jogou combustível no fogo da filosofia da vida, e seu lado beligerante foi mais enfatizado (SAFRANSKI, 2003: 328). Nietzsche foi com frequência enquadrado na Alemanha como um apoiador ideológico da guerra, e alguns escritores franceses, ingleses e americanos quase chegaram a culpá-lo pela própria guerra (p. 329).

Rudiger Safranski descreve concisamente o *Nietzsche* de Bertram, o livro mais influente sobre Nietzsche no entreguerra, como a "criação do mito mais adequado para unificar uma nação sob uma divisa comum nesse momento em que a religião desaparecera" (2003: 331). Como Safranski ainda nota, a ideia de criação de um mito nacionalista tem como sua fonte a tradição romântica, tendo sido defendida por Wagner e também pelo jovem Nietzsche. Em seu livro, Bertram não apenas deseja apresentar Nietzsche como um autor que tentou criar uma tal mitologia, como também busca, ele mesmo, mitologizar o próprio Nietzsche, torná-lo uma figura que pode revivificar a cultura alemã ao refletir em sua vida a "alma" da Alemanha. A interpretação de Bertram inseria Nietzsche, de forma decidida, na tradição da direita (DIETHE, 2006: xxv), e desenvolvia temas que mais tarde, com o apoio do próprio Bertram, seriam utilizados para fins ideológicos nazistas. Safranski ilustra como a interpretação de Bertram acabou servindo à causa nazista com a imagem de "o cavaleiro, a morte e o diabo" que ele extrai da obra de Nietzsche. Em *O nascimento da tragédia*, Nietzsche utiliza a gravura "O cavaleiro, a morte e o diabo" (1513-1514), de Albrecht Dürer, para exemplificar o pessimismo de Schopenhauer. Bertram sugere que a mesma imagem pode ser utilizada para caracterizar o espírito alemão: o cavaleiro seria a figura pessimista, mas ao mesmo tempo estoica e heroica, que aceita a inevitabilidade da morte e do mal. Sob o Terceiro Reich, essa imagem foi transformada de maneira que o cavaleiro fosse entendido como o ariano racialmente puro, tendo sido por vezes descrita pelo próprio Hitler em uma propaganda artística delegada ao *Nietzsche-Archiv* (SAFRANSKI, 2003: 332).

Não obstante, é preciso notar que a obra de Bertram é bem mais completa e sutil do que pode sugerir o seu destino no Terceiro Reich. Thomas Mann, um amigo próximo de Bertram, era um grande admirador do livro, e a recente publicação de traduções para o francês e o inglês está lhe rendendo uma renovada e positiva atenção. O livro de Bertram foi louvado como uma peça de arte literária por si mesma, uma obra que permite valiosas intuições sobre temas artísticos e psicológicos no pensamento de Nietzsche. Uma de suas contribuições mais notáveis para os estudos de Nietzsche é, com efeito, suas investigações sobre as obras de arte e de literatura admiradas pelo próprio Nietzsche. Além disso, a obra de Bertram também chama a atenção aos elementos do pensamento de Nietzsche, como a "estirpe filosófica", máscaras e justiça, temas tipicamente marginalizados (cf. ANSELL-PEARSON, 2009). No prefácio à tradução francesa, Pierre Hadot, o eminente especialista nos clássicos, opina que "mesmo depois do surgimento de grandes obras dedicadas a Nietzsche ao longo do século XX, o livro de Bertram manteve todo o seu valor e relevância" (2010: 82).

Dentre os outros notáveis intérpretes de Nietzsche cujas visões eram consonantes com as correntes de extrema-direita da época e os quais, portanto, contribuíram diretamente ou indiretamente com a associação de Nietzsche com o nacional-socialismo, incluem-se Ernst Jünger e Oswald Spengler. Conhecidos livros de Jünger, como *Tempestades de aço* [*In Stahlgewittern*] e *O trabalhador* [*der Arbeiter*], arregimentavam Nietzsche para a celebração de uma forma estetizada da guerra entendida como uma atividade afirmativa da vida, masculina e criativa (ASCHHEIM, 1992: 158). O livro mais lido de Spengler, *O declínio do Ocidente* [*Der Untergang des Abendlandes*] ([1918] 1932), apoia-se na visão de Nietzsche sobre a história e o niilismo da era atual para argumentar que vivemos em uma época de declínio. Spengler caracterizava a cultura do Ocidente contemporâneo como "faustiana", indicando um esforço constante em atingir fins que se esquivam à sua realização. Ele era crítico da democracia, considerando-a como uma forma inapropriada de governo para a época, advogando em seu lugar uma ditadura. (A obra de Spengler foi inicialmente acolhida pelos nacional-socialistas, mas ele saiu logo do gosto dos nazistas em função de tê-los criticado pelo grosseiro racismo biológico e ter publicamente polemizado com o principal ideólogo nazista, Alfred Rosenberg.)

O livro de A. Baeumler, *Nietzsche, o filósofo e político* (1932), apresentou aquela que viria a ser conhecida como a interpretação nazista "oficial" de Nietzsche. Baeumler centra sua análise no conceito nietzscheano de vontade de potência, usando-a para desenvolver uma visão de mundo "heraclitiana" sobre forças em contínuo fluxo de vir-a-ser, antes de extrair consequências políticas dessa interpretação metafísica. Baeumler acentua a dimensão de poder no pensamento de Nietzsche; para ele, a vontade de potência (ou de poder) consiste em forças em uma constante luta por dominar umas às outras. Ele nega a possibilidade de qualquer síntese hegeliana, sugerindo que qualquer síntese aparente significa simplesmente o triunfo de um lado que cooptou certos elementos do outro (SAFRANSKI, 2003: 336). Baeumler rejeita qualquer "ser estável" implicado na repetição do eterno retorno, argumentando que a vontade de potência sugere um constante conflito sem qualquer estabilidade. Ele justifica esta interpretação com o argumento de que a experiência nietzscheana do eterno retorno ocorre antes do desenvolvimento definitivo de sua teoria da vontade de potência, que então substitui aquela.

Baeumler argumenta que toda pretensão de conhecimento, assim como os valores morais e culturais, são simplesmente expressões da potência ou poder que os subjaz. Ele defende uma espécie de relativismo de poder, segundo o qual "o poder faz o direito". Politicamente, o Nietzsche de Baeumler defende a inevitabilidade da guerra e a importância do nacionalismo e do racismo, porém se apoia em bases que são assumidamente contingentes e relativistas. Uma pessoa não pode escolher com qual corpo ou em qual país ela nasce, mas como a vida é inevitavelmente conflito, com vencedores e perdedores, nós devemos apoiar o lado em que calhamos estar devido ao acaso do nascimento, além de fazer tudo aquilo que esteja em nosso poder para garantir que nosso lado triunfe sobre os "outros". Baeumler defende a superioridade da raça nórdica e seu antagonismo contra outras raças, porém, com base em argumentos que são notoriamente relativistas. (Essa possível associação entre violência e relativismo é, talvez, esquecida por vezes pelos relativistas "pós-modernos", que supõem haver no relativismo um apoio direto à tolerância.) Embora a interpretação de Baeumler sobre Nietzsche seja corretamente considerada com ceticismo em virtude de suas repugnantes associações, ela não é inteiramente desprovida de mérito. Safranski sugere que seu estudo "reconstruiu, de uma forma precisa e filosoficamente astuta, uma série de convincentes ligações entre as ideias do filósofo" (2003: 335), ao passo que Gianni Vattimo (2001: 176) nota que a obra deu início a uma nova fase nos estudos nietzscheanos em virtude de sua ênfase na maneira como Nietzsche empregou a vontade de potência contra a tradição metafísica ocidental.

A proeminência ideológica que o Terceiro Reich conferiu a Nietzsche provocou uma condenação generalizada da obra de Baeumler nos países "aliados" durante e após a Segunda Guerra Mundial. Nos Estados Unidos, por exemplo, o estudo de Crane Brinton, *Nietzsche* (1941), que defendia que a filosofia de Nietzsche servia como uma inspiração direta para o nazismo, tornou-se a interpretação mais aceita na década de 1940 (RATNER-ROSENHAGEN, 2006: 255). Durante as décadas de 1950 e de 1960, contudo, inúmeros intérpretes – como Kaufmann nos Estados Unidos e Deleuze na França – trabalharam para "salvar" Nietzsche dos nazistas. Reconhece-se hoje em dia de forma geral que os nazistas foram apenas capazes de cooptar Nietzsche para sua causa devido a uma profunda edição e uma grosseira distorção da obra nietzscheana. Durante o Terceiro Reich, as edições populares dos escritos de Nietzsche que circulavam continham apenas aquelas passagens que davam a impressão de apoiar a causa nazista, e seus sentimentos nacionalistas antigermânicos e *anti*antissemitas foram censurados. Como o filósofo nacional-socialista Ernst Krieck admitiu, "no final das contas, Nietzsche foi um oponente do socialismo, um oponente do nacionalismo e um oponente do pensamento racial. À parte essas três inclinações de seu ânimo, ele teria dado um nazista e tanto" (apud SAFRANSKI, 2003: 340).

Não obstante, permanecem questões sobre a culpabilidade de Nietzsche em relação aos fins para os quais os nazistas utilizaram suas obras. Filósofos como Derrida insistiram que, mesmo enfatizando que Nietzsche não era um protonazista, nós precisamos, ainda assim, reconhecer que há perspectivas em sua obra que dão suporte para alguns dos crimes nazistas. Algumas dessas perspectivas serão evidenciadas quando explorarmos, na sequência, a filosofia política de Nietzsche.

A filosofia política de Nietzsche

De forma bem geral, as obras recentes sobre a filosofia política de Nietzsche estabeleceram três grandes linhas conflitantes de interpretação:

- Nietzsche como apolítico;
- Nietzsche como um radical aristocrático; e
- A filosofia de Nietzsche como consistente com a democracia liberal.

A primeira dessas linhas interpretativas, que se tornou popular, grosso modo, da década de 1950 à década de 1980, dá prosseguimento à concepção estabelecida por Kaufmann, a saber, que Nietzsche não tinha uma filosofia política e não era, na verdade, interessado por política. A segunda interpretação é baseada nas declarações mais explícitas de Nietzsche sobre política (assim como na defesa da descrição desse traço de seu pensamento feita por Brandes), procurando elaborar, sistematizar e, não raro, criticar a política elitista de exploração que pode ser encontrada em seus escritos. A terceira interpretação de Nietzsche busca apropriar-se de seu pensamento para fins mais liberais e/ou democráticos, baseando-se muitas vezes na afirmação de que há uma desconexão entre sua filosofia e sua política. Na sequência nós iremos examinar brevemente a primeira interpretação (na qual pode até haver certa dose de verdade, mas a qual é, não obstante, pouco interessante), antes de explorar as várias dimensões das outras duas – mais complexas – correntes interpretativas sob as rubricas de aristocratismo, liberalismo, socialismo e democracia. A imensa quantidade de páginas escritas nas últimas décadas sobre a filosofia política de Nietzsche nos impede de pretender fornecer aqui um exame exaustivo do tema; pelo contrário, nos contentaremos em apenas indicar algumas posições mais relevantes na literatura. (Para outras obras a respeito do tema, cf. a seção "leitura complementar" ao final do livro.)

Nietzsche como apolítico

Nietzsche seria mesmo um filósofo político? Ele teria algo a oferecer à filosofia política? Estes são temas controversos entre os estudiosos de Nietzsche. Como mencionado acima, o retrato altamente influente de Nietzsche feito por Kaufmann foi aquele de Nietzsche como um filósofo apolítico. Kaufmann identifica como o "*leitmotiv* da vida e pensamento de Nietzsche [...] o indivíduo antipolítico que procura a autoperfeição bem longe do mundo moderno" (1974: 418). O Nietzsche de Kaufmann é um individualista inabalável, que despreza as massas e a política como um fenômeno de rebanho, para o qual um autêntico indivíduo deve virar as costas. Essa interpretação tem a óbvia vantagem de distanciar Nietzsche de seus usurpadores nazistas: se Nietzsche não tinha uma política, é certo que ele não poderia ter endossado a política dos nacional-socialistas alemães. A interpretação de Kaufmann era, portanto, de certa forma conveniente no período do pós-guerra. Contudo, essa interpretação tem também seus proponentes contemporâneos.

Um dos mais recentes defensores do caso "apolítico" é Leiter (2010). Após notar que a "filosofia política de Nietzsche" é um dos temas mais populares dos estudos nietzscheanos recentes, Leiter nega que Nietzsche seja um filósofo político ou tenha algo a oferecer à filosofia política. Seu argumento é que Nietzsche não discute os temas que foram predominantes na filosofia política ocidental de Platão a John Rawls. Ele não teria desenvolvido nenhuma crítica ou nenhuma teoria positiva sobre Estado, direito ou instituições sociais. Leiter admite que Nietzsche expressa circunstancialmente opiniões sobre política em seus escritos, da mesma forma como expressa opiniões sobre uma vasta gama de assuntos. Porém, Leiter nega que essas opiniões formem algo como uma filosofia política desenvolvida ou sistemática. Ademais, ele afirma que as interpretações políticas de Nietzsche se baseiam frequentemente em um conjunto de passagens de seus escritos que são incorretamente interpretadas ao serem tiradas de seu contexto: uma leitura contextual revela que elas não pretendem enunciar qualquer tese política substantiva. (Como exemplo, Leiter cita as seções 56-57 de *O anticristo*. Essas passagens são com frequência lidas como passagens que endossam uma política elitista do *Código de Manu*, mas que, segundo Leiter, contêm apenas uma crítica ao cristianismo.) Leiter admite ainda que as visões de Nietzsche – por exemplo, sobre a moral – têm algumas *implicações* políticas, mas insiste que isso não é suficiente para justificar a classificação de Nietzsche como um filósofo político. Leiter escreve: "O cânon de filósofos políticos é composto por pensadores (como Hobbes, Locke e Rousseau) que têm visões filosóficas sobre questões políticas – Estado, liberdade, direito, justiça etc. –, e não pensadores cujas visões sobre *outros* tópicos tiveram tão somente 'implicações' para a política" (2010).

É digno de nota, contudo, que Leiter não considere em sua análise algumas das obras que não apenas se referem a uma ampla gama de passagens em Nietzsche e exprime suas visões políticas, como também desenvolve teses plausíveis sobre a dimensão política de todo o pensamento de Nietzsche (p. ex., ANSELL-PEARSON, 1994). Para concluir esse breve exame da interpretação "apolítica" de Nietzsche, notemos um aspecto polêmico que vem à tona quando comparamos as interpretações de Leiter e Ansell-Pearson e que mostra o que está em jogo em cada uma dessas opções interpretativas. Como Kaufmann, Leiter argumenta que Nietzsche estava interessado pelo indivíduo, não pelo político. Em contrapartida, Ansell-Pearson argumenta que o interesse de Nietzsche pelo indivíduo pode ser adequadamente compreendido apenas sob uma luz política. De acordo com ele, costuma-se confundir a compreensão nietzscheana do indivíduo com a concepção liberal do indivíduo: o indivíduo entendido como um indivíduo privado e atomístico, com obrigações éticas mínimas para com o Estado, a sociedade e a cultura.

Ansell-Pearson argumenta que Nietzsche criticou o liberalismo justamente por ele produzir esse tipo de indivíduo, alguém interessado apenas em seu desenvolvimento e proveito próprios. O problema é que o liberalismo faz erodir a cultura compartilhada que dá significado e valor à vida. Apenas no interior desse contexto cultural é que podem ser forjados os indivíduos com a profundidade cultural que lhes é própria; os indivíduos precisam ter uma relação ética com o Estado para que seus próprios esforços criativos e interpretativos contribuam com a cultura como um todo. Dessa maneira, segundo Ansell-Pearson, o interesse de Nietzsche pelo tema político da relação do indivíduo com o Estado é uma chave para entender uma parte relevante de sua filosofia; Nietzsche está preocupado com o cultivo do cidadão com base no modelo da Grécia antiga e *não* com o cultivo do indivíduo liberal moderno, como se supõe com frequência (cf. p. 87). Essa breve análise mostra que a escolha interpretativa de se Nietzsche tem ou não uma filosofia política não é um assunto secundário, mas, antes, pode ter um impacto significativo sobre como interpretamos a filosofia de Nietzsche como um todo. Ademais, aqueles que argumentam que Nietzsche foi um filósofo político – aos quais nos voltaremos agora – afirmam com frequência que o pensamento de Nietzsche contribui para um entendimento mais amplo da filosofia política e em particular dos problemas políticos da Modernidade, com os quais ainda hoje não raro lutamos.

Aristocratismo

A política de Nietzsche foi muitas vezes pensada como aristocrática e elitista. O endosso do próprio Nietzsche da caracterização que Brandes fez de sua filosofia como "radicalismo aristocrático" serve de apoio a essa interpretação, assim como outras passagens de seus escritos. Uma das interpretações mais significativas de Nietzsche que segue essa linha é a de Bruce Detwiler em *Nietzsche e a política do radicalismo aristocrático* [*Nietzsche and the Politics of Aristocratic Radicalism*] (1990). Ao notar a natureza pouco usual da posição política de Nietzsche, Detwiler comenta que "embora aristocratas conservadores e igualitaristas radicais tornaram-se figuras cada vez mais comuns nos últimos tempos, é difícil pensar em outro autor moderno da estatura de um Nietzsche cuja orientação política seja tão aristocrática e tão radical quanto a dele" (1990: 189).

> **Ponto central:** *Aristocratismo radical*
> A política de Nietzsche é aristocrática na medida em que defende uma sociedade elitista e baseada em classes, mas é radical na medida em que advoga uma *nova* configuração social aristocrática, ao invés de conservar aquela já existente.

Nietzsche não fornece algo como um projeto, um corpo de leis ou procedimentos de implementação do tipo de sociedade aristocrática por ele defendida, mas se limita a descrevê-la em linhas gerais:

> A ordem de castas, a *hierarquia*, apenas formula a lei maior da própria vida, a separação dos três tipos é necessária para a conservação da sociedade, para possibilitar tipos mais elevados e supremos – a desigualdade dos direitos é a condição para que haja direitos. – Um direito é um privilégio. Cada qual tem, em sua espécie de ser, também seu privilégio [...]. Uma cultura elevada

é uma pirâmide: pode erguer-se apenas num terreno amplo, tem por pressuposto, antes de tudo, uma mediocridade forte, sadiamente consolidada (Ant 57).

A passagem acima toma por base o documento hindu sobre castas denominado *Código de Manu* (e, como mencionamos anteriormente, é questionável que Nietzsche tenha de fato endossado as concepções políticas nele expressas). Entretanto, os "três tipos" de casta mencionados aqui também aparecem na forma ideal de sociedade esboçada por Platão em *A república,* obra que influenciou Nietzsche. Para Platão, a casta mais inferior, na qual haveria o maior número de membros, é composta pelos trabalhadores-artesãos. A "classe média" é composta de funcionários estatais e soldados. A classe superior, menos numerosa, é composta por "reis-filósofos". Como Ansell-Pearson (1994: 76) observa, a estrutura política predileta de Nietzsche é bem próxima à de Platão, com a exceção de que seus filósofos são concebidos segundo o modelo dos artistas, e não como sábios socráticos.

Nietzsche argumenta que a desigualdade e a exploração são essenciais, assim como uma sociedade de classes ou baseada em castas, para que floresçam "indivíduos superiores". Em poucas palavras, o argumento é que indivíduos superiores precisam de tempo livre para suas atividades criativas, e esse tempo livre somente é possível em uma sociedade na qual a maioria se dedica ao trabalho que é exigido para a subsistência material de todos. Uma passagem que exprime concisamente essa visão pode ser encontrada em *Humano, demasiado humano*: "Uma cultura superior pode surgir apenas onde houver duas diferentes castas na sociedade: a dos que trabalham e a dos ociosos, os que são capazes de verdadeiro ócio; ou, expresso de maneira mais forte: a casta do trabalho forçado e a casta do trabalho livre" (HDH 439).

Em uma palavra, Nietzsche defende uma forma de *exploração* de uma classe por outra. Ele reconhece que a exploração é um mal, mas a vê como um mal *necessário*. Ele considera a posição dos senhores aristocráticos nem tanto como uma posição de privilégio, como, na verdade, uma obrigação e um fardo. Comandar é uma tarefa difícil, que exige autodisciplina; mandar nos outros exige, antes, comandar a si mesmo. Ademais, Nietzsche também reconhece o fardo da culpa à qual os senhores podem estar sujeitos devido à exploração a que eles sujeitam as massas, e defende que é possível libertar-se desse fardo de culpa por meio de atos criativos. A obrigação para com as massas exploradas precisa ser satisfeita pelos senhores através de sua diligência em realizar as atividades criativas facultadas pelas massas trabalhadoras. Nietzsche escreve: "Não subestimemos os privilégios dos *medíocres*. Conforme a *altura*, a vida se torna mais dura – o frio aumenta, a responsabilidade aumenta" (Ant 57). (Nesse sentido, o aristocratismo de Nietzsche tem uma dimensão ética ausente no liberalismo contemporâneo, no qual o indivíduo é considerado livre para perseguir seus próprios fins, independente de qualquer obrigação positiva para com a comunidade ou para com aqueles que são explorados.)

Nietzsche funda o "direito" de exploração não apenas com base em interesses pragmáticos em elevar o indivíduo excepcional, mas também à luz da explicação naturalista dos processos vitais como essencialmente processos de exploração. Em *Além do bem e do mal*, Nietzsche escreve:

> [E]m toda parte sonha-se atualmente, inclusive sob roupagem científica, com estados vindouros da sociedade em que deverá desaparecer o "caráter explorador" – a meus ouvidos isto soa como se alguém prometesse inventar uma vida que se abstivesse de toda função orgânica. A "exploração" não é própria de uma sociedade corrompida, ou imperfeita e primitiva; faz parte da *essência* do que vive, como função orgânica básica, é uma consequência da própria vontade de potência, que *é* precisamente vontade de vida (ABM 259).

Ademais, Nietzsche argumenta que a vontade explorada será feliz com sua exploração, uma vez que sua função na sociedade estará em conformidade com seus talentos e habilidades naturais. Ele escreve:

> Há uma destinação natural no fato de alguém ser uma utilidade pública, uma roda, uma função: *não é a sociedade*, é o tipo de *felicidade* de que a grande maioria dos homens é capaz que faz deles máquinas inteligentes. Para o *mediano*, ser mediano é uma felicidade; a maestria numa coisa, a especialidade, um instinto natural (Ant 57).

Como ressalta Daniel W. Conway (1997b: 36), para Nietzsche todos os membros da sociedade se beneficiam de alguma maneira com a produção de tipos supremos e com as atividades desses indivíduos excepcionais. No sentido mais amplo, Nietzsche argumenta que a existência do medíocre é justificada pela existência das exceções. Ele argumenta que o sentido mais prenhe de significado da vida é atingido, pela maioria das pessoas, quando os tipos superiores são servidos. De forma mais concreta, não há, para Nietzsche, nenhum sentido ou valor intrínseco da vida, e a função dos tipos superiores é justamente criar tal sentido. Com efeito, Nietzsche estabelece uma hierarquia não com base na força física, econômica ou política, mas sim *criativa*, pela qual se entende a força em encarar os horrores da existência e forjar criativamente uma interpretação que tenha sentido, seja através da arte, filosofia ou por qualquer outro meio. Quando Nietzsche fala da "grande política" na passagem citada na epígrafe deste capítulo, ele se refere à combinação de processo político e reflexão política: a grande política consiste na legislação de valores criados pelos filósofos artistas.

Como enfatiza Klossowski (cf. "A política do Nietzsche francês" abaixo), os senhores aristocráticos de Nietzsche estão muito longe de serem os membros da classe alta política e econômica das sociedades capitalistas contemporânea; ora, como acabamos de ver, eles são filósofos-artistas que criam e legislam sobre valores. É talvez possível pensar que o aristocratismo de Nietzsche é propenso a encontrar uma justificativa paradoxal no valor existencial que ele confere às massas; contudo, Nietzsche não toma esse caminho. Para ele, os tipos superiores justificam sua própria existência e também a existência das massas medianas (CONWAY, 1997b). Em algumas das passagens mais perturbadoras de Nietzsche – geralmente encontradas apenas no material não publicado –, ele fala do direito dos tipos superiores de usar as massas em experimentos (ele não especifica qual tipo) que podem resultar em perdas maciças de vida. Portanto, o "aristocratismo radical" de Nietzsche poderia ser entendido em um segundo sentido, como um valor radical atribuído à classe aristocrática que justifica a exploração extrema dos tipos "inferiores". Detwiler resume a originalidade da postura política radicalmente aristocrática de Nietzsche: "Dentre os filósofos modernos, Nietzsche é praticamente o único a insistir que o objetivo da sociedade deve ser a promoção e aprimoramento do tipo supremo, mesmo às custas do que tradicionalmente se pensa ser o bem de todos ou da maioria" (1990: 189).

Socialismo

Nietzsche se opôs consistentemente ao socialismo ao longo de seus escritos, mesmo durante o "período intermediário", quando adotou uma visão mais negativa da exploração e uma visão mais positiva da democracia (cf. abaixo). A objeção fundamental de Nietzsche ao socialismo parece ser a de que ele exige justiça, proíbe a exploração e deseja abolir a sociedade aristocrática de classes que Nietzsche acredita ser a única condição para a produção de tipos superiores. Em *O anticristo* ele escreve:

A quem odeio mais, da gentalha de hoje? A gentalha socialista, os apóstolos chandalas, que solapam o instinto, o prazer, o sentimento de satisfação do trabalhador com seu pequeno ser – que o tornam invejoso, que lhes ensinam a vingança... A injustiça não está jamais nos direitos desiguais, está na reivindicação de direitos "iguais" (Ant 57).

Portanto, Nietzsche considera o socialismo uma ameaça à sociedade aristocrática por ele defendida. Em um ensaio de juventude não publicado, "O Estado grego", Nietzsche reconhece que a pretensão de justiça social é legítima, mas ao mesmo tempo representa um perigo para o bem mais elevado de uma cultura que tenha algum sentido (a qual, para ele, só pode ter como base a desigualdade). Ele escreve sobre seu medo de um "grito da compaixão, que derrubaria os muros da cultura", e cujo resultado seria um "impulso para a justiça e para a igualdade do sofrimento [que] faria submergir todas as outras noções" ("O Estado grego", apud ANSELL-PEARSON & LARGE, 2006: 90).

> **Ponto central:** *As objeções de Nietzsche ao socialismo*
>
> • O socialismo é perigoso, pois se baseia em uma moral ingênua da bondade natural.
>
> • A abolição da propriedade privada é um ataque sério e não justificado à liberdade da pessoa privada.
>
> • O socialismo ameaça impor um excesso de poder estatal (despotismo e terrorismo).
>
> • O socialismo busca um arranjo econômico da cultura em que esta é desvalorada e em que impera uma logica puramente utilitária (ANSELL-PEARSON, 1994: 91-93, 40).

Além dessa preocupação mais geral em relação ao socialismo, conforme Ansell-Pearson a analisa, Nietzsche acrescenta mais quatro objeções.

Primeiro, Nietzsche crê que o socialismo se baseia na teoria de que a natureza humana é naturalmente boa, uma teoria associada ao filósofo iluminista francês Jean-Jacques Rousseau (1712-1778). Para Nietzsche, a natureza humana envolve vaidade e egoísmo, assim como competição e mesmo impulsos cruéis (como ele argumenta em um ensaio de juventude não publicado, "A disputa de Homero"). Ao passo que os socialistas argumentam que tais impulsos são apenas o produto de condições sociais injustas, que, uma vez suprimidas, revelariam a verdadeira bondade humana, Nietzsche crê que esses impulsos são não apenas naturais, mas também necessários para uma cultura sadia.

Segundo, Nietzsche rejeita o objetivo – associado a algumas formas de socialismo, mais notadamente o comunismo – de suprimir a propriedade privada e tornar toda a propriedade um objeto de posse comum. Ele argumenta que a posse comunal da propriedade não pode fornecer aos indivíduos a mesma espécie de motivação que a perspectiva da propriedade privada lhes fornece.

Terceiro, e talvez de forma mais significativa, Nietzsche argumenta que uma sociedade socialista somente pode ser imposta e mantida pelo Estado caso este aplique uma boa dose de poder coercitivo sobre os indivíduos. O socialismo exigirá uma política despótica e mesmo um terrorismo de Estado para dirigir os indivíduos aos seus fins. Nietzsche escreve:

> [O socialismo] deseja uma plenitude de poder estatal como até hoje somente o despotismo teve, e até mesmo supera o que houve no passado, por aspirar ao aniquilamento formal do indivíduo: o qual ele vê como um luxo injustificado da natureza, que deve aprimorar e transformar num pertinente *órgão da comunidade* [...]. [E]le precisa da mais servil submissão de todos os cidadãos ao Estado absoluto, como nunca houve igual [...]. O socialismo pode servir para ensinar, de modo brutal e enérgico, o perigo que há em

todo acúmulo de poder estatal, e assim instilar desconfiança do próprio Estado (HDH 473).

A preocupação de Nietzsche não se limita ao fato de que um Estado socialista não permitiria a liberdade necessária para o florescimento de indivíduos fortes. Como indica no final da passagem acima, a inquietação de Nietzsche é também que o despotismo do Estado fará com que as pessoas se voltem contra o Estado mesmo. Na concepção de Nietzsche, o Estado é necessário e os cidadãos devem ter presente o sentimento de dever e obrigação para com o Estado. Um dos perigos do Estado despótico, pois, consiste em ele encorajar um ressentimento dos indivíduos em relação ao Estado e impedir que haja uma forma correta de cidadania.

Quarto, Nietzsche acreditava que o socialismo não iria superar os problemas que ele vê no liberalismo (cf. abaixo), mas, antes, apenas reiteraria os mesmos problemas. Para ele, tanto socialismo quanto liberalismo arruínam um sentido orgânico de comunidade baseado em uma cultura com interesses compartilhados e ligada por um horizonte de entendimento comum a respeito do que é significativo na vida. O socialismo substitui uma cultura sadia e prenhe de significado por um cálculo burocrático e racional do bem supremo de todos que se baseia na noção de justiça. Para Nietzsche, a justiça é um interesse real e um problema real; contudo, ele afirma, de forma inflexível, a superioridade de uma cultura impregnada com valor e sentido como objeto de um interesse bem mais elevado. Nietzsche afirma aquilo que, para ele, é uma "dura verdade", a saber, que a condição de uma cultura qualquer é a desigualdade social e mesmo a escravidão.

Liberalismo

Ansell-Pearson (1994: 9) observa como frequentemente se concebe a filosofia de Nietzsche como uma filosofia compatível com o individualismo liberal em virtude de sua ênfase na liberdade e autorrealização do indivíduo, um valor sustentado contra a vida coletiva do "rebanho" e contra partidos e estruturas políticas. No entanto, como defende Ansell-Pearson, não é este o caso. Conforme mencionado anteriormente, com exceção do seu breve apoio ao Partido Nacional-liberal nas eleições de 1866, Nietzsche adotou uma postura consistentemente crítica em relação ao liberalismo. Não obstante, algumas sofisticadas leituras de Nietzsche tentaram apropriar-se de seu pensamento para uma teoria política liberal. Após esboçar a crítica nietzscheana ao liberalismo via Ansell-Pearson, nós iremos examinar a obra de William E. Connoly como uma notável tentativa de tornar Nietzsche compatível com – e útil para – o liberalismo.

Ansell-Pearson resume da seguinte forma os três principais aspectos das objeções de Nietzsche ao liberalismo.

> **Ponto central:** *As objeções de Nietzsche ao liberalismo*
>
> • Os ideais nobres do liberalismo europeu foram corrompidos pelo nacionalismo.
>
> • Quando considerado historicamente, o desenvolvimento do liberalismo filosófico deve ser visto como inseparável do liberalismo econômico (capitalismo do *laissez-faire*).
>
> • O liberalismo repousa sobre uma concepção abstrata e a-histórica do Eu individual e sua realização (ANSELL-PEARSON, 1994: 10).

Uma boa maneira de compreender em detalhe essas críticas consiste em examinar como Nietzsche pode valorizar *o indivíduo* ao mesmo tempo em que condena o liberalismo (que é tipicamente entendido como a defesa da liberdade e dos direitos do indivíduo). Como anteriormente se sugeriu em nossa comparação de Leiter e Ansell-Pearson, Nietzsche crê que o liberalismo encoraja a produção de um "tipo inferior" de indivíduo, destruindo as condições necessárias para a produção de um "tipo superior" de indivíduo que Nietzsche valoriza. Para ele, esse "tipo superior" de indivíduo exige o solo fértil de uma cultura vibrante na qual ele possa florescer; ademais, o valor de tal indivíduo reside, em grande medida, na sua habilidade de fazer uma contribuição para a cultura através da criação ativa e legislação de valores. Como Ansell-Pearson formula a questão, para Nietzsche é fundamental que o indivíduo tenha uma relação *ética* com o Estado: uma obrigação e capacidade de contribuir para a vida pública e para a cultura. Apenas através de tal relação com a vida pública é que faz sentido a tese de Nietzsche de que os tipos superiores (os "espíritos livres", "nobres" ou *Übermenschen*) justificam a existência da humanidade. Talvez paradoxalmente, embora para Nietzsche a existência de seres humanos possa ser justificada apenas em razão dos espécimes mais elevados, o valor de tais espécimes repousa, ao menos em parte, em sua habilidade de legislar sentido e valor para "as massas".

A objeção central de Nietzsche ao liberalismo é que este promove uma concepção *privada* do indivíduo, definida negativamente em relação ao Estado e cultura em termos de *direitos* do indivíduo. Direitos protegem a liberdade privada do indivíduo diante das demandas do Estado, minando a noção de uma obrigação ética do indivíduo para com o Estado ou a cultura. O efeito geral do liberalismo moderno, para Nietzsche, é uma *atomização* da sociedade em indivíduos privados, destruindo, assim, a vida coletiva da cultura necessária para que haja sentido e valor na vida, assim como para o florescimento de todo e qualquer indivíduo. Essa crítica geral leva em conta os três aspectos listados acima. O nacionalismo corrompe qualquer concepção positiva possível do liberalismo, já que ele tenta substituir a cultura genuína de um povo por um sentido de unificação nacional imposto por uma política de poder e pelo militarismo (cf. as críticas de Nietzsche ao nacionalismo de Bismarck esboçadas acima). O liberalismo econômico (o capitalismo do *laissez-faire*) contribui para a atomização da sociedade ao dar um valor excessivo aos direitos de propriedade dos indivíduos, além de mediar as relações sociais por meio de transações econômicas abstratas, nas quais os únicos valores em operação são valores econômicos. Ademais, para Nietzsche, o liberalismo moderno repousa em uma concepção abstrata e a-histórica do indivíduo que precisa ser contestada para que se revelem as reais diferenças hierárquicas necessárias, segundo Nietzsche, para uma cultura sadia (cf. "Aristocratismo", acima). Ansell-Pearson conclui que o individualismo de Nietzsche deve ser entendido como um individualismo aristocrático, e não liberal (p. 11).

Connolly defende uma apropriação matizada do pensamento de Nietzsche para a teoria política liberal em *Teoria Política e Modernidade* [*Political Theory and Modernity*] (1993). Embora conceda que Nietzsche não tenha uma teoria política enquanto tal, Connolly argumenta que uma perspectiva nietzscheana sobre pensadores políticos como Hobbes, Rousseau e Hegel é altamente instrutiva para nos ajudar a entender a teoria política no contexto da Modernidade. Ademais, Connolly defende que o pensamento de Nietzsche leva, ele mesmo, a uma correção da teoria liberal tradicional e àquilo que o autor denomina um "liberalismo radicalizado" (p. 174). Connolly sugere que a teoria política moderna pode ser compreendida em termos da experiência do niilismo na Modernidade. Ele acredita que a Modernidade se caracteriza por um impulso para dominar e comandar o mundo, como uma compensação para a perda niilista da fé em uma ordem transcendente. O preço de repelir o niilismo após a morte de Deus, Connolly argumenta, é a erradicação da "alteridade" por meio da busca pela criação de um Eu e um mundo perfeitamente ordenados. Ele escreve: "A busca moderna por repelir a experiência do niilismo torna-se o impulso para forçar tudo e todos a encaixar-se em espaços fornecidos por um sistema altamente ordenado, e para fingir que o resultado é a autorrealização, a conquista da razão, a obtenção do bem comum" (p. 13-14). O custo de tal impulso é a "normalização" dos indivíduos, que faz erodir as suas liberdades.

De acordo com Connolly, o liberalismo tradicional é cego à forma como a normalização erode a liberdade, pois ele entende o indivíduo como algo já constituído de maneira natural, ao invés, pois, de considerar o indivíduo como algo constituído por forças sociais e relações de poder. Para ele, Nietzsche serve como um útil corretivo à teoria liberal por advogar contra o niilismo uma afirmação do mundo enquanto algo contingente, oferecendo, portanto, uma perspectiva alternativa àquela da busca moderna por dominação. Ademais, Connolly fornece uma interpretação da "ética nietzscheana" que subverte a normalização e proporciona "espaço para que o diferente assim o seja" (p. 161). O fundamento dessa ética consiste na resistência inerente às coisas implicadas na ontologia da vontade de potência; dado que Nietzsche entende que tudo é composto por relações fundamentalmente conflitantes de forças em configurações em constante mudança, o projeto de dominação é um objetivo ilusório (p. 161). Ademais, o perspectivismo de Nietzsche implica que toda força que busca dominação é apenas uma força entre outras, sem nenhuma pretensão legítima à totalidade ou supremacia. Embora admita que essa ética de "deixar a diferença ser" é apenas um dos lados do pensamento de Nietzsche e que a vontade de dominação é igualmente evidente em sua obra, Connolly afirma que a ética da diferença é uma visada mais promissora a ser explorada em nosso contexto contemporâneo (p. 161).

Resumindo seu liberalismo radical e sua dívida com Nietzsche, Connolly escreve:

> Talvez seja necessário hoje em dia um liberalismo reconstituído, radicalizado; um liberalismo que alcance o indivíduo mesmo, ao invés de assumi-lo como ponto de partida para a reflexão [...]; um liberalismo que coloque restrições ao impulso de compreender e aliviar as várias formas de alteridade na medida em que confronta primeiramente a maneira como seus próprios padrões contestáveis de normalidade e realização ajudam a constituir esses fenômenos (p. 174).

A apropriação de Nietzsche por parte de Connolly em prol da causa liberal não é, decerto, uma leitura de Nietzsche *como* um liberal. Ele sugere que essa perspectiva coloca Nietzsche de ponta-cabeça (como Marx dizia fazer com Hegel), pondo-se como que em uma dívida antagônica em relação a Nietzsche (p. 175).

Democracia

Nietzsche foi um crítico da democracia na fase inicial e na fase tardia de sua obra, mas a defendeu em alguns de seus escritos do período intermediário. Ademais, uma série de intérpretes contemporâneos de Nietzsche buscou – como esclarece o título de uma dessas interpretações – "uma defesa nietzscheana da democracia" (HATAB, 1995). De modo geral, esses intérpretes sugerem que existe um descompasso entre a política de Nietzsche e sua filosofia, e também que elementos de sua filosofia podem ser usados na defesa de uma teoria política democrática.

Tendo em vista as descrições feitas anteriormente da defesa nietzscheana do aristocratismo e de sua oposição ao socialismo e ao liberalismo, já deveria estar claro o motivo de Nietzsche ser crítico à democracia nas fases inicial e final de seu pensamento. Nietzsche se opõe ao princípio do igualitarismo – o qual é com frequência evocado na defesa da democracia – por crer na desigualdade natural dos seres humanos, além de acreditar que a sociedade precisa ser estruturada de forma a refletir essas desigualdades para permitir, assim, o florescimento de tipos superiores. Ele defende a necessidade da exploração e mesmo da escravidão, ambas ameaçadas pela distribuição democrática de poder na medida em que esta concede às classes exploradas a participação no processo político. Talvez de forma mais significativa, Nietzsche se opõe aos efeitos niveladores que o governo pela "opinião pública" causaria na política e na cultura em seu todo.

Em *Humano, demasiado humano* e *O andarilho e sua sombra*, contudo, Nietzsche adota uma visão mais positiva da democracia. Em seu período intermediário, Nietzsche parece acreditar que a democracia não representa necessariamente uma ameaça a uma cultura sólida, admitindo os direitos das massas de determinarem sua própria existência e o governo. Ele escreve:

> [S]e em toda política a questão é tornar suportável a vida para o maior número de pessoas, que esse maior número defina o que entende por uma vida suportável; se confiam que o seu intelecto achará também os meios certos para alcançar esse fim, de que serve duvidar disso? (HDH 438).

Entretanto, Nietzsche é cuidadoso o suficiente para notar que a política e a cultura devem permanecer, em certa medida, duas esferas distintas, de modo que o "populismo" que governa a política democrática não seja expandido até a cultura, impedindo, dessa forma, que os tipos superiores floresçam.

Em *O andarilho e sua sombra*, Nietzsche argumenta que a democracia é a melhor proteção da cultura contra os perigos do socialismo e nacionalismo. Ela representaria uma salvaguarda contra estes na medida em que garante uma melhor distribuição de riqueza e poder, permitindo, assim, uma sociedade mais estável e segura, na qual o povo não seria atraído pelos extremos potencialmente destrutivos do socialismo e do nacionalismo

(ANSELL-PEARSON, 1994: 90). Talvez surpreendentemente, Nietzsche agora chega até mesmo a apresentar argumentos contra a exploração baseados em razões análogas. Ele escreve:

> A exploração do trabalhador foi, como se compreende agora, uma estupidez, um esgotamento do solo às expensas do futuro, um grande risco para a sociedade. Hoje em dia temos quase guerra: e, em todo caso, os custos para manter a paz, para fechar acordos e inspirar confiança serão imensos de agora em diante, porque imensa e prolongada foi a tolice dos exploradores (AS 286).

Dentre aqueles que defendem uma separação entre a política de Nietzsche e seu "perspectivismo" filosófico, o qual, por sua vez, poderia ser recuperado sob um ângulo politicamente mais positivo, incluem-se os seguintes autores: Alan White, em *No labirinto de Nietzsche* [*Within Nietzsche's Labyrinth*] (1990); David Owen, em *Nietzsche, política e modernidade* [*Nietzsche, Politics, and Modernity*] (1995); e Conway, em *Nietzsche e o político* [*Nietzsche and the Political*] (1997b). Contudo, nós tomaremos aqui Lawrence Hatab (1995) como um exemplo representativo dessa linha interpretativa.

Hatab descreve seu projeto como um desafio lançado à política de Nietzsche a partir da própria linguagem de Nietzsche. O autor defende que "independente de quais visões políticas Nietzsche tenha de fato assumido, ele deveria ter preferido a democracia em detrimento de qualquer outra concepção política – e isto em conformidade com o espírito de seu próprio pensamento" (p. 3). Ainda que reconhecendo todas as significativas críticas de Nietzsche à democracia, Hatab procura "desconstruir" o pensamento político de Nietzsche ao mostrar que há temas relevantes em seus próprios escritos que enfraquecem sua oposição à democracia e os quais podem, com efeito, ser mobilizados para uma defesa filosófica da democracia.

> **Ponto central:** *As ideias nietzscheanas que servem de defesa para a democracia*
> - O interesse de Nietzsche pelo *agon* (conflito) do grego antigo e o papel que a disputa desempenha em seu pensamento.
> - A crítica de Nietzsche às fundações da verdade e sua defesa do perspectivismo.
> - A suspeita nietzscheana de justificações cognitivas e morais para o poder e a autoridade (HATAB, 1995: 3-4).

A respeito do primeiro tema, Hatab sugere que a ideia grega de *agon* ou conflito defendida por Nietzsche pode fornecer uma base para a alternativa democracia à ideia de igualdade. Hatab sugere que a ideia de igualdade, baseada na identidade das pessoas, está em descompasso com o pensamento moderno sobre a *diferença* como a base para a justiça; ademais, ele defende que a ideia nietzscheana de agonismo pode, pois, fornecer uma base alternativa, e mais preferível, para a sociedade democrática.

Segundo, Hatab argumenta que o perspectivismo de Nietzsche representa uma abertura para a democracia, pois a recusa de uma verdade absoluta ou uniforme nos deixa com uma pluralidade de perspectivas em conflito e debate. Na arena política, quando decisões precisam ser tomadas no contexto dessa pluralidade de perspectivas, os processos democráticos (o voto da maioria) parecem ser oportunos.

Sobre o terceiro aspecto, Hatab nota que "historicamente aristocracias e regimes autoritários defenderam seu direito à dominação e ao poder irrestrito através de decididas pretensões de conhecimento acerca da natureza e ordem das coisas" (p. 70). Com base na abrangente suspeita e ceticismo de Nietzsche em relação a qualquer decidida pretensão de conhecimento, Hatab defende que seu pensamento deveria levar mais naturalmente a uma *recusa*, não a uma defesa de sistemas políticos hierárquicos. Tal ceticismo em relação a qualquer pretensão que justificasse uma elite poderosa, Hatab argumenta, deveria levar ao pluralismo e à abertura de um sistema democrático. A partir desses temas, a democracia é redefinida como uma disputa contínua e sem fundamento, para a qual a igualdade não é necessária. Segundo Hatab, esse projeto de apropriação de Nietzsche para a política democrática não apenas serve como uma interpretação da obra de Nietzsche, mas também se presta à defesa filosófica da democracia em um cenário pós-moderno (p. 4).

A leitura política "popular e progressiva" de Nietzsche advogada por Connolly e os outros autores mencionados acima foi contestada por Fredrick Appel em seu *Nietzsche contra a democracia* [*Nietzsche contra Democracy*] (1999). (E já vimos no cap. 2 que Nietzsche é acusado por Ferry e Renaut de ser antidemocrático). Contra qualquer leitura que pretendesse reconciliar Nietzsche com os ideais liberais e democráticos, Appel argumenta que a obra de Nietzsche "é mais bem interpretada como um repúdio intransigente tanto da ética da benevolência como da noção de igualdade das pessoas em nome de um compromisso radicalmente aristocrático com a excelência do ser humano" (p. 2). Appel reitera em termos inequívocos muitos dos aspectos do "radicalismo aristocrático" de Nietzsche esboçados acima. Mais do que isso, contudo, ele defende "a natureza bem abrangente das predileções elitistas de Nietzsche (p. 6), afirmando que a "hierarquia" se aplica não apenas às opiniões políticas de Nietzsche mais explícitas, mas também condiciona, de modo geral, sua epistemologia, metafísica e filosofia. Appel critica a ideia nietzscheana de agonismo como uma base adequada para a política democrática, argumentando que não há nada nela que condene a violência e a crueldade. Ele afirma ainda que o melhor que os teóricos da democracia podem fazer em relação a Nietzsche é defender os valores igualitários que ele despreza (p. 7-8).

Appel formula uma questão perspicaz para aqueles que tentam democratizar Nietzsche, uma questão que vale a pena repetir ao final dessa seção por realçar o valor da filosofia política de Nietzsche e de seu estudo. Ele pergunta: Por que se preocupar em "democratizar" Nietzsche quando aprendemos tanto de outros filósofos políticos que explicitamente defendem a democracia? Uma possível resposta a essa questão é sugerida por Detwiler, para quem Nietzsche é um autor político altamente original, que questiona muitas das teses fundantes – que não são problematizadas por outros pensadores – da filosofia política moderna. Para Detwiler – que, em certa medida, partilha da aversão de Appel pelas convicções políticas de Nietzsche –, nós podemos aprender muito do questionamento de Nietzsche sobre tais teses, a despeito das conclusões que ele próprio extrai (DETWILER, 1990: 6, 196).

Uma "reconversão" da política

> *Basta: chegará o tempo em que será preciso aprender de novo a política*
> (VP 960).

Nós vimos acima que intérpretes como Leiter defendem que Nietzsche foi "apolítico" com base no argumento de que suas obras não exprimem de forma desenvolvida e sistemática os temas canônicos da filosofia política. Contudo, mesmo se o argumento de Leiter estiver correto, a ausência de uma filosofia política *"mainstream"* nas obras de Nietzsche não significa necessariamente que ela não tenha significado político. Para além da tradição da filosofia política ocidental, há outros possíveis sentidos de "o político". Em seu sentido mais amplo, o político – da palavra grega antiga *polis* – refere-se simplesmente às coisas públicas ou ao "estar junto" coletivo das pessoas. Para muitos intérpretes, Nietzsche possibilita importantes *insights* políticos no sentido amplo do termo, e seu valor como filósofo político pode ser visto como o de um autor que contribui para um sentido alternativo ou expandido do que se entende por "o político". No restante deste capítulo será examinada a maneira como alguns influentes intérpretes empregaram o pensamento de Nietzsche para uma "reconversão da política".

A política do Nietzsche francês

O pensamento político de Nietzsche foi apropriado por intelectuais franceses de esquerda com o intuito de inspirar uma nova abordagem da política na esteira de uma desilusão com o marxismo em voga e no vácuo das novas possibilidades abertas pelos eventos de Maio de 68. Isso envolveu um distanciamento em relação à política de governos e instituições, em direção a uma política de conspiração e estratégia; da macropolítica para a micropolítica; e da representação política tradicional para uma política cultural de minorias. A política dos nietzscheanos franceses, portanto, franqueou uma corrente de significado político em Nietzsche bem distante das horríveis consequências que os nazistas extraíram dele.

Entre as muitas e produtivas teses da leitura de Nietzsche por parte de Klossowski (cf. cap. 2, acima) está uma interpretação do sentido político de seu pensamento. Klossowski insiste em um novo sentido do político em Nietzsche: "[A] posição de Nietzsche nos afasta, em todo caso, de tudo aquilo que, até o presente, foi chamado de 'ação política'; ela exige a criação de um novo comportamento com respeito ao conflito e à estratégia" (2009: 42). Klossowski considera Nietzsche como um autor enigmaticamente profético dos desenvolvimentos políticos no século XX, e desenvolve uma interpretação do pensamento político do próprio Nietzsche que gira em torno da noção de "conspiração" (*complot*). A interpretação política de Klossowski foi acolhida e expandida por outros nietzscheanos franceses, como Deleuze e Lyotard; na sequência, contudo, iremos nos concentrar na leitura do próprio Klossowski sobre Nietzsche.

Não é surpreendente que o tratamento da política de Nietzsche por parte de Klossowski gire em torno das categorias de senhor e escravo. Klossowski argumenta que os escravos do mundo contemporâneo são todos aqueles que laboram em trabalhos manuais sem saber a *finalidade* em geral para a qual trabalham. Os senhores, por outro lado, são aqueles que são capazes de explorar o trabalho das massas para seus próprios fins. A "casta" de escravos é associada àquilo que Klossowski chama de "gregário", um termo que indica a moral de rebanho (cf. cap. 2), ao passo que os senhores são aqueles raros indivíduos ("casos singulares", na terminologia de Klossowski) que são capazes de criar e legislar valores. Contudo, o problema para a política contemporânea é que o fraco prevaleceu sobre o forte; os escravos instituíram uma ordem cultural que elimina potenciais senhores. A tarefa política de Nietzsche consiste em reverter essa situação e recolocar os senhores em seus devidos lugares. Para Nietzsche, os escravos tornaram-se dominantes por meio de uma complexa aliança entre cristianismo e moral que criou um ideal de comunidade na qual todos os indivíduos estão no mesmo nível medíocre. Nietzsche considera a ciência contemporânea, o darwinismo em particular, como cúmplice da moral de escravo, na medida em que se dirige – ao tentar justificá-la – para a conservação da espécie como uma coleção de indivíduos medíocres.

Nietzsche, porém, introduz uma importante distinção entre senhores *falsos* e *verdadeiros* que impede qualquer possibilidade que seu ideal de sistema político seja identificado com a exploração de classe do capitalismo, por ele também criticada. Os falsos senhores são, com efeito, os exploradores burgueses de Marx, os "industriais, militares, banqueiros, homens de negócio, burocratas etc." (KLOSSOWSKI, 2005: 121). De acordo com Nietzsche, esses falsos senhores são inconscientemente escravos, pois os objetivos que perseguem são perfeitamente condizentes com a moral de rebanho, promovendo-a ativamente. Para Nietzsche, o sistema capitalista contribui para o nivelamento da humanidade, pois tudo se torna homogeneizado na troca universal de mercadorias e todos os juízos de valor se tornam mercantis. O próprio sistema capitalista promove a perda de todo objetivo significativo para a humanidade, porque ele progressivamente se dirige aos meios eficientes para a circulação de mercadorias como um fim em si mesmo. Em uma nota que Klossowski considera particularmente profética, Nietzsche identifica a "administração econômica completa da Terra" como o ápice do nivelamento social e niilismo. Com o advento da planificação econômica globalizada, "a humanidade pode encontrar seu melhor sentido como maquinário a serviço [desta administração econômica]" (VP 866, apud KLOSSOWSKI, 1997: 122-123).

Os verdadeiros senhores, por outro lado, são os tipos fortes, que são capazes de legislar valores e o sentido da vida; eles são caracterizados por Nietzsche em seu conjunto como a casta "contemplativa". Esses verdadeiros senhores são capazes de dirigir para seus próprios fins as atividades dos falsos senhores, assim como o trabalho das massas dirigidas pelos falsos senhores. Segundo Nietzsche, esses indivíduos contemplativos formam uma *conspiração* que tem por objetivo subverter a ordem existente dos falsos senhores e a moral de rebanho, além de instituir o que ele considera como um sistema político "justo" de exploração que tem por objetivo fins superiores.

Como se dá essa conspiração? A estratégia descrita por Nietzsche não é a de diminuir os processos niveladores do planejamento econômico planetário, mas, antes, contribuir para eles e exacerbá-los através da ideia de que tal vontade niveladora de necessidades produz um *contramovimento* com o potencial de transformar a ordem existente. (Essa é a contraparte política da defesa nietzscheana do niilismo ativo como uma estratégia de levar o niilismo até o ponto de sua autossuperação.) Esse contramovimento é produzido pelo próprio sistema da utilidade econômica como aquela dissipação e excedente que não pode ser utilizada como meio, ou seja, que não pode ser incorporado no funcionamento eficiente do sistema. Em uma nota póstuma, Nietzsche fala de senhores como "homens do excedente", aqueles que não podem tornar-se úteis na sociedade de utilidade econômica e moral de rebanho:

> Mas sempre tenha em conta que esse esforço gigantesco, esse suor, esse estrondo do trabalho da civilização está aí para aqueles que sabem como utilizar tudo isso sem terem trabalhado para tanto: que precise haver esses homens do excedente, que são mantidos com o trabalho universal excedente, e que esses homens do excedente sejam o sentido e a apologia de toda essa azáfama! (apud KLOSSOWSKI, 2005: 121).

Nietzsche não dá detalhes sobre exatamente quais atividades devem ser realizadas na conspiração dos "homens do excedente". Contudo, dois aspectos dignos de nota podem ser discernidos desse conceito de conspiração: primeiro, como já notado, Nietzsche o apresenta como um mero *estágio de transição* em sua política, um estágio cujo objetivo é a instituição de uma nova ordem social na qual os "senhores ocultos" irão tomar publicamente o controle da direção do curso da humanidade; e segundo – em aparente oposição a esse primeiro ponto – a noção de conspiração no sentido nietzscheano sugere um novo modelo de comunidade.

Na discussão que se seguiu à apresentação do texto de Klossowski na célebre conferência de Cerisy-la-Salle sobre Nietzsche em 1972, Deleuze resume de forma concisa a diferença entre a comunidade tradicionalmente concebida ("sociedade") e a nova noção de comunidade sugerida pela obra de Klossowski sobre Nietzsche:

> Aquilo que denominamos uma sociedade é uma comunidade de regularidades, ou mais precisamente, um certo processo de seleção que preserva algumas singularidades e as regulariza [...]. Contudo, uma *conspiração* seria uma comunidade de singularidades de outra natureza, que não seriam regularizadas, mas, antes, entrariam em novas conexões e, nesse sentido, seriam revolucionárias (apud KLOSSOWSKI, 2009: 46-47).

Ademais, a possibilidade sugerida por Nietzsche é que as conexões entre as singularidades em uma comunidade "conspiracional" teriam o eterno retorno como seu critério. Isso equivale a uma tentativa de conceber as comunidades – grupos ou sociedades inteiras – para além da noção de identidade. Assim como a experiência vivida do eterno retorno dissolve a identidade dos indivíduos (novamente, cf. cap. 2), assim também a conspiração sugere uma comunidade para além da identidade.

> **Ponto central**
> A noção de *conspiração* no sentido usado por Klossowski dissolve a identidade em coletividades, buscando reformular a noção de comunidade como uma coletividade de indivíduos singulares que conspiram conjuntamente sem o laço de uma identidade comum.

Como Joseph D. Kuzma nota, ao apontar em direção a esse novo modelo de comunidade, a interpretação de Nietzsche feita por Klossowski pode ser considerada uma precursora do pensamento político francês posterior, como por exemplo *A comunidade inoperante* [*La communauté désœuvrée*] (1982) de Jean-Luc Nancy, e *A comunidade inconfessável* [*La communauté inavouable*] (1984) de Maurice Blanchot (KUZMA, 2009: 32).

Klossowski também liga sua reconstrução da política de Nietzsche às inquietações "antipsiquiátricas" assumidas por pós-estruturalistas como Deleuze, Foucault e Félix Guattari. Klossowski sugere uma identificação do "caso singular" nietzscheano com aqueles indivíduos que a psiquiatria identifica como "casos patológicos", que necessitam de coerção e normalização. Ele sugere ainda que "o caso patológico se sentirá cada vez mais confortável se viver e se impor a si mesmo pela subversão das investigações institucionais que o estigmatizam como patológico" (KLOSSOWSKI, 2009: 42). Ademais, a influência da leitura que Klossowski fez dos temas políticos em Nietzsche pode ser vista na ideia – presente no pensamento de muitos pós-estruturalistas – de que qualquer tentativa de constituir uma ordem social totalizada e homogênea inevitavelmente produzirá reações disruptivas. Para mencionar apenas um exemplo, esse tema é evidente no controverso ensaio de Jean Baudrillard sobre os ataques terroristas de 11 de setembro de 2001, no qual ele argumenta que os ataques constituem um contra-ataque inevitável à tentativa norte-americana de hegemonia global (BAUDRILLARD, 2003).

Dessa forma, Klossowski interpreta a política de Nietzsche como profética da era do capitalismo globalizado. Essa política envolve uma conspiração "esotérica" conduzida pelos verdadeiros senhores contra a conspiração "externa" da moral burguesa e utilidade econômica. O que está em jogo nesse conflito de conspirações é resumido por Klossowski sob o signo do eterno retorno (que ele caracteriza como um "círculo vicioso"). O sistema capitalista apresenta uma grosseira caricatura do eterno retorno na medida em que reduz a vida humana à função de fazer circular as mercadorias sem finalidade ou objetivo (assim como o eterno retorno expõe o mundo como uma circulação contínua de momentos que não têm outro objetivo senão retornar a si mesmos através dessa repetição incessante). No entanto, o "verdadeiro" sentido do eterno retorno é precisamente o de um desafio ao sistema capitalista, por revelar aquilo que não pode ser traduzido em valor econômico e que é, portanto, apenas reconhecido como gasto ou excedente no sistema de troca de mercadorias. Ora, aquilo que resiste ao valor econômico é a *experiência vivida* do eterno retorno, o que revela as profundidades ininteligíveis e impermutáveis da alma (cf. cap. 2). Por essa razão, pois, é que os verdadeiros senhores – cuja característica essencial é serem capazes de entender e incorporar a ideia de eterno retorno – são "homens do excedente" e capazes de trabalhar para um sentido e objetivo além da utilidade econômica. O sentido político do eterno retorno foi também adotado por outros nietzscheanos franceses, por exemplo Lyotard (1978).

Não foi pequeno o sentimento de surpresa e confusão quando a *intelligentsia* francesa de esquerda passou a considerar Nietzsche – comumente tomado como um pensador de extrema-direita – como uma importante fonte de inspiração política nos anos de 1960 e de 1970. À luz disso, a política de Nietzsche pareceria ser diametralmente oposta à de Marx: ao passo que Marx teria se empenhado por superar a exploração de classe, Nietzsche teria defendido uma versão dela, desejando implementá-la. Porém, a análise de Klossowski mostrou que a crítica nietzscheana da burguesia e da indústria cultural é análoga à de Marx, permitindo que os nietzscheanos franceses de orientação marxista se apropriassem de Nietzsche em prol de suas próprias agendas políticas. Além disso, Nietzsche ajudou os pós-estruturalistas franceses, que haviam se desiludido com o marxismo em voga, a colocar o sentido mesmo do "político" em uma nova direção.

Nietzsche e a Teoria Crítica

O impacto da obra de Nietzsche sobre tentativas de repensar o político pode ser sentido de forma significativa em outro âmbito, a saber, na tradição denominada "teoria crítica". Esse termo abrange uma variedade de abordagens interdisciplinares marxistas da sociedade e da política. Nietzsche é uma referência importante para muitos teóricos críticos relevantes, ainda que por razões bem diferentes. Para Georg Lukács (1885-1971), Nietzsche é um perigoso irracionalista. Em *A destruição da razão* [*Die Zerstörung der Vernunft*] (1952), Lukács apresenta Nietzsche como o fundador do irracionalismo naquele que denomina "período imperialista". Lukács considera que Nietzsche é motivado pelo medo de que a classe dominante ou imperial de seu tempo estivesse em perigo de perder seu poder, o qual Nietzsche esperava reforçar através da criação de uma nova mitologia irracional (VATTIMO, 2001: 189). O cerne da crítica de Lukács a Nietzsche é bem retratado no seguinte comentário sobre sua escolha estilística do aforismo: "A putrefação interna, superficialidade e mendacidade de todo o sistema se dissimula nessa profusão heterogênea e confusa de ideias formalmente desconectadas" (LUKÁCS, 1980: 395). Uma das principais consequências da interpretação de Lukács foi impedir que os marxistas lessem Nietzsche.

Da mesma forma, para Jürgen Habermas (1929-) Nietzsche representa uma lamentável virada ao "pós-modernismo" associado a pensadores franceses como Bataille, Derrida e Foucault, e interpretado por Habermas como o abandono da razão crítica (HABERMAS, 1987). Embora reconheça alguns dos efeitos negativos de modos particulares da razão identificados por Nietzsche, Habermas acredita que ele e os pós-modernos "jogaram o bebê junto com a água do banho" ao rejeitarem a razão em sua integridade. Tanto para Lukács como para Habermas, não são nem tanto as visões políticas explícitas de Nietzsche que são censuráveis quanto, na verdade, seus ataques contra a própria razão. Para eles, a Teoria Crítica deve defender a razão como a única base possível para a emancipação da sociedade, e ambos veem

Nietzsche fundamentalmente como um oponente desse projeto. Na sequência, contudo, nosso foco é mais a imagem positiva de Nietzsche presente na teoria crítica de Theodor W. Adorno e Max Horkheimer. Para eles, a grande utilidade de Nietzsche foi a de ter sido um dos mais importantes críticos filosóficos do Iluminismo.

Horkheimer e Adorno foram os principais membros da fase inicial do Instituto de Pesquisa Social (*Institut für Sozialforschung*) ou, como se tornou conhecido, da Escola de Frankfurt. Esse instituto, fundado em 1923, está na origem do que veio a ser denominado teoria crítica, e os membros do instituto permaneceram intimamente associados à expressão. Os pesquisadores da Escola de Frankfurt desenvolveram uma teoria "crítica" que não pretendia ser um método axiologicamente neutro de estudo da sociedade sem procurar mudá-la (como a Teoria Sociológica "tradicional"), mas, antes, um método de estudo que incorporava uma base para a crítica e propostas de mudança.

A *Dialética do esclarecimento* (1944), coautorada por Adorno e Horkheimer e publicada pela primeira vez em 1944, é reconhecida com frequência como o principal texto da fase inicial da Escola de Frankfurt. A obra critica asperamente o estado do mundo contemporâneo, associando seus problemas com o legado do Esclarecimento ou Iluminismo [*Aufklärung*]. Na introdução à *Dialética do esclarecimento*, os autores explicam que a tarefa assumida na obra é "nada menos do que descobrir por que a humanidade, em vez de entrar em um estado verdadeiramente humano, está se afundando em uma nova espécie de barbárie" (1997: xi).

Embora não alimentem "nenhuma dúvida [...] de que a liberdade na sociedade é inseparável do pensamento esclarecedor" (p. xiii), Adorno e Horkheimer acreditam que o projeto do Iluminismo se tornou autodestrutivo na Modernidade. Além disso, eles acreditam que a semente para tal autodestruição está contida no próprio "pensamento esclarecedor". Adorno e Horkheimer caracterizam os problemas da Modernidade de inúmeras maneiras, a mais significativa delas é o problema da *dominação*.

Ainda que os desenvolvimentos na ciência e tecnologia tenham tido como resultado um certo grau de emancipação *material* (i. é, padrões de vida mais avançados etc.), Adorno e Horkheimer argumentam que eles se tornaram "fisicamente", "espiritualmente" ou "mentalmente" dominados pelo aparato mesmo que torna tal emancipação material possível. De acordo com eles, o principal erro no projeto do Iluminismo foi a *dominação da natureza*, que ambos consideram sinônimo do *desencantamento* do mundo. Adorno e Horkheimer escrevem que "o preço que os homens pagam pelo aumento de seu poder é a alienação daquilo sobre o que exercem o poder" (p. 9). Dessa maneira, embora tenhamos aprendido a controlar o mundo, nós não mais o reconhecemos como nosso lar. O projeto do Iluminismo, ainda que nos liberte materialmente, torna-nos espiritualmente mutilados. A Modernidade não deu mais sentido às nossas vidas. Pelo contrário, ela *privou* nossa vida de sentido.

Adorno e Horkheimer argumentam que um certo tipo de pensamento – e sua manifestação histórica – é o maior culpado desse infeliz resultado. Trata-se do pensamento da "identidade": a tendência de tornar uma coisa *equivalente* a uma outra – a tendência em medir, calcular e subsumir tudo sob leis matemáticas. É essa forma de pensar que se tornou autônoma; separado da consideração sobre "fins", isto é, sobre o que é bom para a sociedade, o pensamento da identidade se desenvolveu por meio da ciência, tecnologia e burocracia de maneira tal que transformou o mundo social em um lugar onde nós nos sentimentos alienados e oprimidos.

> **Ponto central:** *Dialética do Esclarecimento*
>
> A dialética se dá entre dois aspectos da razão:
>
> - uma coordenação harmoniosa da razão pura e da razão prática (o que pensamos e o que fazemos) para produzir emancipação social (liberdade);
> - cálculo; pensamento de identidade; racionalidade instrumental (dominação).
>
> Para Adorno e Horkheimer, a sociedade contemporânea é ideológica ou baseada em uma "mentira", pois acreditamos que o primeiro tipo de razão nos libertou, ao passo que o segundo tipo, na realidade, nos dominou.

Adorno e Horkheimer fazem referência a Nietzsche ao longo de todo o texto, argumentando que "Nietzsche foi um dos únicos depois de Hegel a terem reconhecido a dialética do Esclarecimento" (p. 44). Muitos comentadores, contudo, notaram uma influência de Nietzsche sobre o pensamento de Adorno em particular e sobre a *Dialética do esclarecimento* em geral em uma camada mais profunda do que fazem crer essas referências. Gillian Rose, por exemplo, argumenta que "a noção de uma 'dialética do esclarecimento' é uma interpretação de Nietzsche" (1978: 26). Ele é central para a tese do livro devido à conexão que Nietzsche faz entre razão e dominação (contrariamente aos pensadores do Iluminismo, que nada mais veem na razão senão emancipação). Nietzsche notava, desde seus primeiros escritos, como a supremacia da razão pode produzir um declínio numa cultura prenhe de sentido, e é justamente essa ideia que Adorno e Horkheimer assumem como uma "dialética".

Ademais, a *Dialética do esclarecimento* apresenta uma teoria da ideologia como algo onipresente. Em oposição à teoria da ideologia marxista tradicional, não há uma classe que tenha acesso à "verdade" da situação social. Rose menciona a teoria nietzscheana da vontade de potência como uma influência para essa teoria da ideologia. Segundo Nietzsche, todas as pretensões de conhecimento são expressões do desejo por poder ou potência; elas são "falsas" no sentido de que não resultam de uma busca desapaixonada pela verdade (p. 20). Dessa maneira, todo conhecimento é ideológico por estar completamente enredado em relações de poder.

Contudo, Nietzsche também indica um caminho para uma forma de crítica da ideologia por meio de seu método genealógico e suas críticas ao pensamento de identidade. Para Adorno particularmente (e isso se torna claro em outros escritos que não apenas a *Dialética do esclarecimento*; cf., p. ex., ADORNO, 1978), o valor de Nietzsche reside em ele ser um implacável crítico da moral burguesa e de teses filosóficas convencionais. Em ambos os casos, Nietzsche desejava mostrar que o mundo é algo em constante mudança ou *vir-a-ser*. Dessa perspectiva, todas as pretensões de validade universal – por exemplo, de postular algo como um fato essencial e imutável sobre a natureza humana – parecem suspeitas. Adorno nutria uma forte simpatia pelo projeto nietzscheano de "transvaloração dos valores", pela qual os valores existentes que são geralmente tomados como universalmente válidos podem ser ditos produtos contingentes de formações sociais e históricas (a diferença entre ambos é que para Adorno a finalidade de tal transvaloração é bem mais marxista em seu escopo).

A crítica ao pensamento de identidade que subjaz à *Dialética do esclarecimento* também trai uma importante influência nietzscheana. Como vimos no capítulo sobre pós-estruturalismo, Nietzsche critica o tipo de pensamento baseado em identidade e oposição, em favor do reconhecimento de gradações e diferenças sutis que subjazem a qualquer suposta identidade. A recusa nietzscheana do pensamento de identidade como uma "hipóstase da mente" é elogiada por Adorno como "um ato libertador, um verdadeiro ponto de inflexão no pensamento ocidental" (apud ROSE, 1978: 22). Uma das questões mais problemáticas enfrentadas por essa espécie de crítica é aquela sobre o seu próprio fundamento. Dito de outra forma, se tudo é, de alguma forma, "falso", então a própria perspectiva crítica não seria, ela mesma, falsa? Essa questão metodológica é mais um dos notáveis aspectos da influência de Nietzsche sobre a *Dialética do esclarecimento* e em particular sobre a versão adorniana de teoria crítica. Adorno considera haver em Nietzsche a busca por um pensamento "antifundacional" posta em movimento por um estilo irônico. Em lugar de referir-se a supostos "fatos" para fundar a crítica, esta ocorre através de um estilo – por assim dizer – literário de escrita que expõe as ideias apenas para então destruí-las, sem prometer substituí-las por outras verdades. A própria *Dialética do esclarecimento* é escrita em um estilo pouco usual para um livro de teoria social, abstendo-se de apresentar dados sociológicos sob a forma de análises estatísticas e exame desapaixonado, procurando, em contrapartida, ocupar-se imaginativamente com textos literários, como os de Homero e Marquês de Sade, para apresentar, em lugar do mito contemporâneo do Iluminismo e da Modernidade, um "contramito" ironicamente autodestrutivo. Não apenas o conteúdo explícito, mas também o estilo dessa obra-chave da teoria crítica deve muito a Nietzsche, por tratar-se de uma obra polêmica, literária e, por vezes, fragmentária. Diferentemente de outros teóricos críticos, tais como Lukács e Habermas, Adorno e Horkheimer veem em Nietzsche um dos mais importantes críticos filosóficos da Modernidade. Ainda que Nietzsche não tenha feito uma teoria crítica enquanto tal e suas visões políticas estivessem em radical descompasso com os valores e objetivos marxistas, Adorno e Horkheimer consideram que boa parte de sua obra pode ser mobilizada para tais fins.

Sumário

O contexto político de Nietzsche

O evento político crucial durante a vida de Nietzsche foi a unificação da Alemanha sob a liderança de Bismarck. O Estado de Bismarck foi uma democracia de fachada que encobria uma ditadura. Ele favoreceu uma elite aristocrática e reprimiu a agitação socialista. Nietzsche admirava Bismarck como um líder de caráter forte e às vezes o considerava uma proteção necessária contra o socialismo, mas também não raro o criticava por concentrar-se no poder militar em lugar da renovação cultural.

Nietzsche e o nacional-socialismo

A apropriação de Nietzsche feita pelos nazistas tornou-se possível pela linha interpretativa do "nacionalismo romântico", iniciada por sua irmã Elisabeth Förster-Nietzsche. As obras de Nietzsche tinham de ser editadas para tornarem-se palatáveis pelos nazistas, dado que ele se opunha ferrenhamente ao nacionalismo alemão e ao antissemitismo.

A filosofia política de Nietzsche

• *Nietzsche como um apolítico*: Intérpretes como Kaufmann defenderam que, de modo geral, Nietzsche se interessava não por política, mas apenas pelo indivíduo. Depois da Segunda Guerra Mundial essa interpretação ajudou a criar uma barreira à apropriação de Nietzsche pelos nazistas. Essa visão encontra seguidores contemporâneos, como Leiter.

• *Aristocratismo*: Nietzsche aprovava a caracterização de sua filosofia como "radicalismo aristocrático". Ele defendia a necessidade da desigualdade social e da exploração por acreditar que estas eram a única forma pela qual uma cultura pode produzir "tipos superiores". Esses tipos superiores (a "aristocracia") são, por seu turno, necessários para criar uma cultura sadia e prenhe de sentido através de suas atividades criativas.

• *Socialismo*: Nietzsche se opõe ao socialismo por uma série de razões. A principal delas é o fato de o socialismo ameaçar o aristocratismo por ele defendido. Nietzsche também argumenta que o socialismo é baseado em uma filosofia ingênua da bondade moral humana; que a propriedade privada é necessária para motivar o homem; que o socialismo dá ao Estado um poder excessivo sobre o indivíduo; e que ele implementa uma destrutiva administração econômica da cultura.

• *Liberalismo*: Nietzsche é crítico do liberalismo por acreditar que ele produz indivíduos atomizados sem uma base em – ou obrigação para com – uma cultura coletiva. Entretanto, Connolly defende que a filosofia de Nietzsche é útil para tentativas contemporâneas de repensar o liberalismo, pois Nietzsche critica a tendência de dominação da natureza no liberalismo moderno, o que torna sua obra sugestiva para uma ética baseada no respeito por diferenças.

• *Democracia*: Sem considerar alguns escritos de seu período intermediário, Nietzsche é em geral um crítico da democracia por considerar que ela se baseia na igualdade e é uma ameaça à hierarquia social. Hatab argumentou que Nietzsche *deveria* ter defendido a democracia; ele vê emergir dos escritos de Nietzsche uma teoria da democracia baseada no *agonismo* ao invés de na igualdade. Porém, contra as leituras "progressistas" que consideram o pensamento de Nietzsche como de alguma forma consistente com o liberalismo ou com a democracia, Appel ressaltou seu aristocratismo intransigente.

A política do Nietzsche francês

Muitos dos nietzscheanos franceses foram influenciados pela leitura de Klossowski, que os levou a desenvolverem uma nova compreensão do "político". Os senhores de hoje em dia são, na verdade, aqueles que não podem tornar-se úteis no sistema capitalista e que, pois, se engajam em uma conspiração contra esse sistema. A noção de Klossowski de uma "conspiração" política (i) tem como objetivo instaurar uma nova ordem social; e (ii) é, ela mesma, um novo modelo de sociedade. Klossowski ensejou tanto uma guinada de Nietzsche para fins marxistas como um distanciamento em relação à teoria política marxista então em voga.

Nietzsche e a teoria crítica

Nietzsche inspirou visões completamente contrastantes entre os teóricos críticos. Para Lukács e Habermas, Nietzsche exercera um forte impacto negativo na causa da emancipação social em virtude de seus ataques à racionalidade. Para Adorno e Horkheimer, Nietzsche é um dos críticos mais perspicazes da Modernidade e da moral burguesa, cujas obras poderiam em muito auxiliar a Teoria Social Crítica.

4

Nietzscheanismo e feminismo

Este capítulo explora o papel que Nietzsche desempenhou para o pensamento feminista, papel este à primeira vista improvável, mas que, na realidade, mostra-se bem significativo. No início será enfatizada a profunda ambiguidade de tal papel: por um lado, Nietzsche é amplamente considerado como um misógino inveterado em virtude de algumas passagens que publicou sobre as mulheres; por outro lado, muitas proeminentes teóricas feministas encontraram recursos na obra nietzscheana para combater a tradição filosófica patriarcal. O capítulo considera ambos os aspectos da relação de Nietzsche com o feminismo, mas se concentra no último. A natureza e dimensão da percebida misoginia de Nietzsche será considerada, assim como sua rejeição por algumas feministas. Na sequência serão examinadas as várias tentativas de "reabilitar" Nietzsche na teoria feminista. Na verdade, o valor de Nietzsche para o feminismo foi reconhecido relativamente cedo por feministas alemãs no final do século XIX e começo do século XX. Após reconhecer essa influência inicial, o capítulo se concentrará em interpretações feministas mais recentes e influentes de Nietzsche. Apresentaremos o argumento de Kofman, segundo o qual não há uma única visão essencialista da "mulher" nos textos de Nietzsche, mas, sim, diferentes tipos de mulheres, incluindo aquelas que afirmam a vida. Examinaremos ainda a influente leitura que Irigaray faz de Nietzsche em *A amante do mar de Friedrich Nietzsche* [*Amante marine de Friedrich Nietzsche*], que revela a profunda cumplicidade de Nietzsche com a tradição patriarcal, ao mesmo tempo em que utiliza sua obra para fins feministas. Exploraremos então um exemplo de estudos nietzscheanos no feminismo de língua inglesa na obra de Kelly Oliver. De modo geral, para além da manifesta misoginia de Nietzsche, este capítulo se concentra no modo como a transvaloração nietzscheana de aspectos da vida tradicionalmente associados ao feminismo, como o corpo e os afetos, assim como suas críticas radicais à natureza da identidade humana, fizeram dos textos de Nietzsche um rico recurso para a filosofia feminista. Como veremos, contudo, muitas feministas permanecem críticas de Nietzsche por ele não ter ido longe o suficiente nessa direção.

Nietzsche sobre as mulheres

Qualquer exame sobre o lugar de Nietzsche no feminismo precisa reconhecer o desafio colocado pelos comentários notoriamente misóginos que ele faz sobre as mulheres. A seguinte lista dá um bom exemplo de tais comentários:

- "Você vai ter com as mulheres? Não se esqueça do chicote!" (Z: "Das velhas e jovens mulherzinhas", 1).
- "Ah, que perigoso, insinuante, subterrâneo bichinho de rapina! E tão agradável, além disso! [...]. A mulher é indizivelmente mais malvada que o homem, também mais sagaz; a bondade na mulher é já uma forma de degeneração" (EH: "Por que escrevo tão bons livros", 5).
- "Foi ouvida a minha resposta à questão de como se cura – se 'redime' – uma mulher? Fazendo-lhe um filho. A mulher necessita de filhos, o homem é sempre somente o meio; *Assim falava Zaratustra*" (EH. "Por que escrevo tão bons livros", 5).
- "Uma mulher quer ser mãe, e se ela não o deseja, ainda que possa, então ela pertence, como regra geral,

a uma prisão" (Nota não publicada de 1885, citada em DIETHE, 2006: 302-303).
- "Quando uma mulher tem inclinações eruditas, geralmente há algo errado com sua sexualidade" (ABM 144).
- "'Emancipação da mulher' – isso é o ódio instintivo da mulher que não vinga, ou seja, não procria, à mulher que vingou" (EH. "Por que escrevo tão bons livros", 5).
- "O perigo para o artista, para o gênio [...] reside na mulher: adorar fêmeas é a causa de sua ruína. É difícil que alguém não tenha caráter suficiente para ser arruinado – 'redimido', quando ele sente ser tratado como um deus: – ele imediatamente condescende ao nível da mulher. – Um homem é um covarde diante de todo eterno-feminino: a mulher sabe disso. Em muitos casos do amor de uma mulher e talvez no mais famoso em particular, o amor é apenas um sutil parasitismo, um aninhar-se numa outra alma e ocasionalmente mesmo em uma outra carne – e, ah!, sempre às expensas do 'hospedeiro'!" (CW 3).

Uma estratégia utilizada para enfrentar a misoginia de Nietzsche é argumentar que tais comentários podem ser isolados e ignorados. Essa estratégia foi defendida, por exemplo, por Kaufmann (OLIVER & PEARSALL, 1998: 1). Contudo, pode muito bem ser argumentado que o sexismo de Nietzsche invade sua filosofia em um nível muito mais profundo do que o das passagens explícitas sobre as mulheres: a linguagem metafórica que estrutura os juízos de valor de Nietzsche parece ser completamente marcada por um viés de gênero [*gender biased*]. Oliver, que examinou as metáforas carregadas com viés de gênero, escreve:

> Nietzsche se identifica com a eterna verdade *varonil* e espera ansiosamente o dia em que toda a humanidade será varonil [...]. Nietzsche nos ordena que sejamos "duros!" [...]. Para Nietzsche, a impotência é o real

inimigo da vida [...]. Não surpreende que ele escolha o deus da fertilidade, Dionísio, cujos símbolos são o vinho cor de sangue e o falo intumescido para representar a força da vida. E repetidamente a vida degenerada é ilustrada em termos de castração, emasculação, afeminamento e impotência (OLIVER, 1995: 141).

Em *O anticristo*, por exemplo, os cristãos são descritos como "um bando covarde, feminino e açucarado", enquanto que os romanos (que, segundo Nietzsche, foram corrompidos pelos cristãos) são caracterizados como tendo "naturezas valiosas, virilmente nobres" (Ant 58). Em poucas palavras, Nietzsche parece usar frequentemente o termo "masculino" quase como sinônimo de "nobre", e o "feminino" como sinônimo de "escravo". Nietzsche repete assim juízos de valores, dos quais a história da filosofia dá inúmeros exemplos, que descrevem as qualidades masculinas como admiráveis e defendidas, enquanto que as femininas como temíveis e desprezadas.

Ademais, as inúmeras declarações de Nietzsche a esse respeito deixam claro que ele se opunha ao movimento de liberação da mulher, ainda engatinhando à época, mas já contendo muitas defensoras ferrenhas. Ele se opunha à educação da mulher em nível superior, a mulheres que escreviam e construíam uma carreira, além de reforçar a visão conservadora de que o lugar da mulher é o lar, preenchendo assim papéis sociais que lhes eram tradicionalmente assinalados: esposa e mãe. Como nota Diethe, é importante entender *por que* Nietzsche opunha-se de forma consistente ao feminismo. (Não é em absoluto um conservadorismo simples e irrefletido, o que, decerto, nunca deveríamos esperar de Nietzsche.) Como ela escreve, tal postura se explica em razão da cultura que ele mais admirava: a Grécia helenística. Naquela sociedade, as mulheres aceitavam seus papéis sociais como esposas enclausuradas e mães (DIETHE, 2006: 89). Como já discutimos no capítulo anterior, há uma razão importante pela qual, para Nietzsche, uma cultura sadia depende de hierarquias e categorias sociais; assim, seria possível ver sua oposição à libertação ou emancipação das mulheres como uma modalidade de sua oposição mais geral ao rompimento de estruturas sociais hierárquicas e exploratórias. Se, como Nietzsche com frequência argumenta, o trabalho manual das massas é necessário para produzir um solo fértil a partir do qual podem ocasionalmente surgir "tipos superiores", então parece ser o caso de ele pensar que todas as mulheres pertencem ao âmbito das classes trabalhadoras.

O que contrasta com as declarações misóginas de Nietzsche e a oposição, contida em seus escritos, às mulheres liberais são os fatos que dizem respeito ao seu tratamento geral às mulheres e às mulheres cuja companhia ele escolhia. Na prática, ele parece ter gostado da companhia de mulheres bem-educadas, como Lou Andreas-Salomé e Meta von Salis-Marschlins (p. 302). Em Sils Maria, Nietzsche era frequentemente visitado por doutorandas da Universidade de Zurique (p. 302); ademais, ele votou favoravelmente para que mulheres pudessem receber diploma universitário, a despeito das declarações em seus escritos nas quais condena a educação superior das mulheres. Ademais, Diethe nota que, apesar de suas relações por vezes antagônicas com sua mãe e sua irmã, Nietzsche de modo geral tratava as mulheres com grande respeito. Como Diethe escreve, "o homem da dinamite (como ele se descreveu à sua amiga judia, Helen Zimmern) não era nada mais nada menos do que um cavalheiro" (p. 302). Às conhecidas de Nietzsche do sexo feminino eram familiares, decerto, seus notórios comentários. Malwida von Meysenbug considerava que os comentários sexistas dos primeiros escritos de Nietzsche eram o resultado de sua falta de experiência com as mulheres, julgando tratar-se de uma fase passageira que ele iria superar (infelizmente, na realidade não foi esse o caso). Zimmern, uma tradutora de

Nietzsche para o inglês e também sua amiga pessoal, comentou a respeito de sua relação com ele: "Certamente ele não usou o famoso chicote" (apud WININGER, 1998: 238).

Como já notado por certas feministas, algumas passagens mais positivas sobre as mulheres podem ser encontradas nos textos de Nietzsche. Por exemplo, embora tenhamos notado o uso de metáforas sexistas em *O anticristo*, nesse texto também encontramos críticas ao cristianismo por este rebaixar as mulheres, além de elogios ao *Código de Manu* por este apresentar uma concepção mais positiva das mulheres. Nietzsche escreve:

> Todas as coisas nas quais o cristianismo verte a sua insondável vulgaridade, a procriação, por exemplo, a mulher, o matrimônio, são aí tratados seriamente, com reverência, com amor e confiança [...]. Não conheço livro em que se dizem tantas coisas delicadas e gentis às mulheres como no *Código de Manu*; esses velhuscos e santos têm um modo de serem amáveis com as mulheres que talvez não tenha sido superado. "A boca de uma mulher" – diz um trecho –, "o busto de uma garota, a oração de uma criança, a fumaça do sacrifício são sempre puros". Outra passagem: "nada existe mais puro que a luz do sol, a sombra de uma vaca, o ar, a água, o fogo e o respirar de uma garota". Uma última passagem – talvez também uma mentira sagrada –: "todas as aberturas do corpo acima do umbigo são puras, todas abaixo, impuras. Apenas na garota o corpo inteiro é puro" (Ant 56).

Abaixo é discutido outro importante argumento, feito por Kofman, que detalha como pode ser encontrada em Nietzsche uma concepção positiva da mulher.

Mulheres sobre Nietzsche

A despeito das declarações misóginas de Nietzsche e de sua oposição à libertação das mulheres, muitas feministas encontraram na obra nietzscheana uma poderosa arma para perseguirem seus fins. Kathleen J. Wininger fornece uma útil explicação do motivo de muitas feministas terem reconhecido algo de valor em Nietzsche: sua obra serve como inspiração e guia para transformações pessoais e sociais.

> Boa parte de sua filosofia contém modelos que pretendem ajudar a compreender mudanças [...]. A ideia de que valores e verdades mudam, costumes intelectuais mudam, e que essas ideias têm um ancoramento cultural, é algo que não raro atraiu as mulheres. O apelo é especialmente grande para mulheres que têm como tarefa a transformação social e intelectual (1998: 237).

Esses "modelos de mudança" dizem respeito nem tanto a instituições sociais e papéis sociais quanto, na verdade, a *conceitos filosóficos*. Ao abordarmos a filosofia feminista, é essencial examinar que feministas criticam a tradição filosófica não apenas, pois ela de modo geral excluiu as mulheres (o que é verdade; listas de figuras canônicas da história da filosofia ocidental tradicionalmente não incluem *nenhuma* mulher), mas também porque, como se defende, as categorias básicas dessa tradição são completamente permeadas por um viés de gênero. Isso é bem evidente, por exemplo, na filosofia platônica. Platão estabelece uma divisão básica entre *inteligível* e *sensível*, na qual o inteligível detém valor maior do que o sensível. Platão associa o inteligível ao "mundo verdadeiro" das Formas e da atividade do pensamento filosófico. Para ele, na verdade, somos "almas" presas em corpos; a tarefa do filósofo é justamente libertar-se do corpo por meio da atividade filosófica. O sensível, por outro lado, é associado ao mundo das aparências, com o corpo e com o prazer sensual. De forma significativa, Platão associa o inteligível com o masculino e o sensível com o feminino. Em sua filosofia, apenas os homens são considerados capazes da filosofia; as mulheres são consideradas muito "corporais" e sensíveis. O ponto principal, contudo, é que as categorias *metafísicas* e *epistemológicas* de Platão estão alinhadas com aquele viés de gênero acima mencionado.

Platão é apenas um exemplo. Filósofas e filósofos feministas argumentaram que esse viés de gênero perpassa toda a história do pensamento ocidental, chegando até a uma camada que, de tão profunda, permanece desapercebida. Contudo, estudos de textos-chave da tradição ocidental frequentemente revelam esse viés sob a forma de metáforas de gênero. Um exemplo particularmente impressionante – e perturbador – é a obra *Novum organum* (1620), de Francis Bacon, um texto central para o desenvolvimento da visão de mundo da ciência moderna. Steven Best e Douglas Kellner notam que Bacon faz uso de frequentes – e por vezes violentas – metáforas sexuais: "A natureza é retratada como uma mulher a ser capturada pela mente masculina, torturada através de invenções mecânicas, 'obrigada a trabalhar', 'constrangida' e feita 'escrava' a serviço do conhecimento racional, que irá 'penetrar' em seus segredos" (BEST & KELLNER, 1997: 200).

A filosofia feminista contemporânea possui inúmeras variantes. Ao passo que algumas buscam simplesmente incluir mais mulheres no diálogo da filosofia conforme esta é tradicionalmente praticada, aquelas que encontraram em Nietzsche uma proveitosa referência interessam-se em geral pela filosofia no nível do viés de gênero, considerando Nietzsche, em certos aspectos, como um cúmplice do viés de gênero e, em outros, como um autor que o subverte de forma poderosa. (Nós já notamos acima que Nietzsche frequentemente usa metáforas enviesadas quanto ao gênero.) Ademais, para mencionar um ponto particular de interesse, como Diethe nota (2006: 89), o termo alemão *Übermensch* não tem um gênero definido, o que permitiu que algumas feministas tomassem a obra nietzscheana como inspiração para o projeto de criar uma super*mulher*: um tipo de mulher que não está presa aos constrangimentos que a cultura patriarcal lhe impõe. Esses potenciais positivos da obra de Nietzsche foram assumidos pelas feministas desde a época em que o nome de Nietzsche começava a tornar-se conhecido na Alemanha e na Europa. Nas décadas mais recentes houve uma acentuada renovação do interesse em Nietzsche entre as teóricas do feminismo.

A primeira fase do feminismo nietzscheano

O feminismo nietzscheano inicial pode ser considerado um aspecto menor, mas ainda assim significativo do feminismo mais amplo e atual, que nas últimas décadas do século XIX ainda vivia sua infância. Na Alemanha, o movimento feminista então em voga era representado pela Associação Alemã Geral das Mulheres (*Allgemeiner Deutscher Frauenverein*), fundada em 1865 por Louise Otto-Peters. O feminismo nietzscheano em si surgiu sob inúmeras variedades, do mais moderado ao mais radical, e – assim como outros nietzscheanismos políticos – atraiu partidários de ambos os extremos (direita e esquerda) do espectro político. De modo bem simplificado, as principais correntes da primeira fase do feminismo nietzscheano podem ser esquematizadas da seguinte maneira:

- *Liberalismo burguês*. Essas feministas nietzscheanas defendiam mais direitos e melhores condições para as mulheres, incluindo acesso à educação superior, e combatiam o patriarcado da ordem existente. Contudo, elas apoiavam instituições sociais existentes, incluindo o casamento e o papel da mulher como dona de casa.
- *Nova Ética* (*Neue Ethik*). Trata-se de um movimento associado à Liga para a Proteção das Mães, fundada em 1905. Elas acreditavam que o caminho autêntico para a autorrealização feminina passava pela maternidade, mas ao mesmo tempo chocaram as colegas feministas de então ao defenderem o amor livre e a maternidade fora do matrimônio.

- *Boêmias*. As nietzscheanas boêmias radicais também defendiam e frequentemente praticavam o amor livre, vendo o dionisíaco como um princípio de liberdade sexual. Diferentemente das defensoras da "Nova Ética", porém, elas desenvolveram ideias radicais sobre a liberdade das mulheres em relação a instituições sociais, como a família, e a papéis sociais tradicionais, como esposa e mãe.

Algumas das mais importantes feministas nietzscheanas desse período inicial são apresentadas abaixo. As ideias que defendiam podem ser categorizadas, em graus diferentes, sob os títulos gerais que vêm na sequência. Algumas eram líderes de movimentos, ao passo que outras feministas nietzscheanas eram pensadoras independentes cujas ideias não se enquadram em categorias bem definidas.

Lily Braun (1865-1916)

Braun nasceu em uma família aristocrática, mas aderiu a uma posição social-democrata radical. Inicialmente ela viu em Nietzsche apenas um potencial para emancipação individual e, em geral, humana, mas posteriormente defendeu uma concepção nietzscheana da libertação feminina como um "ato nietzscheano heroico de autocriação, culminando na formação de uma supermulher" (ASCHHEIM, 1992: 88). Em consonância com sua convicção socialista, Braun via a supermulher como uma espécie de sujeito coletivo, a ser realizado em solidariedade com outras mulheres, ao invés de ser o projeto de autorrealização de um indivíduo. O ideal da supermulher era concebido como coincidindo com "a libertação dos poderes criativos das mulheres em todas as esferas da vida, especialmente naquelas tradicionalmente bloqueadas para elas" (p. 88). Para Braun, essa libertação dos poderes criativos também significava a libertação sexual da mulher.

Helene Stöcker (1869-1943)

Stöcker foi uma figura proeminente do movimento Nova Ética e uma das mais conhecidas feministas na Alemanha no final do século XIX e começo do século XX. Até 1900, Stöcker foi uma feminista burguesa relativamente conservadora. Então, inspirada por Nietzsche, ela começou a atacar as normas sexuais tradicionais e defender a "Nova Ética", que pedia o fim da regra dos dois pesos, duas medidas, relativamente ao sexo fora do casamento. Stöcker via na libertação sexual da mulher "a criação jubilosa de novas formas e novos sentimentos para novas pessoas" (apud ASCHHEIM, 1992: 89). Stöcker assumiu a liderança da Liga de Proteção das Mães logo após a sua criação. A liga lutava pela legalização do aborto, promovia o amor livre, fornecia anticoncepcionais, organizava albergues para mães solteiras e defendia o reconhecimento estatal de casamentos informais (p. 90).

Stöcker e outros membros da Nova Ética (em 1912 a Liga contava 4.000 membros (p. 90)) adotavam uma espécie de nietzscheano erótico, que via o dionisíaco como um princípio de liberdade sexual, tanto para as mulheres como para os homens. Elas argumentavam que as mulheres tinham uma natureza feminina única que precisava ser realizada, associando essa natureza com a gravidez e a maternidade. Elas tendiam a citar passagens de Nietzsche, tais como "tudo sobre a mulher tem apenas uma única solução, a saber, a gravidez", e "o objetivo é sempre o filho" (p. 91). Em oposição a outras feministas que desejavam libertar as mulheres também desses papéis sociais, a Nova Ética venerava a maternidade como algo ligado a uma espécie de essência feminina, buscando libertá-la da instituição patriarcal e opressiva do casamento. Contudo, na medida em que ligava a mulher à maternidade, algumas feministas criticaram a Nova Ética por reforçar a opressão patriarcal das mulheres. Por exemplo, um contemporâneo escreveu: "Na verdade, o nietzscheanismo no mundo feminino significa uma renúncia às demandas dos 'igualitaristas radicais'. Ele reestabelece a centralidade da função biológica e também reafirma, de maneira transfigurada, a dominação masculina" (Marie Hecht, apud ASCHHEIM, 1992).

Hedwig Dohm (1831-1919)

Dohm foi uma escritora feminista judia alemã. Ela por vezes criticou Nietzsche com base em argumentos feministas, e também criticou Lou Andreas-Salomé (cujas visões sobre a libertação das mulheres eram próximas às do próprio Nietzsche, apesar de ela mesma ter sido uma escritora erudita e psicanalista). Ainda assim, Dohm acreditava que Nietzsche havia fornecido importantes instrumentos para auxiliar as mulheres na libertação dos grilhões da moral religiosa convencional; ademais, ela escreveu uma série de romances com heroínas nietzscheanas que buscavam a livre-autorrealização, incluindo um livro cujo título é inspirado em Nietzsche: *Torna-te quem tu és* [*Werde, die du bist!*] (1894) (DIETHE, 2006: 65-66).

Mary Wigman (1886-1973)

Wigman foi uma dançarina alemã, considerada uma das figuras mais importantes do expressionismo alemão e, de modo geral, da dança do século XX. Ela foi uma leitora entusiasmada de Nietzsche e sua dança recebeu uma significativa inspiração de ideias nietzscheanas. Ela incorporou movimentos radicais voltados a libertar o corpo das restrições tradicionais da estilização na dança, e por vezes se deixava acompanhar por batidas e mesmo recitações de *Zaratustra* (ASCHHEIM, 1992: 61). Wigman foi profundamente influenciada por Rudolf Laban (1879-1958), ele mesmo um dançarino nietzscheano que acreditava que a dança tinha o potencial de regenerar a vida como um todo (p. 60). A dança de Wigman era frequentemente interpretada como libertadora do corpo das mulheres em relação às expectativas patriarcais sobre o que elas deviam ser e como elas deviam mover-se, caracterizando-se assim como um poderoso manifesto artístico feminista.

Isadora Duncan (1877-1927)

Outra dançarina, com frequência considerada a inventora da dança moderna, Duncan nasceu nos Estados Unidos da América, mas foi mais bem-sucedida na Europa. Após ter lido Nietzsche em Berlim em 1902, ela escreveu: "A sedução da filosofia de Nietzsche cativou meu ser" (apud ASCHHEIM, 1992: 61). Duncan defendia uma ideia nietzscheana acerca da supermulher como uma dançarina, escrevendo o seguinte em sua conferência "A dança do futuro": "Ah, ela está vindo, a dançarina do futuro: mais gloriosa do que qualquer mulher que já tenha existido; mais bela do que a egípcia, do que a grega, do que a italiana antiga, do que todas as mulheres dos séculos passados – a mais suprema inteligência no mais liberto corpo!" (p. 61).

A partir desses exemplos podemos ver que Nietzsche foi uma importante inspiração para o que é frequentemente chamado de "primeira onda" feminista (que cobre aproximadamente o período da década de 1860 até a de 1920) na Europa. De modo geral, Nietzsche foi aclamado por fornecer modelos de mudança radical que podiam ser aplicados à política cultural feminina, apesar das suas próprias concepções sobre as mulheres. Algumas feministas defendiam o nietzscheanismo erótico da liberação sexual dionisíaca, algumas valorizavam as mulheres por terem uma essência feminina associada à maternidade, e algumas buscavam expandir os poderes criativos e intelectuais das mulheres para as áreas do ensino superior, carreira e autoria, tradicionalmente reservadas aos homens. Nietzsche foi também tomado como inspiração por algumas importantes representantes da "segunda onda" do feminismo (grosso modo, o período dos anos de 1960 e de 1970), especialmente na França. Aqui, o renascimento do interesse por Nietzsche associado ao pós-estruturalismo (discutido no cap. 2) produziu um grande impacto nas representantes feministas desse movimento. As feministas francesas dessa geração, ao mesmo tempo em que procuravam se distanciar dele, via de regra bebiam na fonte do feminismo "existencial" de Beauvoir, que exerceu forte influência nas décadas de 1940 e de 1950. Examinaremos abaixo duas das mais influentes autoras do feminismo nietzscheano francês: Kofman e Irigaray.

Kofman: Baubo, um Dionísio feminino

Sarah Kofman (1934-1994) foi uma filósofa francesa que, dentre outras coisas, contribuiu para os estudos feministas com importantes estudos sobre as obras de Freud e Nietzsche. Deleuze foi o orientador de sua tese de doutorado, e ela foi também significativamente influenciada por Derrida. (Cf. cap. 2 para uma discussão sobre a obra de Derrida sobre mulher e estilo em Nietzsche, obra esta que exerceu forte influência para Kofman e também para outras feministas nietzscheanas.) Dentre os inúmeros livros de Kofman sobre Nietzsche incluem-se o influente *Nietzsche e a metáfora* [*Nietzsche et la Métaphore*] (KOFMAN, 1993) e um estudo em dois tomos sobre a obra autobiográfica de Nietzsche, *Ecce homo*. Porém, na sequência nos concentraremos em seu inovador e influente artigo "Baubo: Perversão teológica e fetichismo em Nietzsche" [*Baubo: Perversion theologique et fetichisme chez Nietzsche*] (KOFMAN, 1998), escrito em 1973. Esse ensaio questiona o julgamento de Nietzsche como um suposto misógino, tornando mais complexo o estatuto da mulher em suas obras e, assim, abrindo novas possibilidades para as interpretações feministas de Nietzsche.

Contra a ideia simplista de Nietzsche como um misógino, Kofman defende que não há uma ideia única e essencialista da "mulher-em-si" nos textos de Nietzsche. Pelo contrário, ela analisa os "muitos e heterogêneos textos de Nietzsche sobre a mulher" (KOFMAN, 1998: 46), argumentando que se tornam aqui evidentes múltiplas figuras da mulher, as quais são valoradas de maneiras distintas. De forma significativa, Kofman nota que, para Nietzsche, algumas mulheres têm valor maior do que alguns homens – nos termos de Nietzsche, elas são interpretadas como mulheres que afirmam mais a vida (p. 40). "Baubo" é o nome de uma deusa de menor importância na mitologia grega, à qual Nietzsche faz referência; Kofman a interpreta como a contraparte feminina de Dionísio para ressaltar a valoração positiva das mulheres que pode ser encontrada em Nietzsche. Contudo, o lugar das mulheres na obra nietzscheana é, decerto, complexo, e Kofman se apoia em seu profundo conhecimento da psicanálise freudiana para desenvolver uma tipologia das mulheres em Nietzsche. Tal tipologia gira em torno, por um lado, das categorias de "perversão teológica" e "fetichismo", e, por outro, da figura de Baubo. Kofman distingue, assim, dois tipos fundamentais de mulher em Nietzsche: a niilista e a afirmativa.

A primeira imagem da mulher a que Kofman se refere corresponde à suposta misoginia de Nietzsche. Ela nota que a figura da *mulher velha* é com frequência apresentada nos textos de Nietzsche como cúmplice da crença em Deus. Ademais, Kofman nota que, quando Nietzsche ataca as feministas e as "mulheres emancipadas" de seu tempo, ele as retrata como *mulheres inférteis*. Essas imagens da mulher são analisadas por Kofman de acordo com os conceitos de perversão teológica e fetichismo, conceitos que podem ser encontrados tanto em Freud como em Nietzsche.

> **Ponto central**
>
> A "perversão teológica" é a reversão niilista dos valores associada ao ideal ascético; ela consiste na crença em um "mundo verdadeiro" e consequentemente na desvaloração "desse mundo". Essa crença é perversa, pois prefere os valores que negam a vida aos valores que a afirmam.

A ubiquidade da perversão teológica na cultura ocidental representa, para Nietzsche, um triunfo do fraco sobre o forte. Nietzsche associa essa capacidade do fraco em triunfar ao poder feminino da *sedução ardilosa*. Kofman elucida a tese de Nietzsche relativa a esse ponto da seguinte forma: "O fraco age como as *mulheres*: elas tentam seduzir, elas encantam ao deturbar e disfarçar os valores niilistas sob belas vestes" (p. 26).

Essa primeira imagem niilista da mulher é associada à deusa grega Circe. Essa imagem é encontrada em Nietzsche: "A moral mostrou-se como a maior de todas as amantes sedutoras [...], uma verdadeira *Circe dos filósofos*" (apud KOFMAN, 1998: 26). Circe é uma deusa da magia e do embuste. Na *Odisseia*, de Homero, ela transforma a tripulação de Homero em porcos ao envenenar a comida que lhes ofereceu, e Odisseu é alertado por Hermes que ela o irá castrá-lo caso consiga seduzi-lo. Circe é a figura da mulher que seduz, pois tem algo a esconder. Ela é mulher como mera aparência oposta à realidade e como ilusão oposta à verdade. Com essa figura, Nietzsche aparentemente repete a misoginia da tradição teológica, que entendeu a mulher como aquela que trouxe consigo o pecado original e a origem do mal no mundo, responsável por seduzir o homem e tirá-lo do caminho da verdade. Essa imagem da mulher depende da ideia de uma verdade ou realidade absoluta que é obscurecida pela mulher sedutora.

De forma semelhante, o "fetichismo" é uma tentativa de esconder algo ao providenciar um substituto para ele. A ideia de fetiche encontra-se tanto em Freud como em Nietzsche, e Kofmann acredita que podemos traçar um legítimo paralelo entre ambos. Nietzsche associa o fetichismo a uma forma primitiva de pensamento que consiste em uma espécie de autoengano. Freud interpreta o fetichismo, em uma de suas manifestações, como "abnegação": a crença e, ao mesmo tempo, a recusa em admitir que a mulher – e em particular a própria mãe – é castrada. (Freud pensava ser comum que, ao vermos nossa mãe nua na primeira infância, a castração é a explicação que damos a nós mesmos para o fato de nossa mãe não ter um pênis. Essa crença pode persistir em um nível inconsciente mais profundo na fase adulta, continuando a afetar nossa constituição psicológica.) A ideia da mulher como um homem castrado é uma visão pervertida e antinatural da mulher, pois não consegue atentar para a relação única da mulher com a vida (i. é, em termos da função específica de seus órgãos sexuais). Quando Nietzsche ataca as "mulheres emancipadas", ele as vê como mulheres inférteis, como cúmplices da forma teológica e pervertida de compreender a mulher como um homem castrado. Conforme a interpretação de Kofman, Nietzsche argumenta que tais mulheres, ao invés de ter filhos, tentam ganhar o próprio pênis engajando-se na política ou escrevendo livros. Ele entende o comportamento de tais mulheres como uma expressão do *ressentimento* contra a vida.

    Kofman realiza uma leitura "desconstrutivista" de Nietzsche influenciada por Derrida para mostrar como também uma visão mais positiva da mulher pode surgir da obra de Nietzsche. Segundo tal leitura, a perspectiva teológica e perversa é o que estabelece oposições entre castração e virilidade, entre aparência e realidade, e entre verdade e ilusão. Ela escreve: "A ideia de castração e seus opostos é parte de uma síndrome de fraqueza, impedindo que se fale de uma vida afirmativa e verdadeiramente vivida, seja esta masculina ou feminina" (KOFMAN, 1998: 39). A vida não pode nunca ser reduzida a tais oposições que negam seu valor, mas, antes, é mais bem afirmada a partir de uma posição para além delas. A posição que afirma a vida para além de oposições é explicada por Kofman nos termos do perspectivismo de Nietzsche e da imagem da "câmera escura".

A câmera escura é uma precursora da fotografia contemporânea; trata-se de uma caixa que recolhe luz do ambiente e projeta uma imagem. Nietzsche a utiliza como uma metáfora para o perspectivismo e para sua negação. Embora tenha sido frequentemente vendida como uma representação absolutamente exata da realidade, o que a câmera escura reproduz depende, na verdade, da perspectiva que ela é capaz de capturar segundo sua posição no ambiente. Como Kofman o apresenta, o perspectivismo de Nietzsche afirma que temos acesso às coisas apenas a partir de perspectivas limitadas; uma perspectiva "absoluta", que nos permitiria ver a verdade final das coisas, não está disponível para nós. A perversa perspectiva teológica pretende representar de forma perfeita a realidade, negando o perspectivismo. Ela deseja ver a natureza desnudada e se trata, segundo Kofman, de uma afronta à modéstia da mulher. A perversão teológica entende a mulher como Circe; ela deseja passar por cima de suas seduções e vê-la nua. Na transvaloração de Nietzsche, o perspectivismo revela que tudo é uma perspectiva, mas há perspectivas melhores e piores. Primeiro e mais importante, a perspectiva que reconhece o perspectivismo é "superior" à perspectiva perversa que o nega.

> **Ponto central:** *O significado de Baubo*
> - Baubo é um Dionísio feminino (subvertendo a tese de que a afirmação da vida é inequivocamente masculina nos escritos de Nietzsche).
> - Baubo é a vida e seu eterno retorno, identificada com a mulher e seus órgãos reprodutivos.
> - Baubo suplementa Dionísio com uma lógica desconstrutivista: uma afirmação do perspectivismo que é uma afirmação da vida.

Em oposição a Circe, que nega o perspectivismo, o reconhecimento do perspectivismo é, segundo Kofman, representado por Baubo, a deusa dos véus por trás dos véus (a mulher que esconde a si mesma, pois não há "verdade" a ser revelada). Nietzsche faz referência a ela quando escreve: "Talvez a verdade seja uma mulher que tem razões para não deixar ver suas razões? Talvez o seu nome, para falar grego, seja *Baubo*?" (apud KOFMAN, 1998: 42). Baubo é uma deusa grega menor associada à deusa Demeter e que desempenha um papel nos ritos religiosos do culto dedicado a ela. O mito é que Baubo fez Demeter rir, quando esta estava de luto por Perséfone, ao ter levantado suas vestes e mostrado sua barriga. Ademais, nos ritos religiosos, Baubo era representada por uma genitália feminina. Enquanto tal, ela é o símbolo da fertilidade feminina, regeneração e o eterno retorno de todas as coisas (p. 45). Baubo é, pois, vida, ressaltando o papel essencial que a mulher desempenha nos processos vitais. Baubo é ligada a Dionísio, e Kofman a interpreta como um Dionísio feminino. Isso subverte qualquer tese de que a afirmação da vida nos escritos de Nietzsche é algo inequivocamente masculino. Contudo, Baubo também age como um suplemento a Dionísio. Kaufman escreve: "A figura de Baubo indica que uma lógica simples não pode nunca entender que a vida não é nem profundidade nem superfície, que por trás do véu há um outro véu, por trás de uma camada de tinta há outra camada" (p. 44). Portanto, para Kofman, Baubo tanto revaloriza positivamente a mulher nos textos de Nietzsche, como demonstra a conexão entre a afirmação do perspectivismo e a afirmação da vida.

Em resumo, Kofman encontra imagens tanto positivas quanto negativas da mulher em Nietzsche. Essas imagens relacionam-se ao tema da verdade absoluta *versus* o perspectivismo. Circe, a imagem negativa da mulher, é um sintoma da perversão teológica e do fetichismo: essas atitudes negam o perspectivismo e creem que a verdade esconde a verdade. Baubo, a imagem positiva da mulher, valoriza sua relação natural com a vida enquanto aquela que faz nascer uma criança, além de desconstruir a oposição verdade/falsidade e afirmar o perspectivismo. Kofman, pois, dá um novo valor às declarações aparentemente misóginas de Nietzsche sobre as mulheres serem "meras aparências", na medida em que mostra que, na realidade, trata-se de um tropo para a afirmação da vida, de seu valor supremo.

Irigaray: A amante do mar de Nietzsche

Luce Irigaray (1930-) é uma teórica feminista nascida na Bélgica cuja obra interdisciplinar incorpora filosofia, psicanálise, linguística e fenomenologia. Em 1974 ela publicou *Speculum – Da outra mulher* [*Speculum – De l'autre femme*] ([1974] 1985) e desde então se tornou uma das feministas francesas contemporâneas mais influentes. Ela também foi com frequência categorizada como uma das maiores pensadoras pós-estruturalistas. O seu livro *A amante do mar de Friedrich Nietzsche* ([1980] 1991) é uma contribuição única e altamente significativa para as interpretações feministas de Nietzsche. Como o título sugere, nesse livro Irigaray se coloca como a amante de Nietzsche, o que pode nos surpreender um bocado. Como Frances Oppel pergunta, "afinal de contas, o que uma perspicaz feminista, que até aquele ponto realçava os prazeres do amor lésbico, está fazendo em um relacionamento de sexualidade amorosa com um misógino bigodudo como Nietzsche?" (1993: 88). Para entender esse livro pouco usual, é necessário abordá-lo com um conhecimento prévio mínimo do projeto geral de Irigaray.

> **Ponto central:** *O(s) estilo(s) de Irigaray*
> Ao invés de avançar um argumento de forma direta, o "ponto" de *A amante do mar de Friedrich Nietzsche*, de Irigaray, reside no seu estilo mesmo, que reúne uma série de dispositivos de deslocamento: "repetição, polivocalidade, alusão, ambiguidade e contradição; uma dicção sensitiva, mimetismo, paródia e ironia; abertura: uma duplicidade linguística parecida à de Nietzsche" (OPPEL 1993: 92).

Esse projeto consiste em analisar a exclusão das mulheres do pensamento ocidental (em especial na filosofia, psicanálise e linguística). Sobre como se excluíram as mulheres, Irigaray argumenta, basicamente, que elas foram subordinadas a categorias tais como matéria, natureza e corpo, que na realidade significam que elas não detêm uma "posição de sujeito" (pois tal posição se liga ao oposto daqueles termos, a saber, forma, cultura e mente). Sem uma posição de sujeito, as mulheres foram tradicionalmente excluídas de pensamento, fala e ação autônomos. Ademais, Irigaray argumenta, as mulheres foram entendidas simplesmente como uma modificação derivada e inferior dos homens. Isso tem também um efeito de exclusão. Por exemplo, ela defende que a possibilidade de uma sexualidade feminina única e autêntica foi arruinada pelo fato de a sexualidade feminina (em particular na psicanálise) ter sido tipicamente entendida como uma modificação inferior da sexualidade masculina.

Embora uma significativa parte do projeto de Irigaray tenha sido de cunho crítico, o objetivo dela foi ensejar alternativas mais positivas, às quais suas obras acenam, sem, contudo, fornecer prescrições absolutas. Por exemplo – e aqui se trata de um aspecto crucial para abordarmos alguns de seus trabalhos textualmente mais experimentais –, ela argumenta que as estruturas linguísticas dos modos dominantes de discurso têm um viés masculino, e procura desenvolver uma "linguagem feminina". Em última instância, o projeto de Irigaray tem como objetivo desenvolver um sujeito e uma sexualidade "legitimamente" femininos, mas ela considera a crítica dos enviesamentos masculinos na tradição ocidental um trabalho propedêutico essencial. Todos esses aspectos estão presentes nos seus escritos sobre Nietzsche. Ela ao mesmo tempo critica os enviesamentos masculinos de Nietzsche e desenvolve certos aspectos do pensamento nietzscheano que podem trazer consigo um potencial positivo para as feministas, embora o texto em si seja escrito em um estilo "feminino" que toma distância de forma radical dos modos tradicionalmente aceitos do discurso acadêmico.

A amante do mar de Friedrich Nietzsche adota o formato de uma longa carta de amor, endereçada a Nietzsche e escrita por uma amante aquática imaginária (uma sereia ou ninfa marinha). Trata-se de uma abordagem pouco usual para o texto de um grande filósofo, mas a motivação de Irigaray para tanto pode ser explicada da seguinte forma. Primeiro, ela opta por dirigir-se a Nietzsche como a um amante, pois isso desarranja as formas tradicionalmente aceitas de dirigir-se a filósofos através de seus textos, permitindo que uma nova relação feminilizada seja desenvolvida. Os filósofos costumam escrever sobre outros filósofos como aprendizes que se dirigem a mestres, ou críticos a adversários. Tais relações podem ser pensadas como codificadas por um viés de gênero masculino: ambas as relações, entre mestre e aprendiz e entre adversários, foram concebidas como relações nas quais ambos os papéis são tipicamente desempenhados por homens. Quando as mulheres escrevem sobre filósofos sob tal modelo, elas geralmente copiam os mesmos modos de tratamento, assumindo, assim, papéis masculinos. Irigaray propõe o relacionamento amoroso erótico como um novo modelo possível para o relacionamento filosófico, crítico e textual, um relacionamento que segue as relações das mulheres com os homens e abre inúmeras possibilidades (p. ex., o amante – como Irigaray frequentemente age em seu texto – pode também ser um acusador, e as relações de amor são aquelas em que as desigualdades, relações de poder e, em geral, temas de política de gênero podem ser desnudados). Segundo, Irigaray opta pelo elemento da água como um importante tema de seu estudo em virtude de ele ser frequentemente associado com o feminino, sendo também (como Irigaray defende) o elemento que Nietzsche mais temia (IRIGARAY, 1981: 43). É frequentemente notado como o corpo feminino foi construído de forma mais "fluida" que o masculino; ele é associado ao sangue menstrual, ao fluido amniótico, ao leite, e assim por diante (para uma interessante discussão mais ampla sobre esse tema, cf. GROSZ [1994]). Irigaray nota como nos escritos de Nietzsche a água é frequentemente associada à falta de fundamento e ao abismo: os amplos mares abertos que precisamos desbravar após a morte de Deus. O elemento da água permite, assim, que Irigaray relacione temas-chave da obra de Nietzsche ao estatuto ambivalente do feminino em seus escritos.

Em um certo nível, Irigaray aborda grandes ideias de Nietzsche, como o eterno retorno, a vontade de potência e o *Übermensch*, acusando-o de repetir os enviesamentos masculinos da tradição filosófica ocidental. Ela argumenta que o eterno retorno, entendido como uma economia do Mesmo, sintetiza e se apropria de toda a alteridade, incluindo a alteridade do feminino. Ademais, Irigaray escreve para Nietzsche (e essa citação serve como um breve exemplo de seu estilo em *A amante do mar*):

> [V]ocê pede a uma mulher para que ela o ajude nessa operação. Para que ela faça ressoar sua afirmação. Para que ela o traga de volta como uma unidade – sujeitos e objetos de todo o seu êxtase. Para que ela cinja todo o seu devir de volta a seu ser. Para que ela lhe retorne, no aqui e no agora, tudo aquilo em que você acreditou, amou, produziu, planejou, foi... (IRIGARAY, 1991: 34-35).

Contra a ideia do eterno retorno como uma economia masculina do Mesmo, Irigaray defende a irredutibilidade das diferenças, em particular a diferença sexual. Apoiando-se na psicanálise, Irigaray argumenta que nós podemos compreender a "morte de Deus" nietzscheana como uma oportunidade excepcional para reestabelecermos a diferença sexual sobre uma base mais autêntica. Ela defende que a posição do sujeito masculino depende de um exorcismo do feminino, motivado pela ideia (da infância e depois tornada inconsciente) de que a mulher é um homem castrado. Esse exorcismo deixa uma "lacuna" na visão de mundo do sujeito, uma lacuna que é preenchida pela ideia de Deus (aqui Irigaray se apoia na teoria freudiana dos fetiches como substitutos, discutida na seção acima sobre Kofman – a ideia de Deus aparece, assim, como uma espécie de fetiche). Segundo a análise de Irigaray, a morte de Deus significa que perdemos a habilidade de imprimir significado a esse fetiche, de modo que a "lacuna" permanece olhando-nos fixamente nos olhos. A tendência do masculino será a de esquivar-se novamente do feminino para encontrar um novo substituto fetichista. Contudo, Irigaray argumenta, a morte de Deus também propiciará uma oportunidade única para que a mulher retome seus direitos, para que ela tome seu lugar em uma economia mais autêntica de diferença sexual. Em tal "nova" economia, a mulher não mais será condenada ao estatuto de objeto e entendida como um homem inferior e exorcizado. Pelo contrário, ela ocupará sua própria posição única de sujeito e fará parte de uma economia de diferença sexual assimétrica (assimétrica não em um sentido hierárquico, mas, sim, devido ao fato de homem e mulher serem, a partir de então, genuinamente diferentes).

Como Oppel nota, Irigaray era inicialmente pessimista sobre as chances de sucesso de seu projeto de articular uma subjetividade autêntica para as mulheres; tal pessimismo, porém, cedeu lugar, na década de 1980, a um cauteloso otimismo (OPPEL, 1993: 91). O crescente otimismo de Irigaray parece guardar relação com suas leituras de filósofos mais recentes, começando com Nietzsche e passando por Heidegger, Lévinas e Derrida (p. 91). Ela acredita que esses filósofos "voltam-se às origens da cultura a que pertencem [...] até o ponto em que a identidade masculina se constituiu como patriarcal e falocêntrica" (p. 91). Essas origens são os filósofos pré-socráticos, pelos quais Nietzsche e Irigaray partilham um profundo interesse. Ainda mais crucial para a leitura que Irigaray faz de Nietzsche é a questão da linguagem e seu lugar na filosofia relativamente à diferença sexual. Dito de forma mais simples, Irigaray postula uma ruptura entre poesia e filosofia, ruptura esta que marcou boa parte da tradição filosófica, mas que não se fazia presente ainda nos filósofos pré-socráticos. Ela reconhece nessa ruptura as marcas daquela problemática diferenciação dos sexos que condicionou a história da filosofia: a linguagem filosófica foi forjada de acordo com o gênero masculino, ao passo que a poesia foi concebida segundo o gênero feminino e excluída do discurso "sério". Apesar de ser cúmplice da tradição "falocêntrica", segundo Irigaray, Nietzsche confere grande valor ao feminismo, pois ele, tanto em seus temas como em seus usos da linguagem, ajuda a suturar a fissura entre filosofia e poesia. Assim, para entendermos os usos feministas que, segundo Irigaray, Nietzsche acolhe, é essencial movermo-nos para uma camada dos seus textos muito mais profunda do que aquela de suas declarações explícitas sobre as mulheres, e também entendermos a importância crucial da própria linguagem na construção e sustentação da diferença sexual.

Oliver: feminilizando ou conquistando[3] Nietzsche

Nas últimas décadas surgiu uma significativa corrente anglófila no feminismo nietzscheano através de inúmeros importantes estudos e coletâneas de ensaios, uma corrente que não raro responde e se apoia nos estudos feministas europeus sobre Nietzsche (como os de Kofman e de Irigaray). Na sequência examinaremos apenas um exemplo dessa corrente, a saber, *Womanizing Nietzsche* (1995). O estudo de Oliver serve também como exemplo de uma corrente mais radical nos estudos feministas de Nietzsche que reconhece as contribuições positivas das obras de Nietzsche no questionamento dos enviesamentos masculinos da tradição filosófica ocidental, mas que, ao mesmo tempo, considera que Nietzsche falhou em fornecer possibilidades genuínas para que o "feminino" entrasse na filosofia.

Womanizing Nietzsche examina não apenas os textos de Nietzsche, mas também (e mais significativamente) os de Derrida, além de apoiar-se em Freud, Lacan, Irigaray, Kristeva e outros. Nas palavras de Oliver, "a tese central de *Womanizing Nietzsche* afirma que, embora Nietzsche e em particular Derrida buscam abrir a filosofia aos seus Outros – o corpo, o inconsciente, o inominável e mesmo o feminino –, eles a fecham para qualquer Outro especificamente feminino" (1995: xi). Dessa forma, Oliver argumenta que filósofos como Nietzsche, embora tenham realizado algum progresso na tentativa de abrir a filosofia para aquilo que ela tradicionalmente exclui, fizeram-no, em última instância, de uma maneira que continua excluindo o feminino. Ainda que Nietzsche, especialmente segundo a interpretação que Derrida faz dele, pareça abrir um espaço para a mulher na filosofia, Oliver

---

3. O termo *womanizing* em inglês tem um duplo sentido: "conquistar, seduzir uma mulher" e também "feminilizar", "tornar mulher". A autora joga com essa dubiedade em sua discussão de Nietzsche; por essa razão, manteremos excepcionalmente o termo no original [N.T.].

argumenta que no texto nietzscheano a "mulher" continua sendo construída como um objeto e continua sendo excluída de uma possível posição de sujeito. Assim como no restante da história da filosofia ocidental, em Nietzsche o homem é sujeito e a mulher é objeto. Oliver discute particularmente a forma como a mãe – o "outro" material – é excluída por Nietzsche.

Um exemplo discutido por Oliver é "o corpo". O corpo é uma das coisas que foram tradicionalmente associadas ao feminino e, assim, excluídas da filosofia (a qual privilegiou a mente desencarnada). Oliver nota ainda a forma como Nietzsche defende a importância do corpo, mas ela também argumenta que o corpo privilegiado por Nietzsche é sempre um corpo *masculino*. Esse ponto é desenvolvido por Oliver através de uma análise da compreensão nietzscheana da leitura e da escrita, conforme apresentada em *A genealogia da moral*. Ela argumenta que podemos distinguir duas abordagens à leitura e à escrita: uma associada à reatividade e moral dos escravos, e a outra à atividade e à moral dos senhores. A primeira é uma leitura simples e ingênua, associada à racionalidade filosófica tradicional, que busca no texto escrito um significado entendido como um referente simples e verdadeiro que transcende o texto. Em contrapartida, uma leitura ativa ou nobre é sensual e corporal; ela é indicada pela "genealogia" de Nietzsche. Segundo a leitura de Oliver, a genealogia combina interpretação e diagnóstico de sintomas. Os textos precisam ser interpretados, já que não supomos que eles são portadores transparentes de significado. Ademais, os textos podem ser diagnosticados pelos sintomas que eles portam na medida em que estes são sintomas dos *investimentos* de sentimentos e desejo no texto. Os sentimentos e desejos corporais e sensuais são o "Outro" dos significados transcendentes e corporais tradicionalmente concebidos como os únicos elementos significantes dos textos filosóficos. Oliver argumenta que a "genealogia é uma forma de leitura que faz uma abertura para o Outro de um texto. Contudo, dentro da genealogia de Nietzsche, não se concede que aquele Outro seja feminino" (1995: 20).

Oliver discute um aforismo um tanto críptico de *Assim falava Zaratustra*, repetido no início do terceiro ensaio de *A genealogia da moral*, que Nietzsche afirma tratar-se de uma lição de leitura. "Descuidados, zombeteiros, violentos – assim nos quer a sabedoria: ela é uma mulher, ela ama somente um guerreiro" (p. 17). O que isso quer dizer e como isso pode servir como uma lição de leitura? Contra outros intérpretes (mais particularmente Nehamas), Oliver sugere que aquilo que devemos levar a sério nesse aforismo é a sugestão de Nietzsche de que "a sabedoria é uma mulher" que "ama somente um guerreiro". Oliver alude à relação entre a mulher e o guerreiro, ressaltando o fato de que a mulher aqui é a amante ativa, ao passo que o guerreiro é o amado passivo. Uma forma de interpretar isso como uma lição de leitura é entender o texto como uma sábia mulher que tem o poder de ativamente transformar o leitor em um "guerreiro". Como Oliver indica, isso sugere uma certa violência: "Nietzsche deseja uma leitura e uma escrita sensuais e violentas que venham do corpo" (p. 23).

Oliver então argumenta que esse constructo dos processos corporais de leitura e escrita – da escrita com o próprio sangue, como Nietzsche escreve em outro lugar (Z: "Sobre ler e escrever", 1) – evoca especificamente o corpo *masculino*. Dessa maneira, Nietzsche abre a filosofia ao seu Outro sob a forma do corpo, mas essa abertura exclui a possibilidade de que esse Outro seja o outro feminino, pois o corpo é sempre construído única e exclusivamente como um corpo masculino. Oliver ressalta esse ponto e acena para uma possibilidade mais positiva, indicando que, em relação aos corpos femininos, o sangue não é necessariamente um produto da violência: "A imagem de uma mulher lendo e escrevendo com seu próprio sangue anuncia uma criatividade que não é nem sádica nem masoquista, que não exige nem violência com o leitor ou consigo mesma" (p. 24).

> **Ponto central:** *Abjeção*
> Abjeção é o sentimento de horror, aversão ou náusea em face de coisas que representam uma ameaça a distinções claras de fronteiras, especialmente entre o Eu e o Outro. Esse sentimento pode ser produzido, por exemplo, por resíduos corporais, como fezes, sangue ou vômito, que representam uma ameaça à fronteira entre o interno e o externo do corpo, à distinção entre o que deve ser considerado parte do Eu e o que não é parte do Eu. A abjeção pode também ser aplicada à relação com o corpo de nossa mãe, já que antes do nascimento nosso próprio corpo não era distinto do de nossa mãe.

Um outro argumento que Oliver avança em *Womanizing Nietzsche* consiste em afirmar que podemos discernir melhor a misoginia e os enviesamentos masculinos de Nietzsche se distinguirmos entre o feminino e o maternal (i. é, entre "mulheres em geral" e "a mãe"), uma distinção, ela argumenta, que tende a confundir-se nos textos de Nietzsche. Torna-se então claro que as atitudes com respeito ao feminino presentes nos textos de Nietzsche são devidas a uma relação problemática com o maternal. Para elucidar esse ponto, Oliver se apoia no conceito psicanalítico de "abjeção", presente na obra de Julia Kristeva.

Embora não acredite ser legítimo utilizar a teoria psicanalítica para encontrar em seus textos sintomas da psicologia do homem Nietzsche, Oliver crê que ela pode ser utilizada para interpretar as atitudes que são evidentes nos próprios textos. Depois de passar em revista muitas das declarações misóginas nos textos de Nietzsche (como aquelas que destacamos na primeira parte deste capítulo), Oliver emprega o conceito de Kristeva de abjeção para mostrar como essas atitudes se originam em uma relação problemática mais profunda com o maternal.

Kristeva argumenta que os sentimentos de abjeção em relação ao corpo maternal funcionam de maneiras diferentes para a criança do sexo feminino e para a criança do sexo masculino (cf. KRISTEVA, 1982). Oliver sugere que a explicação de Kristeva para a abjeção da criança do sexo masculino pode ser aplicada aos escritos de Nietzsche. A criança do sexo masculino sente sua identidade ameaçada pelo corpo maternal: "Como ela pode tornar-se um homem quando 'ele' era parte do corpo de uma mulher?" (OLIVER, 1995: 138). Kristeva argumenta que, para ter sucesso na negociação com essa crise, a criança precisa "dividir" a mãe em dois: a mãe abjeta, associada à função maternal, e a mãe sublime, que pode tornar-se um objeto de amor para a criança. Simplificando o argumento um tanto quanto complexo de Kristeva, ao tornar a mãe abjeta o garoto se separa de sua mãe e se torna autônomo. Se a criança não consegue ultrapassar o estágio de abjeção, ela não conseguirá propriamente separar-se do corpo da mãe; aquele corpo se tornará então um "objeto fóbico" – um objeto de medo e ansiedade contínuos. Além disso, se a criança não consegue ultrapassar esse estágio de forma bem-sucedida e não é capaz de isolar-se e separar-se da mãe, ela então irá confundir a mãe com *todas* as mulheres. Todas as mulheres, assim, tornam-se objeto de medo e ansiedade, como resultado da "abjeção malsucedida". Kristeva argumenta que a criança do sexo masculino precisa de um "pai imaginário" que o ame para que ele consiga ultrapassar a fase abjeta. O sucesso significará obter independência em relação à mãe, tornará a criança capaz de amar a mãe como uma pessoa independente e de separar as outras mulheres da função maternal.

À luz do conceito de abjeção, Oliver argumenta que encontramos nos textos de Nietzsche evidências precisamente dos sintomas que Kristeva identifica como abjeção malsucedida. Os textos de Nietzsche estão repletos de pais imaginários que, longe de serem "amorosos", são severos e altamente exigentes (como Júlio César ou Alexandre o Grande; EH: "Por que sou tão sábio", 3). Ademais, como Oliver argumenta, há várias evidências de ansiedade pela separação da mãe nos escritos de Nietzsche. A seguinte passagem é particularmente significativa:

> O espírito livre respira aliviado, quando afinal decide se desvencilhar dos cuidados e da proteção maternais com que governam as mulheres à sua volta. Pois que mal lhe pode fazer uma corrente de ar mais fria de que o abrigam tão ansiosamente, o que significa desvantagem, perda, acidente, doença, dívida, ilusão a mais ou a menos em sua vida, comparados ao cativeiro do berço dourado, do abanador de cauda de pavão e da sensação oprimente de, além disso, ter de ser grato por ser tratado e mimado como um bebê? Por isso, o leite que lhe é dado pelo sentimento maternal das mulheres ao seu redor pode facilmente se transformar em fel (HDH 429, apud OLIVER, 1995: 144-145).

O resultado da abjeção malsucedida é uma profunda ambivalência em relação à mãe; uma superidentificação e ao mesmo tempo sentimentos de hostilidade em relação à mulher. Como Oliver nota (na esteira de Jean Greybeal), essa ambivalência é bem marcante em uma passagem do primeiro capítulo de *Ecce homo* que foi suprimida pelo editor, Gast, quando de sua primeira publicação (presumivelmente em razão das palavras cáusticas que Nietzsche dirige contra sua mãe e sua irmã). O capítulo começa assim: "A fortuna de minha existência, sua singularidade talvez, está em sua fatalidade: diria, em forma de enigma, que como meu pai já morri, e como minha mãe ainda vivo e envelheço" (EH: "Por que sou tão sábio", 1). Nós temos aqui uma forte identificação com a mãe. Contudo, mais à frente, na parte que foi suprimida do capítulo (EH: "Por que sou tão sábio", 3), Nietzsche exprime uma profunda hostilidade em relação à sua mãe e sua irmã, chamando-as de "tagarelas" e "máquinas infernais" (apud OLIVER, 1995: 140).

Ademais, essa hostilidade é projetada em todas as mulheres, no "feminino" enquanto tal, como na maioria das declarações misóginas que já vimos. A tese central de Oliver é, portanto, que "os textos de Nietzsche abjetam todas as mulheres e a toda a feminilidade, pois ele não pode abjetar o maternal. Ele dirige sua abjeção contra as mulheres e a feminilidade em geral como uma defesa contra sua própria identificação com o corpo maternal" (p. 145). Dessa forma, a análise de Oliver constrói a misoginia de Nietzsche como uma espécie de sintoma psicossexual aberrante. Porém, mais do que isso, essa análise leva à constatação de mais uma maneira pela qual, a despeito de seus modelos de mudança radical, o feminino é excluído da lógica de Nietzsche.

De acordo com Oliver, a abjeção malsucedida de Nietzsche se manifesta em suas descrições da criatividade que afirma a vida, e condiciona seus modelos de liberdade, tais como o espírito livre e o *Übermensch*. Esse modelo de criatividade nega o papel maternal da mãe na medida em que a criação, para o "tipo superior" nietzscheano, é sempre uma *auto*criação, como que um parto de si mesmo. O *Übermensch* não tem necessidade de uma mãe. Nos textos de Nietzsche, o modelo de sujeito como uma figura masculina, que cria a si mesmo, não deixa, pois, espaço para o sujeito feminino. Segundo a leitura de Oliver, o papel positivo que deve ser concedido ao feminino em Nietzsche (que Kofman identifica através da figura de Baubo) – vida e criação como parto – é subsumido no masculino, ao passo que o maternal em si permanece um objeto de hostilidade, e tal hostilidade é deslocada para todas as mulheres. Novamente Oliver mostra como, apesar de todos os aparentes ganhos de Nietzsche, a possibilidade de uma genuína posição de sujeito para o feminino permanece obstruída em seus textos. Ao perguntar-se sobre o que significa para as mulheres ler esses textos, ela conclui que os escritos de Nietzsche não são, eles mesmos, dirigidos às mulheres como potenciais leitoras: as mulheres permanecem os *objetos* de seu discurso (e, nele, frequentemente os objetos de crítica).

O que vimos neste capítulo é uma variedade de possíveis perspectivas sobre a relação de Nietzsche com o feminismo. Embora seja compreensivelmente tentador descartar Nietzsche enquanto um oponente misógino da emancipação das mulheres, na realidade muitas feministas acharam emancipatórios seus desafios radicais à tradição filosófica ocidental patriarcal. Entretanto, as leituras feministas de Nietzsche são frequentemente matizadas e contêm, não raro, críticas mais sofisticadas do que simples acusações de misóginas, sob a forma de análises cuidadosas de suas metáforas e das atitudes implícitas em seus textos. Tais críticas, assim como aquelas de Irigaray e Oliver, concluem que ele frequentemente exclui o feminino da filosofia, mesmo naqueles momentos em que ele começa a realizar aberturas frutíferas na tradição patriarcal. Dessa forma, Nietzsche surge como uma figura ambivalente para o feminismo, uma figura cuja obra foi considerada, por muitos, útil para uma transvaloração radical dos valores da tradição ocidental. Para as feministas tal transvaloração precisa incluir uma transvaloração do feminino, mesmo se o próprio Nietzsche não tenha se dado conta disso.

Sumário

Nietzsche sobre as mulheres

Nietzsche pode ser considerado um misógino tanto por suas declarações explícitas sobre as mulheres como por suas metáforas carregadas de um viés de gênero. Ele se opõe expressamente ao movimento de emancipação das mulheres atuante em seu tempo. É possível compreender sua oposição à emancipação das mulheres a partir de seus argumentos gerais em apoio da exploração e da sociedade baseada em castas.

Mulheres sobre Nietzsche

A despeito de sua misoginia, muitas feministas encontraram nos modelos nietzscheanos de mudança radical uma inspiração para a libertação das mulheres. Para a filosofia feminista, a história da filosofia ocidental é profundamente marcada pelos enviesamentos masculinos presentes em muitas de suas categorias conceituais e pelos valores atribuídos a elas. Aos olhos de muitas feministas Nietzsche é útil devido à forma como questiona essas categorias tradicionais e valora positivamente certos elementos tradicionalmente associados ao feminino.

A primeira fase do feminismo nietzscheano

Podem ser identificadas três grandes correntes na primeira fase do feminismo nietzscheano:

- liberalismo burguês;
- Nova Ética; e
- feminismo boêmio.

Essas três correntes distinguem-se entre si pelas visões que sustentam sobre a liberação sexual das mulheres e seus papéis sociais. Algumas primeiras feministas adaptaram a ideia nietzscheana do *Übermensch* para criar o ideal da "supermulher". Dentre algumas das mais importantes figuras da primeira fase do feminismo nietzscheano contam-se Lily Braun, Helene Stöcker, Hedwig Dohm, Mary Wigman e Isadora Duncan.

O Nietzsche de Kofman

Segundo Kofman, nos escritos de Nietzsche não há uma imagem única da mulher, mas, sim, inúmeras delas. Ela contrasta a deusa Circe à deusa Baubo. Circe é a imagem negativa da mulher, associada à perversão teológica, ao fetichismo e à negação do perspectivismo. Circe seduz o homem, desviando-o do caminho para a verdade. Baubo é a imagem positiva da mulher, construída como um Dionísio feminino e associada ao poder procriador, afirmativo da vida, e ao eterno retorno da vida através desse mesmo poder. Baubo afirma o perspectivismo por meio de seus véus, que apenas escondem novos véus.

O Nietzsche de Irigaray

Irigaray examina a exclusão, no pensamento ocidental, de uma autêntica posição de sujeito para a mulher e também a exclusão de sexualidade. Nietzsche é tachado como cúmplice de tais exclusões devido a ideias como a do eterno retorno. Contudo, ela também considera que Nietzsche contribui para a reversão da lógica de tal exclusão na medida em que ele rompe a divisão entre discurso filosófico acadêmico (de gênero masculino) e poesia (de gênero feminino). O livro *O amante do mar de Friedrich Nietzsche*, de Irigaray, desenvolve ambas as atitudes em relação a Nietzsche, apostando em um "estilo feminino" de escrita.

O Nietzsche de Oliver

Oliver argumenta que, embora Nietzsche abra à tradição filosófica novas possibilidades de pensamento, ele ao mesmo tempo exclui as mulheres de tais novas possibilidades. Por exemplo, ainda que Nietzsche valorize o corpo, trata-se sempre de um corpo *masculino*. Oliver argumenta que a misoginia de Nietzsche pode ser compreendida por meio do conceito de abjeção, como sentimentos deslocados de hostilidade em relação à mãe. Essa hostilidade em relação ao maternal exclui, ademais, o feminino de suas categorias afirmativas, como a dos *Übermenschen*, que são homens que não têm necessidade do maternal, pois podem parir a si mesmos.

5

Nietzscheanismo e teologia

> *Deus morreu! Deus continua morto! E fomos nós que o matamos! Como havemos de nos consolar, nós, assassinos entre os assassinos! O que o mundo possui de mais sagrado e de mais poderoso até hoje sangrou sob o nosso punhal: Quem nos há de limpar deste sangue? Que água nos poderá lavar? Que expiações, que jogo sagrado seremos forçados a inventar?* (GC 125).

Em 1966, uma capa da famosa revista americana *Time* colocou a seguinte questão em letras vermelhas garrafais contra um fundo negro: "Deus está morto?" A reportagem não era sobre Nietzsche, mas sim sobre um movimento na teologia conhecido como "morte de Deus" ou teologia "radical". O pensamento de Nietzsche, entretanto, era uma referência central para esse movimento. Pode parecer o cúmulo da ironia que o pensador conhecido por sua proclamação "Deus está morto", o autor de *O anticristo*, tenha exercido alguma influência significativa sobre a teologia, que é, precisamente, o estudo de Deus. A capa da *Time* de meados da década de 1960 foi o momento em que a teologia nietzscheana tornou-se mais pública. Contudo, como Vattimo notou, "a ideia de que Nietzsche pode ser lido como um pensador cristão remonta aos primeiros anos de sua recepção" (VATTIMO, 2001: 184). De forma bem significativa, em seu livro sobre Nietzsche, Salomé afirma que ele manteve uma atitude religiosa a despeito de seu alegado ateísmo (apud DIETHE, 2006). Vattimo nota ainda que teólogos desse período inicial interpretaram o colapso de Nietzsche como uma tentativa malsucedida de superar o cristianismo, tendo então encontrado seu caminho de volta a Deus (2001: 169). De forma mais positiva, alguns consideravam o "anticristo" nietzscheano como o novo cristo (p. 169). Depois da Segunda Guerra Mundial houve uma significativa renovação no interesse por Nietzsche em sua relação com a teologia, um interesse que persiste até hoje.

Para entendermos a possibilidade e talvez até o paradoxo de Nietzsche ter sido adotado por pensadores teólogos, é importante antes compreender a natureza de sua oposição à teologia e em particular ao cristianismo. Realizaremos esse exame na primeira seção abaixo. O restante do capítulo esboça, então, os desdobramentos da teologia nietzscheana, que pode ser entendida, grosso modo, de acordo com as categorias da teologia existencial, teologia radical, teologia fraca e outros recentes desdobramentos. Como veremos, estes desdobramentos nas apropriações teológicas do pensamento de Nietzsche ao longo do século XX e início do XXI espelham desenvolvimentos mais abrangentes na filosofia e na teoria; assim, teólogos nietzscheanos mais antigos, como Karl Barth e Paul Tillich, são simpáticos ao existencialismo, e a teologia fraca é associada ao pensamento pós-moderno e pós--estruturalista. Na conclusão do capítulo chamaremos a atenção para desdobramentos mais recentes em torno da relação de Nietzsche com a teologia, incluindo algumas obras recentes sobre teologia nietzscheana, assim como o desafio à interpretação que Nietzsche faz do cristianismo lançado pelo entusiasmo por São Paulo em parte da filosofia continental recente.

Nietzsche como anticristo

A reação crítica de Nietzsche ao cristianismo e à teologia em geral surge bem cedo em sua obra, mas atinge sua articulação mais detalhada e ruidosa no livro *O anticristo: maldição ao cristianismo*, de 1888. Nietzsche certamente não economiza munição em sua hostilidade ao cristianismo, e nas páginas de *O anticristo* encontramos comentários como os seguintes:

- "O cristianismo tomou o partido de tudo o que é fraco, baixo, malogrado, transformou em ideal aquilo que *contraria* os instintos de conservação da vida forte; corrompeu a própria razão das naturezas mais fortes de espírito, ensinando-lhes a perceber como pecaminosos, como enganosos, como *tentações* os valores supremos do espírito" (Ant 5).
- "O que um teólogo percebe como verdadeiro *tem* de ser falso" (Ant 9).
- "O conceito cristão de Deus – Deus como deus dos doentes, Deus como aranha, Deus como espírito – é um dos mais corrompidos conceitos de Deus que já foi alcançado na Terra [...]. Deus degenerado em *contradição da vida*, em vez de ser transfiguração e eterna afirmação desta! Em Deus a hostilidade declarada à vida, à natureza, à vontade de vida! Deus como fórmula para toda difamação do 'aquém', para toda mentira sobre o 'além'! Em Deus o nada divinizado, a vontade de nada canonizada!..." (Ant 18).
- "[C]onvém usar luvas ao ler o Novo Testamento. A proximidade de tanto desasseio quase que obriga a isso" (Ant 46).
- "[O] cristianismo foi, até agora, o grande infortúnio da humanidade" (Ant 51).
- "[P]ode ser usada apenas a razão doente como razão cristã, [o cristianismo] toma o partido de tudo idiota" (Ant 52).
- "Eu declaro o cristianismo a grande maldição, o grande corrompimento interior, o grande instinto de vingança, para o qual meio nenhum é suficientemente venenoso, furtivo, subterrâneo, *pequeno* – eu o declaro a perene mácula da humanidade" (Ant 62).

- "Eu *condeno* o cristianismo, faço à Igreja cristã a mais terrível das acusações que um promotor já teve nos lábios" (Ant 62).
- "A mais viciosa espécie de homem é o sacerdote: ele *ensina* a antinatureza. Contra o sacerdote não há razões, há o cárcere" ("Lei contra o cristianismo", Artigo Primeiro).
- "[A]s palavras 'Deus', 'Salvador', 'Redentor', 'Santo' devem ser usadas como insultos, como insígnas de criminosos" ("Lei contra o cristianismo", Artigo Sexto).

Ademais, Nietzsche afirma não apenas sua oposição à religião do cristianismo, mas também à teologia de modo geral: "É necessário dizer *quem* consideramos nossa antítese – os teólogos e todos os que têm sangue de teólogo nas veias – toda a nossa filosofia" (Ant 8). Com efeito, Nietzsche parece não raro opor-se tão radicalmente à religião que resulta difícil entender como pensadores teológicos conseguiram de alguma forma reconciliar-se com seu pensamento. E, de fato, Nietzsche foi com frequência condenado de forma direta pelos cristãos como um "anticristo" (uma condenação que, reconheçamos, ele se esforçou por merecer).

Uma leitura mais detida de *O anticristo*, contudo, revela uma história um tanto diferente. Como muitos leitores já notaram, Nietzsche é mais ruidoso sobre Paulo e a tradição do cristianismo por ele inaugurada, ao passo que ao próprio Jesus Nietzsche dirige muitas palavras elogiosas. Com efeito, Nietzsche sugere que "[s]eria possível, com alguma tolerância de expressão, chamar Jesus um 'espírito livre'" (Ant 32). Jesus é incluído no grupo restrito de figuras históricas que Nietzsche indicou como exemplos de "tipos superiores" da humanidade; eles não foram ainda *Übermenschen*, mas, antes, prenúncios proféticos do que estes seriam. O que distingue esses tipos superiores é o seu caráter enquanto criadores fortes e ativos, legisladores de valores. Assim, o alvo da acrimônia de Nietzsche é nem tanto Jesus e o "culto a Jesus" (como alguns especialistas denominam o cristianismo primitivo) quanto, na realidade, o cristianismo paulino. De fato, Nietzsche argumenta que a "boa-nova" (ou "evangelho") morreu com Ele na cruz, e que desde o início sua mensagem começou a ser corrompida em um "disangelho" ("má nova") por seus seguidores. Ele glosa esse ponto ao afirmar que *"na verdade nunca houve cristãos"* (Ant 39).

Ora, como Nietzsche entende então Jesus e sua mensagem? Para ele, Jesus subverteu radicalmente a ênfase judaica na lei, na *fé* ou *crença* religiosa e na doutrina do pecado humano. Jesus substitui a ideia de religião baseada na fé em um Deus transcendente, abolindo o abismo que separa o humano e o divino e pondo em evidência o *modo de vida* em lugar da fé. Nietzsche escreve: "*[S]omente a prática evangélica* conduz a Deus, ela justamente *é* Deus. – O que foi *liquidado* com o evangelho foi o judaísmo dos conceitos 'pecado', 'perdão dos pecados', 'fé', 'redenção pela fé' – toda a doutrina *eclesiástica* judaica foi negada na 'boa-nova'" (Ant 33). Em lugar de promessas de recompensa e redenção, Jesus ofereceu uma forma de vida *aqui e agora* que prometia fazer *desta* vida "o Reino do Céu" ("O 'Reino do Céu' é um estado do coração – não algo que virá 'acima da Terra' ou 'após a morte'" (Ant 34)). Essa forma de vida era baseada no *amor*: como Nietzsche o interpreta, o amor é uma emoção que "falsifica" a vida, mas de tal maneira que a torna mais fácil de ser suportada e afirmada (um ponto que ele com frequência defende em relação à arte, p. ex.). Em primeiro lugar, para Nietzsche, Jesus rejeita um além-transcendente, e é capaz de afirmar essa vida aqui e agora. Segundo, Jesus ofereceu uma moral que rejeitava o *ressentimento*; tal rejeição, para Nietzsche, seria o significado fundamental da crucificação: "[O] que havia de exemplar nessa forma de morrer, a liberdade, a superioridade *sobre* todo sentimento de *ressentimento*" (Ant 40). Segundo Nietzsche, portanto,

Jesus era, em certo sentido, um "espírito livre" na medida em que rejeitava dois aspectos centrais do niilismo: a transcendência e a moral do ressentimento.

Nietzsche argumenta que a mensagem de Jesus começou a ser corrompida por seus primeiros seguidores, e isso, com efeito, nunca foi realmente compreendido. Nietzsche atribui a principal parcela de culpa por tal corrupção a Paulo, que, como é sabido, perseguiu os cristãos, com Saul, antes de converter-se ao cristianismo, após ter tido uma visão da estrada de Damasco. Boa parte do Novo Testamento da Bíblia é composta pelas cartas de Paulo, de modo que o "cristianismo", conforme é entendido hoje, consiste, em grande parte, no cristianismo paulino. De acordo com Nietzsche, Paulo representa um perfeito antípoda de Jesus, tendo, de fato, subvertido sua mensagem. Ele chama Paulo de "o gênio em matéria de ódio, na visão do ódio, na implacável lógica do ódio" (Ant 42). Paulo subverteu a mensagem de Jesus ao inverter aquilo que era a doutrina da felicidade aqui e agora, transformando-a em uma nova crença na redenção protelada, baseada na *fé* na ressurreição de Jesus. Enquanto que Jesus transferiu a ênfase na bem-aventurança transcendente e protelada em uma bem-aventurança da vida aqui e agora, Paulo transferiu o "Reino do Céu" uma vez mais para o mundo do além. Ademais, ao invés de enfatizar uma forma de vida, Paulo fez da obtenção desse "Reino do Céu" algo dependente de uma *fé*, uma fé naquilo que Nietzsche considera a *mentira* da ressurreição. Contudo, mais venenosamente para Nietzsche, Paulo reintroduziu a doutrina do pecado, reconfigurando a mensagem de Jesus naquela da necessidade de redenção do pecado. Além disso, Paulo identifica o fraco e oprimido como o escolhido de Deus, e Nietzsche – de acordo com a análise da moral do senhor e do escravo que expõe em *A genealogia da moral* – entende Paulo como alguém que escolhe a moral dos escravos, baseado em um instinto de vingança contra o forte. Por essa razão, Nietzsche argumenta que "Paulo foi o maior de todos os apóstolos da vingança" (Ant 45).

> **Ponto central**
> Nietzsche se opõe não a Jesus e à sua mensagem, mas àquilo que ele considera a posterior corrupção daque a mensagem, especialmente por meio de Paulo.

Portanto, é Paulo e de forma alguma Jesus quem Nietzsche identifica como a origem do cristianismo por ele condenado. Como já deve estar claro, a oposição de Nietzsche ao cristianismo é melhor resumida pela caracterização que Nietzsche faz do cristianismo como niilismo. Ele ressalta esse ponto de maneira tanto poética como polemicamente quando observa que as palavras "cristão" e "niilista" rimam (em alemão – *Nihilist* e *Christ*), mas são mais do que apenas uma rima (A 58). É sabido como Nietzsche chama o cristianismo de "platonismo para 'o povo'" (ABM "Prólogo"), e o entende como a forma cultural e popular da filosofia niilista de Platão (trata-se de um fato histórico que o cristianismo foi profundamente influenciado pela filosofia platônica).

Como, para Nietzsche, o cristianismo é talvez a principal forma do niilismo cultural que condicionou a história do Ocidente, não é surpreendente que em suas caracterizações do cristianismo nós encontramos praticamente todas as principais coisas que Nietzsche condena. Conforme já vimos, o cristianismo combina, em um nível grande de generalidade, a crença metafísica em um "mundo verdadeiro" com a moral dos escravos (o que Nietzsche chama de "os dois erros mais malignos que existem"; Ant 10). Mais detalhadamente, a crítica de Nietzsche ao cristianismo gira em torno dos seguintes pontos:

- *Falso conhecimento*. O cristianismo nega o perspectivismo e dogmaticamente afirma crenças falsas como verdadeiras. "Dessa defeituosa ótica em relação às coisas a pessoa faz uma moral, uma virtude, uma santidade, vincula a *boa* consciência à *falsa* visão – exige que nenhuma outra ótica possa mais ter valor, após tornar sacrossanta a sua própria, usando as palavras 'Deus', 'salvação', 'eternidade'" (Ant 9). (Essa negação teológica do perspectivismo foi anteriormente abordada por ocasião da discussão de Kofman a respeito desse ponto; cf. cap. 4.) Essa afirmação dogmática da verdade é inconsistente com a experimentação (já que afirma que a verdade já é conhecida; Ant 57). Ademais, Nietzsche afirma que o cristianismo se opõe à ciência e ao conhecimento enquanto tal: considera-se que a "verdade" se alinha com a fé e se contrapõe ao conhecimento e à realidade.

- *Antinaturalismo*. Para Nietzsche, o cristianismo promove a ideia de que a natureza é corrupta e má. Ele escreve: "Somente depois de inventado o conceito de 'natureza', em oposição a 'Deus', 'natural' teve de ser igualado a 'reprovável' – todo esse mundo fictício tem raízes no ódio ao natural (– a realidade! –)" (Ant 15). Daqui decorre que o cristianismo condena a sensualidade, a sexualidade e o corpo. Para o cristão, "o corpo é desprezado, a higiene é repudiada como sensualidade" (Ant 21).

- *Oposição aos "tipos superiores"*. Como já vimos em outros momentos do livro (cf., p. ex., a introdução), para Nietzsche os tipos superiores, ou *Übermenschen*, são a forma suprema de afirmação da vida e a única solução real para o niilismo. De acordo com ele, o cristianismo "travou uma guerra de morte contra esse tipo *superior* de homem" (Ant 5). Isso ocorreu em virtude de o cristianismo ter tomado partido pelo fraco, promovendo a ideia de igualdade e encorajando o sentimento de compaixão. Ademais, para Nietzsche, o cristianismo enfraqueceu os tipos superiores ao instilar-lhes uma má consciência, ensinando que a afirmação de si e criação individual de valores são pecaminosos.

Ainda que seus ataques sejam frequentemente virulentos, é preciso notar que a análise que Nietzsche realiza do cristianismo é também nuançada; ele argumenta que, mesmo dominado pela negação, o cristianismo abriga uma espécie de estímulo à vida (embora seja uma forma doentia e empobrecida de vida). Por exemplo, ele nota que "[a] poderosa *esperança* é um estimulante bem maior da vida do que alguma felicidade que realmente ocorra" (A 23). Nietzsche também reconhece que o cristianismo inspirou muitas das maiores realizações culturais da história europeia. Não obstante, ele acredita que o cristianismo serve para conservar a vida em um nível de vontade de potência bem menor do que o possível (e isso é evidente, p. ex., na cultura da Grécia antiga).

Como já vimos, apesar do ódio explícito de Nietzsche em relação ao cristianismo, um olhar mais detido sobre sua filosofia faz com que se torne menos surpreendente que alguns teólogos tenham encontrado um valor imenso em sua obra. Ora, o que Nietzsche critica é fundamentalmente um cristianismo *corrompido*, e suas obras apresentam a sugestão de um cristianismo "verdadeiro" que nunca foi propriamente realizado. Ademais, sua análise e aguda consciência das abrangentes *implicações* do ateísmo secular fez com que ele fosse considerado por muitos um pensador central para a compreensão da crise da fé no mundo contemporâneo.

Teologia existencial

Vimos no capítulo 1 que a recepção de Nietzsche em meados do século XX foi fortemente ligada ao movimento intelectual mais amplo do existencialismo. No início da década de 1970, John Macquarrie escreveu: "Nas últimas décadas o existencialismo foi, decerto, o tipo de filosofia mais influente entre os teólogos" (1972: 270). Não causa surpresa, portanto, que alguns dos mais importantes teólogos que foram influenciados pelo pensamento de Nietzsche tenham sido frequentemente caracterizados como existencialistas. Ora, o que caracteriza um teólogo como existencialista? Sobre isso, Maurice Friedman fornece uma indicação em sua reação crítica à tese de Sartre de que todo existencialismo precisa ter seu início na morte de Deus. Não é esse o caso, Friedman sugere, caso Sartre tenha em vista apenas ateísmo. Mas podemos concordar com Sartre, caso ele entenda por isso "o reconhecimento da crise que colocou o homem moderno frente a frente com a ausência de uma significativa direção da existência, com o 'absurdo' ou com o 'eclipse de Deus'" (FRIEDMAN, 1964: 242). Teólogos existenciais estavam interessados em lidar com esses temas, contanto que no interior do âmbito da fé religiosa e baseados na tradição teológica, assim como em filósofos como Nietzsche. Examinaremos aqui, na sua relação com Nietzsche, três dos mais proeminentes teólogos existencialistas: Martin Buber, Barth e Tillich. O fato de eles serem com frequência considerados alguns dos mais importantes teólogos do século XX atesta a profundidade do impacto de Nietzsche sobre o pensamento teológico.

Buber: "Nietzsionismo" [Nietzionism]

Martin Buber (1878-1965) foi um teólogo austríaco judio. Ele realizou importantes contribuições ao momento inicial do sionismo, e sua mais importante obra, *Eu e Tu* [*Ich und Du*] ([1923] 1970), contém temas que fizeram com que ele fosse frequentemente classificado como existencialista. O sionismo é um movimento bem plural, mas cujo objetivo comum é a criação de uma nação judaica em Israel. Ele começou na década de 1890, em grande medida como um movimento político secular. Buber contribuiu para o movimento com uma relevante dimensão cultural e espiritual. Assim como outros sionistas desse momento inicial, Buber foi influenciado por Nietzsche desde jovem. Ele descobriu Nietzsche com 14 anos e com 17 ele começou (mas nunca terminou) uma tradução do *Zaratustra* para o polonês. O primeiro ensaio publicado de Buber foi sobre Nietzsche: "Uma palavra sobre Nietzsche e os valores da vida" ["Ein Wort über Nietzsche und die Lebenswerte"] (1900). Mais velho, Buber denunciou a influência de Nietzsche, descrevendo-a como uma "invasão" que lhe roubou a liberdade e que levou um longo tempo para ser superada. Contudo, autores como Jacob Golomb defenderam que, apesar dessa renúncia explícita, alguns temas nietzscheanos persistem mesmo no pensamento da última fase de Buber (GOLOMB, 2004).

Embora por vezes Nietzsche critique o judaísmo pelas mesmas razões pelas quais ele critica o cristianismo, ele também sugere que havia uma religião hebraica que afirma a vida, mas que foi posteriormente corrompida; ademais, ele elogia os judeus por sua força como uma cultura e lhes dá um papel especial em algumas de suas reflexões proféticas sobre o futuro da Europa. Essas são algumas das razões pelas quais a conjunção Nietzsche e sionismo, aparentemente improvável, torna-se possível. Alguns dos primeiros sionistas sentiram-se também atraídos pelo tema negativo nietzscheano da "morte de Deus" na medida em que sentiam a necessidade de jogar fora o judaísmo religioso tradicional – a fé em "Deus Pai" –, de modo a criar uma nova forma de identidade judaica. Contudo, Golomb (2004) argumenta que aquilo que melhor explica o interesse de Buber e outros sionistas em Nietzsche é o tema existencial positivo da autocriação, ao lado da ênfase na criatividade como constitutiva de uma cultura forte.

Buber argumentava que, antes da criação de um Estado judaico, era necessário que os judeus estabelecessem sua própria identidade de si como indivíduos e também como uma cultura;

nessa medida, as obras de Nietzsche ajudavam a inspirar essa visão. Ele defendia um "renascimento judaico" que produziria um "novo tipo de judeu". Buber advogava a criação de uma nova identidade judaica através da produtividade criativa, que ele entendia no sentido nietzscheano de um processo de despertar e ativar forças vitais. Em termos patentemente nietzscheanos, Buber definiu a política sionista como uma "transvaloração (*Umwertung*) de todos os aspectos [...] da vida de um povo até seu âmago e suas fundações. Ela precisa tocar a alma [...]. Nós temos de libertar as forças da nação e dar livre vazão a seus instintos agrilhoados" (p. 168). Golomb sugere que os escritos sionistas de Buber são tão marcados por uma linguagem e por ideias nietzscheanas que o neologismo "nietzsionismo" é uma caracterização adequada (p. 166). Além disso, contra os objetivos puramente políticos dos sionistas fundadores como Theodor Hertzl, Buber defende uma educação cultural e espiritual. Como Golomb observa, uma das tensões centrais no sionismo de Buber é a questão de como reconciliar a ética nietzscheana individualista da autocriação com o ideal de uma autocriação cultural com um conteúdo especificamente judeu.

Golomb defende que, embora os escritos sionistas de Buber dos primeiros anos do século XX representam seu período mais marcadamente nietzscheano, seu livro mais original e influente, *Eu e Tu*, também carrega a marca da influência de Nietzsche. Nessa obra filosófica e teológica defende uma distinção básica entre dois tipos de relação, o "Eu-Isso" e o "Eu-Tu".

> **Ponto central:** Eu e Tu, *de Buber*
> - *A relação "Eu-Isso"*: Trata-se da relação de alguém com algo enquanto objeto, a ser entendido através de categorias universais abstratas, apropriado e manipulado a partir dos fins dessa pessoa.
> - *A relação "Eu-Tu"*: Trata-se da relação de alguém com outro sujeito em um processo dinâmico de respeito e enriquecimento mútuo.

Buber argumenta que a relação "Eu-Isso" é necessária para muitas de nossas ocupações práticas no mundo, sendo uma parte essencial da atividade científica. Entretanto, Buber critica a tendência contemporânea de privilegiar a relacionalidade "Eu-Isso", a qual ele acredita estar invadindo o território do propriamente "Eu-Tu". Essa última espécie de relação é aquela que permite um genuíno respeito e uma autorrealização por meio do diálogo. Relações "Eu-Tu" podem ocorrer entre pessoas, mas também com a natureza, com obras de arte e com o espírito ou Deus (que Buber denomina o "Tu eterno"). A ênfase de Buber nas relações com os outros exerceu uma tremenda influência no filósofo fenomenólogo Emmanuel Lévinas (1906-1995), além de ter produzido impacto sobre temas existencialistas, na medida em que estes dizem respeito a relações com os outros, com a singularidade da existência humana e com Deus.

Golomb argumenta haver uma notável similaridade entre as categorias nietzscheanas em *Genealogia da moral* e o *Eu e Tu*: a relação "Eu-Isso" é uma forma de moral dos escravos, ao passo que a relação "Eu-Tu" é uma moral dos senhores. Aquele que tem uma moral de escravo se relaciona com as outras pessoas enquanto objetos ou "Issos", buscando reduzi-los a objetos de manipulação sobre os quais pode exercer poder, como uma maneira de afirmar o domínio a partir de sua própria posição débil e movido por um sentimento de desespero. Aquele que tem uma moral de senhor, em contrapartida, é seguro em seu poder e é capaz de relacionar-se com os demais enquanto sujeitos, uma vez que ele não se sente ameaçado pelo outro. Ademais, Golomb nota que, a partir da posição teológica de Buber, há uma evidente justificativa em *Eu e Tu* para o ateísmo de Nietzsche. De forma bem significativa, ele sugere que é o *tipo de relação* que determina se é com Deus que nos relacionamos, ao invés de um "o quê" com o qual acreditamos nos relacionar. Assim, ele escreve: "Mas também invoca Deus, aquele que abomina este nome e crê estar sem Deus quando invoca, com o impulso de todo o ser, o Tu de sua vida, como aquele que não pode ser limitado por nenhum outro" (apud GOLOMB, 2004: 178). Conforme a interpretação de Golomb, essa passagem indica que, quando Nietzsche invoca o ideal do *Übermensch*, ele está na realidade invocando Deus (p. 178). Apesar do aparente ateísmo de Nietzsche, portanto, Buber sugere que aquilo que é essencial para a fé religiosa fica evidente nas relações com os ideais presentes nos textos de Nietzsche.

Barth: teologia para além da religião

Giles Fraser (2002: 8) observa que a proclamação nietzscheana da morte de Deus levou muitos teólogos do início do século XX a explorar a ideia de que uma certa concepção de religião e teologia estava morta, e a tentar reinventar a teologia para o contexto contemporâneo. Karl Barth (1886-1968) foi um dos primeiros teólogos, e provavelmente um dos mais proeminentes, a empreender essa tarefa. Barth foi um protestante suíço e um dos mais influentes teólogos do século XX. Ele foi frequentemente associado ao existencialismo, sobretudo em razão de suas primeiras obras, *A Epístola aos Romanos* [*Der Römerbrief*] ([2ª edição reescrita de 1922] 1968) e *Dogmática eclesiástica* [*Kirchliche Dogmatik*]) ([1927] 2010). Nessas obras ele foi influenciado por figuras como Kierkegaard, Nietzsche e Franz Overbeck, amigo de Nietzsche, na tarefa de criticar a religião. Por "religião" Barth entende a ideia moderna de que Deus pode ser conhecido através de meios humanos, com argumentos racionais, ou através da interpretação da história. Dessa maneira, ele concorda com Nietzsche que "Deus está morto", na medida em que está morta a ideia de que um Deus passível de ser conhecido esteja presente no mundo humano e dê sentido à história. Em relação a tal ideia de Deus e à espécie de religião que se baseia nessa ideia, Barth concorda que nós devemos ser ateístas. Contudo, Barth insiste na realidade viva de Deus em um sentido ontológico, e crê que a proclamação "Deus está morto" apenas expressa um evento cultural. Barth entende esse evento como o fim da compreensão *moderna* de Deus e como a abertura para a possibilidade de um novo tipo de fé.

Barth afirma que Deus é passível de ser conhecido, mas apenas por meio da sua revelação a nós, a qual é, com efeito, um milagre. A precondição para tal conhecimento é o abandono de todo conhecimento e quadros de referência teológicos racionais e humanos. Barth é, assim, um existencialista em sua insistência na falta de fundamento de nossa existência diante da realidade e no fato de que não podemos basear-nos em qualquer certeza racional para formarmos a base de nossa fé e de nossas atitudes primordiais em relação à vida. Em outras palavras, para que seja possível uma fé genuína, é preciso primeiro encarar aquilo que Nietzsche denomina "niilismo". André J. Groenwald observa que, nas obras iniciais de Barth, Nietzsche era seu aliado no objeto de "libertar Deus das concepções do período moderno" (2007: 1441-1442); isto é, para superar o "Deus religioso" das provas racionais e para, assim, estabelecer Deus como o "Inteiramente Outro".

> **Ponto central**
> Barth afirma que Deus é o "Inteiramente Outro" para os seres humanos, descrevendo essa alteridade radical com uma frase derivada do existencialista dinamarquês Kierkegaard: "diferença qualitativa infinita". Em virtude dessa alteridade radical, nós não podemos saber nada de Deus em termos humanos.

Em sua obra posterior, *Dogmática eclesiástica*, Barth adota uma postura mais crítica em relação a Nietzsche, acusando-o de um *individualismo* excessivo, incompatível com qualquer ética adequada. Barth critica Nietzsche (e não apenas Nietzsche, mas muitos outros pensadores modernos) por apoiar aquilo que chama de "humanidade sem o semelhante-humano". Para ele, há um individualismo radical que é afirmado pelo conceito nietzscheano de senhor ou nobre em *Genealogia da moral*, em que tal tipo superior afirma a si mesmo de forma completamente independente dos outros. As relações com os outros parecem ter um significado fundamentalmente negativo para Nietzsche, uma vez que o tipo-escravo define a si mesmo por meio de uma relação negativa com o outro (ressentimento e o desejo de vingança), e o tipo-senhor, em contrapartida, não tem nenhuma necessidade real dos outros, sendo, na realidade, autossuficiente. Trata-se, aqui, de uma leitura de Nietzsche aparentemente bem diferente daquela sugerida por Golomb em relação ao pensamento de Buber (cf. acima); com efeito, Barth se apoia na noção de Buber da relação "Eu-Tu", interpretando-a como um necessário *corretivo* de Nietzsche.

Tillich: Deus para além de Deus

Paul Tillich (1886-1965) foi, ao lado de Barth, um dos mais influentes teólogos cristãos do século XX. Também Tillich se interessou por Nietzsche e foi associado ao existencialismo. Ele era tanto teólogo como filósofo e em suas obras buscou com frequência estabelecer um diálogo entre ambas as disciplinas. Tillich argumenta contra a concepção de Deus como um "objeto" do pensamento, procurando conceber Deus como algo acima e além de qualquer predicado (i. é, de afirmações de fato ou descrições de qualidade) que possamos prescrever a Ele. Tillich denomina "Deus além de Deus" essa concepção não objetiva de Deus. De forma similar, ele por vezes define Deus de uma maneira um tanto vaga, simplesmente como o "interesse derradeiro", isto é, aquilo que mais nos interessa sobre nossas vidas, sobre o mundo e sobre o sentido e significado que atribuímos às coisas. A concepção de

Tillich sobre a fé religiosa é igualmente ampliada até cobrir qualquer coisa que envolva tal interesse derradeiro.

Tillich ocupou-se com Nietzsche em uma grande variedade de textos e de várias maneiras. Em seu livro mais popular, *A coragem para o Ser* [*Der Mut zum Sein*] ([1952] 2000), ele inclui uma discussão sobre Nietzsche em sua busca por estabelecer um sentido ontológico de coragem. Talvez de forma mais significativa para sua teologia, contudo, Tillich defende em outros lugares que Nietzsche mostra que Deus necessariamente sobrevive apesar da "morte de Deus". Esse argumento é avançado em um pequeno sermão, "A fuga de Deus" [*The Escape from God*] ([1945] 2001). Aqui Tillich compara o Salmo 130 com a seção "O homem mais feio", de *Assim falava Zaratustra*. Tillich afirma que "Friedrich Nietzsche, o famoso ateísta e ferrenho inimigo da religião e do cristianismo, sabia mais sobre o poder da ideia de Deus do que muitos fiéis cristãos" (2001: 174). Ele observa que os dois textos dizem respeito ao tema da onipresença e onisciência de Deus, isto é, ao fato de que Ele está em todos os lugares e tudo sabe. Os dois textos expressam o horror e mesmo o ódio para com Deus, em reação ao pensamento de que nada pode ser escondido dessa "testemunha absoluta". O "homem mais feio", que Tillich interpreta como aquele que simboliza a fealdade no interior de todos nós, afirma que esta é a razão pela qual Deus deve ser morto: pois o indivíduo não pode tolerar uma tal testemunha onisciente.

Tillich vê grande valor no reconhecimento desse horror diante de Deus. Ele sugere que se nós nunca tenhamos conhecido o desejo de escapar a Deus, então nós nunca tivemos de fato o conhecimento de Deus (mas, ao invés disso, apenas uma imagem idolatrada de Deus, que nada representa senão o que é bom e fácil na vida). Trata-se, aqui, de uma razão pela qual Tillich atribui tal ideia a Nietzsche: ele teria tido a coragem de enfrentar os aspectos de Deus que mais nos afligem, ao contrário do que fazem muitos cristãos. No entanto, Tillich dá mais um importante passo em sua análise: ele afirma que Nietzsche também demonstra a "absoluta impossibilidade" de matar Deus. Ainda que o "homem mais feio" afirme que Deus está morto (com efeito, é ele que o matou), Tillich argumenta que Zaratustra torna-se, então, o objeto de seu "interesse derradeiro". Dessa maneira, para Tillich, o "homem mais feio" "ressuscita" sua fé em Deus de uma maneira secular. A moral funciona dessa maneira para o ateísta, Deus (sob a figura de um "interesse derradeiro") será sempre revivido em *algo*. Assim, embora Tillich concorde que um certo tipo de Deus – Deus considerado como um "objeto" da especulação teórica – não mais exista, ele afirma que há uma forma superior de Deus – o "Deus além de Deus" ou "interesse derradeiro" – que não pode morrer e que sobrevive a todas as proclamações de sua morte. Portanto, Tillich defende que, para além da morte de Deus, há um Deus que sobrevive. Como Craig Wiley argumenta (2009: 511), contudo, a reformulação que Tillich empreende da noção de Deus como "interesse derradeiro" levou alguns comentadores à conclusão de que Tillich não é na verdade um teísta, já que ele faz grandes concessões à posição ateísta. Em outras palavras, a concepção de Deus que Tillich defende é tão vaga que se torna difícil considerá-la como uma crença necessariamente "teológica".

Teologia radical: "Deus está morto"

Como foi sinalizado no início deste capítulo, a teologia nietzscheana ganhou uma certa notoriedade na década de 1960, particularmente nos Estados Unidos. Aqui, uma série de teólogos que estavam travando isoladamente contato com Nietzsche iniciaram um diálogo entre si, e o movimento nomeado "teologia radical", "teologia da morte de Deus" e às vezes até mesmo "teotanatologia", começou a cristalizar-se. Dentre as figuras centrais desse movimento incluíam-se Thomas J.J. Altizer, Gabriel Vahanian, William Hamilton e Paul van Buren. Na sequência tomaremos as ideias de Altizer como exemplo paradigmático desse movimento, mas, antes de voltarmo-nos a ele em especial, discutamos brevemente os elementos característicos da teologia radical.

Em um prefácio à *Teologia radical e a morte de Deus* [*Radical Theology and the Death of God*], Hamilton e Altizer observam que a teologia radical "é, com efeito, uma tentativa de estabelecer um ponto de vista ateu no interior do espectro de possibilidades cristãs" (HAMILTON & ALTIZER, 1966: ix). Em outras palavras, a teologia radical é uma espécie de ateísmo cristão; um ponto de vista religioso que afirma o cristianismo, embora negue a existência de Deus. Ela se preocupa em levar a sério o secularismo bem difundido em todo o nosso mundo contemporâneo, buscando reconciliá-lo com uma posição cristã. Enquanto tal, trata-se de uma resposta a uma crise percebida, produzida pelo fim da Cristandade (i. é, o domínio político e social do cristianismo) e pela difundida perda de fé no mundo contemporâneo. Segundo, os autores sugerem que a expressão "a morte de Deus" é central para essa posição; nesse sentido, determinar de forma precisa o significado de tal expressão é a melhor forma de começar a interpretar a teologia radical (p. ix). De uma lista de possíveis sentidos dessa expressão, os autores isolam um deles como aquele pelo qual a teologia radical afirma a morte de Deus. A expressão significa, portanto,

> [q]ue houve uma vez um Deus para quem adoração, glorificação e confiança eram apropriados, possíveis e mesmo necessários, mas agora não há mais um tal Deus. Essa é a posição da morte de Deus ou teologia radical. Trata-se de uma posição ateísta, mas com uma diferença. Se houve um Deus e se agora não mais há, deve ser possível mostrar por que ocorreu essa mudança e quem foi o responsável por ela (p. x).

Como insinuado na passagem citada, a teologia radical afirma que a morte de Deus é uma espécie de *evento*. Diferentemente de teólogos como Barth, que admite tratar-se apenas de um evento cultural, os teólogos radicais afirmam tratar-se de um evento ontologicamente real. Nós nos ocuparemos com os detalhes de tal evento ao analisarmos na sequência a interpretação de Altizer, porém, como um último ponto mais geral, é importante observar que, embora Hamilton e Altizer alertem que a expressão "morte de Deus" não deve ser associada apenas a Nietzsche (p. ix), ele é sem dúvida a referência central e inspiração para a "radicalidade" da teologia radical.

Altizer começa explorando os temas centrais da teologia radical desde suas primeiras publicações sobre o estudioso das religiões Mircea Eliade e sobre o misticismo oriental, mas sua teoria atingiu a forma mais bem conhecida em meados da década de 1960, com livros como o já mencionado *Teologia radical e a morte de Deus* (com Hamilton) e *O evangelho do ateísmo cristão* [*The Gospel of Christian Atheism*] (1966). Além de Nietzsche, Altizer adota William Blake e Hegel como fontes cruciais, e, como veremos, uma espécie de pensamento dialético inspirado por Hegel é central para sua concepção de teologia radical.

Altizer explica a morte de Deus da seguinte forma: Trata-se de um evento, algo que ocorreu, mas que não é uma ocorrência que possa ser identificada com um momento singular no tempo histórico. O sentido central de tal evento é que Deus – como um ser transcendente, sobrenatural – morreu quando encarnou sob a forma de Jesus Cristo. Para Altizer, o sentido central e original do cristianismo é justamente essa "aniquilação de si" do Deus transcendente na escolha de assumir a forma humana de Cristo. Altizer afirma que esse evento foi irrevogável, irreversível: Deus não pode "ressuscitar a si mesmo" e mais uma vez tornar-se transcendente. Contudo, a realização desse evento na história humana ocorreu de forma progressiva, e apenas com o advento do difundido ateísmo secular no século XIX é que o evento da morte de Deus ganhou seu verdadeiro significado. Para Altizer, pois, esse evento é um evento cosmológico e ontológico real, que tem uma realidade "objetiva"; não se trata simplesmente de uma difundida perda da *crença* ou *fé* em Deus, como por vezes é dito. Esse ponto é significativo, uma vez que muitos teólogos respondem à percebida crise contemporânea da fé procurando renovar a fé no Deus transcendente. Para Altizer, isso é indesejável, pois ele acredita que Deus de fato morreu. De acordo com Altizer, portanto, ao invés de pura e simplesmente uma crise a ser lamentada, o ateísmo secular contemporâneo desenvolve o verdadeiro sentido do cristianismo e constitui uma oportunidade sem precedente para uma nova e autêntica forma de fé cristã.

> **Ponto central**
>
> Para Altizer e os demais teólogos radicais, a "morte de Deus" é um evento ontologicamente real: Deus morreu como um ser transcendente quando encarnou em Jesus Cristo. Mas o verdadeiro sentido desse evento tornou-se evidente apenas no mundo contemporâneo do ateísmo secular, no qual tornou-se possível uma nova forma de cristianismo.

Altizer exalta:

> O evangelho ou a "boa-nova" da morte de Deus: pois a morte de Deus não impulsiona o homem para as trevas vazias, ela o liberta para toda alteridade estranha e oposta, tornando possível sua transição para aquilo que Blake saudava como "A Grande Humanidade Divina", ou a união definitiva de Deus e homem (1966: 107).

Altizer ressalta o fato de o cristianismo ser distinto de todas as outras religiões pela forma como a encarnação sinaliza uma transformação do sagrado no profano. Ele escreve: "Apenas o cristianismo dá testemunho de descensão concreta e real do sagrado para o profano, um movimento no qual o sagrado progressivamente abandona ou nega suas expressões particulares ou dadas, esvaziando-as, assim, de seu poder original" (p. 104). Dessa forma, para Altizer, o cristianismo tem uma espécie de vocação secular; trata-se da religião que contém em si mesma, como seu próprio destino, a essência da secularização. Nietzsche se torna um importante sinal desse processo de "profanação", pois ele sinaliza o "tornar-se consciente" da morte de Deus.

Entretanto, apesar de sua ênfase no ateísmo secular, Altizer atribui ao cristianismo um sentido "espiritual" real, que se torna evidente por meio de seu recurso ao pensamento dialético de Hegel.

Ponto central: *Pensamento dialético*
O pensamento dialético implica uma continuidade entre afirmação e negação, a possibilidade de uma afirmação que se transforma em sua própria negação (e vice-versa), e também a possibilidade de reconciliação, em uma "síntese", de duas posições aparentemente opostas.

Altizer interpreta a morte de Deus como um processo dialético de "autonegação do Espírito". Há, assim, um importante sentido pelo qual a negação do divino se transforma em uma afirmação do divino: a partir dos opostos do ateísmo e da fé religiosa será possível uma síntese. A dialética, assim, é a chave que permite a Altizer afirmar a posição aparentemente paradoxal do ateísmo cristão e a afirmar que a era secular contemporânea tornará possível uma *nova forma* de divino.

Altizer se escora em Kierkegaard, já que este, segundo Altizer, inaugura o pensamento dialético no contexto do cristianismo. Contudo, Altizer defende que, com Kierkegaard, o pensamento dialético permanece incompleto: ele se mantém na negação e não segue até a afirmação. Isso ocorre devido à forma como Kierkegaard enfatiza a alteridade radical de Deus e afirma que não podemos nem conhecer racionalmente sua existência e nem saber o que Ele quer de nós. É sabido que, para Kierkegaard, nós precisamos dar um "salto de fé" (embora ele nunca de fato tenha usado essa expressão), de modo que o sentido da fé religiosa precisa ser encontrado em uma *entrega apaixonada* a uma noção inteiramente subjetiva de verdade, que não encontra garantia alguma na objetividade. Ademais, após ter vivido pessoalmente uma "segunda conversão", Kierkegaard abandonou o seu engajamento no debate filosófico para concentrar suas forças na crítica à Igreja estabelecida: um empreendimento inteiramente negativo.

Em contrapartida, para Altizer, Nietzsche é um pensador dialético (*contra* Deleuze, p. ex., cf. cap. 2) que completa o processo dialético com uma afirmação. Segundo a leitura de Altizer, o momento negativo do pensamento de Nietzsche envolve suas inúmeras críticas ao pensamento religioso e transcendente (resumidas no *slogan* "Deus está morto"). Contudo, Nietzsche passa a um momento positivo, que consiste em sua tentativa de afirmar o mundo secular após a morte de Deus. Altizer se concentra, aqui, na doutrina nietzscheana do eterno retorno, traçando um paralelo (talvez um tanto surpreendente) entre o eterno retorno de Nietzsche e o "Reino dos Céus" anunciado por Jesus Cristo. Ambas as visões de mundo, Altizer defende, são afirmações do sentido e valor do mundo *imanente*, após as categorias de sentido fornecidas pelo Deus *transcendente* terem perdido sua validade. Altizer argumenta que Nietzsche é capaz de afirmar dialeticamente uma nova espécie de divindade, precisamente com base na negação absoluta da forma antiga (transcendente) de divindade. Dessa maneira, para ele, Nietzsche é como um momento-chave na revelação do sentido pleno do evento original da morte de Deus em sua encarnação em Cristo.

A seguinte passagem de Altizer pode ser tomada com um bom resumo de sua teoria:

> Bem longe de considerar a existência vazia e desenraizada do homem moderno como o produto do abandono de sua fé, o cristão radical reconhece o vazio espiritual de seu tempo como a atualização histórica do aniquilamento de Deus; ademais, apesar do horror e angústia inerentes a uma tal condição da humanidade, o cristão radical pode saudar mesmo essas trevas como uma encarnação e realização ainda mais abrangentes da paixão original de Cristo (1966: 110).

Teologia fraca

Um desenvolvimento relativamente recente na teologia pode ser descrito como a "teologia fraca". O termo em si foi cunhado por John D. Caputo e desenvolvido em seu livro *A fraqueza de Deus* [*The Weakness of God*] (2006), mas foi associado com outros pensadores, como Vattimo (como discutido abaixo). Em poucas palavras, a teologia fraca combina a ideia da "teologia da morte de Deus" com desdobramentos na filosofia continental contemporânea da tradição pós-heideggeriana, como a desconstrução e o pensamento fraco. Esses desenvolvimentos filosóficos propõem uma ontologia radical da "fraqueza" e repercutem na teologia da morte de Deus na medida em que rejeitam os conceitos metafísicos "fortes" que haviam definido Deus nas tradições filosófica e teológica do Ocidente. De maneira instrutiva, Jeffrey W. Robbins (2004) situa a teologia fraca em relação aos movimentos teológicos e pensadores já discutidos por nós, caracterizando-a como o último desenvolvimento em uma genealogia de mudanças na teologia ocorridas desde o início do século XX. Essa genealogia representa a expansão e aprofundamento progressivos da autodissolução e crítica imanente da própria teologia. Os três momentos genealógicos que Robbins identifica são os seguintes:

- *Neo-ortodoxia*: Teólogos como Barth criticaram a "teologia liberal moderna" e o método histórico-crítico de estudiosos da Bíblia. Essas correntes buscaram coincidir teologia e investigação racional, e a crítica a tais correntes foi concomitante ao final do otimismo iluminista após a Primeira Guerra Mundial.
- *O fim da Cristandade*: Após o final da Segunda Guerra Mundial, teólogos como Tillich e Rudolph Bultmann (1884-1976) se ocuparam com a sociedade secular, levando a sério o fim da Cristandade.
- *Teologia fraca*: Nas palavras que Robbins utiliza para explicar esse momento da genealogia da dissolução teológica, "a teologia da morte de Deus une-se à filosofia desconstrutivista, completando, assim, essa dissolução ao despojar a teologia de seu conteúdo mesmo e colocando em questão elementos supostamente fundamentais, como Deus, religião, revelação e fé" (2004: 1).

Assim, a teologia fraca é caracterizada por Robbins como um desenvolvimento radical no processo pelo qual os teólogos questionaram a si mesmos; nesse processo de autoquestionamento, como já vimos, Nietzsche desempenhou um papel crucial. Robbins explica ainda que a teologia fraca é marcada tanto pela insubordinação à autoridade eclesiástica como pelo retorno da religião na cultura global contemporânea que é, de certa forma, ao mesmo tempo secular e permeada por uma pluralidade de credos (p. 2-3). Nesse contexto, a teologia fraca procura explicar a possibilidade de fazer coincidir secularismo e crença religiosa por meio de noções da "ontologia fraca" na filosofia contemporânea. Embora Caputo se apoie, de forma significativa, em Derrida e na desconstrução, na sequência centraremos nossa análise em Vattimo, que representa um caso interessante: por um longo período ele foi um influente estudioso de Nietzsche que recentemente reencontrou um caminho de volta à religião, procurando reconciliá-la com o nietzscheanismo, em termos que são pessoais e, ao mesmo tempo, filosóficos.

Vattimo: crença na crença

Gianni Vattimo (1936-) é um destacado filósofo, político e intelectual público italiano que desde a década de 1990 desenvolve uma forma peculiar de teologia nietzscheana. Durante muito tempo Vattimo foi um dos mais significativos intérpretes de Nietzsche na Itália, tendo publicado inúmeros artigos e livros sobre Nietzsche, além de ter sido convidado para o famoso colóquio de Royaumont em 1964. Vattimo é também um especialista em Heidegger. Ele leu ambos os filósofos de uma maneira que o permitiu formular sua própria filosofia: uma espécie de hermenêutica pós-moderna que se tornou conhecida, na década de 1980, como "pensamento fraco" (*il pensiero debole*). Como um intelectual público, nietzscheano e abertamente homossexual, Vattimo com frequência criticou abertamente a Igreja Católica, e durante boa parte de seu percurso intelectual seu pensamento parecia abraçar uma decidida inclinação secular. (É notável que um dos primeiros livros sobre sua filosofia, *As razões do pensamento fraco: Perguntas a Gianni Vattimo* [*Le ragioni del pensiero debole: Domande a Gianni Vattimo*] (1993), gasta muitas páginas culpando-o por ter ignorado o possível lugar de Deus em sua ontologia). Mais recentemente, porém, Vattimo realizou uma "virada teológica", sem, contudo, ter abandonado as lições que aprendera com Nietzsche. A vertente da teologia fraca representada por Vattimo constitui, portanto, um interessante exemplo de como a filosofia de Nietzsche pode ser reconciliada com a teologia.

Boa parte da obra de Vattimo diz respeito à formulação de uma concepção *positiva* de niilismo, pelo qual a "morte de Deus" nietzscheana foi entendida no sentido metafísico que Heidegger lhe deu. Ao passo que Heidegger considerava o niilismo o esquecimento do Ser e esperava alguma espécie de superação do niilismo por meio de uma "virada" no Ser, Vattimo desenvolve uma leitura progressiva de Nietzsche e Heidegger que defende que esse esquecimento do Ser é, ele mesmo, a única esperança que nos resta para superar os problemas da metafísica. Vattimo defende, portanto, uma espécie de acolhimento heroico, antinostálgico daquelas mesmas condições contemporâneas que Nietzsche e Heidegger acreditavam estar privando o mundo de seu sentido. Na concepção de Vattimo, o niilismo é nossa única esperança para alguma espécie de emancipação no mundo contemporâneo. A surpreendente interpretação do niilismo feita por Vattimo pode ser compreendida da forma exposta na sequência.

A filosofia "pós-moderna" de Vattimo sobre o pensamento fraco se opõe às concepções clássicas e modernas da ontologia (a natureza da realidade) e da epistemologia (os fundamentos do conhecimento), referidas pelo termo "metafísica". A metafísica entende o Ser como uma estrutura permanente e estável ou uma presença contínua. A epistemologia é entendida como a busca pela verdade, tomada como universal, necessária e objetiva. Na esteira de Nietzsche e Heidegger, Vattimo adota uma postura crítica em relação à metafísica. Contudo, apoiando-se também em outros pensadores, como Adorno e Lévinas, ele com frequência enfatiza a dimensão *ética* da metafísica, argumentando que ela autoriza a violência em nome de um conhecimento superior da realidade. Evocando nossa sociedade pós-moderna multicultural, marcada por visões conflitantes de mundo que coexistem em camadas sobrepostas em um único espaço de redes de comunicação midiática, Vattimo argumenta que a metafísica ameaça silenciar, violentamente, as vozes dissonantes (uma violência tornada possível pela pretensão a uma realidade objetiva e a uma verdade excluída que a representaria) (cf., p. ex., VATTIMO, 1997, cap. 3: "Ética").

Vattimo advoga uma concepção "positiva" de niilismo como uma solução para os problemas da metafísica. Ele entende esse niilismo primeiramente por meio de uma "ontologia do declínio". Essa ontologia sugere que resta hoje em dia muito pouco do Ser, na medida em que este é entendido no sentido tradicional como uma estrutura estável e objetiva da realidade. Pelo contrário, Vattimo argumenta que o Ser – no sentido heideggeriano de algo que "dá" ou revela entes (as coisas particulares que existem) como eles são – precisa ser entendido não como uma estrutura estável, mas como um horizonte de interpretação historicamente cambiável. Para Vattimo, as coisas são o que elas são em virtude da forma como nós as interpretamos, e essas interpretações tornam-se possíveis pelas estruturas linguísticas da cultura em que habitamos. A partir dessa perspectiva, a ontologia do declínio afirma não apenas que devemos entender o Ser como algo que, ao invés de ser estável, muda historicamente, mas também nosso horizonte atual de sentido está longe de ser estável e obrigante. Em outras palavras, em lugar de vivermos em uma cultura na qual significados são fixados por tradições e instituições dominantes, nós vivemos em um mundo multicultural no qual os horizontes são abertos e fluidos. A abertura para horizontes interpretativos é, talvez, o mais importante e mais progressista dos sentidos do niilismo ontológico de Vattimo.

Em segundo lugar, o niilismo de Vattimo é epistemológico e abarca uma interpretação radical da famosa máxima de Nietzsche: "Não há fatos, apenas interpretações" (VP 481). Em consonância com sua ontologia do declínio, Vattimo nega que haja qualquer realidade objetiva, independente de interpretação, *da qual* nos fosse possível ter um conhecimento verdadeiro.

Portanto, ele defende uma espécie de relativismo epistemológico, enfatizando a fluidez e pluralidade de interpretações. Porém, Vattimo confere a esse relativismo uma importante qualificação ao orientá-lo em direção à história, ao niilismo e ao valor da redução da violência. Para Vattimo, nem todas as interpretações são iguais; aquelas a serem privilegiadas são as interpretações que se baseiam na situação histórica na qual nos encontramos (e que, segundo Vattimo, é precisamente uma situação niilista). Além disso, de acordo com a interpretação (certamente questionável) de Vattimo, o valor central que governa tal situação niilista (ou seja, o declínio da metafísica) é o valor da redução violenta. Portanto, segundo sua epistemologia, ainda que não haja fatos, mas apenas interpretações, nós podemos dar uma direção ao nosso pensamento através do princípio de que interpretações niilistas, redutoras da violência, devem ser privilegiadas em face das demais.

> **Ponto central:** *O niilismo "positivo" de Vattimo*
> Para Vattimo, o niilismo é uma solução para a violência do pensamento metafísico. O niilismo é ontológico (não resta muito do Ser no sentido forte de uma estrutura permanente da realidade) e epistemológico (não há fatos, apenas interpretações).

Uma ponte útil da filosofia geral de Vattimo para seu pensamento religioso pode ser encontrada em sua caracterização da época pós-moderna como aquela marcada pela "secularização da secularização". Embora a Modernidade seja marcada pela secularização – a substituição das explicações míticas e religiosas do mundo por explicações científicas –, Vattimo argumenta que a época pós-moderna foi um colapso da crença na potencialidade da ciência em fornecer tais estruturas alternativas. Como Nietzsche observou, a ciência reteve muitos dos resíduos da metafísica, e Vattimo insiste que esses elementos – crença numa realidade objetiva e na verdade – foram progressivamente minados pelos desenvolvimentos nos estudos sobre a ciência e pelos desenvolvimentos da própria ciência (cf., p. ex., VATTIMO, 1997, cap. 2:

"Ciência"). Ademais, como Heidegger e muitos outros argumentaram, a ciência nada pode nos dizer sobre muitos dos temas que tocam mais profundamente o interesse e o sentido do homem. Nesse contexto, Vattimo fala de uma "secularização da secularização" na época atual. Por essa expressão ele pretende referir-se ao fato de termos perdido a fé em explicações metafísicas seculares. De forma relevante, isso significa, para Vattimo, que a era pós-moderna está novamente aberta a um retorno da crença religiosa, embora de maneira alguma sob a sua forma metafísica pré-moderna (ou até mesmo moderna).

A "reconversão" madura de Vattimo para uma espécie de crença religiosa foi anunciada por um livro traduzido para o inglês com o título *Crença* (1999), mas que, em uma tradução mais literal do título original em italiano – *Crença na crença* [*Credere di credere*] –, dá uma ideia mais clara da posição de Vattimo. O livro é, de certa forma, uma espécie de memória pessoal do retorno do próprio Vattimo à fé. Criado na fé católica quando criança e tendo assumido um papel ativo na organização católica quando jovem, Vattimo nos conta como voltou as costas à Igreja, em parte devido a seus estudos (significativamente, de Nietzsche) e em parte devido ao despertar de sua sexualidade. O livro conta a história de seu retorno a uma espécie de crença religiosa, mas de uma maneira irônica e mais suavizada. O título se deve a um momento de virada em sua vida espiritual. Durante uma conversação telefônica com um colega, ao responder a uma questão insistente sobre se, no fundo, ele ainda acreditava em Deus, Vattimo diz: "Creio que creio" (1999: 70). A essa resposta irrefletida seguiu-se uma reflexão intelectual, pela qual Vattimo encontrou uma forma de reconciliar seu nietzscheanismo com sua fé redescoberta.

O conceito-chave da teologia nietzscheana de Vattimo é *kenosis*, um termo teológico que se refere à encarnação de Deus sob a forma de Jesus Cristo. O termo implica um enfraquecimento, esvaziamento ou decréscimo no poder de Deus por meio da encarnação humana. Trata-se de uma espécie de "autorrebaixamento" de Deus em Cristo. O termo permitiu a Vattimo associar o cristianismo com sua ontologia do declínio, sua concepção positiva de niilismo e a "morte de Deus" nietzscheana. Vattimo defende a existência de uma poderosa conexão entre cristianismo e secularização: por ser a religião em que Deus fez-se carne, o cristianismo implica o enfraquecimento das estruturas metafísicas (de Deus como fundação permanente da realidade). De forma semelhante àquela que tivemos oportunidade de ver por ocasião dos teólogos radicais, Vattimo entende a encarnação de Deus em Cristo como o evento original da "morte de Deus", o evento original que inaugurou o niilismo no Ocidente.

Como o cristianismo nos presenteou com um Deus enfraquecido, Vattimo argumenta, ele deve também autorizar-nos uma fé enfraquecida. A declaração de Vattimo de fé religiosa, "eu creio que creio", é irônica, funcionando precisamente para colocar entre parênteses a crença em um Deus metafísico: um ser supremo, sobrenatural, real e objetivamente existente. Pelo contrário, por "crença" Vattimo sinaliza o reconhecimento que de que a tradição cristã ainda é válida como um aspecto vital da cultura ocidental. Embora a crença em um Deus transcendente e metafísico não seja mais plausível, a tradição cristã continua a condicionar os horizontes do nosso mundo. Vattimo aponta a *caritas* (caridade) como o valor central dessa cultura: um valor que serve como um significativo suporte para sua ênfase na redução da violência e abertura a todas as vozes, não importa quão discordantes e multifacetadas. (Além do livro *Crença na crença*, cf. VATTIMO, 1997, cap. 4: "Religião", para um breve panorama de muitos dos temas aqui abordados.) Por meio dessa série de notáveis mudanças, Vattimo parece nos proporcionar uma teologia nietzscheana que é tão distante de Nietzsche quanto da teologia tradicional. Desde *Crença na crença*, contudo, Vattimo continuou a refinar e desenvolver suas concepções em diálogos com outros filósofos e teólogos (como, p. ex., Caputo, René Girard e Richard Rorty), além de encontrar precursores para algumas de suas concepções na tradição teológica, como Joaquim de Fiore (cf. VATTIMO & CAPUTO, 2007; VATTIMO & GIRARD, 2010; VATTIMO & RORTY, 2005; VATTIMO, 2002).

Desenvolvimentos recentes
Novas teologias nietzscheanas

Dois livros recentes, ambos publicados com o título *Nietzsche e a teologia*, sinalizam a atualidade dessa corrente e o fato de trabalhos originais ainda estarem sendo feitos na área. O impacto de Nietzsche na teologia está longe de ter cessado, continuando, na verdade, a ser avaliado sob novas formas. Ao passo que teólogos nietzscheanos anteriores centraram sua análise na dimensão ontológica da sentença nietzscheana "Deus está morto", frequentemente ignorando a crítica de Nietzsche aos valores cristãos, o livro *Nietzsche e a teologia: pensamento nietzscheano na antropologia cristológica* [*Nietzsche and Theology: Nietzschean Thought in Christological Anthropology*] (2006), de David Deane, gira em torno dessa crítica e a recupera para propósitos cristãos. De acordo com a interpretação de Deane, Nietzsche nos auxilia a compreender a natureza do pecado, a queda (nossa distância em relação a Deus) e a reconciliação (nossa união com Deus). Assim, como indica o subtítulo do livro, a intenção de Deane é situar o pensamento de Nietzsche no interior de uma "antropologia cristológica", isto é, uma teoria do ser humano que admite como central a criação da humanidade por Deus e a sua redenção através de Cristo. Deane argumenta que há uma noção de pecado associada aos *impulsos biológicos* (ao invés de basear-se simplesmente numa intenção consciente), e desenvolve uma análise genealógica nietzscheana de tais impulsos no interior do quadro de uma teologia baseada em Barth.

O livro *Nietzsche e a teologia* [*Nietzsche and Theology*] (2008), de Craig Hovey, procura mostrar que os cristãos não devem rejeitar Nietzsche completa e inteiramente como um autor "vicioso", mas, muito pelo contrário, a teologia pode beneficiar-se com ele. Hovey argumenta que a teologia não é um discurso autossuficiente; seu objetivo é servir à comunidade cristã ativa e presente e auxiliar no culto a Deus. Portanto, a teologia não é uma simples disciplina acadêmica no sentido normal do termo. Hovey defende que Nietzsche pode auxiliar a teologia a evitar cristalizar-se em uma disciplina acadêmica, ajudando-a a empreender "uma autocrítica descompromissada e sem medo" (2008: 11). Hovey argumenta que os cristãos devem receber a estranheza mesma de Nietzsche como algo que permite uma pausa para reflexão e uma distância crítica que os teólogos correm o risco de perder caso dialoguem apenas entre si. O livro é escrito para teólogos, como uma introdução a Nietzsche e como uma meditação sobre o sentido da leitura de suas obras para aqueles que professam uma fé cristã.

A "virada teológica" da filosofia continental

Por fim, antes de encerrar o capítulo, vale a pena discutir brevemente como na filosofia continental houve aquilo que muitos autores denominam uma "virada teológica", o que sinaliza um distanciamento em relação a Nietzsche, na medida em que tal virada dá um novo valor positivo ao legado de São Paulo (que, como vimos, é o alvo primordial dos ataques de Nietzsche ao cristianismo). Paulo foi objeto de uma renovada – e positiva – atenção por três dos mais importantes filósofos europeus da primeira década do século XXI: Giorgio Agamben, Alain Badiou e Slavoj Žižek. Ainda que esses três autores sejam ateístas declarados, eles identificam em Paulo um significado ético e político que, como acreditam, tem para a contemporaneidade um valor não desprezível.

Para Badiou, por exemplo, o significado de Paulo reside em seu universalismo (cf. BADIOU, 2003). Paulo foi o apóstolo que decisivamente evitou que o catolicismo se tornasse um simples movimento judaico, insistindo em sua relevância para todos. Para Badiou e, na sua esteira, Žižek, esse universalismo surge como um necessário corretivo para o propagado relativismo dos tempos pós-modernos: ele afirma a legitimidade de uma verdade para todos, não apenas para o indivíduo. Ademais, para esses filósofos, Paulo representa a possibilidade de um *evento* radical, uma verdadeira ruptura com o passado e a promessa de que o mundo interior pode ser talvez transformado. Enquanto tal, o cristianismo paulino oferece uma renovação do impulso revolucionário, que entrou em declínio com o eclipse pós-moderno do marxismo. Nesse sentido, Žižek procurou reconciliar o marxismo com o cristianismo por meio daquilo que ele denomina um "materialismo cristão" (cf. ŽIŽEK, 2009). Embora tenha combatido a leitura de Badiou sobre a mensagem de Paulo ser uma mensagem universalista, Agamben, não obstante, entende seu significado em um sentido igualmente político e secularizado. Agamben se apoia na tese de Walter Benjamin sobre "o messiânico" como uma compreensão do tempo que, para ele, representa um desafio à ordem sociopolítica contemporânea, argumentando, ainda, que as epístolas de Paulo têm um profundo significado nesse contexto, uma vez que elas são os textos messiânicos originários do Ocidente (cf. AGAMBEN, 2005). Embora haja uma notável coincidência na volta desses importantes filósofos continentais a Paulo e, nesse sentido, um distanciamento em relação a Nietzsche, uma corrente nietzscheana da virada teológica é representada pela obra de Vattimo examinada acima.

Sumário

O anticristianismo de Nietzsche

Nietzsche critica o cristianismo nos termos mais radicais possíveis, mas o foco de sua oposição é Paulo e aquilo que ele fez com o cristianismo, mais do que Jesus e sua mensagem. Para Nietzsche, Jesus aboliu a concepção metafísica sobre os "dois mundos" e ensinou um modo de vida no qual o aqui e o agora podem ser afirmados como o "Reino do Céu". A morte de Jesus na cruz exemplificou uma rejeição de todo ressentimento. Contudo, Paulo tornou o cristianismo em uma religião niilista ao restaurar o mundo metafísico e a noção de pecado, enfatizando a crença em lugar do modo de vida e atrelando-a a uma moral de escravo.

Teologia existencial

Em geral, os teólogos existenciais afirmam a diferença radical entre Deus e a humanidade, além da incognoscibilidade, por nós, de Deus em termos racionais e humanos. Nessa medida, eles concordam com o anúncio nietzscheano de que "Deus está morto" e acreditam que precisamos confrontar o niilismo na contemporaneidade. Ainda assim, eles continuam a crer na existência de uma divindade transcendente.

• *Martin Buber* foi influenciado por Nietzsche em seu projeto sionista de renovação criativa e vital da identidade cultural judaica, e em sua distinção das relações "Eu-Tu" e "Eu-Isso".

- *Karl Barth* utilizou Nietzsche como um aliado em sua tentativa de superar a concepção moderna de Deus como algo cognoscível em termos humanos e no seu esforço para estabelecer Deus como o "Inteiramente Outro".

- *Paul Tillich* acreditava que Nietzsche havia mostrado que o ateísmo é impossível e que com a admissão da "morte de Deus" nós somos capazes de reconhecer um "Deus para além de Deus".

Teologia radical (teologia da "morte de Deus")

A teologia radical é um "ateísmo cristão". Ela afirma que a morte de Deus é um evento real que ocorreu quando o Deus transcendente morreu ao fazer-se carne em Cristo e cujo completo significado apenas agora, na cultura contemporânea ateia e secular, está sendo revelado. Para Altizer, Nietzsche é um pensador dialético que mostra como a morte de Deus pode revelar uma nova forma imanente do sagrado: o eterno retorno de Nietzsche equivale ao Reino de Deus na Terra instaurado por Jesus.

A teologia fraca

A teologia fraca procura interpretar a tradição teológica em termos do enfraquecimento contemporâneo das pretensões metafísicas na filosofia mais recente (em particular após Nietzsche e Heidegger). Vattimo desenvolve uma interpretação positiva do niilismo como o enfraquecimento tanto da metafísica como da violência, argumentando que a "morte de Deus" nietzscheana é equivalente ao *kenosis* cristão, o "esvaziamento" do poder metafísico do Deus transcendente. Vattimo argumenta que nós não podemos crer em temas teológicos em um sentido metafísico, mas, antes, temos de afirmar o cristianismo como uma tradição viva na cultura ocidental. Ele expressa essa tese por meio da fórmula irônica "Eu creio que creio".

Desenvolvimentos recentes

• Novas teologias nietzscheanas: Deane apropriou-se da obra de Nietzsche sobre moral para estabelecer um novo entendimento do pecado e da queda no interior de uma antropologia cristológica. Hovey defendeu o valor da leitura de Nietzsche para cristãos na medida em que isso abre um caminho vital para a autocrítica que protege a teologia contra a complacência dogmática.

• Houve uma "virada teológica" na filosofia continental recente que assumiu uma grande variedade de formas. Filósofos como Agamben, Badiou e Žižek questionaram a leitura de Nietzsche sobre o legado de Paulo. Filósofos como Vattimo conservam uma certa fidelidade a Nietzsche dentro dessa virada.

6

Nietzscheanismo e pós-humanismo

> *Eu escrevo para uma espécie de homem que ainda não existe* (VP 958).

O pós-humanismo é uma recente e popular corrente intelectual, na qual Nietzsche se tornou tanto uma influência como um dos principais objetos de debate. Bem grosso modo, pós-humanismo significa "além do humanismo". Como ocorre com muitos dos "ismos", contudo, o termo pós-humanismo é usado de diferentes maneiras. Na sequência utilizaremos o termo de duas maneiras que são antagonicamente relacionadas entre si. Em primeiro lugar, o termo é utilizado quase que como um sinônimo de "trans-humanismo" (a ser definido abaixo). Em segundo lugar, ele se refere a correntes anti-humanistas de pensamento nas humanidades contemporâneas. Após um primeiro exame da relação de Nietzsche com o trans-humanismo, nós veremos como o pós-humanismo no segundo sentido (anti-humanismo) também pode ser encontrado no pensamento de Nietzsche, e também como isso pode ser usado, com efeito, para criticar o trans-humanismo.

Trans-humanismo

O trans-humanismo é movimento relativamente novo, cuja origem remonta ao início da década de 1990. Ele se cristalizou com o exame bem-humorado de algumas das ideias "excêntricas" que vinham sendo perseguidas por alguns cientistas: *A grande galinha mambo e a condição trans-humana* [*Great Mambo Chicken and the Transhuman Condition*] (1990). Ao trans-humanismo pertence uma série de correntes, incluindo o extropianismo, de Max More ("extropia" é um termo cunhado para exprimir o oposto da entropia, isto é, um desenvolvimento ilimitado), singulitarianismo (que defende a ideia de uma vinda súbita da condição trans-humana por meio de uma rápida aceleração tecnológica, apelidada "a singularidade"), o "imperativo hedonista", de David Pearce (uma forma hedonista-utilitária do trans-humanismo), trans-humanismo democrático (que coloca temas políticos e sociais em primeiro plano) e trans-humanismo sobrevivencialista (que visa à obtenção da longevidade) (cf. BOSTROM, 2001). Contudo, há certos temas e valores centrais que todas as formas de trans-humanismo têm em comum. Grosso modo, o trans-humanismo é um movimento que busca superar as atuais limitações da condição humana com auxílio da ciência e da tecnologia. Ele postula a iminente chegada de uma nova espécie além do humano, cujos membros seriam denominados "pós-humanos". A pós-humanidade é concebida como o próximo passo evolutivo após a humanidade, o qual teria como característica, segundo os trans-humanistas, envolver desenvolvimentos não apenas orgânicos e biológicos, mas também tecnológicos. Os trans-humanistas concebem a si mesmos como "humanos transicionais", que aceitam o trans-humanismo e preparam o caminho para a chegada dos pós-humanos.

A condição pós-humana é concebida como uma esfera expandida de potencial humano que tornará possível novas formas de ser, compostas por uma série de pensamentos, sentimentos, experiências e atividades que nossa atual natureza biológica nos impede de acessar (BOSTROM, 2005: 2). Os trans-humanistas acreditam que essas possibilidades expandidas são, ao menos potencialmente, valiosas, e exatamente por esse motivo merecem ser perseguidas. Como escreve Nick Bostrom:

> Não é implausível supor que haja partes desse amplo espaço [i. é, dos modos pós-humanos de ser] que representem formas extremamente válidas de viver, relacionar-se, sentir e pensar [...], existe ao menos uma séria possibilidade de que haja algo muito precioso fora da esfera humana. Isso constitui uma razão para perseguirmos os meios que nos farão chegar lá e descobrir por nós mesmos (BOSTROM, 2005: 2-3).

Como serão os pós-humanos? Os trans-humanistas costumam ser resistentes em dar uma resposta definitiva a essa pergunta, sugerindo que nós não podemos ainda imaginar todas as possibilidades que se tornarão disponíveis pela condição pós-humana, muitas das quais serão vinculadas a tecnologias ainda a serem inventadas. Contudo, eles dão frequentes indicações de como a condição humana pode ser talvez transcendida segundo formas que podemos conceber com ajuda da ciência e da tecnologia que estão agora sendo desenvolvidas. Os trans-humanistas citam com frequência a extensão da vida, o aprimoramento da saúde e a expansão de capacidades cognitivas e comunicativas por meio de tecnologias midiáticas, de computação e de informação. São também temas trans-humanos comuns a inteligência artificial, robótica, nanotecnologia, engenharia genética, melhoria de dispositivos protéticos, realidades virtuais e colonização do espaço. Os trans-humanos esperam melhorias em todas as dimensões do ser humano, incluindo as dimensões psicológica, emocional e intelectual (SORGNER, 2009: 36-37). Eles procuram eliminar a dor e o sofrimento, além de expandir nossas capacidades de prazer, divertimento e felicidade. Os sonhos dos trans-humanos vão desde desejos relativamente humildes, como a extensão da vida por meio de melhorias na nutrição, nos exercícios e na ciência médica, passando por pretensões menos usuais, ainda que concebíveis, como dar aos humanos o poder de voar com asas protéticas, chegando até ao sonho derradeiro de transformar os homens em seres quase-divinos, capazes de transcender os limites atuais de espaço e tempo e de sobreviver à eventual "morte térmica" do universo (para mais informações sobre isso, cf. a seção sobre Ansell-Pearson abaixo).

Nietzsche como trans-humanista

A questão da relação de Nietzsche com o trans-humanismo foi recentemente formulada e debatida no *Journal of Evolution & Technology*. No artigo que levantou o tema, "Nietzsche, o sobre-humano e o trans-humanismo" ["Nietzsche, the Overhuman, and Transhuman"] (2009), Stefan Sorgner argumenta que Nietzsche foi um predecessor e aliado do trans-humanismo. Doze anos antes, Ansell-Pearson, em seu livro *Vida viroide* [*Viroid Life*] (ANSELL-PEARSON, 2007), havia problematizado de forma radical as concepções simplistas do trans-humano em sua referência a Nietzsche. (Sorgner se refere à obra de Ansell-Pearson, mas não a discute). A despeito da ordem cronológica das obras, por razões temáticas apresentarei nessa seção primeiramente o exemplo de Sorgner sobre a proximidade de Nietzsche em relação ao trans-humanismo e, na sequência, a crítica nietzscheana de Ansell-Pearson ao trans-humanismo. Isso nos permitirá examinar então o pós-humanismo de Nietzsche, em seu sentido anti-humanista, como base para o debate sobre Nietzsche e o trans-humanismo. Assim, nós veremos novamente que, assim como em outros âmbitos, também aqui a obra de Nietzsche serve como um eixo em torno do qual se colocam os lados contrários de um tema particular, cada um deles tomando a obra nietzscheana como suporte para a própria posição avançada.

Sorgner defende dois pontos principais. Primeiro, contra as retratações de um outro trans-humanista (Bostrom), ele argumenta que há significativas similaridades entre o pensamento de Nietzsche e o trans-humanismo. Segundo, ele defende que a obra de Nietzsche é útil como um complemento ao trans-humanismo, pois ela nos fornece *razões* mais fortes para sermos trans-humanistas do que aquelas atualmente presentes no discurso trans-humanista, em virtude das reflexões nietzscheanas sobre sentido e valor na era científica. Sorgner avança seu primeiro argumento ao identificar correspondências entre alguns dos princípios trans-humanistas centrais (identificados por Bostrom) e os princípios do pensamento de Nietzsche. Essas correspondências são, em poucas palavras, as seguintes: Tanto Nietzsche quanto os trans-humanistas adotam uma *visão dinâmica da natureza e dos valores*. Em outras palavras, ambos creem que o mundo e a natureza humana passam por constantes processos de mudança (aqui, Sorgner se refere à concepção "cosmológica" de Nietzsche sobre a vontade de potência – o mundo como um fluxo constante de forças). Tanto Nietzsche quanto os trans-humanistas têm uma visão do mundo que diverge daquela do cristianismo, e ambos postulam uma "transvaloração de todos os valores", na qual *uma forma científica de pensamento substituiu a religiosa*. Tanto Nietzsche quanto os trans-humanistas valorizam o *aperfeiçoamento* dos seres humanos. Embora os meios de tal aperfeiçoamento difiram, ambos defendem, como um valor, o aperfeiçoamento do escopo dos poderes e capacidades humanos. Por fim, tanto Nietzsche quanto os trans-humanistas valorizam a *superação de si* como um aspecto central de tal aperfeiçoamento.

> **Ponto central:** *Nietzsche e o trans-humanismo – alguns termos básicos*
> - *Pós-humano*: Trata-se de um membro da nova espécie que representa um estágio ulterior da evolução, cujas capacidades excedem em grande medida aquelas dos seres humanos.
> - *Trans-humano*: Um "humano transicional" no processo de tornar-se ou preparar o caminho para os pós-humanos.
> - *Sobre-humano*: O *Übermensch* de Nietzsche, entendido por alguns como sinônimo de pós-humano.
> - *Tipo superior*: Um humano superior, precursor do *Übermensch*.

Sorgner argumenta ainda que o conceito nietzscheano de *Übermensch* (ou "sobre-humano") tem muito em comum com o trans-humanismo. O argumento de Sorgner consiste em afirmar que os conceitos que Nietzsche emprega, "tipo superior" e "sobre-humano", podem ser considerados como conceitos que, no discurso trans-humanista, são representados pelos termos "trans-humano" e "pós-humano" – segundo Sorgner, esses termos, de fato, referem-se à mesma coisa. Para Nietzsche, nenhum *Übermensch* teria ainda vivido, mas há, sim, tipos superiores (como Napoleão, Cesare Borgia, Goethe etc.), que indicaram o caminho para a superação da humanidade. Os humanos superiores ainda pertencem à espécie humana, mas detêm certas capacidades que o *Übermensch* possui (SORGNER, 2009: 38). De forma similar, os trans-humanistas acreditam que já há agora, ou ao menos haverá em breve, trans-humanos que prepararão o caminho para os pós-humanos através do uso da tecnologia, dos valores culturais e dos estilos de vida por eles detidos (BOSTROM, 2005: 12). Tanto para Nietzsche quanto para os trans-humanistas, os seres que transcenderão a humanidade não podem ser adequadamente concebidos por nós; não podemos realmente saber como eles serão. Porém, nós podemos preparar a sua chegada ao expandirmos as capacidades humanas o máximo que conseguimos.

Sorgner observa corretamente que as concepções de Nietzsche sobre a superação de si e o ideal do *Übermensch* têm como centro a educação, o desenvolvimento das capacidades intelectuais e a habilidade de interpretar. Nietzsche não sugere meios tecnológicos de aprimoramento (SORGNER, 2009: 38). Contudo, Sorgner defende que Nietzsche tampouco exclui a possibilidade de tais meios, e sua tese de que o milênio que se aproximava seria governado pelo espírito científico credencia a associação de Nietzsche com o trans-humanismo (p. 38). Resumindo seu argumento, Sorgner escreve: "O sobre-humano surge através de um passo evolutivo que se origina de um grupo de humanos superiores. Nietzsche não exclui a possibilidade de que meios tecnológicos produzam tal passo evolutivo" (p. 38). Em uma nota que se segue ao artigo de Sorgner, More (2010) complementa que o advento do trans-humanismo, ao menos em algumas de suas formas mais influentes, não apenas guarda similaridades inconscientes com o pensamento de Nietzsche, como também teria sido diretamente influenciado por Nietzsche. More afirma ter sido ele que introduziu o termo trans-humanismo (para um importante escrito anterior, cf. More [1990]), e nisso ele teria sido diretamente influenciado por Nietzsche (que por vezes é citado por More em seus escritos cruciais sobre o tema).

Como segunda parte de seu argumento, Sorgner sugere que Nietzsche não é apenas um precursor do trans-humanismo, mas representa igualmente algo de positivo a ser acrescido ao movimento. Ele escreve: "Os trans-humanistas, ao menos nos artigos que eu consultei, não explicaram por que eles sustentam os valores que eles têm e por que desejam produzir pós-humanos" (2009: 39). Na concepção de Sorgner, Nietzsche preenche essa lacuna ao explicar os valores que subjazem à postulação do *Übermensch*. Para Nietzsche, filósofos são criadores de valores. Ademais, a visão de mundo de Nietzsche supostamente apela ao espírito científico; sua filosofia, pois, pretende criar valores apropriados à era científica. No cristianismo, o além-vida individual é o que dá um sentido à vida (o mundo transcendente dá valor ao mundo imanente). Portanto, o desafio de Nietzsche consiste em criar uma base de sentido e valor em um mundo que substituiu a visão de mundo religiosa e transcendente por uma científica e imanente. De acordo com Sorgner, o *Übermensch* e o eterno retorno são a resposta "científica" de Nietzsche para o além-vida cristão: elas constituem uma ideia de salvação "neste mundo". Para Nietzsche, o *Übermensch* "representa o sentido da Terra" (p. 39). Assim, o *Übermensch* é o conceito "conferidor de sentido" na filosofia de Nietzsche. Esse sentido repousa na superação de si, cuja forma derradeira é a superação da espécie humana (pertence "aos interesses" dos humanos superiores superar permanentemente a si mesmos). Dessa forma, o *Übermensch* dá sentido aos seres humanos: o sentido de nossas vidas é, por meio da superação de si, constituir uma ponte para o *Übermensch*. Sorgner afirma que "não um sentido transcendente, mas sim um sentido mundano imanente é aquele mais apropriado para pessoas de mente científica que abandonaram sua crença em um além-mundo" (p. 39). Sorgner corretamente observa que o conceito trans-humanista de pós-humano não pode ser integralmente avaliado sem que sejam levados em conta aspectos doadores de sentido e quase que religiosos dos fenômenos (p. 39-40). Resumindo seu argumento, Sorgner explica que o trans-humanismo pode agir como uma estrutura de valor que dá sentido à vida humana em uma era científica secular: "Eu suspeito que o valor do surgimento do pós-humano não pode ser em última instância justificado, exceto para um indivíduo que crê que esse conceito dá sentido à sua vida: 'Eu desejo ser o ancestral do pós-humano'" (p. 40).

Ansell-Pearson sobre Nietzsche e a condição trans-humana

> *A condição trans-humana transformou-se em uma expressão clássica de um antigo ideal* – o ideal ascético (ANSELL-PEARSON, 1997: 33).

Na coletânea de ensaios *Vida viroide*, de 1997, Ansell-Pearson propõe-se "questionar, problematizar, subverter, anunciar, renunciar, advogar, interrogar, afirmar, negar, celebrar, criticar a 'condição trans-humana', explorando o humano como um local de contaminação e abdução por forças estranhas, e, ao longo do processo, tornando o fenômeno polivalente e polissêmico" (1997: 1). Como essa passagem e o subtítulo do livro indicam, Ansell-Pearson apresenta uma série de *perspectivas* sobre a condição trans-humana, usando Nietzsche como um frequente ponto de referência. Em poucas palavras, Ansell-Pearson pretende criticar e problematizar um entendimento popular, simplista e "determinado" do trans-humano, abrindo a possibilidade de pensar a condição trans-humana de uma maneira – segundo ele – mais adequada, isto é, de maneira mais aberta e "indeterminada". Dito de outra forma, ele critica o que entende serem respostas falsas e inadequadas para problemas, de modo que estes mesmos problemas possam ser repensados. As inúmeras críticas de Ansell-Pearson ao trans-humanismo "simplista" são resumidas aqui:

Ponto central: *As críticas de Ansell-Pearson ao trans-humanismo*

1) O trans-humanismo é uma nova metanarrativa.

2) O trans-humanismo funciona como um suporte ideológico para o capitalismo e o imperialismo.

3) O trans-humanismo emprega dicotomias simplistas que a obra de Nietzsche torna complicadas. Dentre essas incluem-se:
- o humano/o pós-humano;
- o passado/o futuro (o apagamento da memória histórica); e
- o orgânico/o tecnológico.

4) O trans-humanismo é inconscientemente antropomórfico.

5) O trans-humanismo é motivado pelo ideal ascético.

Em primeiro lugar, Ansell-Pearson considera o trans-humanismo como uma nova "metanarrativa". Trata-se de um termo extraído de Lyotard, que, como é sabido, definiu a condição pós-moderna como aquela caracterizada pela "incredulidade acerca de metanarrativas" (LYOTARD, 1984: xxiv). Metanarrativas são histórias que dão sentido à vida humana ao explicá-la como parte de um processo histórico com um objetivo final. Dentre os exemplos de metanarrativas incluem-se a história cristã da salvação pessoal pela redenção do pecado, a história hegeliana do desenvolvimento progressivo do *Geist* (espírito) em direção ao Absoluto, a história marxista sobre o sentido da história como luta de classe cujo objetivo é uma sociedade sem classes, e a história do Iluminismo sobre a emancipação da vida humana por meio de um progressivo desenvolvimento da razão. De acordo com Lyotard, as metanarrativas costumavam funcionar como quadros referenciais que justificavam a pesquisa e o desenvolvimento, mas que, para Lyotard, entraram em colapso no final do século XX por uma série de motivos – o que talvez primeiramente venha à mente são certos eventos do século XX, como o holocausto, que destruíram nossa crença no progresso (cf. LYOTARD, 1992). Contudo, Ansell-Pearson acredita que Lyotard tenha se precipitado – o trans-humanismo apareceu nesse meio-tempo como uma nova metanarrativa (ou, como Lyotard também denomina, uma "grande narrativa"):

> É provável que a grande narrativa assuma a forma hoje de um quase-hegelianismo simplório, no qual o surgimento da máquina é construído em termos lineares e perfeccionistas: o caráter inumano sempre crescente da "tecnologia" reside no fato "simples" de que são as máquinas que estão provando serem bem-sucedidas na criação de uma resposta adequada às tarefas dispostas pela evolução, ainda mais bem-sucedidas do que as criaturas cuja existência primeiramente fez

surgir esta mesma tecnologia (ANSELL-PEARSON, 1997: 4).

Lyotard é crítico das metanarrativas, pois elas apresentam uma visão estreita do sentido da história humana que exclui ou marginaliza minorias (p. ex., metanarrativas da civilização e progresso eram usadas, nas colonizações, como uma justificativa para a exploração de recursos de povos supostamente menos civilizados). De forma mais geral, Lyotard é incrédulo em relação a metanarrativas, pois – como observa Ansell-Pearson – a concepção de que a história humana é uma narrativa coerente que se desdobra em direção a uma apoteose com algum sentido, ao invés de uma série de eventos acidentais e sem sentido, é simplesmente uma ideia estapafúrdia. Em outras palavras, assim como no argumento de Nietzsche sobre a existência de um "mundo verdadeiro", nós simplesmente não temos uma boa razão para acreditar em metanarrativas. De fato, metanarrativas têm uma estrutura e uma função psicológica similares às da crença em um além-vida; elas simplesmente postulam a redenção em um tempo futuro nesse mundo ao invés de em um outro, e para a humanidade como um todo ao invés de apenas para o indivíduo.

De forma mais polêmica, Ansell-Pearson se apoia em Lyotard (apesar de algumas críticas) para mostrar ainda como o trans-humanismo é cúmplice do capitalismo e imperialismo, servindo como um suporte ideológico para ambos. Em vários ensaios (cf., p. ex., LYOTARD, 1991), Lyotard conta uma fábula irônica que soa bem parecida aos sonhos de pelo menos alguns trans-humanistas. Em 4,5 bilhões de anos o sol explodirá. A Terra e seus habitantes serão erradicados. Contudo, talvez alguma coisa da humanidade sobreviverá na forma pós-humana. Lyotard observa que a natureza do que poderá sobreviver à catástrofe solar não é algo que podemos imaginar agora, mas ele sugere que o problema de como sobreviver é o mais urgente a ser enfrentado por nós hoje em dia. Ele apresenta uma narrativa histórica na qual o sujeito não é a humanidade enquanto tal, mas o processo evolutivo, entendido como um processo negentrópico de crescente complexificação. A humanidade do tempo presente é apenas uma etapa nesse processo evolutivo, no qual formas melhores e mais complexas são selecionadas, enquanto que formas ineficientes são descartadas. A fábula pós-moderna de Lyotard é irônica, pois ele mesmo opõe-se fortemente a essa forma de pensar (sua afirmação sobre a importância e urgência desse problema – ora, nós temos apenas 4,5 bilhões de anos! – é particularmente carregada de ironia). O problema, ele sugere, é que, segundo tal visão, todo o mundo subdesenvolvido se torna supérfluo (apenas para mencionar um único exemplo). De forma mais geral, o ponto de Lyotard é que essa teoria evolutiva parece não conceder um lugar para a justiça; ela serve para justificar o que pode ser moralmente errado, apelando a processos supostamente naturais (que, portanto, são implicitamente corretos e inevitáveis). Ademais, tais narrativas evolutivas podem servir como suporte ideológico para o capitalismo, na medida em que argumentam (como em particular ocorreu após o colapso do comunismo na Europa Oriental em 1989) que a combinação socioeconômica de democracia e capitalismo provou ser o sistema superior de organização humana por ter sobrevivido enquanto que outros sistemas, como se costuma defender, foram "descartados" por processos naturais.

Ansell-Pearson também argumenta que boa parte do discurso sobre trans-humanismo emprega dicotomias muito simplistas que a obra de Nietzsche ajuda a problematizar de forma mais adequada. Dentre tais dicotomias incluem-se as seguintes. Os trans-humanistas tendem a apresentar uma divisão categorial entre o *humano* e o *pós-humano*, valorizando o último e desvalorizando o primeiro, em ambos os casos de forma pouco razoável. Ansell-Pearson comenta que "uma popular explicação recente do 'homem pós-biológico', por exemplo, trata a condição humana como uma aflição que não deveria ocorrer com um cachorro" (1997: 30). Da mesma forma, a condição pós-humana é frequentemente elogiada como uma aspiração de imenso valor, ao mesmo tempo em que se afirma que ela pode representar algo tão além da condição humana que não somos capazes sequer de imaginá-la. O que essa dicotomia deixa de lado, Ansell-Pearson argumenta, é o "humano" *no* "pós-humano". Para Nietzsche, o *Übermensch* é um fruto, um ideal e uma autossuperação do homem, não podendo ser pensado independentemente da história humana. Ansell-Pearson afirma:

> De uma perspectiva "nietzscheana", no sentido em que o termo possui um "sentido", informações recentes sobre a condição trans-humana ironicamente significam uma anulação de tal condição, um apagamento da "memória" do homem, a partir da qual a promessa do super-homem pode ser pensada (p. 30).

Um dos principais temas do trans-humanismo (que, como todos admitem, não se encontra em Nietzsche) é a ideia de que a tecnologia é o novo veículo para a evolução: o pós-humano pode referir-se a um ser inteiramente tecnológico, não orgânico, e uma das suas principais ambições do movimento trans-humano é o aprimoramento tecnológico do corpo orgânico humano. Segundo muitos trans-humanistas, nós estamos agora no limiar de um evento evolutivo decisivo: a transição do *orgânico* para o *tecnológico*. Ansell-Pearson observa que muitos teóricos contemporâneos na tradição continental (p. ex., Deleuze e Guattari) rejeitam qualquer distinção absoluta entre esses termos (p. 123). Ademais, desde a sua origem os seres humanos evoluíram de maneiras que necessariamente incorporam um elemento técnico (o uso de ferramentas, p. ex., ajudou a governar a evolução de seres humanos).

Ambas as dicotomias acima (humano/pós-humano, orgânico/tecnológico) são organizadas no discurso trans-humanista em termos de uma dicotomia histórica entre o *passado* e o *futuro*. Em outras palavras, o passado é construído como algo humano e orgânico, ao passo que o futuro é projetado como algo pós-humano e tecnológico. Ansell-Pearson defende que, dessa maneira, os trans-humanistas empregam uma noção progressiva da história que nada mais é senão uma fantasia, apagando, com efeito, qualquer memória histórica real. O objetivo da argumentação de Ansell-Pearson é mostrar que essas dicotomias não podem ser defendidas com base na história real. O mais surpreendente exemplo mencionado talvez seja este: em resposta ao anúncio já batido de que estamos agora entrando em uma inteiramente nova "era do silício" em virtude do advento dos computadores e inteligência robótica, Ansell-Pearson nota que a bactéria utilizava magnetita por volta de três bilhões de anos atrás (p. 124). Dessa forma, a natureza supostamente recente do tecnológico, assim como sua suposta origem humana, não encontra apoio nos fatos.

A principal e mais repetida tese nos ensaios reunidos em *Vida viroide* é que o trans-humanismo é inconsciente e problematicamente antropocêntrico. Ela é enunciada por Ansell-Pearson logo na introdução à obra: "Aquilo de que eu discordo nesse estudo é a tese antropocêntrica de que o processo de complexificação é 'inumano' e expressão da 'vida'" (p. 5). Dito de forma simples, o trans-humanismo é culpado de ser antropocêntrico, pois, como vimos, assume a forma de uma metanarrativa. O trans-humanismo projeta valores humanos naquilo que ele erroneamente assume ser processos evolutivos naturais. Ele realiza essa operação ao postular uma imagem progressiva da evolução, na qual o progresso é entendido como algo de complexidade crescente. Tal complexidade crescente é concebida como expandindo as possibilidades de existência, o que é assumido como um bem. Contudo, Ansell-Pearson apoia-se aqui nos argumentos de Nietzsche a respeito da relatividade da posição humana de valores para mostrar que o trans-humanismo envolve projeções antropomórficas na natureza. Ele escreve:

> Considerados psicologicamente – isto é, da perspectiva de um *a priori* psicológico – os valores humanos são o resultado de perspectivas utilitárias que foram destinadas para o aprimoramento do controle e domínio humano sobre a natureza e o mundo externo, mas que, no processo, foram falsamente projetadas na essência das coisas [...] [VP 12 (B)]. A posição de tais valores como o sentido e medida da evolução é a presunção antropocêntrica dos humanos, que se torna exposta com o advento do niilismo (p. 161).

O antropomorfismo, pois, envolve a interpretação equivocada da natureza segundo perspectivas que se fundam unicamente no fato de serem úteis para a sobrevivência humana.

Em resumo, o problema é que o trans-humanismo, inconsciente e problematicamente, toma os valores "humanos, demasiado humanos" e os naturaliza, interpretando-os não simplesmente como "erros" humanos (o que de fato são), mas, na realidade, como fatos fundamentais da vida. Ademais, Ansell-Pearson observa, alguns trans-humanistas antropomorfizam a evolução de forma ainda mais ostensiva ao atribuir-lhe vontade e inteligência conscientes:

> A evolução, nos é dito, "vasculhou" o planeta para encontrar formas de "acelerar-se", não por ser antropomórfica, mas porque "a aceleração da adaptação é o circuito de fuga que ela toma" (KELLY, 1994: 361). O excesso da evolução contingente no domínio da tecnologia é tratado como se revelasse um "desejo" necessário e consciente por parte da evolução (ela "quer" tornar-se material). Kelly fala sobre "o que a evolução realmente quer", como se a evolução quisesse alguma coisa (1997: 31-32).

Esse antropomorfismo é perigoso por proporcionar uma base aparentemente naturalista para perspectivas contingentes e equivocadas que, como vimos, podem servir para apoiar o *status quo* político e econômico que perpetua a injustiça. Assim, o trans-humanismo surge – ao menos em uma forma popular – como o suporte ideológico para o atual sistema global de desenvolvimento tecnológico e econômico.

Por fim, Ansell-Pearson defende que os valores antropomórficos fantasiosamente atribuídos aos processos evolutivos pelos trans-humanistas não são apenas valores quaisquer, mas, sim, os valores do ideal ascético. Em outras palavras, o trans-humanismo é uma forma contemporânea de niilismo religioso, que condena a vida humana aqui e agora, projetando um futuro redentor. Contudo, não é Deus que irá nos redimir, mas, sim, a seleção natural de processos mais complexos. O que liga o trans-humanismo de forma mais estreita ao ideal ascético é o desejo de superar completamente o sofrimento, além de sua inabilidade em afirmar o sofrimento como uma parte da vida. Como observa Ansell-Pearson, para os trans-humanistas "tudo aquilo que, para Nietzsche, fornecia um solo fértil para o processo imanente de contínua superação de si é, aqui, tratado como uma condição da qual temos de escapar" (p. 32-33). Segundo Ansell-Pearson, o trans-humanismo em sua forma mais popular é o novo "platonismo para o povo" (como Nietzsche caracterizava o cristianismo) e "nunca um tal híbrido pouco inteligente – aquele vitalismo 'biotecnológico' – foi mais suspeito e mais careceu de uma 'crítica'" (p. 2). Não obstante, Ansell-Pearson não é um "bioconservador" (como os trans-humanistas costumam chamar aqueles que rejeitam o trans-humanismo *tout court*); na realidade, ele usa sua leitura de Nietzsche para defender um pensamento mais adequado sobre o trans-humano.

> **Ponto central:** *Para um pensamento mais adequado da condição trans-humana*
> 1) Nós precisamos pensar a condição trans-humana como um problema "aberto".
> 2) Pensar a condição trans-humana deve envolver uma "desregulação antropológica".
> 3) A evolução precisa ser artificializada e politizada.
> 4) Nietzsche pode nos ajudar a pensar o trans-humano de forma mais adequada.
> 5) As novas ciências, como a Teoria da Complexidade, podem nos ajudar a pensar o trans-humano mais adequadamente.

Como já evocamos acima alguns dos aspectos mais positivos, na sequência podemos abordá-los de forma mais breve. Primeiro, Ansell-Pearson deseja desvincular o trans-humano de um conjunto fixo de ideias e valores (aqueles estabelecidos pelos atuais escritores mais populares do trans-humanismo), e abri-lo para um campo mais amplo de questionamento. Nós precisamos pensar o trans-humano como um problema "aberto", não "fechado". Em resposta ao problema central do antropomorfismo que contamina o trans-humanismo, Ansell-Pearson argumenta que a tentativa de pensar o trans-humano deve envolver uma ampla e abrangente "desregulação antropológica". De acordo com ele, de uma perspectiva nietzscheana, "a condição trans-humana não diz respeito à transcendência do ser humano, mas, antes, concerne seu vir-a-ser não teleológico em um processo imanente de 'desregulação antropológica'" (p. 163). Isso significa, primeiro, que pensar a condição trans-humana de forma mais adequada significa trazer à mente a condição humana e nossos preconceitos antropocêntricos. Porém, isso significa também tentar mudar aquelas perspectivas, buscando (p. ex.) debilitar os preconceitos do pensamento humanista pela abertura do pensamento às ideias das ciências naturais, ao mesmo tempo em que, por seu turno, se resiste à tentação de antropomorfizar essas ciências.

Em reação à maneira como o trans-humanismo pode atuar como uma metanarrativa servindo de suporte ao *status quo* político, Ansell-Pearson defende a artificialização e politização da teoria evolutiva (p. 172). Mesmo quando buscamos "desregular antropologicamente" nossas perspectivas, nós precisamos reconhecer que não podemos facilmente transcender nossa condição humana, de modo que a teoria evolutiva permanece uma teoria humana marcada por limitações antropológicas e ressonâncias políticas. Essa artificialização e politização consciente enfraquece os efeitos ideológicos da naturalização.

Um ponto que precisa um pouco mais de elaboração – uma vez que foi evocado ao longo de toda a discussão – é que, para Ansell-Pearson, Nietzsche pode nos ajudar a pensar o trans-humano para além das perigosas simplificações dos trans-humanistas contemporâneos. Um aspecto que merece ser ressaltado, porém (e voltaremos a isso no final do capítulo), é que, embora os trans-humanistas tendam a pensar o pós-humano primordialmente em termos de uma expansão tecnológica das limitações físicas, o pensamento de Nietzsche se move fundamentalmente no nível dos *valores*. O núcleo da crítica de Ansell-Pearson reside na afirmação de que, embora os trans-humanistas defendam uma mudança tecnológica, seus valores permanecem conservadores, retendo muito daquilo que Nietzsche entende como niilista. Uma das mais brilhantes ideias de Nietzsche é que o ateísmo humanista permaneceu religioso em sua essência por ter conservado os valores cristãos: Ansell-Pearson mostra como Nietzsche pode revelar o mesmo sobre o trans-humanismo.

Por fim, em *Vida viroide*, Ansell-Pearson também vai bem além de Nietzsche para indicar como as ciências mais recentes podem lançar luz sobre a maneira mais adequada de pensar o trans-humano. Como já observamos, Ansell-Pearson ressalta que muitas das concepções dos trans-humanistas não se sustentam sob a pressão do confronto com recentes descobertas das ciências naturais. Com efeito, ele argumenta que o trans-humanismo emprega, como suporte à sua tese, uma concepção datada, pré-darwinista de evolução. Conforme já discutimos, o trans-humanismo é *teleológico* – isto é, ele entende a evolução como um processo dirigido a um fim (complexidade). Ademais, pelo menos alguns trans-humanistas entendem o objetivo final do processo evolutivo – o objetivo final da vida – como a sobrevivência à morte térmica do universo. O prospecto de que em um futuro muito distante o universo sofrerá uma "morte térmica" é especulado como consequência da entropia. Grosso modo, a entropia é o princípio de dissipação de energia em um sistema. A diferença em potencial energético é o que dá dinamismo a um sistema e faz com que ele funcione. Para mencionar um exemplo bem simples, quando você abre a porta que separa um quarto com um ar relativamente quente de um quarto com um ar relativamente frio, um sistema dinâmico é criado à medida que o ar quente (que tem maior energia cinética) entra no quarto mais frio. O que logo acontece, porém, é que ambos os quartos atingem uma mesma temperatura, e o ar para de mover-se: o sistema atinge o equilíbrio e estase. A Teoria da Entropia permite que esse modelo simples seja aplicado a todos os sistemas físicos e, por conseguinte, ao universo como um todo: o universo está sujeito a uma dissipação entrópica gradual de energia e, eventualmente, a uma "morte térmica", na qual toda a vida, assim como toda matéria organizada, se dissolverá em uma "sopa" inerte amorfa.

Os trans-humanistas frequentemente concebem a evolução como um processo *neg*entrópico (i. é, um processo que se contrapõe à entropia), e a complexidade é pensada como encarnando a negentropia (quanto mais complexo o sistema, tanto mais ele é distante e mais resistente à falta entrópica de diferenciação ou "morte térmica"). Por exemplo, "extropia", um termo-chave em uma das formas de trans-humanismo, é um neologismo equivalente a "negentropia". O desenvolvimento evolutivo da vida até o ponto em que ela será capaz de sobreviver à morte térmica do universo (talvez pela reinjeção de energia nova no universo antigo, ou talvez ainda pela criação de um novo universo habitável) parece como uma nova teoria da salvação no pensamento trans-humanista; não mais uma doutrina religiosa sobre a salvação da alma individual da morte física, mas sobre a salvação da vida mesma da morte do universo físico.

Ansell-Pearson argumenta que essa concepção da vida e da evolução é baseada em uma ciência falsa e datada. Em primeiro lugar, a teoria darwiniana da evolução é (precisamente) não teológica. Com efeito, a teoria darwiniana desempenhou um papel significativo no declínio da ideia de que há uma teleologia na natureza (finalidade em direção a fins ou objetivos). Antes de Darwin, pensava-se com frequência que os seres vivos precisavam ser explicados em termos teleológicos (p. ex., o estômago seria explicado pela sua finalidade de digerir a comida). Essa concepção teleológica, como frequentemente se pensava, daria suporte para a existência de um arquiteto inteligente (i. é, Deus como criador), dado que a vida parecia ser projetada de uma forma complexa com fins definidos em mente. Contudo, a evolução darwiniana tornou a explicação teleológica obsoleta ao demonstrar como sistemas complexos de vida podem ter surgido pelo puro acaso e pela seleção natural, dado um intervalo de tempo suficientemente longo (assim, o estômago não é projetado para a finalidade de digerir a comida, mas, antes, por contribuir para a sobrevivência, tal função foi selecionada por processos evolutivos cegos).

Em segundo lugar, porém, não há um fundamento científico para a concepção de que a evolução *seleciona* a complexidade em detrimento da simplicidade. Com efeito, é o oposto que parece ser o caso: sistemas simples parecem ser melhor adaptados para a sobrevivência, e a teoria evolutiva acha desafiador explicar a prevalência de formas complexas de vida. Assim, embora a evolução possa explicar a existência de sistemas complexos de vida sem a necessidade de teorias teleológicas ou teológicas, ela não dá nenhuma espécie de privilégio à complexidade em si. A evolução tampouco pode ser corretamente considerada como progressiva na medida em que ela supostamente produz organismos com uma "melhor" adaptação às condições: tanto as condições como os organismos estão constantemente mudando de formas complexas e adaptando-se em relação recíproca, sem que mostrem qualquer evidência de "progresso". Considerar a complexidade ou a melhor adaptação como o objetivo da evolução, como algo que ela "busque" ou "deseje" é, portanto, uma presunção antropomórfica.

Em terceiro lugar, Ansell-Pearson ataca a aparente afirmação trans-humanista de que a evolução é um processo sujeito a um equilíbrio relativo e a um contínuo progresso negentrópico. Em oposição a essa tese, ele menciona teorias recentes, como a Teoria do Caos (dinâmica não linear) e o "equilíbrio pontuado", que considera a Teoria da Complexidade como uma forma de reconciliar entropia e evolução, ou dissipação e adaptação criativa (1997: 185). Ansell-Pearson cita a obra de Ilya Prigogine, que, junto com Isabelle Stengers no livro *Ordem a partir do caos* [*Order Out of Chaos*] (1985), popularizou a ideia de que estruturas dissipativas podem, na realidade, dar origem a sistemas adaptativos complexos. Segundo essa concepção, não há necessidade de postular que processos entrópicos ou negentrópicos se opõem entre si, de modo que perde a credibilidade a valorização trans-humanista dos "heroicos" processos negentrópicos de evolução que se empenham em levar a melhor sobre leis entrópicas do universo. Por fim, Ansell-Pearson nota que novos desenvolvimentos na geologia liquidam a ideia gradualista da evolução implícita em Darwin, sugerindo que os processos evolutivos estão sujeitos a um grau maior de mudança e contingência. Uma das expressões mais dramáticas dessa tendência é a tese do geoquímico Ross Taylor de que, se tivesse errado o alvo, o asteroide que se costuma pensar como responsável por ter varrido os dinossauros da superfície terrestre ao ter colidido com nosso planeta, é improvável que os seres humanos, na forma atual em que se encontram, tivessem se desenvolvido e evoluído até aqui (apud ANSELL-PEARSON, 1997: 185). Dessa forma, ao invés de ser algo como um processo gradual de desenvolvimento dirigido a um fim específico, a evolução parece ser um processo altamente contingente e aleatório, no qual sobrevive não apenas o mais bem-adaptado, como também o mais *sortudo*.

O que essas recentes ciências revelam é o grau segundo o qual algumas concepções populares da condição trans-humana permanecem antropocêntricas. Essas novas ciências podem, pois, livrar-nos de tais concepções e apresentar desafios ao pensamento humano e à concepção de nós mesmos que nos impelem à autossuperação. Pensar a condição trans-humana significa, portanto, repensar o lugar da vida humana no universo em virtude da concepção cambiante de universo revelada pelas ciências naturais. Trata-se de um desafio precisamente porque as ciências arruínam nossas antigas metanarrativas, nossas concepções religiosas e humanísticas de significação. O fato de Nietzsche ter reconhecido e explorado esse problema é uma das principais razões que explicam sua importância atual (eu ressalto esse ponto na conclusão do livro). Eu sugeri acima que, ao passo que o trans-humanismo concentra sua atenção na mudança tecnológica, Nietzsche nos lembra da importância do *valor* na vida humana. Se o trans-humanismo mais popular permanece humanístico no nível dos valores, outra forma atual de pós-humanismo se apoia na obra de Nietzsche para desafiar a ideia mesma de humano e dos valores por ela fundados.

Anti-humanismo

O termo "humanismo" comporta inúmeras variedades e sentidos, de modo que precisamos manter isso em mente e ser precavidos quando abordamos o tema "*anti*-humanismo". Grosso modo, o anti-humanismo é a rejeição do tipo específico de humanismo que afirma que o ser humano é a origem do sentido e centro do significado no mundo. Novamente grosso modo, nós podemos situar esse tema em relação aos movimentos intelectuais considerado nos capítulos anteriores deste livro se afirmarmos que, de modo geral, o existencialismo é humanista e o pós-estruturalismo, anti-humanista. Nessa seção, nós nos concentraremos no famoso anti-humanismo do nietzscheano pós-estruturalista Foucault (para outros aspectos do nietzscheanismo de Foucault, cf. cap. 2) e, na sequência, examinaremos brevemente os motivos do próprio Nietzsche para criticar o humanismo. Como veremos, o polo anti-humanista do pós-humanismo é oposto em importantes aspectos ao pós-humanismo trans-humano que acabamos de discutir.

Foucault: o fim do homem

Foucault é famoso por sua tese sobre o "fim do homem" anunciada na passagem final, frequentemente citada, de seu livro *A palavra e as coisas*:

> [O homem] foi o efeito de uma mudança nas disposições fundamentais do saber. O homem é uma invenção cuja recente data a arqueologia de nosso pensamento mostra facilmente. E talvez o fim próximo.
> Se estas disposições viessem a desaparecer tal como apareceram, se, por algum acontecimento de que podemos quando muito pressentir a possibilidade, mas

de que no momento não conhecemos ainda nem a forma nem a promessa, se desvanecessem, como aconteceu, na curva do século XVIII, com o solo do pensamento clássico – então se pode apostar que o homem se desvaneceria, como, na orla do mar, um rosto de areia (FOUCAULT, 1994: 387).

O que é bem menos discutido, contudo, é o sentido específico em que Foucault entende o "homem", além da profunda influência de Nietzsche sobre o fim do homem. Antes de discutirmos a tese de Foucault, cumpre fazer referência a uma notável passagem de *Humano, demasiado humano*. Ainda que, até onde sei, Foucault não faça especial menção a essa passagem, eu diria que nela boa parte de seu projeto está já sinalizado, incluindo seu "anti-humanismo":

> *Defeito hereditário dos filósofos.* – Todos os filósofos têm em comum o defeito de partir do homem atual e acreditar que, analisando-o, alcançam seu objetivo. Involuntariamente imaginam "o homem" como uma *aeterna veritas* [verdade eterna], como uma constante em todo o redemoinho, uma medida segura das coisas. Mas tudo o que o filósofo declara sobre o homem, no fundo, não passa de testemunho sobre o homem de um espaço de tempo *bem limitado*. Falta de sentido histórico é o defeito hereditário de todos os filósofos; inadvertidamente, muitos chegam a tomar a configuração mais recente do homem, tal como surgiu sob a pressão de certas religiões e mesmo de certos eventos políticos, como a forma fixa de que se deve partir. Não querem aprender que o homem veio a ser, e que mesmo a faculdade de cognição veio a ser; enquanto alguns deles querem inclusive que o mundo inteiro seja tecido e derivado dessa faculdade de cognição. – Mas tudo o que é *essencial* na evolução humana se realizou em tempos primitivos, antes desses quatro mil anos que conhecemos aproximadamente; nestes o homem

já não deve ter se alterado muito. O filósofo, porém, vê "instintos" no homem atual e supõe que estejam entre os fatos inalterados do homem, e que possam então fornecer uma chave para a compreensão do mundo em geral: toda a teleologia se baseia no fato de se tratar o homem dos últimos quatro milênios como um ser *eterno*, para o qual se dirigem todas as coisas do mundo, desde o seu início. Mas tudo veio a ser; *não existem fatos eternos*: assim como não existem verdades absolutas. – Portanto, o *filosofar histórico* é doravante necessário, e com ele a virtude da modéstia (HDH 2).

O projeto de Foucault pode ser descrito, em linhas gerais, justamente como tal "filosofar histórico". Como já discutido no capítulo 2, Foucault rejeita as noções de essências e fatos eternos e verdades absolutas, buscando mostrar, em contrapartida, como nossas ideias mudaram ao longo do tempo. O questionamento de Foucault sobre a suposta verdade eterna do conceito "homem" é uma de suas provocações mais conhecidas.

Como o anúncio foucaultiano do fim do homem se dá no contexto de seu projeto arqueológico, para entender de que se trata nesse anúncio é necessário, antes, examinar alguns aspectos centrais de tal projeto. Por ocasião da primeira discussão que fizemos de Foucault no capítulo 2, nós observamos brevemente os seguintes aspectos de sua "arqueologia", a visada metodológica que governa suas obras iniciais (incluindo *A palavra e as coisas*): (i) o centro da interrogação é o *conhecimento*; (ii) a arqueologia busca identificar as *condições de possibilidade* de sistemas de conhecimento; (iii) a arqueologia tem como escopo o estudo de como o conhecimento é formado e expresso por meio de *usos de linguagem* e *sistemas de comunicação*. A esses três aspectos podemos acrescentar mais alguns pontos.

Em sua fase arqueológica, o interesse fundamental de Foucault é o de investigar como mudou ao longo do tempo a forma segundo a qual algo é tomado como sendo um conhecimento verdadeiro. Em sua primeira grande obra, *A história da loucura* [*Histoire de la folie*] (1961), por exemplo, Foucault examina o modo como o conceito de "loucura" tornou-se uma divisa histórica. As tentativas de Foucault de encontrar as condições do conhecimento são às vezes interpretadas como uma marca de sua filiação ao projeto estruturalista de desvelar estruturas profundas ocultas, o que o levou a ser identificado como um estruturalista na fase arqueológica de sua obra. Contudo, Foucault buscou distanciar-se do estruturalismo, e sua obra se distingue da de muitos estruturalistas pelo fato de ele não considerar tais condições como estruturas unificadas, profundamente escondidas ou de qualquer maneira *permanentes, fixadas* e *necessárias*. Pelo contrário, ele enfatiza a natureza *arbitrária* de tais estruturas, o fato de que elas existiram e existem por um acaso histórico, além de poderem ter sido constituídas de uma outra maneira. Contra várias teorias dominantes (p. ex., marxismo, hegelianismo etc.), que veem a história como algo contínuo, progressivo ou determinista, Foucault afirma a importância das descontinuidades, das mudanças e da natureza arbitrária dos fatos históricos.

A arqueologia é uma investigação que procura desvelar o *"a priori histórico"* do conhecimento. Ela se interessa nem tanto por quais pretensões específicas de conhecimento são feitas, mas, antes, pelas regras implícitas que subjazem às pretensões mesmas: os quadros de pensamento que permitem certas pretensões e excluem outras. Foucault utiliza o termo *episteme* para descrever o quadro geral de pensamento – as condições gerais *a priori* para a produção de discursos de conhecimento – que pode ser referido como aquele que caracteriza certas eras históricas. (A ideia foucaultiana de *episteme* é frequentemente comparada com a ideia de *paradigma*, de Thomas Kuhn, a qual descreve diferentes e incomensuráveis quadros teóricos na história das ciências.)

A palavra e as coisas é uma "arqueologia das ciências humanas" (trata-se do subtítulo do livro). Foucault examina os quadros históricos *a priori* de conhecimento que tornaram possíveis as disciplinas agrupadas sob a rubrica "ciências humanas" na França, em especial a filologia (o estudo dos textos antigos), biologia e economia. Ele identifica quatro epistemes mais amplas: "renascença", "clássica", "moderna" e uma nova episteme ainda não nomeada, que emergiu do colapso da episteme moderna.

Foucault propõe que o "homem" surgiu na era moderna, e o colapso da episteme moderna é correlata à famosa proclamação do "fim do homem". É essencial observar que o conceito de "homem", conforme sua função em *A palavra e as coisas*, não é simplesmente a ideia do ser humano – que, decerto, precede a episteme moderna e provavelmente sobreviverá a ela –, mas, antes, um constructo especificamente *epistemológico* (cf. GUTTING, 2008). Em termos simples, na episteme moderna, "homem" torna-se a categoria central pensada como fundamento do conhecimento.

A formulação explícita dessa fundamentação moderna do conhecimento no conceito de "homem" é localizada por Foucault na antropologia filosófica do grande filósofo moderno Immanuel Kant. Em sua *Lógica*, Kant identifica quatro questões centrais em torno das quais, ele crê, deve girar a produção do conhecimento, e indica, ainda, que as três primeiras são redutíveis à quarta. Essas questões são: (i) o que eu posso saber; (ii) o que eu devo fazer; (iii) o que me é lícito esperar; e (iv) o que é o homem? Kant escreve: "À primeira questão responde a *metafísica*; à segunda, a *moral*; à terceira, a *religião*; e à quarta, a *antropologia*. Mas, no fundo, poderíamos atribuir todas essas à antropologia, porque as três primeiras questões remetem à última" (*Lógica*, de KANT, apud SCHRIFT, 1990: 80).

Foucault sugere, assim, que o "homem" atua como um princípio fundante e aglutinador de todo conhecimento na episteme moderna. Com efeito, isso significa que todas as coisas são remetidas a uma ideia particular do humano e das capacidades humanas: a questão do conhecimento se torna uma questão sobre o conhecimento de que o homem é capaz, questões de linguagem se tornam questões sobre como ela pode ser usada pelo homem, e assim por diante. Foucault defende que essa fundamentação antropológica do conhecimento age como uma espécie de dogmatismo que restringe o pensamento de uma maneira ilegítima e, em última instância, estéril. Foucault defende, ainda, que estamos superando a episteme moderna na época contemporânea. A famosa proclamação de Foucault sobre o "fim do homem" significa, na verdade, apenas isto: que o homem está deixando de ser o conceito fundante e aglutinador nas "ciências humanas".

Posto de forma mais técnica, Foucault chama o conceito moderno de homem o "duplo empírico-transcendental" (1994: 318). Em poucas palavras, isso significa que o homem é considerado tanto o objeto (empírico) do conhecimento, ou o que é estudado, como também o sujeito (transcendental) do conhecimento, ou o que faz o estudo. De acordo com Foucault, enquanto um duplo empírico-transcendental, o homem contém um problema epistemológico em seu cerne. Por um lado, o homem é um ser empírico, isto é, parte do mundo e submetido a todas as contingências e limitações da história. Por outro lado, o homem é pensado como um sujeito transcendental, que constitui as possibilidades de conhecimento por meio de suas faculdades mentais e funda a possibilidade do conhecimento precisamente porque essas faculdades são universais e estão para além de contingências históricas. (De outra forma, nosso próprio conhecimento seria apenas o produto de tendências históricas, de modo que não poderíamos considerá-lo um conhecimento "verdadeiro".) Em suma, o problema é que o homem deve tanto estar *na* histórica empírica como *transcendê-la*.

> **Ponto central**
>
> Para Foucault, o "homem" é um conceito especificamente epistemológico, o "duplo empírico-transcendental". Essa imagem do homem serve como uma fundamentação para todo o conhecimento. O "fim do homem" na transição da episteme moderna para a contemporânea significa que o homem não é mais considerado como fundamento do conhecimento à medida que a epistemologia muda seu foco para a linguagem.

Foucault sugere que a episteme moderna está chegando a seu fim, já que, a despeito de muitas tentativas, não foi encontrada nenhuma solução adequada ao problema epistemológico do duplo empírico-transcendental. Ademais, para Foucault, desse fim está emergindo uma nova fundamentação do conhecimento não mais no homem, mas sim na linguagem. Grosso modo, Foucault propõe que o homem está desaparecendo, uma vez que um retorno da linguagem no pensamento contemporâneo está tornando essa fundamentação algo obsoleto. As faculdades transcendentais do homem não são mais consideradas como aquilo que fornece as condições do conhecimento, mas, sim, as estruturas extrassubjetivas da linguagem (que, na episteme moderna, haviam sido retiradas desse papel). Ainda que em *As palavras e as coisas* se encontrem análises bem mais detalhadas de um amplo espectro de outros autores e seja evidente que o surgimento do estruturalismo é, ao menos em parte, aquilo a que Foucault implicitamente se refere como o "retorno da linguagem", Nietzsche é, não obstante, um eixo central no colapso da episteme moderna e na transição para um novo modo de pensamento. A importância de Nietzsche aqui, segundo Foucault (p. 305), reside no fato de ele ser o primeiro a atribuir à filosofia a tarefa de uma reflexão radical sobre a linguagem. Ademais, Foucault vincula o "fim do homem" ao anúncio nietzscheano da vinda do *Übermensch*. Esse conceito é introduzido em conjunto com um outro, "o último homem", no prólogo de *Assim falava Zaratustra*. A figura do "último homem" representa aquele que matou Deus, mas colocou o homem em seu lugar, a saber, como uma fundação para todo o pensamento. Na explicação de Nietzsche sobre o desenvolvimento processual do niilismo, o último homem – e, com ele, todo o "humanismo" – é uma das "sombras do Deus morto" que precisam ser conquistadas após o próprio Deus ser declarado morto (GC 108). Na arqueologia foucaultiana as ciências humanas, o último homem corresponde, grosso modo, à episteme moderna. Assim, a vinda do *Übermensch* corresponde, para Foucault, ao fim da figura do "homem" como princípio fundacional para o pensamento e à abertura de uma nova era do pensamento baseada em novas reflexões sobre a função constitutiva da linguagem.

Em *As palavras e as coisas*, Foucault apresenta uma tese "anti-humanista" que exerceu enorme influência e que foi diretamente influenciada por Nietzsche. Essa tese vincula o pensamento de Nietzsche às correntes anti-humanistas do estruturalismo e pós-estruturalismo, entre outras (cf. cap. 2), e a obra de Foucault continua sendo importante hoje em dia para versões anti-humanistas contemporâneas nas humanidades (cf., p. ex., BADMINGTON, 2000). Contudo, a leitura que Foucault faz do anti-humanismo de Nietzsche é ligada a seu próprio projeto arqueológico e a seus interesses epistêmicos. Na conclusão deste capítulo nós podemos observar um sentido mais especificamente "nietzscheano" em que se pode considerar que Nietzsche foi um anti-humanista, e isso nos permitirá contrastar mais claramente o lado *anti*-humanista do pós-humanismo nietzscheano com seu lado *trans*-humanista.

A abordagem "mais nietzscheana" que sugiro aqui consiste em afirmar que o anti-humanismo de Nietzsche deve ser considerado nos termos que ele mesmo privilegiou, a saber, em termos de *valores*. As críticas do próprio Nietzsche ao humanismo, encarnadas na figura do "último homem", mas também presentes em outros momentos de suas obras, giram em torno da acusação de que o humanismo (não raro de maneira inconsciente) perpetua os mesmos valores que a interpretação moral-cristã do mundo (e, pois, conserva-se niilista nesse mesmo sentido). Por exemplo, em *Crepúsculo dos deuses*, Nietzsche critica o suposto ateísmo de Georg Eliot pelo fato de ele perpetuar a mesma *moral* para a qual a visão teológica do mundo forneceu um fundamento (CI: "Incursões", 5). Para Nietzsche, a morte de Deus e do último homem, além do advento do *Übermensch*, tem, acima de tudo, um significado em relação ao projeto de uma "transvaloração de todos os valores".

De forma significativa, os trans-humanistas alinharam-se com frequência aos valores do humanismo do Iluminismo e mesmo a valores de visões religiosas de mundo. Embora o trans-humanismo pareça ser radical com respeito à *forma* com que defende a vida inteligente – tecnologia em lugar do material orgânico –, os seus valores e objetivos parecem ser, da perspectiva do projeto de Nietzsche, relativamente conservadores. Na esteira do humanismo do Iluminismo, o trans-humanismo defende a ideia de emancipação da humanidade por meio do desenvolvimento da razão (com a peculiaridade de que, para o trans-humanismo, um estado verdadeiramente emancipado envolve a transição para a "pós-humanidade"). Ademais, como já vimos, o trans-humanismo parece ser não raro uma doutrina quase religiosa de salvação: uma manifestação do ideal ascético. O anti-humanismo de Nietzsche questiona os valores que subjazem a esses projetos em um nível mais profundo. (Em nossa discussão sobre a crítica de Ansell-Pearson ao trans-humanismo, nós já examinamos alguns dos valores postos em questão, e outros aspectos relevantes serão discutidos no próximo capítulo por ocasião do projeto nietzscheano de "naturalizar" a humanidade e o mundo.) Da perspectiva dos valores, pois, nós podemos notar um significativo contraste entre duas notáveis formas do pós-humanismo nietzscheano contemporâneo: de um lado, o trans-humanismo e, de outro, o anti-humanismo.

Sumário

Trans-humanismo

O trans-humanismo é um movimento baseado no desejo de transcender a condição humana por meio do desenvolvimento e aplicação da tecnologia. Os trans-humanos são "humanos transicionais" que, através de suas ideias e estilos de vida, têm como objetivo produzir pós-humanos, membros de uma espécie nova e superior, para além do humano.

Sorgner sobre Nietzsche como precursor do trans-humanismo

Nietzsche e o trans-humanismo têm os seguintes pontos em comum:

- uma concepção dinâmica da natureza e dos valores;
- uma "transvaloração dos valores", na qual uma forma científica de pensamento substitui a religiosa;
- um apreço pelo aprimoramento dos seres humanos; e
- um apreço pela superação de si.

Ademais, a obra de Nietzsche pode ser usada para complementar o trans-humanismo, pois ela fornece fortes *razões* para que sejamos trans-humanistas: sobretudo, o ideal do sobre-humano/pós-humano fornece sentido e valor à era científica.

Ansell-Pearson sobre Nietzsche e a condição trans-humana

Ansell-Pearson critica concepções populares do trans-humanismo fundamentalmente devido a seu inconsciente e problemático antropomorfismo. Em outras palavras, os trans-humanistas projetam valores humanos em processos naturais para sustentar o ideal ascético, construindo a evolução em termos de uma história teleológica de progressiva complexificação negentrópica, cuja finalidade derradeira é salvar de processos de vida inteligente da morte térmica do universo. Ademais, os trans-humanistas postulam uma transição da vida orgânica para a tecnológica que assume, problematicamente, uma distinção simples entre essas categorias. Ansell-Pearson critica esses aspectos problemáticos do trans-humanismo com referência tanto a Nietzsche como à ciência contemporânea, defendendo uma abordagem mais "aberta" da condição trans-humana que envolva uma constante "desregulação antropológica".

Anti-humanismo

O anti-humanismo rejeita as ideias filosóficas de que os seres humanos são a origem do sentido e significado, e de que a categoria "homem" (ou "o humano") deve ser a base unificadora de nosso conhecimento. O estruturalismo e o pós-estruturalismo têm tendências anti-humanistas e talvez a expressão mais famosa disso seja a proclamação de Foucault sobre o "fim do homem", uma tese explicitamente influenciada por Nietzsche. Para o próprio Nietzsche, o problema do humanismo é que ele isola certos valores niilistas como essenciais; Nietzsche espera pelo *Übermensch*, um criador mais poderoso de valores novos, afirmadores da vida.

7
Nietzscheanismo, naturalismo e ciência

O objetivo deste último capítulo é fornecer um panorama geral de algumas das principais atuais correntes – grosso modo dos últimos vinte anos – nos estudos sobre Nietzsche e sua influência. Embora tenham surgido muitas correntes nietzscheanas nesse período, nós nos concentraremos em dois grandes temas: naturalismo e ciência. A relação de Nietzsche com a ciência e a interpretação que faz de Nietzsche um filósofo naturalista foram inúmeras vezes citadas como sendo as principais correntes nos estudos nietzscheanos atuais (cf., respectivamente, DIETHE, 2006: xl; ANSELL-PEARSON, 2011). Esses dois temas são, decerto, relacionados entre si. O naturalismo, em uma das muitas formas que discutiremos na sequência, é a ideia de que o pensamento tem de vincular-se às ciências naturais e nelas ser fundado. Ainda que a importância das ciências naturais para Nietzsche tenha sido reconhecida já há muito tempo, apenas recentemente esse tópico relativamente pouco explorado começou a receber a atenção que merece.

Naturalismo

Quando deixaremos de ser obscurecidos por todas estas sombras de Deus? Quando

> *teremos completamente "desdivinizado" a natureza? Quando nos será permitido, enfim, começar a nos tornar naturais, a "naturalizarmo-nos", nós, homens, com a pura natureza, a natureza reencontrada, a natureza liberta?* (GC 109).

A leitura que faz de Nietzsche um naturalista é uma das correntes dominantes nos estudos nietzscheanos atuais. Em um sentido geral, o naturalismo é mais adequadamente compreendido quando contrastado com o *supernaturalismo*, isto é, a crença naquelas espécies de ideias supernaturais que Nietzsche frequentemente ataca, como as de Deus, vontade divina, mundo verdadeiro, e assim por diante. O cristianismo e a metafísica estão repletos de tais ideias supernaturais. O naturalismo apela, mais especificamente, às ciências naturais como aquilo que fornece melhores princípios de explicação do que o supernaturalismo da religião e da metafísica. Christian Cox (1999: 5) observa que o uso do termo "naturalismo" na filosofia contemporânea se origina sobretudo da obra do filósofo americano W.V. Quine (1908-2000), que o caracteriza como a rejeição de uma filosofia primeira, a precedência das ciências naturais e a redescrição da filosofia como algo contínuo com a ciência. Cox vai além e diz que, embora Nietzsche nunca use o termo "naturalismo", ele evocou uma "desdivinização da natureza" e uma "naturalização do homem" (cf. passagem acima), e boa parte de sua obra pode ser compreendida como a expressão de temas que Quine identifica com o naturalismo.

Contudo, não há consenso quanto à definição mesma de naturalismo e sobre se Nietzsche pode ser dito um naturalista. Ansell-Pearson (2011: 292) aponta para ao menos três tipos de leitura naturalista de Nietzsche: naturalismo metodológico (Leiter), naturalismo existencial (Hatab) e naturalismo simulado

(Christa Davis Acampora). Na sequência, após alguns comentários introdutórios sobre a definição de naturalismo, nós nos limitaremos a examinar duas abordagens contrastantes: o naturalismo metodológico de Leiter e o naturalismo "interpretativo" de Cox. Essas duas visadas trazem à tona exatamente aqueles temas que estão em jogo na interpretação de Nietzsche como um naturalista. Para Leiter e intérpretes que adotam uma linha semelhante (bem grosso modo, Richard Schacht, Maudemarie Clark, Ken Gemes e outros), a leitura naturalista de Nietzsche deve ser entendida como contraposta à leitura "pós-moderna", uma leitura próxima àquela abordada no capítulo "Nietzscheanismo e pós-estruturalismo" e que poderia ser denominada de várias formas: "o Nietzsche pós-estruturalista", "o Nietzsche desconstrutivista", "o novo Nietzsche" e "o Nietzsche francês". Embora esses termos incluam um amplo espectro de concepções sobre Nietzsche, o núcleo comum designado pela descrição "Nietzsche pós-moderno" consiste em um ceticismo relativamente à verdade e à realidade. Em poucas palavras, para a leitura pós-moderna, Nietzsche sustenta não haver conhecimento verdadeiro e nenhuma realidade da qual é possível um conhecimento verdadeiro. A interpretação naturalista de Leiter se opõe à pós-moderna por defender a concepção de que Nietzsche advogou, sim, a possibilidade de um conhecimento verdadeiro, que é precisamente o conhecimento de "fatos" que dizem respeito à realidade. Ademais, Leiter defende a alegada concepção de Nietzsche de que a ciência natural nos dá acesso privilegiado a tais fatos. Em contrapartida, Cox apresenta uma leitura que, na realidade, busca reconciliar as leituras naturalista e pós-moderna, ao mostrar que o compromisso de Nietzsche com o naturalismo não é inconsistente com sua rejeição dos fatos e a afirmação da ubiquidade da interpretação.

O naturalismo metodológico de Leiter

> **Ponto central:** *Tipos de naturalismo*
>
> 1) *Naturalismo metodológico* (Naturalismo-M): a investigação filosófica deve formar uma *continuidade* com a investigação empírica nas ciências.
>
> Há dois sentidos de "continuidade":
>
> - Continuidade de resultados: as teorias filosóficas precisam ser apoiadas ou justificadas pelos resultados das ciências.
>
> - Continuidade de método: as teorias filosóficas precisam imitar os métodos de investigação de ciências bem-sucedidas.
>
> 2) *Naturalismo substantivo* (Naturalismo-S): ou a concepção (ontológica) de que as únicas coisas existentes são coisas *naturais* (ou talvez simplesmente físicas); ou a concepção (semântica) de que uma análise filosófica adequada de um conceito qualquer precisa mostrar como é possível submetê-lo à investigação empírica (LEITER, 2002: 3-6).

Leiter fornece um panorama e uma defesa de sua leitura naturalista de Nietzsche no primeiro capítulo de seu *Manual Routledge de Filosofia para Nietzsche e a moral* [*Routledge Philosophy Guidebook to Nietzsche on Morality*] (2002). Antes de identificar Nietzsche como um naturalista, Leiter apresenta uma análise do naturalismo, discernindo os seguintes tipos:

Com base nessa tipologia do naturalismo, Leiter situa Nietzsche como fundamentalmente um naturalista *metodológico*, que adota primordialmente a continuidade de método; ele é fundamentalmente um naturalista na medida em que se interessa por estabelecer uma continuidade de método entre a filosofia e as ciências naturais. Isso não significa que Nietzsche pense que os filósofos devam realizar experimentos empíricos com equipamentos de laboratório e coisas do gênero, mas apenas que eles devem imitar a rigorosa exatidão e objetividade das ciências naturais, bem como empregar modelos de explicação adotados das ciências naturais, como a explicação dos efeitos pela identificação de suas causas. Entretanto, Leiter afirma também que existe uma espécie de continuidade de resultados no naturalismo de Nietzsche na medida em que ele pretende formar suas concepções filosóficas com base em determinados resultados da ciência, como, por exemplo, a teoria evolutiva. Ademais, Leiter identifica um tipo *ontológico* de *naturalismo* substantivo em Nietzsche na medida em que ele pretende eliminar qualquer supernaturalismo de sua concepção de realidade. Leiter insiste, porém, que não há nada que sugira que Nietzsche tenha sido simpático ao naturalismo substantivo *semântico*, que sugere que tudo pode ser reduzido e explicado nos termos das ciências naturais (incluindo coisas como beleza e amor).

Leiter explica o projeto naturalista de Nietzsche fundamentalmente à luz de sua crítica da moral (o tema de seu livro). De acordo com Leiter, o naturalismo de Nietzsche pode ser entendido como uma metodologia a serviço do projeto filosoficamente independente acerca da "transvaloração de todos os valores". Para Leiter, Nietzsche critica os valores existentes e a moral, pois eles são uma ameaça à excelência e grandeza humanas (2002: 26). A naturalização é um método para conduzir tal crítica. Leiter esboça um "argumento tipicamente nietzscheano" da seguinte forma: "As crenças teóricas de uma pessoa são mais bem explicadas nos termos de suas crenças morais; e suas crenças morais são mais bem explicadas nos termos dos fatos naturais sobre o tipo de pessoa que ela é" (p. 9). De acordo com Leiter, pois, o naturalismo de Nietzsche apela àquilo que ele denomina "tipos--fatos". Segundo essa concepção, cada pessoa tem uma constituição psicofísica fixa que a determina enquanto um *tipo* particular de pessoa. Explicações sobre as crenças morais ou teóricas de uma determinada pessoa são dadas, portanto, em termos de fatos sobre qual tipo de pessoa ela é, qual tipo de natureza psicológica ou física ele ou ela tem. A vontade de potência, por exemplo, é um tipo-fato com, talvez, o escopo de aplicação mais amplo para explicar a motivação e comportamento humanos (incluindo crenças). Essa forma de argumento é naturalista, pois invalida explicações sobrenaturais das crenças e moral humanas ao construí-las como efeitos para os quais há causas naturais. Leiter defende essa leitura naturalista de Nietzsche a partir de cinco teses que ele afirma partilhar com os nietzscheanos pós-modernos e que pareceriam ser, na verdade, objeções a tal leitura. Vejamos isso na sequência.

Verdade e conhecimento

Como observado acima, Nietzsche foi frequentemente considerado um autor que rejeita as noções de verdade e conhecimento. Leiter afirma que essa interpretação é, em grande medida, baseada em um texto não publicado de juventude de Nietzsche, "Sobre verdade e mentira no sentido extramoral" (VM); Leiter defende ainda que as concepções de Nietzsche sobre o tema mudaram ao longo do tempo (o que, segundo Leiter, os pós-modernos com frequência ignoram). Apoiando-se em um argumento de Maudemarie Clark, Leiter afirma que os últimos seis livros de Nietzsche (começando com *Genealogia da moral*) não apresentam nenhum ceticismo significativo com respeito à verdade e ao conhecimento, e exprimem, portanto, uma posição madura no pensamento de Nietzsche que é consistente com a interpretação naturalista. Ademais, Leiter observa que Nietzsche frequentemente utiliza "termos valorativos epistêmicos", como verdadeiro/falso, real/irreal, justificado/injustificado, e assim por diante. De forma significativa (e a isso a leitura de Cox se opõe), Leiter insiste que "uma classe de pretensões pode ser epistemologicamente privilegiada somente se for possível que haja verdadeiras *objetivas* sobre elas e se for possível que tenhamos um conhecimento *objetivo* de tais verdades" (2002: 14). Ademais, Leiter interpreta o famoso "perspectivismo" nietzscheano como algo consistente com a verdade e realidade objetivas: embora qualquer pretensão de conhecimento seja limitada a uma certa perspectiva sobre um objeto, isso não nega a existência de um objeto realmente existente que transcende qualquer perspectiva, e tampouco exclui a possibilidade de que algumas perspectivas sobre tal objeto sejam claras (verdadeiras) e outras distorcidas (falsas). Leiter argumenta, assim, que a filosofia de Nietzsche sugere que ele *conhece* algumas *verdades* que outros – os cristãos, a maioria dos filósofos, os moralistas – não conseguem compreender (p. 14).

Ceticismo sobre a ciência

Nietzsche é com frequência considerado cético sobre o valor epistemológico da ciência, entendendo-a como uma interpretação entre outras sem qualquer relação especial com a verdade ou a realidade. Em contrapartida, e na esteira do argumento acima, Leiter sugere que o Nietzsche maduro não era cético sobre o valor epistemológico da ciência. Em suas obras tardias, Nietzsche se preocupou em ressaltar que a ciência não pode criar valores – a necessária competência da filosofia –, mas isso não implica um ceticismo em relação ao valor epistemológico da ciência enquanto tal.

Ceticismo sobre a causalidade

Como vimos acima, a interpretação naturalista de Leiter envolve uma espécie de causalidade: Nietzsche busca identificar causas naturais (de forma geral, fatos fisiológicos e psicológicos) para as crenças humanas. Contudo, Nietzsche é frequentemente pensado como um autor que rejeita a ideia mesma de causalidade.

Leiter argumenta que, novamente, tal rejeição não se constata nas obras maduras de Nietzsche. Ademais, para Leiter, uma aparente crítica da causalidade em *Além do bem e do mal* (ABM 21) defende, na realidade, apenas que a causalidade não se aplica às "coisas em si mesmas", mas apenas aos fenômenos. Segundo a leitura de Leiter, a ideia de um reino de coisas em si é rejeitada nas obras tardias de Nietzsche, e somos deixados apenas com *este* mundo – o único mundo –, possível de ser descoberto pela ciência empírica, à qual a causalidade é aplicada de forma legítima.

Hostilidade relativamente ao materialismo

Leiter reconhece que Nietzsche torna explícita sua desaprovação da posição materialista, uma posição que, como se pode pensar, o naturalista deve defender. Contudo, Leiter ressalta que a rejeição nietzscheana do materialismo tem um caráter específico: trata-se de uma rejeição da redução de todo e qualquer fato à concepção materialista mecanicista do universo (para as visões de Nietzsche sobre o mecanicismo, cf. a seção sobre ciência, abaixo). Isso significa que os ataques de Nietzsche ao materialismo implicam, na verdade, apenas a rejeição de um tipo restrito de naturalismo: o naturalismo substantivo em sua variedade semântica. Leiter afirma que as concepções de Nietzsche sobre o tema permanecem perfeitamente consistentes com um naturalismo metodológico completo, assim como com um naturalismo substantivo ontológico (a rejeição do supernaturalismo).

Ceticismo sobre a natureza e essência humanas

Nietzsche é frequentemente considerado um cético da natureza humana, um ceticismo condizente com sua rejeição da metafísica e da atribuição de propriedades essenciais a qualquer coisa. Contudo, Leiter observa que Nietzsche enuncia, *sim*, teses sobre essências. Leiter sugere que aqueles que acreditam que Nietzsche é cético sobre todas as essências confundem a rejeição de *teses não naturalistas* (i. é, a identificação de essências supernaturais ou metafísicas) com uma rejeição de toda e qualquer tese sobre essências (2002: 26). Referindo-se a Quine, Leiter nota que há uma forma de atribuir essências "naturais" às coisas que é perfeitamente consistente com o naturalismo e também com a rejeição nietzscheana de essências supernaturais. (Para uma discussão aprofundada sobre Nietzsche e a natureza humana, cf. cap. 6.)

Em suma, Leiter acredita que as teses "pós-modernas" mais comuns sobre Nietzsche que o apresentam como um opositor da interpretação naturalista, defendida por Leiter, são todas equivocadas ou, ao menos, não suficientemente corretas para se caracterizarem como verdadeiras objeções. Um aspecto central do argumento de Leiter é sua tese de que as obras tardias de Nietzsche não contêm aquelas teses, presentes em suas primeiras obras, que entram em conflito com o naturalismo.

O naturalismo interpretativo de Cox

O livro de Cox, *Nietzsche: naturalismo e interpretação* [*Nietzsche: Naturalism and Interpretation*] (1999), apresenta uma leitura de Nietzsche que poderíamos denominar "naturalismo interpretativo". Cox segue a definição ampla de naturalismo, esboçada na introdução a essa seção, como uma tentativa de estabelecer uma continuidade entre filosofia e ciência. Nessa medida, sua tese naturalista é compatível com a leitura de Leiter. No entanto, a interpretação de Cox difere da de Leiter com respeito às concepções de Nietzsche sobre verdade e realidade, seguindo os "pós-modernos" em sua ênfase na rejeição nietzscheana dos "fatos" em favor de perspectivas e interpretações. Para Cox, embora ele não utilize precisamente esses termos, as interpretações naturalista e pós-moderna são compatíveis, pois é precisamente o naturalismo de Nietzsche que o conduz às concepções "pós-modernas" epistemológicas e ontológicas. Em outras palavras, a reconsideração nietzscheana da filosofia sob uma base científica o faz rejeitar a "visão do olho de Deus" na epistemologia e o "mundo previamente dado" na ontologia. Na sequência esboçaremos a interpretação que Cox faz da epistemologia e ontologia naturalizadas de Nietzsche, mostrando como – segundo Cox – o projeto naturalista de Nietzsche segue duas linhas principais: a "naturalização da humanidade" e a "desdivinização da natureza".

Epistemologia naturalizada

De acordo com Cox, Nietzsche rejeita, com base no naturalismo, as concepções mais populares na epistemologia filosófica. Para entendermos a epistemologia naturalizada de Nietzsche, nós precisamos primeiro ter uma compreensão básica sobre o que seriam tais concepções populares. Tradicionalmente, as duas abordagens dominantes sobre a aquisição e justificativa do conhecimento na tradição filosófica ocidental foram o *racionalismo* e o *empirismo*. O racionalismo é a concepção segundo a qual a razão humana nos dá acesso à verdade por meio de "ideias inatas" que são naturalmente inerentes à mente e que, uma vez acessadas, nos propiciam um entendimento verdadeiro da realidade. (Platão é o "avô" da tese racionalista, ao passo que Descartes é seu "pai" moderno.) O empirismo, em contrapartida, é a concepção segundo a qual todo nosso conhecimento é derivado da experiência sensível ou por ela justificado. (Aristóteles é o "avô" do empirismo, e John Locke, seu "pai".) No final do século XVIII, Kant tentou reconciliar racionalismo e empirismo com a teoria, extremamente influente, do *idealismo transcendental*. De acordo com Kant, o conhecimento é produzido por uma síntese dos dados da sensibilidade que as categorias, fornecidas pela mente, realizam *a priori* e necessariamente. A mente, assim, organiza nossa experiência e a torna inteligível, mas as pretensões de conhecimento são justificadas apenas se referidas a objetos da experiência sensível.

Segundo Cox, Nietzsche rejeita essas três concepções na maioria de suas expressões, optando por uma forma de empirismo qualificado. Nietzsche argumenta que as ideias ou categorias que moldam nossas interpretações do mundo não são simplesmente reflexos de uma realidade objetiva, mas, antes, passaram ao longo do tempo por pressões e constrangimentos evolutivos. Nietzsche sugere, assim, que as ideias às quais os seres humanos estão inclinados persistem em virtude do fato de terem se provado vantajosas à espécie, e não devido a alguma conexão que supostamente têm com a "realidade". Isso vale não apenas para crenças substantivas (como a existência de Deus, da alma ou do além-vida), mas também para a maioria das aplicações da razão que foram frequentemente concebidas como aquilo que expressa as estruturas mais básicas da racionalidade: linguagem, lógica, matemática e as "categorias". Essas são inteiramente ligadas entre si e cumprem o mesmo papel evolutivo básico: trata-se de funções da consciência que servem para simplificar e esquematizar o múltiplo sensível em um sistema calculável e comunicável (COX, 1999: 83). Tanto a lógica como a matemática têm por objetivo tornar as coisas iguais e construir identidades. As categorias são conceitos ou formas intelectuais, como a qualidade, quantidade, substância, lugar, tempo, e assim por diante, que são pensados como estruturas básicas para organizar nossa experiência e nosso entendimento do mundo. Para Nietzsche, o valor evolutivo das categorias consiste em elas simplificarem e organizarem nossa recepção da experiência sensível, de modo que possamos lidar de forma mais rápida e fácil com os desafios apresentados pelo ambiente. Por fim, a linguagem nos permite a comunicação com os outros sob o fundamento desse mundo simplificado (p. 83).

A epistemologia naturalizada de Nietzsche rejeita o racionalismo e a suposição kantiana de uma natureza universal, necessária e imutável das categorias. Para Nietzsche, não há nada necessário ou inabalável sobre a forma como categorizamos nossa experiência: mesmo funções racionais tão básicas como a lei de identidade, o princípio de reconhecer algo como idêntico a outro, são interpretadas por Nietzsche como produtos contingentes de constrangimentos evolutivos, abertos a alterações. Rejeitando ideias *a priori*, a epistemologia naturalizada de Nietzsche é uma forma de empirismo na medida em que aceita que todo conhecimento é derivado dos sentidos. Porém, segundo Cox, Nietzsche rejeita o que denomina *empirismo reducionista*, "que sustenta que todo conhecimento e experiência são redutíveis a observações imediatas que ensejam um sentido único e pleno" (p. 93). Nietzsche nutre uma acentuada hostilidade contra a ideia de que a experiência sensível fornece certezas imediatas sobre a natureza das coisas, e elogia a capacidade de pensar para além do que é mais aparente à experiência sensível. Nietzsche rejeita a distinção entre o caráter imediatamente dado do elemento sensível e a atividade interpretativa da mente sobre ele, afirmando que toda percepção sensível se dá no interior de um quadro daquilo que já são perspectivas interpretativas. Essa explicação perspectivista do conhecimento é uma consequência direta da naturalização nietzscheana da epistemologia. Essa concepção se coaduna com a rejeição nietzscheana de um "mundo previamente dado", que consideramos abaixo.

Em primeiro lugar, é necessário observar, contudo, como a tese de Cox sobre a epistemologia de Nietzsche se relaciona com o problema do relativismo. O relativismo e como evitá-lo (ao menos em suas formas mais perniciosas) é um dos problemas perenes para qualquer teoria filosófica do conhecimento. O relativismo, em sua forma mais simples, é a ideia de que todas as pretensões de conhecimento têm valor idêntico, tornando-se impossível privilegiar uma em detrimento da outra. Isso equivaleria a um niilismo epistemológico: a concepção segundo a qual não temos o conhecimento de nada, uma vez que qualquer pretensão de conhecimento pode ser tão verdadeira ou falsa quanto qualquer outra pretensão. Por um lado, a interpretação de Cox sobre a epistemologia de Nietzsche parece sugerir um relativismo, pois ele insiste que, para Nietzsche, as pretensões da ciência empírica e da filosofia naturalizada são, elas mesmas, interpretações e perspectivas, abertas ao mesmo ceticismo relativo à perspectiva transcendental que acomete outras pretensões de conhecimento. Cox argumenta, porém, que a epistemologia de Nietzsche se salva da acusação de relativismo por incluir um critério que determina se uma pretensão de conhecimento deve ser privilegiada em relação às demais.

Como observado anteriormente, Leiter insiste que "uma classe de pretensões pode ser *epistemologicamente* privilegiada somente se for possível que haja verdades *objetivas* sobre elas e se for possível que tenhamos um conhecimento *objetivo* de tais verdades" (2002: 14). No entanto, a interpretação que Cox faz de Nietzsche difere justamente nesse ponto na medida em que ele aponta uma outra forma pela qual as pretensões podem ser epistemologicamente privilegiadas, uma forma que não depende de uma verdade objetiva. De acordo com a interpretação de Cox, para Nietzsche nem toda pretensão de conhecimento tem um valor idêntico às demais, pois um privilégio epistemológico é dado às interpretações e perspectivas naturalizadas. Cox escreve: "Nietzsche sustenta que perspectivas e interpretações são, em grande medida, desenvolvidas para nos ajudar a enfrentar nossa imbricação sensível no mundo natural. Um padrão básico para avaliar as interpretações, portanto, consiste no exame de quão bem elas fazem isso" (COX, 1999: 99).

Dessa forma, a interpretação de Cox parece sugerir que, apesar das vantagens evolutivas das crenças religiosas e metafísicas que se acumularam no passado, as interpretações naturalizadas são, em última instância, superiores tendo em vista o valor que detêm por nos ajudar a "enfrentar nossa imbricação sensível no mundo natural". Segundo a interpretação de Cox, portanto, não é a verdade objetiva – ela mesma uma ideia humana aberta a críticas – que serve como o critério de privilégio epistemológico, mas, antes, o critério naturalista de enfrentamento com o ambiente. Em poucas palavras, segundo a interpretação de Cox, Nietzsche sustenta (i) que não há fatos, apenas interpretações, e também (ii) que algumas interpretações (as naturalistas) são melhores do que outras.

Ontologia naturalizada

Para Cox, a naturalização nietzscheana da ontologia ocorre segundo duas linhas: a naturalização do homem e a desdivinização da natureza. Em outras palavras, Nietzsche apresenta uma ontologia naturalizada dos seres humanos e do cosmo. O projeto nietzscheano de "naturalizar o homem" significa transportar por completo os seres humanos para uma visão natural de mundo, rejeitando qualquer apelo a entidades ou princípios de explicação supernaturais. Esse projeto implica rejeitar as disjunções tradicionalmente utilizadas pelos filósofos para demarcar os seres humanos como algo excepcional: razão/natureza, mente/corpo, consciência/instinto, e assim por diante (COX, 1999: 99). Em contrapartida, Nietzsche considera esses termos como um *continuum*, no qual o termo especificamente humano é uma modificação e consequência do termo "animal", devendo ser entendido não como superior ou mais elevado, mas apenas diferente.

Como um corolário para a epistemologia de Nietzsche, o mundo é desdivinizado em um sentido ontológico. Nietzsche rejeita não apenas a "visão do olho de Deus", como também a ideia de um objeto absoluto que poderia ser considerado com um tal ponto de vista. Nietzsche entende essa ideia do mundo como ele é em si mesmo – ou seja, o "fato" do mundo que transcende todas as perspectivas – como uma manifestação de niilismo religioso. Cox explica: "A noção do mundo 'como ele realmente é' ou 'como ele é em si' é simplesmente fabricada por meio de uma *negação*, um *desejo de transcender* o mundo que conhecemos (o mundo conforme ele é construído por muitas interpretações/perspectivas)" (p. 96).

Enquanto uma ideia religiosa, a noção de uma natureza objetiva e fatual da realidade é debilitada pela naturalização. Como vimos, para o Nietzsche de Cox não apenas as categorias conceituais, mas também as experiências sensíveis são desde sempre uma interpretação, de modo que qualquer apreensão do mundo, incluindo a ciência empírica e a filosofia naturalizada, terá o caráter de uma perspectiva interpretativa.

De acordo com a interpretação de Cox, o projeto de Nietzsche de desdivinizar a natureza implica revelar o caráter perspectivista e interpretativo do mundo e de nossa relação com ele. O projeto implica a remoção de todas as categorias por meio das quais o mundo foi entendido como divino: "finalidade, ordem, objetivo, forma, beleza, sabedoria, eterna criação, lei, hierarquia, e assim por diante" (1999: 103). O que é específico do naturalismo de Nietzsche é sua crença de que as próprias perspectivas científicas conservam fortes traços das perspectivas religiosas e metafísicas por elas substituídas. O projeto naturalista de Nietzsche, pois, não adota a descrição científica da natureza pura e simplesmente, mas, antes, critica essa descrição em nome de um naturalismo mais radical. Isso se torna evidente na seguinte nota: "Minha tarefa: a desumanização da natureza e então a naturalização do humano, após ter sido obtido o conceito puro de natureza" (KSA 9, 11 [211], apud MOORE, 2004: 6).

Qual é, pois, esse "conceito puro de natureza" que Nietzsche pretende obter? Trata-se da imagem do mundo que surge tão logo as categorias teístas e metafísicas – finalidade, ordem, objetivo etc. – são removidas. Cox desenvolve esse ponto sublinhando como se trata também de uma imagem do mundo sem as quatro "causas" identificadas por Aristóteles e que se tornaram um quadro referencial influente para a formulação das concepções metafísicas da natureza. Essas quatro causas aristotélicas e suas modificações teístas são as seguintes:

> **Ponto central:** *As quatro causas*
>
> • A *causa eficiente* de algo é a força que ocasionou uma mudança para produzir aquela coisa. (Deus como primeiro motor – a força que originalmente produziu o movimento no cosmo.)
>
> • A *causa formal* é aquela em virtude da qual algo é o que é; na metafísica aristotélica, sua forma. (O mundo entendido como organismo, como ciclo, como máquina ou algo sujeito a leis.)
>
> • A *causa final* é a finalidade, fim ou objetivo em direção ao qual uma mudança é produzida. (A finalidade do universo como equilíbrio, progresso ou felicidade.)
>
> • A *causa material* é o "material" a partir do qual algo é feito (Atomismo materialista, panteísmo etc.) (cf. MAUTNER, 1999: 90; COX, 1999: 104).

O que resta do mundo tão logo são removidas essas noções teológicas? Por vezes Nietzsche descreve essa imagem desdivinizada da natureza como "caos" ou "a inocência do vir-a-ser", mas a mais conhecida imagem desdivinizada do mundo em seu pensamento é o mundo como "vontade de potência". Segundo essa interpretação, o mundo é entendido em termos de um único princípio elucidativo, aquele do *quantum* dinâmico de força em relações em constante mudança. Nietzsche revela essa imagem na famosa nota final coligida em *A vontade de potência*:

> Este mundo: [...] jogo de forças e ondas de força ao mesmo tempo um e múltiplo, aqui acumulando-se e ao mesmo tempo, ali minguando, um mar de forças tempestuando e ondulando em si próprias, eternamente mudando, eternamente recorrentes, com descomunais anos de retorno, com uma vazante e enchente de suas configurações (VP 1.067).

De forma significativa, para a doutrina nietzscheana do perspectivismo, esses *quanta* de força são aquilo que interpreta, e toda interpretação é uma manifestação da vontade de potência. Toda interpretação – incluindo a interpretação de Nietzsche sobre o mundo como vontade de potência – é investida de seus próprios interesses e desejo de expansão. A natureza desdivinizada de Nietzsche, entendida como caos, vir-a-ser e vontade de potência, não é, pois, apresentada como um fato que transcende todas as perspectivas, mas como uma interpretação entre outras. Como Cox explica, "não se trata de distinguir o mundo real do mundo aparente, mas de distinguir diferentes formas de construir mundos aparentes" (1999: 103).

Embora aqui não seja o lugar de debater os respectivos méritos das correntes naturalistas de Cox e Leiter, façamos algumas observações sobre esse tópico. A interpretação de Leiter tem a vantagem não apenas de alinhar Nietzsche a uma concepção de verdade e ciência mais amplamente aceita e conforme ao senso comum, como também, baseado nisso, de elucidar mais adequadamente projetos como o da *Genealogia*, que, com frequência, confundem seus leitores. Contudo, essa vantagem paga o preço de restringir nossa perspectiva sobre Nietzsche às suas seis últimas obras publicadas. A interpretação de Cox, por outro lado, tem a vantagem de elucidar mais adequadamente um espectro mais amplo de textos de Nietzsche (incluindo suas notas tardias não publicadas e suas primeiras obras), além de atribuir a Nietzsche uma concepção mais original, ainda que também mais desafiadora, de verdade e realidade e de sua relação com a ciência.

Ciência

Desde as primeiras interpretações das obras de Nietzsche no final do século XIX, relação entre o seu pensamento e a ciência foi um frequente alvo de atenção, particularmente em relação às ideias específicas que parecem deter um caráter "quase-científico", tais como a vontade de potência e o eterno retorno (abaixo examinaremos alguns desses primeiros estudos ao discutirmos essas ideias). Uma conhecida obra que discutiu vários desses temas é da autoria de um estudioso francês de Nietzsche, Charles Andler, a saber, seu impressionante estudo *Nietzsche, sua vida e seu pensamento* [*Nietzsche, sa vie et as pensée*], publicado em seis volumes entre 1920 e 1931. Contudo, apenas, grosso modo, nos últimos trinta anos a relação de Nietzsche com as ciências naturais foi amplamente reconhecida como um solo fecundo para novas explorações de seu pensamento. Gregory Moore (2004: 10) observa que a publicação das obras reunidas de Nietzsche por Colli e Montinari é uma promissora pista para identificar as obras de ciência natural que Nietzsche leu e às quais se referiu em suas notas. Diethe (2006: xl) atribui a Ansell-Pearson a responsabilidade de ter "encabeçado", ao menos no ambiente de língua inglesa, a corrente dos estudos sobre as relações entre Nietzsche e as ciências (a obra de Ansell-Pearson em torno desse tema é examinada no cap. 6).

Entre as obras recentes mais conhecidas que examinaram aspectos particulares da relação de Nietzsche com a ciência contam-se: *Lange e Nietzsche* [*Lange and Nietzsche*] (1983), de George J. Stack; *Nietzsche e os tempos modernos* [*Nietzsche and Modern Times*] (1983), de Laurence Lampert; *A filosofia da ciência de Nietzsche* [*Nietzsche's Philosophy of Science*] (1994), de Babette E. Babich; os volumes editados por Babich e Robert S. Cohen: *Nietzsche e as ciências I: Nietzsche, teorias do conhecimento e Teoria Crítica* [*Nietzsche and the Sciences I: Nietzsche, Theories of Knowledge, and Critical Theory*] (1999a) e *Nietzsche e as ciências II: Nietzsche, epistemologia e filosofia da ciência* [*Nietzsche and the Sciences II: Nietzsche, Epistemology, and Philosophy of Science*] (1999b); *Nietzsche em contexto* [*Nietzsche in Context*] (2001), de Robin Small; *Nietzsche, biologia e metáfora* [*Nietzsche, Biology and Metaphor*] (2002), de Moore; e *O novo darwinismo de Nietzsche* [*Nietzsche's New Darwinism*] (2004), de John Richardson. Contudo, como Moore observa, o primeiro e até agora mais completo e sistemático estudo sobre o tema é o livro de Alwin Mittasch, *Nietzsche como filósofo da natureza* [*Nietzsche als Naturphilosoph*] (1952, apud MOORE, 2004: 10). Moore nota, contudo, que esse livro é significativamente equivocado. Ademais, a relação de Nietzsche com a ciência não apenas carece de um estudo mais completo, como também várias áreas igualmente significativas receberam pouca ou nenhuma atenção. Por exemplo, Thomas H. Brobjer (2004: 41) observa que a significativa influência de filósofos da ciência positivistas (ou, como eram chamados à época, "crítico-empiristas"), Richard Avenarius e Ernst Mach, foi curiosamente desprezada. Essa influência é relevante por mostrar que Nietzsche não apenas tinha conhecimento das ideias que moldaram o positivismo do Círculo de Viena e a tradição analítica do século XX, como, em certa medida, foi influenciado por elas (p. 41). Dessa forma, a relação de Nietzsche com a ciência permanece uma frutífera área a ser pesquisada e explorada no século XXI.

Vale notar, já de início, alguns aspectos gerais que dizem respeito à relação de Nietzsche com a ciência. Como muitas outras coisas na obra de Nietzsche, o estatuto da ciência envolve um alto grau de ambiguidade. A atitude cambiante de Nietzsche em relação à ciência é, decerto, um dos elementos mais decisivos para diferenciar os três períodos nos quais sua obra é tradicionalmente dividida. De modo geral, a ciência era um tópico altamente influente na cultura intelectual europeia no século XIX. Moore sugere que "pode até ser argumentado que as várias posições relativas à ciência que Nietzsche adotou ao longo de sua vida recapitulam, em um único caso, os diferentes estágios no desenvolvimento da relação entre ciência e filosofia no século XIX" (2004: 8). Nietzsche escreveu sua obra no contexto de uma grande efervescência relativamente ao significado cultural da ciência, mais especificamente no contexto de duas teorias científicas que pareciam solapar a fé religiosa: a teoria darwiniana da evolução, que descentrou e dessacralizou a natureza dos seres humanos, e a segunda lei da termodinâmica (entropia), que sugeriu uma eventual "morte térmica" do universal, opondo-se à noção de que a criação é um fenômeno divino e eterno. (A entropia é discutida no cap. 6.) Moore observa ainda, contudo, que a contribuição original de Nietzsche para os debates científicos foi a de ter visto que o enfraquecimento de crenças explicitamente religiosas teve também como consequência o enfraquecimento de valores morais e normativos sobre os quais repousam nossas estruturas sociais (MOORE, 2004: 6).

As primeiras reações de Nietzsche à ciência – no período de *O nascimento da tragédia* e *Considerações extemporâneas* – são essencialmente negativas. Ele entende a ciência como o resultado da elevação socrática do conhecimento em relação à arte, além de algo que tem um valor fundamentalmente negativo para a vida. Em sua busca intransigente pela verdade, a ciência abre mão tanto do véu apolíneo da ilusão como da intoxicação dionisíaca que nos permitem afirmar o sofrimento e que agem como estímulo para a vida. Porém, em seu "período intermediário" – de *Humano, demasiado humano* até *A gaia ciência* – parece ocorrer uma mudança radical: agora Nietzsche nutre uma alta estima pela ciência precisamente por sua intransigente honestidade, e busca desmascarar os engodos e prejuízos morais ao "naturalizar" a moral (ou seja, explicar nossos sentimentos morais de acordo com o conhecimento propiciado pelas ciências naturais). A seguinte passagem de *A gaia ciência* exemplifica essa nova visada:

> *Viva a física!* [...]. *Quanto a nós, queremos tornar-nos aqueles que somos*, homens novos, homens de uma só fé, incomparáveis, aqueles que fazem as suas leis para si próprios, aqueles que se criam a si próprios! E para isso é necessário que aprendamos, é necessário que descubramos tudo aquilo que é lei e necessidade no mundo: tornemo-nos os melhores alunos e os melhores exploradores: devemos ser físicos a fim de poder *criar* neste sentido, ao passo que até aqui ainda se não construiu nenhum ideal, nenhuma tabela de valores a não ser sobre a *ignorância* ou o *desprezo* da física! Por consequência: viva essa física! Viva ainda mais aquilo que no-lo impõe: a nossa lealdade! (GC 335).

O terceiro período do pensamento de Nietzsche – do *Zaratustra* em diante – vê uma mudança final de atitude, que, de certa forma, constitui uma combinação matizada das duas posições anteriores. Nietzsche continua a dar valor ao *método científico* em virtude de seu potencial crítico e sua disciplina intelectual, mas uma vez mais se torna crítico da ciência enquanto tal e de várias teorias científicas dominantes, considerando-as fundamentadas nos mesmos valores do niilismo religioso. Além desse amplo panorama das constantes mudanças de Nietzsche a respeito de sua visão sobre a ciência, a influência das ciências naturais se manifesta frequentemente nos conceitos, metáforas e terminologia que ele emprega ao longo de suas obras: a "química dos conceitos e sensações", a "fisiologia da arte", a luta pela existência, a conservação de energia, conceitos da teoria psicológica de seu tempo, e assim por diante (MOORE, 2004: 9).

Nós examinaremos abaixo em mais profundidade duas áreas centrais que recentemente atraíram a atenção dos estudiosos da relação entre Nietzsche e as ciências: (i) a "filosofia da ciência" de Nietzsche, isto é, suas concepções a respeito do estatuto da ciência tanto em termos de suas pretensões de conhecimento como de seu valor cultural e existencial; e (ii) seu conhecimento das ciências naturais e a forma como tal conhecimento exerceu influência em sua obra filosófica.

A filosofia da ciência de Nietzsche

Um dos autores que mais contribuíram para os estudos sobre a relação de Nietzsche com a ciência é Babich. Ela publicou uma monografia sobre a filosofia nietzscheana da ciência (BABICH, 1994) e coeditou duas coletâneas de ensaios sobre "Nietzsche e as ciências" (BABICH & COHEN, 1999a, 1999b). A monografia de Babich é intitulada *Filosofia da ciência de Nietzsche: refletindo sobre a ciência com base na arte e na vida* [*Nietzsche's Philosophy of Science: Reflecting Science on the Ground of Art and Life*], e seu subtítulo condensa de forma clara seu argumento. Embora reconheça que de forma alguma Nietzsche propôs uma filosofia plenamente desenvolvida da ciência segundo o nome que tal disciplina carrega hoje em dia, Babich defende, não obstante, que a filosofia de Nietzsche – e em particular suas reflexões sobre epistemologia e método científico – tem importantes implicações para a filosofia da ciência. O estudo de Babich se baseia na tese crítica de que a filosofia contemporânea da ciência, especialmente conforme ela é praticada na tradição filosófica "analítica" anglo--americana, carece de uma orientação criticamente reflexiva em relação à ciência (a qual, ela argumenta ainda, é uma condição necessária para a ciência enquanto tal). Para Babich, o problema é que a filosofia da ciência carece de um outro fundamento que não seja a própria ciência, a partir do qual ela possa refletir sobre esta mesma ciência. Como sugere o subtítulo do livro, Babich encontra a possibilidade de obter um tal fundamento (ou fundamentos) na obra de Nietzsche, na qual eles assumem a forma da arte e da vida. Aqui, a autora se refere à passagem presente no prefácio, de caráter autocrítico, que Nietzsche fez para a edição de 1886 de *O nascimento da tragédia*, no qual examina a tarefa a que primeiramente se propôs no livro *Ver a ciência com a ótica do artista, mas a arte, com a da vida* (NT: "Prefácio", 2). Babich, assim, propõe uma crítica *estética* da ciência: uma visada crítica acerca da ciência a partir da perspectiva da arte, e uma conexão dessa perspectiva crítica com a concepção de Nietzsche sobre os valores e demandas da vida.

Babich desenvolve uma perspectiva crítica acerca da ciência, apoiando-se na crítica nietzscheana da verdade, conhecimento e método crítico. Grosso modo, a perspectiva crítica de Nietzsche acerca da ciência pode ser resumida em dois pontos. Primeiro, Nietzsche critica o que considera como uma pretensão científica a uma verdade única e absoluta, contrastando-a com sua própria tese perspectivista do conhecimento e da verdade. Babich caracteriza a tese nietzscheana sobre o conhecimento segundo aquilo que ela denomina uma abordagem "ecofisiológica": o conhecimento é produzido pelo corpo e pelo mundo, bem como através da inter-relação desses dois elementos. Tendo em vista as limitações colocadas na natureza dos corpos humanos em geral (assim como nos corpos particulares dos investigadores) e o escopo limitado de sua interação com o mundo, o conhecimento terá um caráter inevitavelmente perspectivista. Em particular, Nietzsche argumenta que o conhecimento humano é produzido de acordo com as realidades e necessidades da adaptação de nossa espécie ao ambiente. A partir dessa perspectiva, a ciência é um tipo de ilusão, no entanto, não por ser falsa enquanto tal, mas, antes, na medida em que é uma perspectiva parcial que se arroga um ponto de vista absoluto supostamente capaz de acessar verdades absolutas. Nietzsche apresenta tanto a arte como a ciência como ilusões, mas a arte tem ao menos a virtude de conhecer a si mesma enquanto tal. Para Nietzsche, a ciência precisa de uma cultura estética: a arte pode servir como um corretivo para a ciência ao revelar suas afinidades enquanto formas de ilusão.

Segundo, Nietzsche questiona o valor da verdade, do conhecimento e da ciência ao investigar as dimensões existenciais e psicológicas daquilo que, em nós, deseja a verdade, a regularidade científica e (por extensão) o domínio tecnológico (BABICH, 1994: 298). Nietzsche apresenta o que denomina a "vontade de conhecimento" como uma espécie da vontade de potência e considera haver uma íntima conexão entre o desejo de conhecer o mundo e o desejo de dominá-lo. Dessa forma, ao passo que Nietzsche considera a realidade do mundo como um fluxo de vir-a-ser (a dimensão metafísica da vontade de potência; uma concepção que Babich chama de "hiper-realismo" de Nietzsche), a ciência retira seus objetos desse fluxo e os estabiliza para apreendê-los e controlá-los. Novamente, embora proporcione um grau ou perspectiva de conhecimento sobre o mundo, isso permanece ilusório na medida em que encobre e nega um fluxo mais primordial de vir-a-ser, que permite que as coisas se manifestem de múltiplas maneiras.

Ademais – e de forma mais decisiva –, Nietzsche considera a vontade que subjaz à ciência como uma manifestação do ideal ascético e, enquanto tal, como uma continuação do niilismo religioso sob uma forma radicalmente diferente. Babich identifica a forma mais acentuada da natureza ascética da ciência na motivação do projeto científico moderno de conservar a vida. Como Babich o expõe, o ideal ascético consiste nos "meios pelos quais uma vontade de potência fraca ou reativa pode tornar-se superordenadamente criativa, representando seus próprios padrões como universalmente válidos" (p. 8). Para Nietzsche, a religião e, em particular, a tradição judaico-cristã manifestam o ideal ascético como um mecanismo que conserva a vida através da criação de um sistema de valores apropriados para aqueles com um nível baixo de vontade de potência (a esperança na salvação em um além-mundo como compensação pela inabilidade em suportar o sofrimento dessa vida) e através da universalização daqueles valores com o objetivo de criar condições sociais que também contribuam para tal conservação da vida. De acordo com Nietzsche, o projeto da ciência moderna dá continuidade ao niilismo religioso do ideal ascético por outros meios, visando principalmente a conservação de toda e qualquer vida (humana), mesmo a mais empobrecida, pela dominação e subjugação do mundo natural. Como Babich enfatiza, esse ímpeto de conservação da vida é na verdade niilista – ele na verdade nega a vida –, pois, segundo Nietzsche, a expressão plena e afirmativa da vida exige um *dispêndio* de vida. Em outras palavras, afirmar a vida por viver ao máximo implica risco, o dispêndio de energia e acolhimento de forças inerentes à vida que, de uma perspectiva limitada, parecem opor-se a ela: mudança, declínio e morte. Portanto, o desenvolvimento da "filosofia da ciência" de Nietzsche na obra de Babich ressalta a crítica nietzscheana da ciência a partir da perspectiva da vida, uma perspectiva em que a ciência aparece como uma manifestação da vontade de conhecimento e do ideal ascético. Essas críticas estéticas e vitalistas não parecem exigir um abandono da ciência, mas, antes, apenas uma transvaloração que a rebaixa, retira-lhe a prerrogativa de um acesso exclusivo à verdade e lhe confere um lugar numa cultura que concede o devido peso às demandas originadas da arte e da vida.

O significado da ciência para Nietzsche

Além das visões mais amplas de Nietzsche sobre o valor epistemológico, cultural e existencial da ciência enquanto tal, os estudiosos de seu pensamento interessaram-se também pela determinação exata da ciência com a qual Nietzsche travou contato, além do modo como ela exerceu influência sobre sua filosofia. Esses autores procuraram também determinar como as ideias filosóficas de Nietzsche se vinculam à ciência do século XIX e como elas por vezes parecem pressagiar desenvolvimentos mais recentes nas ciências (MOORE, 2004: 11). Material de arquivo, como os cadernos de anotação de Nietzsche, e os livros de sua biblioteca, frequentemente repletos de grifos e anotações, permitiram aos estudiosos empreender uma pesquisa detalhada a respeito dessas questões. Um bom exemplo de tal pesquisa é aquela conduzida por Brobjer (2004).

Nietzsche, um filólogo, carecia de formação formal nas ciências naturais. Contudo, ele realizou tentativas periódicas de compensar essa falta de formação por meio da leitura de inúmeros livros sobre ciência, tendo chegado até mesmo a planejar, num dado momento de sua vida, estudar ciência na Universidade de Viena para preencher essa lacuna (um plano, contudo, nunca levado a cabo).

Após detalhar os inúmeros livros de cientistas, escritores científicos e filósofos da ciência que Nietzsche estudou e nos quais fez anotações, Bobjer conclui que "Nietzsche era mais bem informado e engajado em questões relativas às ciências naturais do que se costuma admitir" (p. 46). Em geral, as ciências que mais interessavam Nietzsche eram biologia, fisiologia e física (e, se incluirmos as "ciências sociais", psicologia e sociologia; MOORE, 2004: 11). Embora haja um grande número de cientistas e teorias científicas que influenciaram Nietzsche, nós nos limitaremos aqui a discutir as três áreas que receberam maior atenção: Lange e o materialismo, darwinismo e a questão de sua relação com o *Übermensch*, e a relação da física com as ideias de vontade de potência e eterno retorno.

Lange e o materialismo

É sabido já há muito tempo que, no âmbito das ciências, uma das primeiras e mais significativas e longas influências de Nietzsche foi a *História do materialismo* ([1886] 1950), de Friedrich Albert Lange, uma obra que Nietzsche leu à época de sua primeira aparição, tendo a revisitado periodicamente e a estudado em profundidade, também em seu período tardio – Nietzsche a releu em 1883, 1884 e 1885 e comprou e leu a terceira edição em 1887 (BROBJER, 2004: 27). Stack, em seu detalhado estudo *Lange and Nietzsche* (1983), argumenta que:

> Não seria exagerado afirmar que muitos dos temas centrais com os quais Nietzsche se confronta ao longo de sua vida criativa podem ser melhor elucidados apenas quando colocados sob o pano de fundo do notável estudo de Lange [...]. Boa parte das ideias, lampejos de pensamento e interpretações intuitivas encontrados nos escritos de Nietzsche devem sua inspiração àquilo que só pode ser caracterizado como o estudo microscópico que Nietzsche fez da obra de Lange, uma exposição, comentário e interpretação da história do materialismo, do pensamento pré-socrático até o último quartel do século XIX (STACK, 1983: 1).

Ora, mas de que trata a obra de Lange e o que ela significou para Nietzsche?

Friedrich Albert Lange (1828-1875) foi um professor de Filosofia nas universidades de Zurique e Marburg e um dos fundadores do influente movimento na filosofia alemã da segunda metade do século XIX e começo do século XX denominado "neokantismo". (Como o nome sugere, filósofos como Lange buscaram retornar à filosofia de Kant com o objetivo de atualizar sua obra. Esse retorno a Kant variou bastante entre diferentes escolas e filósofos, conhecidos, em seu conjunto, como neokantianos.)

A *História do materialismo* de Lange é uma obra impressionantemente erudita que não apenas oferece um panorama da história do pensamento materialista desde os filósofos pré-socráticos (como Demócrito) até o presente, como também apresenta análises e críticas a muitas das figuras centrais na história da filosofia, além de um amplo resumo dos ramos da ciência natural e seus resultados até o momento de sua publicação (1866). A obra foi muito influente em seu tempo e continua a ser usada como uma obra de referência ainda no século XXI. A obra de Lange foi significativa para Nietzsche em um amplo espectro de áreas e em níveis de influência muitas vezes quase que imperceptíveis (Nietzsche se referia à obra de Lange como uma "caixa-forte"; STACK, 1983: 12); seu significado para Nietzsche, porém, pode ser resumido sob os seguintes aspectos.

> **Ponto central:** *O significado de Lange para Nietzsche*
> 1) Forneceu uma base de conhecimentos filosóficos e científicos.
> 2) Permitiu uma relação mais crítica com Schopenhauer e outros filósofos.
> 3) Estimulou o interesse no materialismo.
> 4) Propiciou uma abordagem para a relação entre ciência e sentido.

Em primeiro lugar, portanto, Nietzsche obteve uma significativa parte de seus primeiros conhecimentos em filosofia e ciência a partir do livro de Lange. No que diz respeito à ciência, Stack comenta que "a erudição de Lange é tamanha que não é exagero dizer que pela leitura cuidadosa de sua obra é possível obter um entendimento básico dos métodos e resultados da ciência até a década de 1870" (p. 8).

Em segundo lugar, é digno de nota que Nietzsche tenha descoberto Lange pouco depois de ter descoberto Schopenhauer (um filósofo que usava vários exemplos da ciência como base para sua metafísica) – Schopenhauer em 1865 e Lange no segundo semestre de 1867 – e que, ao lado de Wagner, tenha sido uma das mais significativas influências do pensamento inicial de Nietzsche. Em sua primeira menção mais longa a Lange – em uma carta a Carl von Gersdorff de agosto de 1866 – Nietzsche interpreta a obra de uma maneira equiparável à sua admiração por Schopenhauer. Na carta, Nietzsche resume as conclusões de Lange nas três seguintes proposições:

- o mundo dos sentidos é o produto de nossa organização;
- nossos órgãos (físicos) visíveis são, como todas as outras partes do mundo fenomênico, apenas imagens de um objeto desconhecido;
- por conseguinte, nossa organização real é tão desconhecida para nós quanto o são as coisas externas. Nós temos continuamente diante de nós nada mais senão o produto de ambas (NIETZSCHE, 1996a: 18-19).

Por seu turno, daqui Nietzsche conclui que Lange dá carta branca aos filósofos, desde que eles nos instruam (uma vez que eles não podem nem julgar nem serem julgados no que diz respeito às "coisas em si"). A arte também cai sob tal categoria. Assim, Nietzsche constrói a filosofia como uma arte cuja função é edificar, concluindo que Schopenhauer resiste firmemente como um dos mais edificantes filósofos-artistas.

Porém, em outros lugares Nietzsche extrai algumas das conclusões de Lange de uma maneira mais crítica a Schopenhauer. O cerne de tal crítica é uma extensão daquela crítica a respeito da possibilidade de qualquer enunciado sobre a coisa em si, incluindo construí-la como o "negativo" dos fenômenos, e da possibilidade de identificá-la com a vontade (a posição de Schopenhauer). (Cf., p. ex., o ensaio de juventude de Nietzsche não publicado "Sobre Schopenhauer", em ANSELL-PEARSON &

LARGE, 2006: 26.) Dessa forma, embora Lange fosse um confesso neokantiano, ele criticava algumas das ideias kantianas, como a da coisa em si, o que, por seu turno, serviu como base para as críticas de Nietzsche a Schopenhauer e a outros filósofos. Com efeito, Stack observa, muitas das críticas de Nietzsche a outros filósofos – como, por exemplo, Platão – parecem ter sido retiradas, em sua integralidade, de Lange (STACK, 1983: 2).

Em terceiro lugar, o estudo que Nietzsche realizou da obra de Lange estimulou seu interesse na filosofia materialista de forma geral. Com frequência é necessário explicar aos estudantes que se iniciam na filosofia a diferença entre materialismo como uma doutrina filosófica e o sentido que o termo tem no senso comum (de acordo com o qual ele se refere ao valor, tipicamente excessivo, de objetos materiais e "das coisas que o dinheiro pode comprar"). A doutrina filosófica do materialismo é uma tese metafísica sobre a natureza da realidade que afirma que existem apenas coisas materiais. O materialismo costuma ser oposto ao idealismo, a saber, à concepção de que existem apenas a mente e seus produtos. Como Brobjer demonstrou, o interesse de Nietzsche pelo materialismo se manifestou pela primeira vez em um ensaio de juventude não publicado (de abril de 1862), denominado "Destino e história", no qual Nietzsche escreve que a "história do mundo é, pois, a história da matéria" (apud BROBJER, 2004: 25). Nos anos de 1861 e de 1862, o interesse de Nietzsche pelo materialismo foi fundamentalmente influenciado pelo filósofo Ludwig Feuerbach e por um jornal especializado chamado *Sugestões para arte, vida e ciência* [*Anregungen für Kunst, Leben und Wissenschaft*], que, além de discutir temas artísticos e culturais como a música de Wagner, era também um fórum para filosofia materialista. No entanto, Lange foi uma influência mais decisiva a esse respeito, e Brobjer conta que os cadernos de Nietzsche nos anos imediatamente posteriores à sua descoberta de Lange

(1867-1868) estão repletos de referências a pensadores materialistas como Laplace, Gassendi, La Mettrie, Büchner e Moleschott (BROBJER, 2004: 26). Lange também representou uma provável motivação para que Nietzsche estudasse Demócrito, um filósofo materialista pré-socrático, um estudo que deu origem às *Lições sobre os filósofos pré-platônicos* (NIETZSCHE, 2000) e ao livro que nelas se baseou, *A filosofia na idade trágica dos gregos* (NIETZSCHE, 1996b) (BROBJER, 2004: 27).

Por fim, deve ser enunciada uma questão óbvia: Nietzsche foi um materialista? Como observa Stack, nós encontramos na obra de Nietzsche uma admiração pelo materialismo científico e uma insistência na sua importância, além de claras tendências em direção ao idealismo. Assim como em relação a muitos outros aspectos de seu pensamento, é tentador acusar Nietzsche de incorrer aqui em uma contradição ou inconsistência, ou ainda de ter simplesmente mudado de ideia. Contudo, Stack sugere que uma leitura de Nietzsche à luz de Lange elucida esse tópico e lhe dá uma coerência maior do que aquela que, à primeira vista, parece haver (STACK, 1983: 8). Embora a obra de Lange seja, em grande medida, uma defesa do materialismo, há uma importante dimensão adicional, em que Lange procura reconciliar materialismo e idealismo. Lange reconhece que, embora o materialismo científico nos liberte da superstição e opere para aprimorar a humanidade em vários aspectos, uma visão de mundo científica materialista cria um vácuo espiritual por remover o sentido do mundo e da vida humana. Em resposta a essa acusação, Lange defende aquilo que denomina "o ponto de vista do ideal": "uma representação poética de um ideal que não é representado como uma certeza metafísica, mas, antes, como um objetivo para o futuro" (p. 5). Em outras palavras – como indica aquele primeiro resumo que Nietzsche fez da obra de Lange –, o neokantiano preserva, além do materialismo, um espaço para a arte, mitologia e filosofia, ou seja, para os "ideais" que não têm nenhum estatuto metafísico, mas que são necessários para dar sentido à vida humana. Lange discute a necessidade de criar uma nova mitologia e religião coletiva de modo a assumir o lugar das crenças religiosas fundadas em ideias metafísicas equivocadas. Não é difícil perceber como essas ideias alimentaram o pensamento de Nietzsche, especialmente em seu estágio inicial, quando ele via um renascimento da tragédia nos dramas musicais de Wagner. Assim, Nietzsche, como Lange, defendia não raro uma ampla visão materialista de mundo, mas sem perder de vista os problemas de valor para os quais tal concepção aponta, tendendo, ademais, em direção ao idealismo em algumas de suas tentativas de responder a esse problema. Resumindo o significado da influência de Lange sobre Nietzsche, Stack escreve que "as explosões de pensamento, tais quais granadas, que encontramos quando lemos Nietzsche são, frequentemente, detonações do material explosivo que Lange lhe disponibilizou" (p. 8).

Darwinismo e o Übermensch

Como observa Moore (2004: 10), a ideia nietzscheana que maior atenção despertou nos estudos sobre sua conexão com a ciência foi a do *Übermensch* em relação ao darwinismo e à evolução. *A origem das espécies*, de Darwin, foi publicada em 1859, e *A descendência do homem* em 1871. Ainda que a evolução não fosse uma ideia nova, a obra de Darwin foi decisiva para refinar a teoria à luz do mecanismo da seleção natural e obter, assim, ampla aceitação na comunidade científica. As obras de Darwin foram também profundamente influentes para a cultura e o público em geral. Os escritos de Nietzsche, pois, se colocam sob o pano de fundo de um amplo interesse no darwinismo, além das controvérsias a seu respeito. Nietzsche parece nunca ter lido as principais obras de Darwin sobre evolução, tampouco aquelas de seus principais propagandistas, como T.H. Huxley ou Ernst Haeckel (BROBJER, 2004: 23). Não obstante, Nietzsche leu muitos textos secundários sobre darwinismo e evolução, e seu pensamento guarda uma profunda marca de tal influência.

Muitos comentadores interpretaram o *Übermensch* em um sentido darwinista como o passo seguinte no caminho evolutivo: uma nova espécie biológica além do *Homo sapiens*. Essa tese atraiu a atenção já em 1886, com a interpretação do *Übermensch* em termos evolutivos e biológicos na obra de Helene Druskowitz, *Buscas modernas por um substituto da religião: um ensaio filosófico* [*Moderne Versuche eines Religionsersatzes: Ein philosophischer Essay*] (MOORE, 2004: 10). A ideia nietzscheana do *Übermensch* foi também apropriada por darwinistas sociais e eugenistas como Alexander Tille e Maxilimian Mügge. Contudo, muitos comentadores também notaram que, na medida em que o pensamento de Nietzsche toca a teoria evolutiva, as ideias de evolucionistas pré-Darwin, como Jean-Baptiste Lamarck (1744-1829), parecem exercer uma influência mais decisiva. Trata-se aqui do argumento de Claire Richter em *Nietzsche e as teorias biológicas contemporâneas* [*Nietzsche et les theories biologiques contemporaines*] (1911). Uma importante obra sobre Nietzsche que contribuiu para tal linha interpretativa foi o estudo de Adler (1920-1931), que chamou a atenção para a importância de evolucionistas não darwinistas no pensamento de Nietzsche, como Ludwig Rütimeyer (um colega de Nietzsche na Basileia), William Rolph e Wilhelm Roux (BROBJER, 2004: 10-11). Mais recentemente, uma das contribuições mais significativas para a questão da relação de Nietzsche com o darwinismo foi dada por Wolfgang Müller-Lauter no artigo "O organismo como luta interna" ["The Organism as Inner Struggle"] (1999). A obra de Moore, *Nietzsche, biologia e metáfora* (2002), expande, como o próprio Moore reconhece, a tentativa de Müller-Lauter de investigar e contextualizar os empréstimos que Nietzsche fez junto às ciências naturais, buscando fornecer uma explicação definitiva do entendimento nietzscheano da mudança orgânica em geral e considerando a importância dessa perspectiva evolutiva para o desenvolvimento de sua filosofia moral e estética (MOORE, 2004: 11). O livro *Vida viroide*, de Ansell-Pearson, também deu uma contribuição significativa para o tema (alguns aspectos dessa contribuição já foram discutidos no capítulo anterior). Por fim, um dos estudos recentes mais importantes desse tópico é *O novo darwinismo de Nietzsche* (2004), de Richardson. O autor defende que, apesar dos comentários explicitamente hostis de Nietzsche sobre Darwin, uma profunda influência darwinista pode ser percebida em sua filosofia, uma influência que se manifesta através de sua interpretação naturalista dos valores.

Brobjer (2004: 23) torna mais simples nossa tarefa de dar conta de toda essa vasta bibliografia (apenas os exemplos mais relevantes foram mencionados acima) ao resumi-la sob duas grandes linhas interpretativas sobre o tema:

- Nietzsche foi um darwinista;
- Nietzsche foi um antidarwinista.

Como Brobjer observa, essas duas concepções são, de certa forma, corretas, encontrando, cada uma delas, passagens significativas na obra nietzscheana para apoiá-las. A tese de que Nietzsche foi um darwinista encontra apoio nos termos aparentemente evolutivos segundo os quais o conceito de *Übermensch* é introduzido em *Assim falava Zaratustra*:

> *Eu vos ensino o* Übermensch. O homem é algo que deve ser superado. Que fizestes para superá-lo?
> Até agora todos os seres criaram alguma coisa que os ultrapassou; quereis ser o refluxo dessa grande maré e retornar ao animal, em vez de superar o homem?
> Que é o símio para o homem? Uma irrisão ou uma dolorosa vergonha. Pois tal deve ser o homem para o

> *Übermensch*: uma irrisão ou uma vergonha. Percorrestes o caminho que vai do verme ao homem, tendes ainda em vós muito do verme. Outrora fostes símios e até hoje o homem é ainda mais símio que todos os símios (Z: "Prefácio", 3).

Ademais, Nietzsche enfatiza a importância da fisiologia e reprodução, da luta e competição, e aparentemente acolhe a rejeição darwinista da ideia de que a natureza é teleologia (i. é, tem um objetivo ou fim) (BROBJER, 2004: 23).

Por outro lado, a interpretação de Nietzsche como um antidarwinista apoia-se nas críticas explícitas a Darwin e darwinismo (cf., p. ex., CI: "Incursões de um extemporâneo", 14, "Anti-Darwin"). Nietzsche rejeita a ideia de que a autoconservação é o impulso mais fundamental (uma rejeição semelhante à sua rejeição da interpretação de Schopenhauer sobre a vontade como "vontade de vida") e também a tese darwinista da adaptação passiva de um organismo a seu ambiente exterior. Em contrapartida, Nietzsche propõe a vontade de potência como uma força criativa interna. Ademais, ele rejeita a ideia de *progresso* implícita na teoria de Darwin (a vida produzindo formas cada vez mais perfeitas). O que talvez seja mais decisivo para a campanha antidarwinista de Nietzsche é sua aparente desaprovação da interpretação darwinista do *Übermensch* no *Ecce homo* (EH: "Por que escrevo livros tão bons", 1), onde ele graceja sobre a "raça de gado erudito" que suspeita que ele é um darwinista (BROBJER, 2004: 23).

Novamente, Nietzsche parece ambíguo. Contudo, nesse caso ambas as visões podem ser consideradas consistentes se levarmos em conta que o darwinismo pode ser tomado (como frequentemente ocorre) como sinônimo de evolucionismo. Em suma, Nietzsche era sem dúvida um evolucionista por acreditar que os seres humanos evoluíram a partir de outras formas de vida animal. Contudo, ele se opôs a certos aspectos da teoria especificamente darwinista da evolução. Dada a grande quantidade de atenção recebida pelo tema, vale a pena examinar a relação de Nietzsche com Lamarck e o caráter de sua própria concepção sobre a evolução.

Lamarck detém um lugar distintivo na história da biologia como o pensador que primeiramente propôs uma teoria madura da evolução. A ideia de que a vida orgânica mudou ao longo do tempo, ao invés de ter sido criada em sua forma atual, existia desde o século XVIII e evidências em favor dessa tese – sobretudo a coleção de inúmeros fósseis e o reconhecimento de "órgãos vestigiais" (como os vestígios de pernas em criaturas marinhas que nunca caminharam na superfície) – tinham já sido recolhidas havia algum tempo, mas foi Lamarck o primeiro a formular uma teoria coerente da evolução enquanto tal. É frequentemente comentado que Nietzsche foi mais um lamarckiano do que darwinista devido à forma como Lamarck entendia a mudança evolutiva como herança de *traços adquiridos*. Antes da descoberta dos genes não se sabia como os traços eram transmitidos dos pais para os filhos. A teoria de Lamarck consistia em defender que tais traços podiam ser adquiridos por animais e passados para seus descendentes. Por exemplo, se uma girafa frequentemente estica seu pescoço para comer folhas no topo de árvores, seu pescoço cresce e esse traço é transmitido a seus descendentes. Após inúmeras gerações, o traço herdado atinge um desenvolvimento significativo. Essa concepção parece concordar com a ênfase de Nietzsche na importância da vontade do indivíduo para o aprimoramento de si. Embora agora saibamos que os traços adquiridos em vida por um indivíduo não serão organicamente herdados por seus descendentes (pois a herança biológica é transmitida por meio de um material genético fixo), a ideia pareceu a muitos autores como consistente com a teoria nietzscheana sobre o *Übermensch* na medida em que Nietzsche exorta os seres humanos a voluntariamente superarem-se, fazendo de si mesmos, portanto, uma "ponte" até o tipo superior.

Contudo, apesar da sugestão, frequentemente repetida, de que Nietzsche foi mais lamarckiano do que darwinista, há um sentido fundamental em que sua concepção de evolução é mais próxima à de Darwin. Lamarck defendia uma concepção teleológica e progressiva da evolução, na qual o processo é impulsionado por uma "seta de complexidade": as formas orgânicas de vida tornam-se progressivamente mais complexas através da mudança evolutiva. Embora não haja dúvida de que a noção de progresso esteja implicitamente presente em Darwin, ele rejeita explicitamente a ideia de que a evolução ocorra em direção a um objetivo ou que ela necessariamente produza formas mais complexas de vida. Enquanto que Lamarck não reconhecia a extinção, Darwin admitia que muitas linhas evolutivas "não têm saída" e que todo o processo é cego e mecânico, sem sentido ou finalidade. Essa rejeição da teleologia é entusiasticamente defendida por Nietzsche, de modo que, nesse sentido, ele é mais darwinista do que lamarckiano. (Para uma discussão mais ampla sobre esse tema, cf. cap. 6.)

Em última instância, Nietzsche estava mais interessado pelas implicações culturais e existenciais da evolução, nem tanto pelos detalhes de seus mecanismos biológicos. No ensaio "Da utilidade e desvantagem da história para a vida", ele escreve sobre a teoria evolucionista que, "caso essas ideias se tornem mais amplamente disseminadas, o tecido social se desintegrará à medida que os códigos morais e legais perdem sua validade" (HV 9, apud BROBJER, 2004: 24). Portanto, a ciência da evolução é, para Nietzsche, uma das descobertas fundamentais que contribuem para a ruptura generalizada da visão de mundo organizada em torno dos "valores supremos postulados até agora" e que foi posta em xeque por aquilo que pode ser designado pela expressão "a morte de Deus". A evolução debilita radicalmente a tradicional visão de mundo cristã ao proporcionar uma explicação para a vida que torna obsoleto o Deus criador e ao sugerir, ademais, que os seres humanos não são criaturas especiais que detêm significado divino, mas, antes, são pura e simplesmente uma curiosa espécie animal. No que diz respeito ao *Übermensch*, ao invés de uma noção qualquer de produção biológica de uma espécie distinta, Nietzsche estava mais interessado na produção de um "tipo superior" entendido em termos de sua vontade de potência e habilidade para *interpretar* o mundo e *criar valores*. Não obstante, como vimos, ele por vezes emprega termos evolutivos e biológicos para descrever o *Übermensch*. Em que medida se trata de meras metáforas ou, antes, de algo mais, esta é uma questão que permanece aqui em aberto.

A física da vontade de potência e do eterno retorno

Além do *Übermensch*, duas outras ideias originais e bem conhecidas de Nietzsche, a vontade de potência e o eterno retorno, têm uma importante relação com a ciência. Como vimos na introdução, além de ser uma espécie de traço psicológico ou princípio de explicação, a vontade de potência é exposta por Nietzsche como uma teoria metafísica e física da realidade. Nas palavras de Nietzsche:

> Minha ideia é que todo corpo particular se esforça por tornar-se o senhor de todo o espaço, expandir sua força (sua vontade de potência) e resistir a tudo o que se opõe à sua expansão. Mas ele encontra esforços similares por parte dos outros corpos e acaba por chegar a um acordo ("união") com aqueles outros corpos que são suficientemente vinculados a ele: assim, eles conspiram conjuntamente por potência (VP 636).

No nível mais fundamental, esses "corpos particulares" são *quanta* de força, e a "vontade interna" que os impele a expandir-se é a vontade de potência.

As descrições, por assim dizer, "científicas" de Nietzsche sobre a vontade de potência baseiam-se em uma crítica da teoria atomista mecanicista, tendo sido influenciadas pela Teoria Atômica de Roger Boscovich (1711-1787). Nietzsche critica a concepção mecanicista do universo como composto por átomos entendidos como as menores coisas existentes em um sistema governado por leis necessárias de causa e efeito. (Essa concepção foi a concepção científica dominante em seu tempo e ainda hoje é influente sob alguns aspectos). Na concepção de Nietzsche, o mecanismo perpetua a crença em um "mundo verdadeiro" e se apoia nos mesmos preconceitos e projeções antrópicos da metafísica tradicional. Ele argumenta que compreender os átomos como "coisas" faz com que lhes seja imputada uma unidade não encontrada em qualquer dado científico, sendo apenas a projeção de nosso próprio sentido (ilusório) de nós mesmos como sujeitos unificados. Nietzsche argumenta ainda que o movimento e as ideias de causa e efeito são projeções de nossas percepções e nossos hábitos psicológicos de associar impressões, o que, novamente, não encontra uma efetiva justificativa nos dados das ciências. Ele então formula sua teoria "científica" da vontade de potência ao remover essas projeções antrópicas:

> Se eliminarmos essas adições, não permanece coisa alguma, mas apenas *quanta* dinâmicos, dispostos em uma relação de tensão com todos os outros *quanta* dinâmicos, cuja essência consiste no seu "efeito" sobre todos os outros *quanta*. A vontade de potência não é um ser, não é um vir-a-ser, mas um *pathos* – o fato mais elementar do qual primeiramente emerge um vir-a-ser, um efetuar... (VP 635).

Estudiosos do pensamento de Nietzsche notaram aqui a influência da teoria de Boscovich, um dos pais fundadores da teoria atômica moderna. O primeiro a ter identificado e discutido essa influência foi Andler, que, então, foi seguido por outros estudiosos de Nietzsche, como Anni Anders e Karl Schlechta, Georg J. Tack, Alistair Moles e Greg Whitlock (MOORE, 2004: 11). Para

Boscovich, os átomos não são "coisas" substanciais, mas, antes, pontos de força com massa, ainda que sem extensão (denominados *puncta*). Assim como Nietzsche afirma em sua teoria da vontade de potência, para Boscovich são as relações entre os átomos que geram estruturas e "coisas". Segundo essa concepção, os átomos não são, em si mesmos, pequenas unidades de matéria, mas pontos inextensos (ou seja, eles não "ocupam espaço") de força que interagem entre si para produzir a matéria. A concepção nietzscheana de vontade de potência é devedora da teoria de Boscovich devido à forma como essa visão sobre a inextensão dos átomos elimina a tese metafísica do mecanicismo, concordando com a ideia de Nietzsche sobre a "vontade", a compulsão interna que impulsiona esses pontos de força.

> **Ponto central:** *A vontade de potência e a Teoria Atômica*
> A concepção metafísica de Nietzsche sobre a vontade de potência é devedora da Teoria Atômica de Roger Boscovich. A vontade de potência é composta por múltiplos "pontos de força" que buscam expandir sua potência em relação aos demais.

A influência da ciência sobre a concepção nietzscheana de eterno retorno é talvez mais evidente. Embora essa ideia tenha uma série de diferentes formulações e possa ser interpretada simplesmente como um "experimento mental" com valor existencial (se você vivesse *como se* o eterno retorno fosse verdadeiro, isso iria ter um impacto positivo em sua vida), Nietzsche claramente pensa tratar-se de uma descrição fisicamente correta do universo que poderia, em princípio, ser cientificamente demonstrada. Com efeito, Nietzsche chama o eterno retorno de "a mais científica de todas as hipóteses possíveis" (VP 55). Ele pensou em ter um estudo científico formal justamente para poder formular tais demonstrações. Ainda que ele nunca tenha levado a cabo esses planos, algumas notas não publicadas que apareceram na edição da *Vontade de potência* dão um panorama bem amplo de suas ideias científicas a respeito do eterno retorno.

Assim como ocorre com a vontade de potência, a concepção física do eterno retorno é formulada com base em uma rejeição crítica da ideia de um universo mecanicista. Para Nietzsche, o mecanismo implica um estado final no qual é atingido um equilíbrio de forças, entendido seja como um universal estático e imutável, seja como um nada produzido pela degeneração e destruição de tudo. Essa concepção de que o mecanismo deve levar a um estado final é tomada por Nietzsche do cientista William Thomson (VP 1066). Nietzsche ataca essa concepção da seguinte forma: Se um tal estado é possível, dada a hipótese de um tempo infinito que remonta até o passado (como defendido por Nietzsche), é necessário que tal estado já tenha sido obtido. Como ele ainda não foi obtido, Nietzsche conclui, então ele não irá e não poderá ser obtido. Nietzsche assume isso como uma refutação da concepção mecanicista do universo em favor de uma concepção dinâmica, na qual a mudança é constante e nenhum estado final será atingido. O eterno retorno de todas as coisas é então deduzido da ulterior rejeição da ideia de que o universo pode ser capaz de infinitos novos estados (e, portanto, nunca repetir os mesmos). Nietzsche considera essa tese da criação ou novidade infinita como, em última instância, uma variação da antiga maneira religiosa de pensar, na medida em que atribui ao universo a intenção e habilidade de "controlar cada um de seus movimentos em todos os momentos de modo a escapar de fins, estados derradeiros, repetições". Para Nietzsche, isso implica um "Deus infinito e ilimitadamente criativo" (VP 1062). Dessa maneira, se o universo é capaz de apenas um número finito de estados, então, dado o tempo infinito, a conclusão forçosa, para Nietzsche, é que ele tem de repetir aqueles estados um número infinito de vezes.

O estatuto científico dessas reflexões foi objeto de atenção e críticas no início do século XX. Em 1907, a obra *Schopenhauer e Nietzsche* [*Schopenhauer und Nietzsche*], de Georg Simmel, continha uma refutação – que Walter Kaufmann chamou de "muito elegante" (1968: 327) – da hipótese supostamente científica de Nietzsche. Kaufmann resume a refutação de Simmel da seguinte maneira:

> Mesmo se houvesse um número bem pequeno de coisas em um espaço finito em um tempo infinito, elas não necessariamente repetiriam as mesmas configurações. Suponhamos que houvesse três rodas do mesmo tamanho, girando sob o mesmo eixo, com um ponto marcado na circunferência de cada roda, e que esses três pontos estivessem alinhados em uma linha reta. Se a segunda roda girasse com uma velocidade duas vezes maior do que a da primeira e se a velocidade da terceira roda fosse $1/\pi$ da velocidade da primeira, o alinhamento inicial das rodas nunca se repetiria (p. 327).

O estatuto científico da hipótese de Nietzsche foi também criticado por Walter Löb (1908). Em uma breve nota, Nietzsche evoca a primeira lei da termodinâmica, sobre a conservação da energia, como apoio para o eterno retorno (VP 1063). O estudo de Löb investiga essa possibilidade e conclui que Nietzsche se equivocou ao pensar que a termodinâmica forneceria uma possível base para o eterno retorno. Ainda que Nietzsche pudesse estar errado, mais recentemente Small mostrou que suas ideias tinham uma base nas ideias científicas contemporâneas, como as de Robert Mayer, Johann Gustav Vogt e Johann Friedrich Zöllner (SMALL, 2001, apud MOORE, 2004: 11). Notemos, também, que as refutações das reflexões científicas de Nietzsche não refutam, por si mesmas, a hipótese do eterno retorno enquanto tal, mas simplesmente as *razões* "científicas" que Nietzsche tinha para supô-la como verdadeira. Pode também ser o caso de que a teoria do eterno retorno seja verdadeira, mesmo se as razões de Nietzsche para supô-la como verdadeira sejam erradas.

Na cosmologia contemporânea há três hipóteses predominantes e concorrentes sobre o destino final do universo: o "grande congelamento", a "grande ruptura" e o "grande colapso". No cenário do "grande congelamento", todo o calor no universo seria dissipado por meio da lei de entropia, levando a um estado estático, indiferenciado e amorfo (novamente, para mais discussões sobre a entropia, cf. cap. 6). No cenário da "grande ruptura", as forças condutoras da expansão do universo desde o ponto do *big-bang* (que estão atualmente se acelerando) excederiam as forças gravitacionais de atração que unem as coisas entre si, levando eventualmente a uma ruptura total do universo. O "grande colapso" é a hipótese oposta: ela postula que as forças gravitacionais suspenderão em um certo ponto a expansão do universo e tudo começará a se contrair até, por fim, se compactar em um ponto absolutamente denso. Alguns cientistas sugeriram que esse ponto irá então expandir-se novamente em um outro *big-bang*, criando um novo universo, e esse ciclo de expansão e contração se repetirá infinitamente. De modo geral, a postulação de Nietzsche de um universo sem começo ou fim parece estar fora do compasso da cosmologia contemporânea, que defende a ideia de um começo no *big-bang* e um estado final em uma das três formas descritas acima. Contudo, a última hipótese sugere, de fato, a possibilidade de algo como um eterno retorno.

Sumário

Naturalismo

De forma geral, o naturalismo busca substituir todas as explicações supernaturais (i. é, místicas ou religiosas) dos fenômenos por explicações naturais. Ele busca estabelecer uma continuidade entre a filosofia e as ciências naturais (física, química, e assim por diante).

Naturalismo metodológico de Leiter

Leiter identifica vários tipos de naturalismo, ligando a Nietzsche um naturalismo *metodológico* que propõe, essencialmente, uma *continuidade de métodos*. Em outras palavras, Nietzsche teria buscado estabelecer uma continuidade entre a filosofia e os métodos das ciências naturais.

Leiter opõe a leitura naturalista de Nietzsche à leitura "pós-moderna", defendendo-a primeiro com base nos seguintes aspectos:

- verdade e conhecimento;
- ceticismo sobre a ciência;
- ceticismo sobre a causalidade;
- hostilidade em relação ao materialismo; e
- ceticismo sobre a natureza humana e sua essência.

Naturalismo interpretativo de Cox

Em oposição a Leiter, Cox propõe uma leitura de Nietzsche que combina as abordagens naturalista e pós-moderna. De acordo com ele, o naturalismo de Nietzsche conduz à sua ênfase na ubiquidade da interpretação (não há fatos, apenas interpretações).

- *Epistemologia naturalizada*: Nietzsche rejeita as principais teorias do conhecimento – racionalismo, empirismo e idealismo transcendental – e adota uma forma qualificada de empirismo. Para ele, todo nosso conhecimento vem dos sentidos, mas não permite um acesso a "fatos" sobre o mundo. Pelo contrário, nossas pretensões de conhecimento são apenas perspectivas, condicionadas por nossas percepções e conceitos, que se formaram sob constrangimentos evolutivos.

Nosso conhecimento é bom para nossa sobrevivência, mas isso não o torna "verdadeiro".

- *Ontologia naturalizada:*

    - Uma naturalização da humanidade: Nietzsche busca eliminar qualquer noção de que os seres humanos são divinos ou excepcionais, colocando-os, na verdade, numa continuidade com os animais.

    - Uma desdivinização da natureza: Nietzsche busca remover todos os traços de uma visão supernatural de mundo, incluindo aqueles que, para ele, permanecem nas teorias científicas. A teoria desdivinizada do mundo é dada pela vontade de potência e o eterno retorno: um mundo sem propósito, finalidade ou sentido.

Ciência

A filosofia da ciência de Nietzsche: Segundo Babich, embora Nietzsche não possua uma "filosofia da ciência" devidamente desenvolvida, suas concepções sobre a ciência podem agir como um corretivo para a filosofia contemporânea da ciência. A filosofia da ciência não consegue atingir uma perspectiva crítica significativa por não ter um fundamento independente a partir do qual pode refletir sobre a ciência. Nietzsche proporciona um tal fundamento independente ao refletir sobre a ciência a partir da perspectiva da arte e da vida.

O significado da ciência para Nietzsche

- **Lange e o materialismo:** Lange proporcionou a Nietzsche boa parte de seu conhecimento sobre a ciência, estimulou seu interesse no materialismo, propiciou um fundamento a partir do qual Nietzsche pôde criticar os filósofos, e, por fim, estimulou seu pensamento sobre a relação entre ciência e sentido.

- Darwinismo e o *Übermensch*: Nietzsche foi um darwinista na medida em que defendeu a ideia de que os humanos são animais. Contudo, o *Übermensch* é um tipo superior de ser humano com respeito à sua habilidade de interpretar a vida e criar valores, não uma nova espécie biológica em um sentido darwinista.
- A física da vontade de potência e o eterno retorno:

    - A vontade de potência foi influenciada pela Teoria Atômica de Boscovich, segundo a qual os átomos são "centros inextensos de força".

    - O eterno retorno foi extrapolado por Nietzsche a partir da lei de conservação da energia. Dados uma matéria finita e um tempo infinito, todas as configurações da matéria precisam repetir-se infinitamente.

Conclusão

Eu espero que pela leitura dos capítulos deste livro, ou mesmo apenas de alguns deles, você comece a ter uma ideia de como a influência de Nietzsche foi sentida em várias áreas e de diversas maneiras. Você talvez comece a sentir-se em casa no "arquipélago" nietzscheano e talvez se sinta inspirado para explorá-lo um pouco mais. Ao invés de buscar algo como um resumo dos muitos campos do nietzscheano que exploramos aqui, eu gostaria de concluir apenas com uma observação sobre a contínua relevância de Nietzsche e o motivo de eu acreditar que, bem provavelmente, o campo do nietzscheano continuará a ser explorado ainda por muito tempo.

Nietzsche pode ser considerado como uma figura de Jano, apresentando-nos com duas faces: uma virada para os antigos, os deuses, os ritmos da natureza, os edulcorantes bálsamos das artes e do mundo circundante da vida, o que confere a nossos horizontes um seguro fundamento nas tradições; e outra face voltada para o futuro, para os céus, o infinito, o inumano, o poder corrosivo da razão, da tecnologia, da ciência e de tudo aquilo que é mais difícil para os corações humanos e mais inflexível nas mentes humanas. Em diferentes fases de seu pensamento (e mais claramente exemplificado nos períodos "inicial" e "intermediário"), uma dessas faces se mostrou quase que excluindo a outra. Entretanto, o que talvez seja mais distintivo em Nietzsche é o fato de ele possuir e nos mostrar ambas as faces. Ademais, desde o início Nietzsche tentou conciliar, balancear ou de alguma maneira entrar em um acordo com ambas as faces dentro de si, desde a reflexão sobre o sentido da tragédia como uma combinação ideal do apolíneo e do dionisíaco em *O nascimento da tragédia*, passando pelo "sistema bicameral da cultura" (tanto arte como ciência) em *Humano, demasiado humano*, chegando até a visada mais nuançada e sintética dos últimos escritos.

Esses dois lados presentes no interior mesmo de Nietzsche refletem os dois lados do grande conflito cultural com o qual ele tentou entrar em um acordo, e que constitui o problema do niilismo: o ofuscamento da visão de mundo tradicional, mítica, religiosa e artística, pela visão de mundo científica, racionalista, desmitologizada. Trata-se, aqui, de um dos sentidos da tese nietzscheana de que ele é "o primeiro perfeito niilista da Europa, mas que ultrapassou o niilismo, tendo-o vivido em sua alma – e vendo atrás de si, abaixo de si, longe de si" (VP: "Prefácio", 3). Pois, em um sentido bem real do termo, nosso apuro niilista contemporâneo é precisamente este: como abraçar um lado "positivista", científico de nossa cultura, que parece estar avançando inexoravelmente, sem perder inteiramente de vista aquilo que faz das nossas vidas algo não só suportável, mas também com sentido, o que era, anteriormente, a província da cultura mítica e religiosa – saber como encontrar sentido no interior dos novos horizontes abertos, nos "novos oceanos" de Nietzsche (cf. GILLESPIE & STRONG, 1988).

Apesar de todas as falhas, limitações e perigos presentes na obra de Nietzsche, uma das principais razões pela qual ele continua a ser lido – e provavelmente continuará a ser por um bom tempo – é por ele nos ter dado o testemunho de um poderoso intelecto que buscou pensar, até suas últimas consequências, o confronto das visões de mundo "religiosa" e "científica", um confronto com o qual ainda hoje em dia nos ocupamos de variadas formas. (De resto, como Nietzsche nos mostra, aspectos da visão religiosa de mundo são ainda operativos em nossas formas de pensar, mesmo quando pensamos tê-los explicitamente rejeitado.) Por certo, Nietzsche não refletiu sobre todos os problemas que ainda devem ser pensados; por certo, suas obras contêm muitos becos sem saída e solos inférteis. E ainda assim Nietzsche refletiu sobre muitos desses temas de forma mais profunda do que qualquer outro pensador antes ou depois dele, e suas obras – a despeito de mais de um século de interpretação – permanecem um labirinto a ser explorado e sondado. Muitas das proféticas noções de Nietzsche parecem estar ressoando em nosso tempo, e outras, que ele não abordou especificamente, estão esvaziando nossos conceitos e valores fundamentais de formas que sua obra parece prenunciar: a redução generalizada de todos os valores ao valor econômico em um sistema econômico globalizado; a religião retirando-se do Estado e a reação do fundamentalismo religioso; a mudança do tecido social produzida pela crescente midiatização das interações pessoais; a alteração das relações entre conhecimento e cultura, propiciada pela revolução da informação e da computação; e o questionamento de noções fundamentais sobre o que significa ser humano por meio do desenvolvimento de biotecnologias como a clonagem. À medida que o horizonte do nosso mundo continua mudando, Nietzsche continua sendo uma figura intelectual fundamental: ele é um dos pensadores mais significativos desde o Iluminismo, permanecendo uma companhia indispensável enquanto navegamos ao longo de nossa situação contemporânea em permanente mudança.

Cronologia

Vida e obra de Nietzsche

15 de outubro de 1844: Friedrich Wilhelm Nietzsche nasce em Röcken, Saxônia. Pai, Karl Ludwig Nietzsche; mãe, Franziska Nietzsche.

1846: Nasce a irmã Elisabeth.

1848: Nasce o irmão Joseph.
  O pai de Nietzsche morre.
  Joseph morre. A família se muda para Naumburg.

1858: Frequenta o prestigioso liceu de Pforta.

1864: Forma-se em Pforta. Começa os estudos de teologia na Universidade de Bonn.

1865: Transfere-se para Leipzig e estuda filologia sob a orientação de Ritschl. Descobre Schopenhauer.
  Lê *A história do materialismo*, de Lange.

1867-1868: Serviço militar em Naumburg até ser dispensado devido a um acidente de equitação.

1868: Conhece Wagner.

1869: Por recomendação de Ritschl, Nietzsche assume a cadeira de Professor Extraordinário de Filologia Clássica na Universidade da Basileia (Nietzsche tinha 24 anos). Obtém um doutorado sem ser avaliado. Visita com frequência Wagner em Tribschen.

1870: Presta duas semanas de serviço como enfermeiro na Guerra Franco-prussiana; dispensado após contrair disenteria e difteria. Início da amizade com o teólogo Overbeck.

O nascimento da tragédia.

Considerações extemporâneas.

1875: Conhece Gast, que se torna seu discípulo e secretário.

1876: Assiste ao Festival de Bayreuth, mas vai embora antes do término. Início do rompimento com Wagner.

Início da amizade com Rée.

1878: Rompimento definitivo com Wagner.

1878-1880: *Humano, demasiado humano.*

1879: Abandona o posto em Basel em razão de problemas de saúde. Começa a viver em pensões na Suíça e Itália.

1881: *Aurora.*

6 de agosto: "Revelação" do eterno retorno próximo ao Rochedo de Surlej, às margens do Lago Silvaplana em Sils-Maria, no Vale de Engadina, Suíça.

A gaia ciência.

Conhece Salomé; faz-lhe um pedido de casamento, mas é rejeitado.

1883: Richard Wagner morre.

Assim falava Zaratustra.

1886: *Além do bem e do mal.*

Genealogia da Moral.

Prefácios para as segundas edições de *O nascimento da tragédia; Humano, demasiado humano; Aurora; A gaia ciência;* e *Assim falava Zaratustra.*

Em Turim, escreve *O Caso Wagner, Ditirambos dionisíacos, O crepúsculo dos deuses, O anticristo, Ecce homo* e *Nietzsche contra Wagner* (publicados separadamente entre 1889 e 1908).

Colapso mental. Dá entrada em uma clínica psiquiátrica na Universidade de Jena.

Cai sob os cuidados da mãe em Naumburg.

A vontade de potência.

1897: A mãe de Nietzsche morre. Ele é levado a Weimar pela irmã.

25 de agosto de 1900: Nietzsche morre em Weimar.

Recepção de Nietzsche

1888: Brandes oferece em Copenhagen o primeiro curso universitário sobre a obra de Nietzsche.

1892: Início da publicação da primeira edição das obras reunidas de Nietzsche, a *Grossoktavausgabe*.

1893: Nordau. *Degeneração.*

1894: Elisabeth Nietzsche funda o *Nietzsche-Archiv* em Naumburg.

Salomé. *Nietzsche.*

1896: Elisabeth transfere o *Nietzsche-Archiv* para Weimar.

1907: Simmel. *Schopenhauer e Nietzsche.*

1918: Bertram. *Nietzsche: Tentativa de uma mitologia.*

1920-1931: Andler. *Nietzsche: Sua vida e seu pensamento.*

1926: Klages. *As conquistas psicológicas de Friedrich Nietzsche.*

1931: Baeumler. *Nietzsche: filósofo e político.*

1934: Spengler. *O declínio do Ocidente.*

1935: Löwith. *A filosofia do eterno retorno do mesmo, de Nietzsche.*

1936: Jaspers. *Nietzsche: uma introdução à compreensão de seu filosofar.*

1936-1941: Lições de Heidegger sobre Nietzsche na Universidade de Friburgo.

1944: Bataille. *Sobre Nietzsche.*

1950: Kaufmann. *Nietzsche: filósofo, psicólogo, anticristo.*

1954: Schlechta. *A grande primavera de Nietzsche.*

1954-1956: A edição de Schlechta das obras completas de Nietzsche. *Werke in drei Bänden.*

1956: Lukács. *A destruição da razão.*
   Wolff. *Nietzsche: o caminho para o nada.*

1960: Fink. *A filosofia de Nietzsche.*

1961: Heidegger. *Nietzsche* (Lições dos anos de 1930, em 4 volumes).

1962: Deleuze. *Nietzsche e a filosofia.*

1964: O colóquio de Royaumont sobre Nietzsche

1965: Danto. *Nietzsche como filósofo.*

1966: Granier. *O problema da verdade na filosofia de Nietzsche.*

1967: Início da publicação da edição Colli-Montinari das obras completas de Nietzsche.

1971: Müller-Lauter. *Nietzsche: sua filosofia dos antagonismos e os antagonismos de sua filosofia.*

1972: O Colóquio *Nietzsche hoje* em Cerisy-la-Salle.
   Fundação do periódico *Nietzsche-Studien.*
   Kofman. *Nietzsche e a metáfora.*

1979: Derrida. *Esporas: os estilos de Nietzsche.*

1980: Irigaray. *A amante do mar de Friedrich Nietzsche;*

1985: Nehamas. *Nietzsche: vida como literatura.*

Questões para discussão e revisão

Cap. 1. Nietzscheanismo e existencialismo

1) Quais são as principais características do existencialismo?

2) Como o existencialismo se vincula à filosofia da vida e à Teoria dos Valores?

3) Explique o que Jaspers pensa ser a "utilidade" do filosofar de Nietzsche.

4) Como, para Nietzsche, podemos criar a nós mesmos?

5) O que o existencialismo de Sartre e a filosofia de Nietzsche têm em comum?

6) O que é a absurdidade e em que medida a resposta que Camus dá a ela é devedora de Nietzsche?

7) Por que Camus critica Nietzsche em *O homem revoltado*?

8) Explique quais aspectos identificados por Kaufmann bastam, segundo ele, para caracterizar a filosofia de Nietzsche como existencialista.

9) Resuma os pontos básicos do projeto filosófico de Heidegger.

10) Por que Heidegger caracteriza Nietzsche como "o último metafísico"?

11) Levando em conta todo o capítulo, segundo quais aspectos Nietzsche pode ser considerado um existencialista?

Cap. 2. Nietzscheanismo e pós-estruturalismo

1) O que é "pós-estruturalismo"?

2) Por que Nietzsche foi uma referência central para os pós-estruturalistas?

3) Resuma os aspectos mais importantes das leituras de Bataille e Klossowski sobre Nietzsche que influenciaram os pós-estruturalistas.

4) Como Deleuze interpreta a vontade de potência? Como ele interpreta o eterno retorno?

5) O que é a "lógica da diferença" de Deleuze e como ela se diferencia de uma lógica da oposição?

6) Qual foi o projeto de Foucault? E como ele foi influenciado por Nietzsche?

7) Para Foucault, qual é a diferença entre semiologia e hermenêutica? Qual abordagem em relação à interpretação Foucault identifica em Nietzsche?

8) O que é *"différance"*? Como essa ideia foi influenciada por Nietzsche?

9) Como a leitura que Derrida faz de Nietzsche pode ser considerada uma alternativa à leitura de Heidegger? (Cf. cap. 1.)

10) Resuma as razões pelas quais alguns filósofos franceses mais recentes se distanciaram do nietzscheanismo e o criticaram.

Cap. 3. Nietzscheanismo e política

1) Quais eventos políticos ocorridos durante a vida de Nietzsche podem ser considerados como tendo influenciado suas concepções políticas?

2) Mencione algumas das interpretações de Nietzsche que tornaram sua obra propícia para ser cooptada pelo nazismo.

3) Quais são os aspectos centrais que tornam as concepções de Nietzsche incompatíveis com o nazismo?

4) O que está em jogo na questão de Nietzsche ter sido ou não um pensador político?

5) Explique por que Nietzsche defende o aristocratismo e critica o socialismo.

6) Como o pensamento de Nietzsche pode ser compatível com o liberalismo?

7) A obra de Nietzsche pode ser usada em defesa da democracia? Explique os dois lados do debate.

8) Como a leitura que Klossowski faz de Nietzsche ajuda os pós-estruturalistas a desenvolverem um novo entendimento do que seja "o político"?

9) Por que Lukács e Habermas criticam Nietzsche?

10) De acordo com Adorno e Horkheimer, quais aspectos da obra de Nietzsche podem torná-lo útil para a teoria crítica?

Cap. 4. Nietzscheanismo e feminismo

1) De que formas Nietzsche foi pensado como um autor que exprimiu visões misóginas?

2) Por que Nietzsche se opôs à libertação ou emancipação das mulheres?

3) Quais são as principais diferenças entre as diversas formas assumidas pela fase inicial do feminismo nietzscheano?

4) Oponha as figuras de Circe e Baubo na leitura que Kofman faz de Nietzsche. O que significa cada uma delas na relação com a verdade e o perspectivismo?

5) De acordo com Kofman, qual imagem positiva da mulher pode ser encontrada nos textos de Nietzsche.

6) De acordo com Irigaray, como as mulheres foram excluídas da tradição ocidental de pensamento?

7) Baseada em quais aspectos de seu pensamento Irigaray acusa Nietzsche de um enviesamento masculino?

8) Como Irigaray considera que Nietzsche pode contribuir para a causa feminista?

9) Quais são as duas formas de entender a textualidade (leitura e escrita) segundo Oliver?

10) Para Oliver, de que maneiras Nietzsche continua a excluir o feminino da filosofia?

Cap. 5. Nietzscheanismo e teologia

1) Por que Nietzsche se opõe tão veementemente ao cristianismo?

2) Como que alguns teólogos conseguiram encontrar algo proveitoso no pensamento de Nietzsche?

3) De que maneira a teologia pode ser "existencial"?

4) Explique as principais características do "nietzsionismo" de Buber.

5) Por que no início Barth acreditava que Nietzsche era um aliado?

6) Explique como, para Tillich, Deus sobrevive mesmo com a "morte de Deus".

7) O que distingue a interpretação dos teólogos radicais sobre a "morte de Deus" daquela dos teólogos existenciais?

8) De acordo com Altizer, qual é a importância de Nietzsche?

9) Como Vattimo consegue reconciliar seu nietzscheanismo com seu cristianismo?

10) Como a recente "virada teológica" na filosofia continental representa um desafio à interpretação nietzscheana do legado cristão?

Cap. 6. Nietzscheanismo e pós-humanismo

1) Quais são os principais tipos de pós-humanismo?
2) O que significa "trans-humanismo"?
3) Por que Sorgner considera Nietzsche um precursor do trans-humanismo?
4) Resuma as principais críticas que Ansell-Pearson faz ao trans-humanismo "popular".
5) Como Ansell-Pearson acredita que a condição trans-humana *deve* ser pensada?
6) O que significa "anti-humanismo"?
7) O que Foucault entende por "fim do homem"?
8) Por que Nietzsche critica o humanismo?

Cap. 7. Nietzscheanismo, naturalismo e ciência

1) O que é "naturalismo"?
2) De acordo com Leiter, quais são os principais tipos de naturalismo? Nietzsche é qual espécie de naturalista?
3) Explique o contraste, segundo Leiter, entre as interpretações naturalistas e pós-modernas de Nietzsche.
4) Como Cox reconcilia o naturalismo de Nietzsche com sua ênfase na interpretação?
5) De acordo com Cox, como Nietzsche naturaliza a ontologia?
6) Como Babich acredita que as visões de Nietzsche sobre a ciência podem contribuir para a filosofia contemporânea da ciência?
7) Explique o significado de Lange para Nietzsche.
8) Em que sentido Nietzsche foi um darwinista? Em que sentido ele foi um "antidarwinista"?
9) Explique o papel da física na ideia nietzscheana de vontade de potência.
10) Explique o papel da física na ideia nietzscheana de eterno retorno.

Leitura complementar*

Nietzsche

A leitura das obras de Nietzsche é, decerto, absolutamente indispensável para compreender seu pensamento. A edição padrão das obras completas de Nietzsche no original alemão é a *Kritische Gesamtausgabe: Werke* (COLLI & MONTINARI, 1967-)[4].

Muitas curtas introduções ao pensamento de Nietzsche estão também publicadas. Eu menciono duas particularmente recomendadas: *Como ler Nietzsche* [*How to Read Nietzsche*] (2006a), de Ansell-Pearson, faz bom uso do vasto conhecimento especializado do autor sobre o tópico, é curta, atrativa e acessível ao leitor ainda não familiarizado com Nietzsche. A obra de Vattimo, *Introdução a Nietzsche* [*Introduzione a Nietzsche*] (2001), fornece um bom panorama introdutório ao pensamento de Nietzsche e contém um útil apanhado da história da recepção de Nietzsche. Também estão publicadas várias biografias de Nietzsche, que servem como introdução a seu pensamento. A clássica em inglês é *Nietzsche: O homem e sua filosofia* [*Nietzsche: The Man and His Philosophy*] (1999), de Hollingdale. Biografias mais recentes são: *Nietzsche:*

---

* Para uma bibliografia detalhada, cf. Referências, abaixo.
4. O autor prossegue listando as traduções de Nietzsche em inglês, o que não é de interesse para o leitor brasileiro. Na seção sobre as "abreviaturas", no início do livro, mencionamos as traduções de Nietzsche utilizadas [N.T.].

uma vida crítica [*Nietzsche: A Critical Life*] (1980), de Ronald Hayman; *Nietzsche: uma biografia de seu pensamento* [*Nietzsche: Biographie seines Denkens*] (2003), de Safranski; e *Nietzsche: uma biografia filosófica* [*Nietzsche: A Philosophical Biography*] (2010), de Julian Young. Em particular, o livro de Safranski é uma boa introdução ao pensamento de Nietzsche. Apoiando-se na literatura mais recente, Safranski foca mais no desenvolvimento filosófico de Nietzsche do que nos eventos de sua vida.

A história da recepção e influência de Nietzsche

Para um panorama relativamente condensado da história internacional da recepção de Nietzsche, cf. o apêndice a *Introdução a Nietzsche*, de Vattimo. Ernst Behler fornece um breve panorama da recepção de "Nietzsche no século XX" (1996). Para outro panorama condensado da recepção de Nietzsche que, no entanto, se limita à recepção da doutrina do eterno retorno, cf. "Sobre a história da interpretação de Nietzsche (1894-1954)", em *A filosofia do eterno retorno do mesmo* (1997), de Löwith. Para um estudo mais abrangente, que possui seções particulares voltadas às diferentes tradições internacionais, cf. *Dicionário Histórico do Nietzscheanismo* [*Historical Dictionary of Nietzschianism*] (2006), de Diethe. Já foram escritas inúmeras monografias examinando a história da recepção de Nietzsche em países específicos. Sobre a recepção de Nietzsche na Alemanha, cf. *O legado de Nietzsche na Alemanha 1980-1990* [*The Nietzsche Legacy in Germany 1890-1990*] (1992), de Steven E. Aschheim. Sobre a recepção de Nietzsche na França, cf. *Transvalorações* [*Transvaluations*] (1996), de Douglas Smith.

Existencialismo

Há muitas introduções ao existencialismo e panoramas sobre esse movimento intelectual. Uma introdução relativamente recente, mas que já atingiu o estatuto de clássico sobre o tema, é *Existencialismo* [*Existentialism*] (1999), de David E. Cooper. Outras obras que são úteis para discutir o lugar de Nietzsche no interior do movimento existencialista são *Existencialismo de Dostoiévski a Sartre* (1956 [1975]), de Kaufmann; *Existencialismo* [*Existentialism*] (1972), de Macquarrie; *Filosofia existencialista* [*Existentialist Philosophy*] (1992), de Nathan Oaklander; e o verbete sobre existencialismo para a *Stanford Encyclopedia of Philosophy* (2010), redigido por Steven Crowell.

A obra mais importante de Jaspers sobre Nietzsche é *Nietzsche: uma introdução à compreensão de seu filosofar* (1965). Sobre a questão da relação entre Sartre e Nietzsche, cf. "Sartre e Nietzsche" ["Sartre and Nietzsche"] (2004), de Daigle. A discussão crítica mais aprofundada que Camus faz de Nietzsche pode ser encontrada na seção "Afirmação absoluta" em *O homem revoltado* (1971). Para uma discussão sobre a relação entre Camus e Nietzsche, cf. "Camus, leitor de Nietzsche" ["Camus Reading Nietzsche"] (1999), de Duvall. A principal obra de Kaufmann sobre Nietzsche é *Nietzsche: filósofo, psicólogo, o anticristo* (1974). Para uma discussão de Kaufmann sobre a relação de Nietzsche com o existencialismo, cf. tb. a introdução de *Existencialismo de Dostoiévski a Sartre*, e o ensaio "Nietzsche e o existencialismo", em *Existencialismo, religião e morte* [*Existentialism, Religion and Death*] (1976).

Heidegger discute ou se refere a Nietzsche em vários momentos, mas seu estudo mais aprofundado é *Nietzsche* (HEIDEGGER, 1979-1987). Resumos concisos de muitos dos temas mais importantes da leitura que Heidegger faz de Nietzsche estão contidos nos ensaios "A sentença nietzscheana "Deus está morto" (1977) e "Quem é o Zaratustra de Nietzsche?" em *Nietzsche II* (1984). Para uma discussão ao mesmo tempo clara e crítica da interpretação heideggeriana de Nietzsche, cf. *Nietzsche e a ques-*

tão da interpretação [*Nietzsche and the Question of Interpretation*] (1990), de Schrift.

Pós-estruturalismo

Para uma introdução geral ao pós-estruturalismo, cf. *Pós-estruturalismo* (Coleção Pensamento Moderno. Editora Vozes, 2012) (2005), de James Williams. O melhor panorama sobre a relação de Nietzsche com o pós-estruturalismo é *O legado francês de Nietzsche* [*Nietzsche's French Legacy*] (1995), de Schrift. Esse livro dedica capítulos a Derrida, Foucault, Deleuze e Cixous, além de discutir Lyotard e o antinietzscheanismo de Ferry, Renaut e Descombes. Outro livro de Schrift, *Nietzsche e a questão da interpretação* (1990), contém também seções úteis a respeito das interpretações de Foucault e Derrida sobre Nietzsche. Para a história da recepção de Nietzsche na França, cf. *Transvalorações* (1996), de Smith. Para uma seleção das interpretações ligadas, de modo geral, ao pós-estruturalismo, além das interpretações do pensamento de Nietzsche em voga na Europa nas décadas de 1960 e de 1970, cf. a coletânea *O novo Nietzsche* [*The New Nietzsche*] (ALLISON, 1985). Eu explorei a influência de Nietzsche sobre dois pensadores pós-estruturalistas que não foram abordados nessas páginas, Lyotard e Baudrillard, em meu livro *Niilismo na Pós-modernidade* [*Nihilism in Postmodernity*] (WOODWARD, 2009).

Política

Os escritos de Nietzsche que são relevantes para a política estão reunidos em *Escritos políticos de Friedrich Nietzsche* [*Political Writings of Friedrich Nietzsche*] (NIETZSCHE, 2008), que inclui também uma introdução bem instrutiva apresentando o contexto político de Nietzsche (CAMERON & DOMBOWSKY, 2008). O livro de Ansell-Pearson *Uma introdução a Nietzsche como pensador político* [*An Introduction to Nietzsche as Political Thinker*] (1994), ao qual frequentemente fiz referência no capítulo 3, é um bom ponto de partida para investigações mais aprofundadas (embora tenha havido muitos novos desenvolvimentos na área desde que a obra foi escrita). Outros tratamentos mais gerais do tema são *Nietzsche e o político* [*Nietzsche and the Political*] (1997b), de Conway, e *Nietzsche e o pensamento político* [*Nietzsche and Political Thought*] (1988), de Mark Warren. O livro *Friedrich Nietzsche e a política da transfiguração* [*Friedrich Nietzsche and the Politics of Transfiguration*] (2000), de Strong, é um clássico que reacendeu o interesse contemporâneo na relação entre Nietzsche e a política. Alguns artigos instrutivos sobre o tema podem ser encontrados nas coletâneas de artigos *Nietzsche, poder e política* [*Nietzsche, Power and Politics*] (SIEMENS & ROODT, 2008) e *Nietzsche, feminismo e Teoria Política* [*Nietzsche, Feminism and Political Theory*] (PATTON, 1993).

Para investigações sobre o lado obscuro da política de Nietzsche, cf. a coletânea *Nietzsche, padrinho do fascismo?* [*Nietzsche, Godfather of Fascism*] (GOLOMB & WISTRICH, 2002). A defesa de Nietzsche como um pensador "apolítico" é feita por Kaufmann (1974) e Leiter (2010). Para o aristocratismo de Nietzsche, cf. *Nietzsche e a política do radicalismo aristocrático* (1990), de Detwiler. A relação de Nietzsche com o liberalismo é discutida em *Teoria Política e Modernidade* [*Political Theory and Modernity*] (1993), de Connolly, e em *Nietzsche, política e Modernidade* [*Nietzsche, Politics, and Modernity*] (1995), de Owen. Para o tema, já muito discutido, da relação entre Nietzsche e a democracia, cf. *Uma defesa nietzscheana da democracia* [*A Nietzschean Defense of Democracy*] (1995), de Hatab, e *Nietzsche contra a democracia* [*Nietzsche contra Democracy*] (1999), de Appell. A leitura de Klossowski sobre a política de Nietzsche pode ser encontrada em

"O círculo vicioso como uma doutrina seletiva" em *Nietzsche e o círculo vicioso* ([1969] 2005, cap. 6), e em seu ensaio "Circulus Vitiosus" (2009). O ensaio de Lyotard "Notas sobre o retorno e o capital" (1978) fornece um bom exemplo da forma criativa pela qual a política de Nietzsche foi desenvolvida pelos franceses. A leitura bem crítica que Lukács faz de Nietzsche pode ser encontrada na coletânea *Habermas, Nietzsche e Teoria Crítica* [*Habermas, Nietzsche, and Critical Theory*] (BABICH, 2004). Sobre Adorno e Nietzsche, cf. *As narrativas nietzscheanas de Adorno* [*Adorno's Nietzschean Narratives*] (1999), de Karin Bauer.

Feminismo

Para uma introdução geral ao feminismo, cf. *Entendendo o feminismo* [*Understanding Feminism*] (2009), de Peta Bowden e Jane Mummery. Há inúmeras coletâneas de ensaios bem instrutivas sobre a relação de Nietzsche com o feminismo: *Nietzsche, feminismo e Teoria Política* (PATTON, 1993), *Nietzsche e o feminismo* [*Nietzsche and the Feminine*] (BURGARD, 1994), e *Interpretações feministas de Friedrich Nietzsche* [*Feminist Interpretations of Friedrich Nietzsche*] (OLIVER & PEARSALL (orgs.), 1998).

O livro de Aschheim, *O legado de Nietzsche na Alemanha*, tem algumas seções instrutivas sobre a primeira fase do feminismo nietzscheano alemão (1992: 60-63, 85-93). *Nietzsche na política e sociedade alemãs, 1890-1918* [*Nietzsche in German Politics and Society, 1890-1918*] (1983), de R. Hinton Thomas, contém um capítulo sobre o tema. *O Dicionário Histórico do Nietzscheanismo* (2006), de Diethe, também contém muitos verbetes instrutivos sobre as primeiras feministas nietzscheanas, enquanto que outro livro de Diethe, *As mulheres de Nietzsche* [*Nietzsche's Women*] (1996), aborda as mulheres na vida de Nietzsche.

O texto-chave de Kofman discutido aqui é "Baubo: Perversão teológica e fetichismo em Nietzsche" (1998). Embora ela tenha escrito bastante sobre Nietzsche, seu outro texto que foi muito influente nos estudos anglófonos sobre Nietzsche é *Nietzsche e a metáfora* (1993). O principal texto de Irigaray sobre Nietzsche é *A amante do mar de Friedrich Nietzsche* (1991). Um estudo mais antigo de Irigaray, *Speculum – Da outra mulher* [*Speculum – De l'autre femme*] (1985), contém uma leitura mais crítica sobre o eterno retorno de Nietzsche. Um outro texto, "*Ecce mulier*? Fragmentos" ["*Ecce mulier*? Fragments"] (1994), é uma paródia do *Ecce homo*, de Nietzsche. O principal texto de Oliver discutido aqui é *Womanizing Nietzsche* (1995). Para um outro importante estudo por um estudioso contemporâneo de língua inglesa, cf. *Nietzsche sobre gênero* [*Nietzsche on Gender*] (2005), de Oppel.

Teologia

Para uma análise das concepções de Nietzsche sobre a religião em geral, cf. *A filosofia da religião de Nietzsche* [*Nietzsche's Philosophy of Religion*] (2006), de Young. O cristianismo é defendido do ataque de Nietzsche em *A beleza do infinito* [*The Beauty of the Infinite*] (2003), de David Bentley Hart, e *A sombra do o anticristo* [*The Shasow of the Antichrist*] (2006), de Stephen N. William. Para outras perspectivas sobre a relação de Nietzsche com temas teológicos, cf. a coletânea *Estudos sobre Nietzsche e a tradição judaico-cristã* [*Studies in Nietzsche and the Judaeo-Christian Tradition*] (O'FLAHERTY et al., 1985), *Contestando o Espírito* [*Contesting Spirit*] (1998), de Tyler T. Robert, e *Redimindo Nietzsche* [*Redeeming Nietzsche*] (2002), de Fraser.

Nietzsche e o Sião [*Nietzsche and Zion*] (2004), de Golomb, é o principal estudo sobre a influência de Nietzsche sobre Buber e outros sionistas de primeira hora. A coletânea de artigos *Nietzsche e os deuses* [*Nietzsche and the Gods*] (SANTANIELLO,

2001) contém o ensaio de Tillich, "A fuga de Deus", e um ensaio sobre Buber e Nietzsche. Uma boa introdução à teologia radical é *Teologia radical e a morte de Deus* (1966), de Hamilton e Altizer. Para maiores discussões sobre as teses de Altizer, cf. seu livro *O evangelho do ateísmo cristão* (1966). Para outra leitura, cf. *A morte de Deus* [*The Death of God*] (1961), de Vahanian, e para uma boa variedade de concepções históricas que influenciaram a teologia radical (incluindo aquelas de Blake, Hegel, Kierkegaard, Nietzsche, Barth e Tillich), cf. a coletânea *Em direção a um novo cristianismo: leituras da morte de Deus* [*Toward a New Christianity: Readings in the Death of God*] (ALTIZER, 1967).

A obra de Vattimo discutida aqui é a declaração inicial de sua redescoberta do cristianismo, *Crença na crença* (1999). A obra mais teórica de Vattimo sobre esse tópico é *Depois da Cristandade* [*Dopo la cristianità*] (2002). Cf. tb. *Depois da morte de Deus* [*After the Death of God*] (VATTIMO & CAPUTO, 2007). Sobre o interesse recente em Paulo na filosofia continental, cf. as antologias *São Paulo entre os filósofos* [*St. Paul Among the Philosophers*] (CAPUTO & ALCOFF, 2009) e *Paulo, filosofia e a visão teopolítica* [*Paul, Philosophy, and the Theopolitical Vision*] (HARINK, 2010).

Pós-humanismo

Para uma coletânea de textos que fornece um panorama geral do pós-humanismo, cf. *Pós-humanismo* [*Posthumanism*] (BADMINGTON, 2000). Para uma introdução lívida e cheia de humor ao trans-humanismo, *A grande galinha mambo e a condição trans-humana* (1990). O documentário *Technocalyps* (2006), de Frank They, é também uma útil introdução. Para informações mais detalhadas sobre o trans-humanismo, cf. os artigos nas páginas de Nick Bostrom (www.nickbostrom.com) e Max More (www.maxmore.com). O debate a respeito de Nietzsche e trans-humanismo mencionado no capítulo 6 pode ser acessado no *Journal of Evolution & Technology* 21 (2) (http://jetpress.org [acessado em agosto de 2011]). Para as visões de Ansell-Pearson sobre Nietzsche e o trans-humanismo, cf. o seu *Vida viroide* (1997). A tese de Foucault sobre "o fim do homem" pode ser encontrada em *As palavras e as coisas* (1994). Para uma análise da influência de Nietzsche sobre a tese de Foucault, cf. *Nietzsche e a questão da interpretação* (1990: 78-81), de Schrift.

Naturalismo e ciência

Sobre Nietzsche como um naturalista, cf. a coletânea Nietzsche (LEITER & RICHARDSON, 2001). Para uma perspectiva alternativa, cf. *Nietzsche: naturalismo e interpretação* (1999). Embora não sejam discutidos diretamente neste livro, Ricardo Schacht e Maudemarie Clark também expuseram interpretações naturalistas influentes sobre Nietzsche. Em particular, cf. *"A gaia ciência* de Nietzsche ou *Como naturalizar alegremente*" ["Nietzsche's *Gay Science*, or, How to Naturalize Cheerfully"] (1988), de Schacht, e *Nietzsche sobre verdade e filosofia* (1990), de Clark. Para a aplicação do naturalismo em áreas particulares do pensamento de Nietzsche, cf. "Os naturalismos de *Além do bem e do mal*" ["The Naturalisms of *Beyond Good and Evil*"], de Maudemarie Clark e David Dudrick, e "Naturalismo e a psicologia moral de Nietzsche" ["Naturalism and Nietzsche's Moral Psychology"], de Christa David Acampora, e "Naturalismo e Genealogy" ["Naturalism and Genealogy"], de Christopher Janaway, todos eles presentes na coletânea *A Companion to Nietzsche* (ANSELL-PEARSON, 2006b).

Para um panorama da relação de Nietzsche com a ciência, cf. a coletânea *Nietzsche e a ciência* [*Nietzsche and Science*] (MORRE & BROBJER, 2004), especialmente o capítulo de autoria de Brobjer, "A leitura de Nietzsche e seu conhecimento da ciência natural: um panorama" ["Nietzsche's Reading and Knowledge of Natural Science: An Overview"] (2004). Para um exame mais extenso da influência da ciência sobre o pensamento de Nietzsche, cf. *Nietzsche em contexto* (2001), de Small.

Para um tratamento mais amplo de muitos temas concernentes à relação de Nietzsche com a ciência, cf. as coletâneas *Nietzsche, teorias do conhecimento e Teoria Crítica: Nietzsche e as ciências I* (BABICH & COHEN, 1999a) e *Nietzsche, epistemologia e filosofia da ciência: Nietzsche e as ciências II* (BABICH & COHEN, 1999b). A principal obra de Babich sobre a utilidade de Nietzsche para a filosofia da ciência é *A filosofia da ciência de Nietzsche* (1994).

Por fim, para uma indicação mais geral das correntes recentes nos estudos nietzscheanos, cf. as coletâneas *A Companion to Nietzsche* (ANSELL-PEARSON, 2006b) e *The Oxford Handbook of Nietzsche* (GEMES & RICHARDSON, no prelo).

Referências

ACAMPORA, C.D. (2006). "Naturalism and Nietzsche's Moral Psychology". In: ANSELL-PEARSON, K. (ed.) (2006). *A Companion to Nietzsche*. Oxford: Blackwell, p. 314-333.

ADORNO, T.W. (1978). *Minima Moralia:* Reflections from Damaged Life. Londres: Verso [Trad. port.: *Minima Moralia:* reflexões a partir da vida lesada. Rio de Janeiro: Beco do Azougue, 2008 [Trad. de Gabriel Cohn]].

ADORNO, T.W. & HORKHEIMER, M. ([1944] 1997). *Dialectic of Enlightenment*. Londres/Nova York: Verso [Trad. de J. Cumming] [Trad. port.: *Dialética do esclarecimento:* fragmentos filosóficos. Rio de Janeiro: Zahar, 2006 [Trad. de Guido Antonio de Almeida]].

AGAMBEN, G. (2005). *The Time That Remains:* A Commentary on the Letter to the Romans. Stanford, CA: Stanford University Press [Trad. de P. Dailey] [Trad. port.: *O tempo que resta* – um comentário à Carta aos Romanos. Belo Horizonte: Autêntica, 2016 [Trad. de Davi Pessoa e Cláudio Oliveira]].

ALLISON, D.B. (1985). *The New Nietzsche:* Contemporary Styles of Interpretation. Cambridge, MA: MIT.

ALTIZER, T.J.J. (1966). *The Gospel of Christian Atheism*. Filadélfia, PA: Westminster.

ALTIZER, T.J.J. (ed.) (1967). *Toward a New Christianity:* Readings in the Death of God. Nova York: Harcourt, Brace & World.

ANDLER, C. (1920-1931). *Nietzsche, sa vie et sa pensée*. 6. vol. Paris: Bossard.

ANSELL-PEARSON, K. (2011). "New Directions in Research: Nietzsche". In: REYNOLDS, J.; JOSEPH, F. & WOODWARD, A. (eds). *The Continuum Companion to Existentialism*. Londres: Continuum.

_____ (2009). "Review of Ernst Bertram, Nietzsche: Attempt at a Mythology". *Journal of Nietzsche Studies*, 38.

_____ (2006). *How to Read Nietzsche*. Londres: Granta.

_____ (1997). *Viroid Life:* Perspectives on Nietzsche and the Transhuman Condition. Londres: Routledge.

_____ (1994). *An Introduction to Nietzsche as Political Thinker*: The Perfect Nihilist. Cambridge: Cambridge University Press.

_____ (1991). N*ietzsche contra Rousseau:* A Study of Nietzsche's Moral and Political Thought. Cambridge: Cambridge University Press.

ANSELL-PEARSON, K. (ed.) (2006). *A Companion to Nietzsche*. Oxford: Blackwell.

ANSELL-PEARSON, K. & LARGE, D. (eds.) (2006). *The Nietzsche Reader*. Oxford: Blackwell.

ANTISERI, D. (1996). *The Weak Thought and its Strength*. Aldershot: Avebury.

APPEL, F. (1999). *Nietzsche contra Democracy*. Ithaca, NY: Cornell University Press.

ASCHHEIM, S.E. (1992). *The Nietzsche Legacy in Germany 1890-1990*. Berkeley, CA: University of California Press.

ASSOUN, P.-L. (2006). *Freud and Nietzsche*. Londres: Continuum [Trad. de Richard L. Collier].

BABICH, B.E. (1994). *Nietzsche's Philosophy of Science:* Reflecting Science on the Ground of Art and Life. Albânia, NY: Suny.

BABICH, B.E. (ed.) (2004). *Habermas, Nietzsche, and Critical Theory*. Amherst, NY: Humanity.

BABICH, B.E. & COHEN, R.S. (eds.) (1999a). *Nietzsche, Theories of Knowledge, and Critical Theory:* Nietzsche and the Sciences I. Dordrecht: Kluwer.

_____ (1999b). *Nietzsche, Epistemology, and Philosophy of Science:* Nietzsche and the Sciences II. Dordrecht: Kluwer.

BADIOU, A. (2003). *Saint Paul:* The Foundation of Universalism. Stanford, CA: Stanford University Press [Trad. de R. Brassier] [Trad. port.: *São Paulo:* a fundação do universalismo. São Paulo: Boitempo, 2009 [Trad. de Wanda Caldeira Brandt]].

BADMINGTON, N. (ed.) (2000). *Posthumanism.* Nova York: St Martin's.

BAEUMLER, A. (1932). *Nietzsche, der Philosoph und Politiker.* Leipzig: Reclam.

BARTH, K. ([1927] 2010). *Church Dogmatics.* Peabody, MA: Hendrickson.

_____ ([1922] 1968). *The Epistle to the Romans.* 6. ed. Oxford: Oxford University Press [Trad. de E.C. Hoskyns].

BARTHES, R. (1972). "The Structuralist Activity". *Critical Essays.* Evanston, IL: Northwestern University Press, p. 213-220 [Trad. de R. Howard] [Trad. port. "A Atividade Estruturalista". *Estruturalismo: antologia de textos teóricos.* Lisboa: Portugália, 1967 [Sel. e introd. de Eduardo Prado Coelho]].

BATAILLE, G. (1989). *My Mother; Madame Edwarda; and, The Dead Man,* A. Wainhouse. Londres: Marion Boyars [Trad. de A. Wainhouse].

_____ (1988). *The Accursed Share:* An Essay on General Economy. Vol. 1. Nova York: Zone [Trad. de R. Hurley] [Trad. port.: *A parte maldita.* Belo Horizonte: Autêntica, 2013 [Trad. de Júlio Castañon Guimarães]].

_____ ([1945] 2004). *On Nietzsche.* Londres: Continuum [Trad. de B. Boone].

BAUDRILLARD, J. (2003). *The Spirit of Terrorism and Other Essays.* Londres: Verso [Trad. de C. Turner].

BAUER, K. (1999). *Adorno's Nietzschean Narratives.* Albânia, NY: Suny.

BEAM, C. (1998). *Sartre vs. Nietzsche:* Will to Power, Platonism, and Pessimism [Disponível em http://www.pengkolan.net/ngelmu/filsafat/index.php?nomor=27].

BEHLER, E. (1996). "Nietzsche in the Twentieth Century". In: MAGNUS, B. & HIGGINS, K.M. (eds.). *The Cambridge Companion to Nietzsche*. Cambridge: Cambridge University Press, p. 281-322.

BERTRAM, E. ([1918] 2009). *Nietzsche:* Attempt at a Mythology. Champaign, IL: University of Illinois Press [Trad. de R.E. Norton].

BEST, S. & KELLNER, D. (1997). *The Postmodern Turn*. Nova York: Guilford.

BLANCHOT, M. ([1988] 2006). *The Unavowable Community*. Barrytown, NY: Station Hill.

BOSTROM, N. (2005). "Transhumanist Values". *Review of Contemporary Philosophy*, 4 [Disponível em www.nickbostrom.com/ethics/values.pdf – Acesso em ago./2011].

_____ (2001). *Transhumanist Values* – Version of 18 April 2001 [Disponível em www.nickbos-trom.com/tra/values.html – Acesso em ago./2011].

BOWDEN, P. & MUMMERY, J. (2009). *Understanding Feminism*. Chesham: Acumen.

BRANDES, G. (1914). *Friedrich Nietzsche*. Londres: Heinemann.

BRINTON, C. (1941). *Nietzsche*. Cambridge, MA: Harvard University Press.

BROBJER, T.H. (2004). "Nietzsche's Reading and Knowledge of Natural Science: An Overview". In: MOORE, G. & BROBJER, T.H. (eds.). *Nietzsche and Science*. Aldershot: Ashgate, p. 21-50.

BUBER, M. ([1923] 1970). *I and Thou*. Nova York: Charles Scribner's Sons [Trad. de W. Kaufmann] [Trad. port.: *Eu e tu*. São Paulo: Centauro, 2012 [Trad. de Newton Aquiles von Zuben]].

_____ (1900). "Ein Wort über Nietzsche und die Lebenswerte". *Die Kunst im Leben*, 1 (2), p. 13.

BURGARD, P.J. (ed.) (1994). *Nietzsche and the Feminine*. Charlottesville, VA: University Press of Virginia.

CAMERON, F. & DOMBOWSKY, D. (2008). "Introduction". In: CAMERON, F. & DOMBOWSKY, D. (eds.). *Political Writings of Friedrich Nietzsche*. Basingstoke: Palgrave Macmillan.

CAMUS, A. ([1951] 1971). *The Rebel*. Harmondsworth: Penguin [Trad. de A. Bower] [Trad. port.: *O homem revoltado*. Rio de Janeiro: Record, 2008 [Trad. de Valerie Rumjanek]].

_____ ([1942] 2000). *The Myth of Sisyphus*. Harmondsworth: Penguin [Trad. de J. O'Brien] [Trad. port.: *O Mito de Sísifo:* ensaio sobre o absurdo. Rio de Janeiro: Guanabara, 1989 [Trad. de Mauro Gama]].

CAPUTO, J.D. (2006). *The Weakness of God*: A Theology of the Event. Bloomington, IN: Indiana University Press.

CAPUTO, J.D. & ALCOFF, L.M. (eds.) (2009). *St Paul Among the Philosophers*. Bloomington, IN: Indiana University Press.

CLARK, M. (1990). *Nietzsche on Truth and Philosophy*. Cambridge: Cambridge University Press.

CLARK, M. & DUDRICK, D. (2006). "The Naturalisms of Beyond Good and Evil". In: ANSELL-PEARSON, K. (ed.) (2006). *A Companion to Nietzsche*. Oxford: Blackwell, p. 148-167.

COLLI, G. & MONTINARI, M. (eds.) (1967). *Kritische Gesamtausgabe:* Werke. 40 vol. Berlim: De Gruyter.

CONNOLLY, W.E. (1993). *Political Theory and Modernity*. Ithaca, NY: Cornell University Press.

CONWAY, D.W. (1997a). *Nietzsche's Dangerous Game:* Philosophy in The Twilight of the Idols. Cambridge: Cambridge University Press.

_____ (1997b). *Nietzsche and the Political*. Londres: Routledge.

COOPER, D.E. (1999). *Existentialism:* A Reconstruction. 2. ed. Oxford: Blackwell.

COX, C. (1999). *Nietzsche:* Naturalism and Interpretation. Berkeley, CA: University of California Press.

CROWELL, S. (2010). "Existentialism". *Stanford Encyclopedia of Philosophy* [Disponível em http://plato.stanford.edu/entries/existentialism/ – Acesso em ago./2011].

CYBULSKA, E.M. (2000). "The Madness of Nietzsche: the Misdiagnosis of the Millennium?" *Hospital Medicine*, 61, p. 571-575.

DAIGLE, C. (2004). "Sartre and Nietzsche". *Sartre Studies International*, 10 (2), p. 195-211.

DANTO, A. (2005). *Nietzsche as Philosopher*. Nova York: Columbia University Press.

DEANE, D. (2006). *Nietzsche and Theology:* Nietzschean Thought in Christological Anthropology. Aldershot: Ashgate.

DELEUZE, G. (2001). *Pure Immanence:* Essays on A Life. Nova York: Zone [Trad. de A. Boyman].

_____ (1994). *Difference and Repetition*. Nova York: Columbia University Press [Trad. de P. Patton] [Trad. port.: *Diferença e repetição*. São Paulo: Graal, 2009 [Trad. de Luiz Orlandi e Roberto Machado]].

_____ ([1962] 1983). *Nietzsche and Philosophy*. Nova York: Columbia University Press [Trad. de H. Tomlinson].

DERRIDA, J. (2002). *Negotiations:* Interventions and Interviews, 1971-2001. Stanford, CA: Stanford University Press [Ed. e trad. de E. Rottenberg].

_____ (1998). *Of Grammatology*. Ed. rev. Baltimore, MD: Johns Hopkins University Press [Trad. de G.C. Spivak].

_____ (1997). *The Politics of Friendship*. Londres: Verso [Trad. de G. Collins].

_____ (1986). *The Ear of the Other:* Otobiography, Transference, Translation. Nova York: Schocken Books [Ed. de C.V. McDonald; trad. de A. Ronell e P. Kamuf]. Nova York: Schocken.

_____ (1979). *Spurs*: Nietzsche's Styles. Chicago, IL: University of Chicago Press [Trad. de B. Harlow].

_____ (1978). *Writing and Difference*. Londres: Routledge [Trad. de A. Bass] [Trad. port.: *A escritura e a diferença*. São Paulo: Perspectiva, 2011 [Trad. de Maria Beatriz Marques Nizza da Silva, Pedro Leite Lopes e Pérola de Carvalho]].

_____ (1973). *Speech and Phenomena, And Other Essays on Husserl's Theory of Signs*. Evanston, IL: Northwestern University

Press [Trad. de D.B. Allison] [Trad. port.: *A voz e o fenômeno* – Introdução ao problema do signo na fenomenologia de Husserl. Rio de Janeiro: Zahar, 1994 [Trad. de Lucy Magalhães]].

DESCARTES, R. (1954). *Descartes*: Philosophical Writings. Edimburgo: Nelson [Ed. e trad. de E. Anscombe e P.T. Geach].

DETWILER, B. (1990). *Nietzsche and the Politics of Aristocratic Radicalism*. Chicago, IL: University of Chicago Press.

DIETHE, C. (2006). *Historical Dictionary of Nietzscheanism*. 2. ed. Lanham, MD: Scarecrow.

_____ (1996). *Nietzsche's Women:* Beyond the Whip. Berlim: Walter de Gruyter.

DUVALL, W.E. (1999). "Camus Reading Nietzsche: Rebellion, Memory, and Art". *History of European Ideas*, 25, p. 39-53.

FERRY, L. & RENAUT, A. (1990). *French Philosophy of the Sixties:* An Essay on Antihumanism. Amherst, MA: University of Massachusetts Press [Trad. de M.H.S. Cattani].

FERRY, L. & RENAUT, A. (eds.) (1997). *Why We Are Not Nietzscheans*. Chicago, IL: University of Chicago Press [Trad. de Loaiza].

FINK, E. (2003). *Nietzsche's Philosophy*. Londres: Continuum.

FOSTER, J.B. (1981). *Heirs to Dionysus*: A Nietzschean Current in Literary Modernism. Princeton, NJ: Princeton University Press.

FOUCAULT, M. (1994). *The Order of Things*: An Archaeology of the Human Sciences. Nova York: Vintage. [Trad. port.: *A palavra e as coisas* – Uma arqueologia das Ciências Humanas. São Paulo: Martins Fontes, 2011 [Trad. de Salma Tannus Muchail]].

_____ (1990). "Nietzsche, Freud, Marx". In: ORMISTON, G.L. & SCHRIFT, A.D. (eds). *Transforming the Hermeneutic Context:* From Nietzsche to Nancy. Albânia, NY: Suny, p. 59-68.

_____ (1989). *Foucault Live*: Collected Interviews, 1961-1984. New York: Semiotext(e) [Ed. de S. Lotringer; trad. de J. Johnston].

_____ (1978). *The Will to Knowledge:* The History of Sexuality 1. Harmondsworth: Penguin [Trad. de R. Hurley] [[Trad. port.:

História da sexualidade 1: A vontade de saber. São Paulo: Paz e Terra, 2015 [Trad. de Maria Thereza da Costa Albuquerque e J.A. Guilhon Albuquerque]].

_____ (1977a). "Nietzsche, Genealogy, History". In: BOUCHARD, D.F. (ed.). *Language, Counter-memory, Practice.* Ithaca, NY: Cornell University Press [Trad. de D.F. Bouchard & S. Simon].

_____ (1977b). *Discipline and Punish.* Harmondsworth: Penguin [Trad. de A. Sheridan] [Trad. port.: *Vigiar e punir* – Nascimento da prisão. Petrópolis: Vozes, 2013 [Trad. de Raquel Ramalhete]].

FRASER, G. (2002). *Redeeming Nietzsche*: On the Piety of Unbelief. Londres: Routledge.

FRIEDMAN, M. (ed.) (1964). *Worlds of Existentialism:* A Critical Reader. Nova York: Random House.

GAIGER, J. (1998). "Lebensphilosophie". In: CRAIG, E. (ed.). *The Routledge Encyclopedia of Philosophy.* Vol. 5. Londres: Routledge.

GEMES, K. & RICHARDSON, J. (no prelo). *The Oxford Handbook of Nietzsche.* Oxford: Oxford University Press.

GILLESPIE, M.A. & STRONG, T.B. (eds.) (1988). *Nietzsche's New Seas.* Chicago, IL: University of Chicago Press.

GOLOMB, J. (2004). *Nietzsche and Zion.* Ithaca, NY: Cornell University Press.

GOLOMB, J.; SANTANIELLO, W. & LEHRER, R. (1999). *Nietzsche and Depth Psychology.* Albânia, NY: Suny.

GOLOMB, J. & WISTRICH, R.S. (eds.) (2002). *Nietzsche, Godfather of Fascism?:* On the Uses and Abuses of a Philosophy. Princeton, NJ: Princeton University Press.

GRANIER, J. (1966). *La probleme de la verité dans la philosophie de Nietzsche.* Paris: Seuil.

GROENWALD, A.J. (2007). "Interpreting the Theology of Barth in Light of Nietzsche's Dictum 'God is dead'". *HTS Teologiese Studies / Theological Studies,* 63 (4), p. 1.429-1.445.

GROSZ, E. (1994). *Volatile Bodies:* Toward a Corporeal Feminism. São Leonardo: Allen & Unwin.

GUTTING, G. (2008). "Michel Foucault". *Stanford Encyclopedia of Philosophy* [Disponível em http://plato.stanford.edu/entries/foucault/#4 – Acesso em ago./2011].

HABERMAS, J. (1987). *The Philosophical Discourse of Modernity.* Cambridge, MA: MIT [Trad. de F. Lawrence] [Trad. port.: *O discurso filosófico da Modernidade:* doze lições. São Paulo: Martins Fontes, 2002. [Trad. de Luiz Sérgio Repa e Rodnei Nascimento]].

HADOT, P. (2010). "Introduction to Ernst Bertram, Nietzsche: Attempt at a Mythology". *The Agonist,* III (1), p. 52-84 [Trad. de P. Bishop] [Disponível em www.nietzschecircle.com/AGONIST/2010_03/translationHadot.html – Acesso em ago./2011].

HAMILTON, W. & ALTIZER, T.J.J. (1966). *Radical Theology and the Death of God.* Indianápolis, IN: Bobbs-Merrill.

HARINK, D. (ed.) (2010). *Paul, Philosophy, and the Theopolitical Vision:* Critical Engagements with Agamben, Badiou, Žižek, and Others. Eugene, OR: Cascade.

HART, D.B. (2003). *The Beauty of the Infinite:* The Aesthetics of Christian Truth. Grand Rapids, MI: Eerdmans.

HATAB, L. (1995). *A Nietzschean Defense of Democracy*: An Experiment in Postmodern Politics. Chicago, IL: Open Court.

HAYMAN, R. (1980). *Nietzsche: A Critical Life.* Londres: Weidenfeld & Nicolson.

HEGEL, G.W.F. (1952). *Hegel's Philosophy of Right.* Oxford: Clarendon [Trad. de T.M. Knox].

HEIDEGGER, M. (1993). *Martin Heidegger:* Basic Writings. Nova York: Harper Collins [Trad. de D.F. Krell].

_____ (1979-1987). *Nietzsche.* 4 vol. São Francisco: Harper & Row [Trad. de D.F. Krell] [Trad. port.: *Nietzsche.* 2 vol. Rio de Janeiro: Forense Universitária [Trad. de Marco Antônio Casanova]].

_____ (1977). *The Question Concerning Technology and Other Essays.* New York: Harper & Row [Trad. de W. Lovitt].

_____ ([1927] 1962). *Being and Time*. Oxford: Blackwell [Trad. de J. Macquarrie e E. Robinson] [Trad. port.: *Ser e tempo*. Campinas/Petrópolis: Unicamp/Vozes, 2012 [Trad. de Fausto Castilho]].

HEINEMANN, F. (1929). *Neue Wege der Philosophie*. Leipzig: Queller & Meyer.

HOLLINGDALE, R.J. (1999). *Nietzsche*: The Man and His Philosophy. Nova York: Cambridge University Press.

HOLLINGDALE, R.J. (ed. e trad.) (1977). *A Nietzsche Reader*. Nova York: Penguin.

HOVEY, C. (2008). *Nietzsche and Theology*. Londres: T&T Clark International.

IRIGARAY, L. (1994). *"Ecce mulier?* Fragments". In: BURGARD, P.J. (ed.). *Nietzsche and the Feminine*. Charlottesville, VA: University Press of Virginia, p. 316-334.

_____ (1981). *Le corps-à-corps avec la mère*. Montreal: Plein Lune.

_____ ([1980] 1991). *Marine Lover of Friedrich Nietzsche*. Nova York: Columbia University Press [Trad. de G.C. Gill].

_____ ([1974] 1985). *Speculum of the Other Woman*. Ithaca, NY: Cornell University Press [Trad. de G.C. Gill].

JAMES, I. (2007). "Klossowski and Deleuze: Parody, Simulacrum and the Power of Return". In: BOLT, B.; COLMAN, F.; JONES, G. & WOODWARD, A. (eds.). *Sensorium:* Aesthetics, Art, Life. Newcastle upon Tyne: Cambridge Scholars Publishing.

JANAWAY, C. (2006). "Naturalism and Genealogy". In: ANSELL-PEARSON, K. (ed.) (2006). *A Companion to Nietzsche*. Oxford: Blackwell, p. 337-352.

JASPERS, K. (1975). "Kierkegaard and Nietzsche". In: KAUFMANN, W. (ed.). *Existentialism from Dostoevsky to Sartre*. Nova York: Meridian [Trad. de William Earle].

_____ (1955). *Reason and Existence*. Nova York: Farrar Straus [Trad. de W. Earle].

_____ ([1936] 1965). *Nietzsche*: An Introduction to the Understanding of His Philosophical Activity. Tucson, AZ: University of Arizona Press [Trad. de C.F. Wellraff e F.J. Schmitz].

JOYCE, J. (1993). *A James Joyce Reader*. Harmondsworth: Penguin [Ed. de H. Levin].

KAUFMANN, W. (1977). *The Portable Nietzsche*. Harmondsworth: Penguin.

_____ (1976). *Existentialism, Religion and Death*: Thirteen Essays. Nova York: New American Library.

_____ (1968). *Basic Writings of Nietzsche*. Nova York: Modern Library.

_____ (1957). "Jaspers' Relation to Nietzsche". In: SCHILPPS, P. (ed.). *The Philosophy of Karl Jaspers*. Nova York: Tudor, p. 407-436.

_____ ([1950] 1974). *Nietzsche:* Philosopher, Psychologist, Antichrist. 4. ed. Princeton, NJ: Princeton University Press.

KAUFMANN, W. (ed.) ([1956] 1975). *Existentialism from Dostoevsky to Sartre*. Nova York: Meridian.

KELLY, K. (1994). *Out of Control*: The New Biology of Machines. Londres: Fourth Estate.

KLOSSOWSKI, P. (2009). "Circulus Vitiosus". *The Agonist*, 2 (1), p. 31-37 [Trad. de J.D. Kuzma] [Disponível em http://nietzschecircle.com/AGONIST/2009_03/translationKlossowskiKuzma.html – Acesso em ago./2011].

_____ ([1969] 2005). *Nietzsche and the Vicious Circle*. Londres: Continuum [Trad. de D.W. Smith].

_____ ([1957] 2007). "Nietzsche, Polytheism and Parody". *Such a Deathly Desire*. Albânia: Suny, p. 99-122 [Trad. de R. Ford].

KOFMAN, S. (1998). "Baubô: Theological Perversion and Fetishism". In: OLIVER, K. & PEARSALL, M. (eds.) (1998). *Feminist Interpretations of Friedrich Nietzsche*. University Park, PA: Pennsylvania State University Press, p. 21-49 [Trad. de T.B. Strong].

_____ (1993). *Nietzsche and Metaphor*. Stanford, CA: Stanford University Press [Trad. de D. Large].

KRISTEVA, J. (1982). *Powers of Horror*: An Essay on Abjection. Nova York: Columbia University Press [Ed. de L. Roudiez].

KUZMA, J.D. (2009). Preface to P. Klossowski, "Circulus Vitiosus". *The Agonist*, 2 (1), p. 31-32 [Disponível em http://nietzschecircle.com/AGONIST/2009_03/translationKlossowskiKuzma.html – Acesso em ago./2011].

LAMPERT, L. (1993). *Nietzsche and Modern Times:* A Study of Bacon, Descartes and Nietzsche. New Haven, CT: Yale University Press.

LANGE, F.A. ([1866] 1950). *History of Materialism and Criticism of its Present Importance*. Londres: Trübner [Trad. de E.C. Thomas].

LEITER, B. (2010). "Nietzsche's Moral and Political Philosophy". *Stanford Encyclopedia of Philosophy*. [Disponível em http://plato.stanford.edu/entries/nietzsche-moral-political/#4 – Acesso em ago./2011].

_____ (2002). *Routledge Philosophy Guidebook to Nietzsche on Morality*. Londres: Routledge.

_____ (2001). "The Paradox of Fatalism and Self-Creation in Nietzsche". In: LEITER, B. & RICHARDSON, J. (eds). *Nietzsche*. Oxford: Oxford University Press.

LEITER, B. & RICHARDSON, J. (eds.) (2001). *Nietzsche*. Oxford: Oxford University Press.

LEVY, O. (ed.) (1909-1913). *The Complete Works of Friedrich Nietzsche*. Edimburgo: T.N. Foulis.

LÖB, W. (1908). "Naturwissenschaftliche Elemente in Nietzsches Gedanken". *Deutsche Rundschau*, 173, p. 264-269.

LÖWITH, K. (1997). *Nietzsche's Philosophy of the Eternal Recurrence of the Same*. Berkeley, CA: University of California Press [Trad. de J.H. Lomax].

LUKÁCS, G. ([1952] 1980). *The Destruction of Reason*. Londres: Merlin [Trad. de P. Palmer].

LYOTARD, J.-F. (1993). *Political Writings*. Mineápolis, MN: University of Minnesota Press [Trad. de B. Readings e K. Paul].

_____ (1992). "Missive on Universal History". In: PEFANIS, J. & THOMAS, M. (ed. e trad.). *The Postmodern Explained to Children*: Correspondence 1982-1985. Sidnei: Power.

_____ (1991). "Can Thought go on Without a Body?" *The Inhuman*: Reflections on Time. Stanford, CA: Stanford University Press [Trad. de G. Bennington e R. Bowlby].

_____ (1984). *The Postmodern Condition:* A Report on Knowledge. Mineápolis, MN: University of Minnesota Press [Trad. de G. Bennington e B. Massumi] [Trad. port.: *A condição pós-moderna*. Rio de Janeiro: José Olympio, 2008 [Trad. de Ricardo Correa Barbosa]].

_____ (1978). "Notes on the Return and Kapital". *Semiotext(e)*, 3 (1), p. 44-53 [Trad. de R. McKeon].

MacQUARRIE, J. (1972). *Existentialism:* An Introduction, Guide, and Assessment. Harmondsworth: Penguin.

MAGNUS, B.; ANSELL-PEARSON, K. & SCHRIFT, A.D. (eds.). (1995). *Complete Works of Friedrich Nietzsche*. 20 vol. Stanford, CA: Stanford University Press.

MARCEL, G. (1952). *Metaphysical Journal*. Londres: Barrie & Rockliff [Trad. de B. Wall].

MAUTNER, T. (1999). *The Penguin Dictionary of Philosophy*. Harmondsworth: Penguin.

MITTASCH, A. (1952). *Nietzsche als Naturphilosoph*. Stuttgart: Kröner.

MOORE, G. (2004). "Introduction". In: MOORE, G. & BROBJER, T.H. (eds.). *Nietzsche and Science*. Aldershot: Ashgate, p. 1-17.

_____ (2002). *Nietzsche, Biology and Metaphor*. Cambridge: Cambridge University Press.

MOORE, G. & BROBJER, T.H. (eds.) (2004). *Nietzsche and Science*. Aldershot: Ashgate.

MORE, M. (2010). "The Overhuman in the Transhuman". *Journal of Evolution & Technology*, 21 (1), p. 1-4.

_____ (1990). "Transhumanism: Towards a Futurist Philosophy". *Extropy*, 6 [Disponível em www.maxmore.com/transhum. htm – Acesso em ago./2011].

MÜLLER-LAUTER, W. (1999). "The Organism as Inner Struggle: Wilhelm Roux's Influence on Nietzsche". *Nietzsche*: His Philosophy of Contradictions and the Contradictions of His Philosophy. Champaign, IL: University of Illinois Press [Trad. de D.J. Parent] [Trad. port.: *Nietzsche:* sua filosofia dos antagonismos e os antagonismos de sua filosofia. São Paulo: Unifesp, 2009 [Trad. de Clademir Araldi]].

NANCY, J.-L. ([1982] 1991). *The Inoperative Community*. Mineápolis, MN: University of Minnesota Press [Ed. de P. Connor; trad. de P. Connor, L. Garbus, M. Holland e S. Sawhney].

NEHAMAS, A. (1985). *Nietzsche*: Life as Literature. Cambridge, MA: Harvard University Press.

NIETZSCHE, F. (2008). *Political Writings of Friedrich Nietzsche*. Basingstoke: Palgrave Macmillan [Ed. de F. Cameron e D. Dombowsky].

_____ (2000). *The Pre-Platonic Philosophers*. Champaign, IL: University of Illinois Press [Ed. e trad. de G. Whitlock].

_____ (1996a). *Selected Letters of Friedrich Nietzsche*. 2. ed. Indianápolis, IN: Hackett [Ed. e trad. de C. Middleton].

_____ (1996b). *Philosophy in the Tragic Age of the Greeks*. Washington, DC: Gateway [Trad. de M. Cowan].

OAKLANDER, N.L. (1992). *Existentialist Philosophy*: An Introduction. Englewood Cliffs, NJ: Prentice Hall.

O'FLAHERTY, J.C.; SELLNER, T.F. & HELM, R.M. (eds.) (1985). *Studies in Nietzsche and the Judaeo-Christian Tradition*. Chapel Hill, NC: University of North Carolina Press.

OLIVER, K. (1995). *Womanizing Nietzsche*: Philosophy's Relation to the "Feminine". Londres: Routledge.

OLIVER, K. & PEARSALL, M. (1998). "Introduction: Why Feminists Read Nietzsche". In: OLIVER, K. & PEARSALL, M.

(eds.) (1998). *Feminist Interpretations of Friedrich Nietzsche*. University Park, PA: Pennsylvania State University Press, p. 1-17.

OLIVER, K. & PEARSALL, M. (eds.) (1998). *Feminist Interpretations of Friedrich Nietzsche*. University Park, PA: Pennsylvania State University Press.

OPPEL, F. (1993). "'Speaking of Immemorial Waters': Irigaray with Nietzsche". In: PATTON, P. (ed.). *Nietzsche, Feminism and Political Theory*. Londres: Routledge, p. 88-109.

OPPEL, F. (2005). *Nietzsche on Gender*: Beyond Man and Woman. Charlottesville, VA: University of Virginia Press.

OWEN, D. (1995). *Nietzsche, Politics, and Modernity*: A Critique of Liberal Reason. Londres: Sage.

PATTON, P. (ed.). (1993). *Nietzsche, Feminism and Political Theory*. Londres: Routledge.

PICKUS, D. (2003). "The Walter Kaufmann Myth: A Study in Academic Judgement". *Nietzsche-Studien*, 32, p. 226-258.

PRIGOGINE, I. & STENGERS, I. (1985). *Order Out of Chaos*: Man's New Dialogue with Nature. Londres: Flamingo.

RATNER-ROSENHAGEN, J. (2006). "'Dionysian Enlightenment': Walter Kaufmann's Nietzsche in Historical Perspective". *Modern Intellectual History*, 3 (2), p. 239-269.

RÉE, P. [1877] 2003. *The Origin of the Moral Sensations*. Champaign, IL: University of Illinois Press [Ed. de R. Small].

REGIS, E. (1990). *Great Mambo Chicken and the Transhuman Condition*: Science Slightly Over the Edge. Nova York: Perseus.

REYNOLDS, J.; JOSEPH, F. & WOODWARD, A. (eds.) (2011). *The Continuum Companion to Existentialism*. Londres: Continuum.

RICHARDSON, J. (2004). *Nietzsche's New Darwinism*. Oxford: Oxford University Press.

ROBBINS, J.W. (2004). "Weak Theology". *Journal for Cultural and Religious Theory*, 5 (2), p. 1-4.

ROBERTS, T.T. (1998). *Contesting Spirit*: Nietzsche, Affirmation, Religion. Princeton, NJ: Princeton University Press.

ROSE, G. (1978). *The Melancholy Science:* An Introduction to the Thought of Theodor W. Adorno. Basingstoke: Macmillan.

RYBALKA, M.; PUCCIANI, O.F. & GRUENHECK, S. (1981). "An Interview with Jean-Paul Sartre?" In: SCHILPP, P.A. (ed.). *The Philosophy of Jean-Paul Sartre*. La Salle, IL: Open Court, p. 2-51.

SAFRANSKI, R. (2003). *Nietzsche:* A Philosophical Biography. Londres: Granta [Trad. port.: *Nietzsche*: biografia de uma tragédia. São Paulo: Geração, 2011 [Trad. de Lya Luft]].

SALOMÉ, L. (2001). *Nietzsche*. Champaign, IL: University of Illinois Press [Ed. e trad. de S. Mandel].

SANTANIELLO, W. (ed.) (2001). *Nietzsche and the Gods*. Albânia, NY: Suny.

SARTRE, J.-P. (1990). *Écrits de jeunesse*. Paris: Gallimard [Ed. de M. Contat e M. Rybalka].

_____ (1975). "Existentialism is a Humanism". In: KAUFMANN, W. (ed.). *Existentialism from Dostoevsky to Sartre*. Nova York: Meridian [Trad. port.: "O existencialismo é um humanismo". *Sartre*. São Paulo: Nova Cultural, 1987 [Os Pensadores] [Trad. de Rita Correia Guedes, Luiz Roberto Salinas Forte e Bento Prado Júnior]].

_____ (1965). *Nausea*. Harmondsworth: Penguin [Trad. de R. Baldick] [Trad. port.: A *náusea*. Rio de Janeiro: Nova Fronteira, 1986 [Trad. de Rita Braga]].

_____ (1960). *The Transcendence of the Ego*: An Existentialist Theory of Consciousness. Nova York: Hill & Wang [Trad. de F. Williams e R. Kirkpatrick].

_____ (1956). *Being and Nothingness*. Nova York: Washington Square [Trad. de H.E. Barnes] [Trad. port.: *O ser e o nada* – Ensaio de ontologia fenomenológica. Petrópolis: Vozes, 2003 [Trad. de Paulo Perdigão]].

SAUSSURE, F. ([1959] 1986). *Course in General Linguistics*. La Salle, IL: Open Court [Ed. de C. Bally, A. Sechehayewith e A. Riedlinger; trad. de R. Harris] [Trad. port.: *Curso de Linguística*

Geral. São Paulo: Cultrix, 2008 [Trad. de Anônio Chelini, José Paulo Paes e Izidoro Blikstein]].

SAX, L. (2003). "What was the Cause of Nietzsche's Dementia?" *Journal of Medical Biography*, 11, p. 47-54.

SCHACHT, R. (1988). "Nietzsche's Gay Science, or, How to Naturalize Cheerfully". In: SOLOMON, R.C. & HIGGINS, M. (eds). *Reading Nietzsche*. Oxford: Oxford University Press, p. 68-86.

SCHNÄDELBACH, H. (1984). *Philosophy in Germany 1831-1933*. Cambridge: Cambridge University Press [Trad. de E. Matthews].

SCHRIFT, A.D. (2005). *Twentieth-Century French Philosophy*: Key Themes and Thinkers. Oxford: Blackwell.

_____ (1995). *Nietzsche's French Legacy*: A Genealogy of Poststructuralism. Nova York/Londres: Routledge.

_____ (1990). *Nietzsche and the Question of Interpretation*: Between Hermeneutics and Deconstruction. Nova York: Routledge.

SHAW, T. (2007). *Nietzsche's Political Skepticism*. Princeton, NJ: Princeton University Press.

SIEMENS, H.W. & ROODT, V. (eds.) (2008). *Nietzsche, Power and Politics*. Berlim: Walter de Gruyter.

SIMMEL, G. ([1907] 1991). *Schopenhauer and Nietzsche*. Champaign, IL: University of Illinois Press [Trad. de H. Loiskandl, D. Weinstein e M. Weinstein] [Trad. port.: *Schopenhauer & Nietzsche*. Rio de Janeiro: Contraponto, 2011 [Trad. de César Benjamin]].

SINNERBRINK, R. (2007). *Understanding Hegelianism*. Chesham: Acumen.

SMALL, R. (2001). *Nietzsche in Context*. Aldershot: Ashgate.

SMITH, D. (1996). *Transvaluations*: Nietzsche in France 1872-1972. Nova York: Oxford University Press.

SMITH, D.W. (2005a). "Klossowski's Reading of Nietzsche: Impulses, Phantasms, Simulacra, Stereotypes". *Diacritics*, 35 (1), p. 8-21.

_____ (2005b). "Translator's Preface". In: KLOSSOWSKI, P. *Nietzsche and the Vicious Circle*. Londres: Continuum [Trad. de D.W. Smith].

SORGNER, S. (2009). "Nietzsche, the Overhuman, and Transhumanism". *Journal of Evolution & Technology*, 20 (1), p. 29-42.

SPENGLER, O. ([1918] 1932). *The Decline of the West*. Londres: Allen & Unwin [Trad. de C.F. Atkinson].

STACK, G.J. (1983). *Lange and Nietzsche*. Berlim: De Gruyter.

ST. AUBYN, F.C. (1968). "A Note on Nietzsche and Camus". *Comparative Literature*, 20 (2), p. 110-115.

STOEKL, A. (1979). "The Death of Acephale and the Will to Chance: Nietzsche in the Text of Bataille". *Glyph*, 6, p. 42-67.

STRONG, T.B. ([1975] 2000). *Friedrich Nietzsche and the Politics of Transfiguration*. Champaign, IL: University of Illinois Press.

THEYS, F. (dir.) (2006). *Technocalyps*. Votnik.

THOMAS, R.H. 1983. *Nietzsche in German Politics and Society 1890-1918*. Manchester: Manchester University Press.

TILLICH, P. ([1952] 2000). *The Courage to Be*. New Haven, CT: Yale University Press.

_____ ([1945] 2001). "The Escape from God". In: SANTANIELLO, W. (ed.). *Nietzsche and the Gods*. Albânia, NY: Suny, p. 173-180.

VAHANIAN, G. (1961). *The Death of God*: The Culture of Our Post-Christian Era. Nova York: George Braziller.

WAHL, J. (1951). *Le malheur de la conscience dans la philosophie de Hegel*. Paris: Presses Universitaires de France.

WARREN, M. (1988). *Nietzsche and Political Thought*. Cambridge, MA: MIT.

VATTIMO, G. (2002). *After Christianity*. Nova York: Columbia University Press [Trad. de L. D'Isanto].

_____ (2001). *Nietzsche*: An Introduction. Stanford, CA: Stanford University Press.

_____ (1999). *Belief*. Stanford, CA: Stanford University Press [Trad. de L. D'Isanto e D. Webb].

_____ (1997). *Beyond Interpretation*: The Meaning of Hermeneutics for Philosophy. Stanford, CA: Stanford University Press [Trad. de D. Webb] [Trad. port.: *Para além da interpretação*: o significado da hermenêutica para a filosofia. Rio de Janeiro: Tempo Brasileiro, 1999 [Trad. de Raquel Paiva]].

VATTIMO, G. & CAPUTO, J.D. (2007). *After the Death of God*. Nova York: Columbia University Press [Trad. de J.W. Robbins].

VATTIMO, G. & GIRARD, R. (2010). *Christianity, Truth, and Weakening Faith*: A Dialogue. Nova York: Columbia University Press [Ed. de P. Antonello; trad. de W. McCuaig].

VATTIMO, G. & RORTY, R. (2005). *The Future of Religion*. Nova York: Columbia University Press [Ed. de S. Zabala].

WEXELBLATT, R. (1987). "Camus' Caligula and Nietzsche". *Lamar Journal of the Humanities*, 13 (1), p. 27-36.

WHITE, A. (1990). *Within Nietzsche's Labyrinth*. Nova York: Routledge.

WILEY, C. (2009). "I Was Dead and Behold, I am Alive Forevermore: Responses to Nietzsche in 20th Century Christian Theology". *Intersections*, 10 (1), p. 507-517.

WILLIAMS, J. (2005). *Understanding Poststructuralism*. Chesham: Acumen. [Trad. port. *Pós-estruturalismo*. Petrópolis: Vozes, 2012 [Trad. de Caio Liudvik]].

WILLIAMS, S.N. (2006). *The Shadow of the Antichrist*: Nietzsche's Critique of Christianity. Grand Rapids, MI: Baker.

WILSON, C. (2004). *Dreaming to Some Purpose*. Londres: Century.

WININGER, K.J. (1998). "Nietzsche's Women and Women's Nietzsche". In: OLIVER, K. & PEARSALL, M. (eds.) (1998). *Feminist Interpretations of Friedrich Nietzsche*. University Park, PA: Pennsylvania State University Press, p. 236-251.

WOODWARD, A. (2009). *Nihilism in Postmodernity*: Lyotard, Baudrillard, Vattimo. Aurora, CO: Davies Group.

WOODWARD, A. (ed.) (2011). *Interpreting Nietzsche*: Reception and Influence. Londres: Continuum.

YOUNG, J. (2010). *Friedrich Nietzsche:* A Philosophical Biography. Cambridge: Cambridge University Press.

_____ (2006). *Nietzsche's Philosophy of Religion*. Cambridge: Cambridge University Press.

ŽIŽEK, S. (2009). *The Fragile Absolute:* Or, Why is the Christian Legacy Worth Fighting For? 2. ed. Londres: Verso [Trad. port.: *O absoluto frágil. Ou: Por que vale a pena lutar pelo legado cristão*. São Paulo: Boitempo, 2015 [Trad. de Rogério Bettoni]].

Índice

Absurdo 78, 82, 93, 250
Adorno, Theodor W. 198-202, 205, 267, 367, 376
Afirmação 39, 43, 75, 80, 85, 88s., 93, 103, 130, 132, 135, 148, 152, 168, 183, 223-225, 228, 243, 248s., 262s., 289, 295, 298, 313
A gaia ciência 21, 26, 330s., 362, 379
Agamben, G. 274, 277
A genealogia da moral 142, 232s., 246
Além do bem e do mal 21, 35, 174, 318, 362, 379
Altizer, T.J.J. 258-264, 276, 368, 378
Amor fati 38, 89, 103
Andler, C. 328, 349, 363
Ansell-Pearson, K. 51, 160s., 164, 170s., 173, 177, 179-182, 186, 281, 286, 299, 308-312, 328, 339, 344, 369, 371, 375, 379s.
Antropomorfismo 286, 292-295, 309
Apolo 23
Appel, F. 188s., 204, 375
Arte 23s., 26, 28, 41, 56, 75, 77-79, 88, 115, 134, 160, 164, 175, 245, 253, 330-335, 339-341, 355, 357s.
Assim falava Zaratustra 21, 47, 207, 233, 257, 307, 344, 362
   cf. tb. Zaratustra
Aurora 21, 362
A vontade de potência 21s., 33, 45, 89, 99, 130, 326, 351, 363

Babich, B.E. 329, 332-335, 355, 369, 380
Badiou, A. 274, 277
Baeumler, A. 48, 65, 165-167, 363
Barth, K. 242, 250, 254-256, 260, 265, 273, 276, 368, 378
Bataille, G. 48, 107, 120-124, 129s., 155, 197, 364, 366
Bertram, E. 47s., 65, 163s., 363
Biologia 304, 336, 346
Bismarck, O. 159-161, 182, 203
Boscovich, R. 349s., 356
Bostrom, R. 279-283, 378
Brandes, G. 157, 168, 172, 363
Braun, L. 215, 239
Brobjer, T.H. 329, 336s., 340s., 343-345, 347, 379
Buber, M. 250-254, 256, 275, 368, 377s.

Camus 52, 60, 73s., 80-89, 99, 103, 365, 373
Capitalismo 180, 182, 191, 195, 286, 288s.
Caputo, J.D. 264s., 272, 378
Causa/causação 19s., 26s., 78, 106, 158, 161s., 208, 315-317, 326, 349
Ciência 23, 26-28, 31, 54, 59, 111, 147, 153, 191, 199, 213, 248, 269s., 279s., 294-297, 299, 303, 310-315, 317-319, 327-338, 342, 348-350, 354s., 357s., 369, 379s.
Complexidade 106, 291, 296-298
Conhecimento 14s., 26, 40, 55s., 66, 115, 125, 127-129, 133, 136s., 166, 187, 201, 213, 220, 225, 248, 255, 267s., 302-306, 316s., 320-323, 330-334, 354s., 359, 371, 379
Connolly, W.E. 182-184, 188, 204, 375
Considerações extemporâneas 21, 330, 362
Conway, D.W. 175s., 186, 375
Corpo 31, 56, 62, 114, 116, 118s., 123, 125s., 129, 137, 155, 166, 207, 211s., 217s., 226, 228, 231-235, 240, 248, 290, 324, 333, 348
Cox, C. 312s., 316, 319-327, 354, 369

Criação de si 40, 65, 71s., 79, 91s.
Cristianismo 14, 25, 27, 29s., 39, 93, 170, 191, 211, 242-249, 251, 257, 259-262, 271, 273-276, 282, 285, 293, 312, 368, 377s.

Dança 217s.
Darwin 27, 297, 299, 342, 344, 347
Darwinismo 191, 336, 342s., 345, 356
Deane, D. 272, 277
Decadência 33, 40, 43, 55s., 58, 127
Deleuze, G. 106s., 119, 122, 125, 129-135, 145, 147, 151, 155, 167, 191, 193, 195, 219, 263, 290, 364, 366, 374
Democracia 151s., 158s., 165, 168, 176, 184-189, 203s., 289, 367, 375
Derrida, J. 106s., 122, 135, 143-151, 156, 167, 197, 219, 222, 230s., 265, 364, 366, 374
Descartes, R. 87, 98, 115-117, 320
Desconstrução 143-145, 148, 156, 264s.
Detwiler, B. 172, 176, 189, 375
Deus 26-28, 32, 39, 43, 61, 67, 76s., 79, 82, 84, 86s., 100, 117, 220, 229, 241, 243, 245s., 248, 250s., 253-266, 270-273, 275s., 293, 297, 307, 311s., 320s., 325s., 351, 368
  além de Deus 256, 258, 276
  morte de 28, 32, 43, 75-77, 79s., 82, 91, 182, 228s., 241, 251, 254, 258, 262-266, 271, 276, 308, 347, 368
Dialética 118s., 134s., 154, 200, 262
Diethe, C. 44, 46s., 163, 208-210, 213, 217, 242, 311, 328, 372, 376
Diferença 79, 93s., 111, 119, 130-135, 144, 146, 187, 193
  sexual 229s.
Dionísio/dionisíaco 23s., 69, 121-123, 209, 215s., 218-220, 223s., 240, 330, 358
Dohm, H. 217, 239
Duncan, I. 46, 218, 239

Ecce homo 21, 70, 219, 236, 345, 362, 377
Empirismo 320-322, 354
Entropia 279, 296, 298, 330, 353
Epistemologia 188, 267, 306, 320, 322-324, 332
   naturalizada 320, 322, 354
Escola de Frankfurt 198
Escravo, cf. Moral do escravo
Espírito livre 160, 236s., 244, 246
Estilo (escrita) 43, 64, 148, 150, 156, 202
Eterno retorno 15, 18, 33, 36-40, 43, 69, 76, 84, 94, 96, 98, 104, 125, 127-130, 132s., 155, 166, 194-196, 223s., 228s., 240, 263, 276, 285, 328, 336, 348, 350-353, 355s., 362s., 366, 369, 372, 377
Ética 55, 63, 102, 181, 183, 204, 267
   nietzscheana 183, 252
Evolução 40, 110, 117, 283, 287, 290-292, 294, 296-299, 301, 310, 342s., 346s.
Extropia/extropianismo 279, 297

Fetichismo 219-222, 225, 239, 377
Filosofia da vida 52-60, 65, 101s., 163, 365
"Fim do homem" 136, 300-302, 304-306, 310, 369, 379
Física 36, 55, 331, 336, 354
   da vontade de potência e do eterno retorno 37, 348, 351, 356, 369
Förster-Nietzsche, E. 44, 47, 162, 203
Foucault, M. 106s., 109, 119, 125, 135-142, 151, 155, 195, 197, 300-307, 310, 366, 369, 374, 379
Freud, S. 46, 138, 141, 231

Genealogia 87, 113, 135, 137, 139-142, 155, 232s., 264s., 327

Habermas, J. 197, 202, 205, 367, 376
Hamilton, W. 259s., 378

Hegel, G.W.F. 32, 54, 58-60, 102, 117-119, 121s., 129, 133, 155, 182, 184, 200, 260, 262, 378
Hegelianismo 108, 117s., 122, 129, 133, 154s., 303
Heidegger, M. 45, 48, 52s., 57, 60, 67, 73, 95-101, 104, 143, 148s., 230, 266s., 270, 276, 364-366, 373
História 26, 32, 42, 89, 110, 118s., 134, 138-141, 152, 154s., 165, 254, 260, 269, 287, 291, 303, 305, 347
Horkheimer, M. 198-200, 202, 205, 367
Hovey, C. 273, 277
Humanismo 62, 108, 116s., 154, 300, 307, 369
Humano, demasiado humano 9, 21, 28, 173, 185, 301, 330, 358, 362

Ideal ascético 30, 39, 221, 286, 293, 308, 310, 334s.
Idealismo transcendental 320, 354
Iluminismo 14, 27, 32, 54, 62, 92, 156, 198-200, 202, 287, 308, 359
Individualismo 65, 180, 182, 255s.
Irigaray, L. 106, 207, 219, 225-231, 238, 240, 364, 367s., 377

Jaspers, K. 48, 51s., 60, 65-73, 91, 103, 365, 373
Judaísmo 245, 251

Kant, I. 47, 49, 58, 66, 102, 304, 320, 337
Kaufmann, W. 16, 52s., 65s., 69s., 84, 90-94, 101, 103s., 167-169, 171, 203, 208, 352, 365, 373, 375
Kierkegaard, S. 51s., 60, 64, 72s., 254s., 262s., 378
Klossowski, P. 107, 120, 123-129, 155, 175, 190-196, 204s., 366s., 375
Kofman, S. 149s., 206, 211, 219-225, 229, 231, 237, 239, 248, 364, 367, 377
Kristeva, J. 231, 234s.

Lamarck, J.-B. 343, 346s.
Lange, F.A. 328, 336-342, 355, 361, 369
Lebensphilosophie, cf. Filosofia da vida
Leiter, B. 65, 142, 157, 169-171, 180, 189, 203, 312-319, 323, 327, 354, 369, 375, 379
Lévinas, E. 230, 253, 267
Liberalismo 151, 158, 161, 168, 171, 174, 179-184, 204, 214, 239, 367, 375
Löwith, K. 48, 363, 372
Lukács, G. 197, 202, 205, 364, 376
Lyotard, J.-F. 106, 146, 191, 196, 287-289, 374, 376

Mann, T. 46, 164
Marcel, G. 60, 73
Marx, K. 32, 86, 122, 138, 141, 151, 184, 191, 196
Marxismo 75, 108, 120, 154, 190, 196, 274, 303
Materialismo 59, 274, 318, 336-338, 340s., 354s., 361
Metafísica 23s., 26, 28, 31, 35, 55-57, 76, 86s., 96-98, 100-102, 104, 127, 135, 139s., 149, 155, 165, 188, 247, 267-270, 276, 304, 312, 318, 326, 334, 339-342, 348-350
  da presença 143s., 147, 150, 156, 267
Modernidade 22, 26, 32s., 40, 43, 100, 152s., 171, 182, 198s., 202, 205, 269, 375
Moore, G. 325, 328-331, 336, 342-344, 349, 352
Moral 29-32, 39, 56, 71, 77, 79, 85, 87, 142, 170, 177, 191, 217, 221, 245, 248, 258, 277, 304, 308, 314-316, 331
  do escravo 29s., 33, 58, 130, 191, 232, 247, 253, 275
  do senhor 29s., 130, 232, 246, 253
More, M. 279, 284, 378
Mulher/mulheres 19, 148s., 156, 206-240, 367, 376
Müller-Lauter, W. 343, 364
Mundo verdadeiro 31s., 43, 58, 115, 212, 221, 247, 288, 312, 349

Naturalismo 311-315, 318-320, 325, 353s., 369, 379
Nazismo 13, 34, 55, 57s., 65, 90, 121, 129, 162, 167, 366
Nehamas, A. 150, 233, 364
Neue Ethik (Nova Ética) 214-216, 239
Nietzsche francês 120, 175, 190, 204, 313
Niilismo 14s., 21s., 25-28, 32s., 38, 40, 42s., 58, 76s., 79-90, 93, 96-100, 103s., 130-135, 165, 182s., 192s., 246-248, 255, 266-269, 271, 275s., 292s., 307, 323, 325, 331, 334s., 358, 374

O anticristo 21, 90, 170, 176, 209, 211, 241, 243s., 362
O Caso Wagner 21, 362
O crepúsculo dos ídolos 21, 152, 362
Oliver, K. 207-209, 231-238, 240, 368, 376s.
O nascimento da tragédia 17, 21, 23s., 28, 56, 77, 164, 330, 333, 358, 362
Ontologia 80, 132s., 183, 264-268, 320, 324, 369
  naturalizada 267, 320, 324, 355

Pensamento fraco (*il pensiero debole*) 264, 266s.
Perspectivismo 183, 186s., 223-225, 240, 248, 317, 327, 367
Perversão teológica 219-221, 223s., 239, 377
Platão 25, 59, 97, 101, 169, 173, 212s., 247, 320, 340
Platonismo 14, 56, 80, 104, 149, 247, 293
Política 26, 42, 55, 58, 85-87, 106, 108, 120, 123, 143, 151, 154, 157-162, 165, 168-173, 175s., 178, 180-182, 184-191, 193, 195-197, 203, 205, 222, 228, 252, 295, 366, 374-376
Pós-humano 279s., 283-286, 288-291, 295, 309
Pós-moderno 125, 166, 188, 197, 242, 266, 274, 286, 289, 313, 316, 319s., 354

Racionalidade 54, 56, 67, 114, 122, 200, 205, 232, 321
Racionalismo 25, 56s., 60, 108, 119, 320, 322, 354
Radicalismo aristocrático 44, 157, 172, 188, 203, 375

Realidade 23-25, 31, 36, 66s., 71, 82, 88, 97, 112, 118s., 125, 127-129, 131, 133, 144-146, 148, 155, 158, 200, 206, 210, 221-223, 225s., 238, 245, 248, 254s., 261, 267-269, 271, 280, 292s., 298, 313, 315, 317-321, 325, 328, 334, 340, 348
Religião 26, 47, 56, 115, 120, 163, 244s., 251, 254, 257, 262, 265s., 271, 275, 304, 312, 334, 342s., 359, 373, 377
Ressentimento 30, 33, 39, 113, 179, 222, 245s., 256, 275

Safranski, R. 48s., 163s., 166s., 372
Salomé, L. 19, 45, 210, 217, 241, 362s.
São Paulo 242, 273, 378
Schopenhauer, A. 22, 33, 47, 51, 54, 164, 338-340, 345, 352, 361, 363
Senhor, cf. Moral do senhor
Simmel, G. 47, 352
Sionismo 250-252
Socialismo 158-161, 167s., 176-179, 184s., 203s., 367
Sócrates 24s., 30, 56, 134
Spengler, O. 55, 165, 363
Sorgner, S. 280-285, 309, 369
Stöcker, H. 216, 239
Strauss, R. 46
Strong, T.B. 158, 358, 375
Sujeito/subjetividade 62, 67, 98-102, 115s., 125, 128s., 136, 154s., 228s., 289, 305

Tempo 14, 18s., 36-39, 43, 52, 80s., 84, 103, 110, 113s., 121, 124, 128, 136, 140, 159, 161, 164, 173, 177, 180, 189, 197, 207, 214, 219s., 222, 227, 231, 236, 238, 240, 251, 260, 264-266, 274, 281, 288-290, 295, 301s., 311, 316, 321, 327, 331, 337s., 346, 349, 352, 356s., 359
Teologia 13, 17, 241s., 244, 249, 254, 257s., 264-266, 270, 272, 276s., 361, 377
   existencial 249, 275
   fraca 264-266, 276
   radical 258-260, 276, 378

Teoria crítica 158, 196-198, 202, 205, 329, 367, 376, 380
Thomson, W. 351
Tillich, P. 242, 250, 256-258, 265, 276, 368, 378
Tipo superior 40, 42, 181, 237, 248, 256, 283, 346, 348, 356
Transcendência 246, 294
Trans-humanismo 278s., 281-297, 299, 308-310, 369, 378s.

Übermensch (super-homem/supermulher/supra-humano/ além-do-homem) 33, 39-43, 69, 76, 96, 98, 101, 117, 134, 181, 213, 228, 237, 239s., 244, 248, 254, 283-285, 290, 306-308, 310, 336, 342-346, 348, 356

Valores 14, 22, 26, 28, 32s., 35, 40-43, 58s., 72, 79, 99-102, 113, 175s., 191, 202, 221, 284s., 294s., 307-309, 333, 359
transvaloração de todos os 21, 38, 42, 96, 134, 146, 201, 238, 308s., 315
Vattimo, G. 167, 241, 264-272, 275-277, 368, 371s., 378
Verdade 26s., 30s., 56, 58, 64, 71, 73, 98, 103, 126, 129, 136, 138-140, 145s., 155, 187, 201, 221s., 224s., 248, 267, 313, 316-318, 320, 328, 334s.
Vir-a-ser 31s., 35s., 42, 77, 80, 97, 99, 130, 132s., 165, 201, 294, 326s., 334, 349
Vontade de potência (ou de poder) 15, 33-36, 40, 42s., 57, 66, 69, 76, 92, 94, 96-102, 104, 114, 124, 126, 129-132, 155, 165-167, 174, 183, 201, 228, 249, 282, 316, 326-328, 334-336, 345, 348-351, 355s., 366, 369

Wagner, R. 17s., 23, 28, 160, 163, 339s., 342, 361s.
Wigman, M. 46, 217s., 239

Zaratustra 34, 258, 373
cf. tb. *Assim falava Zaratustra*
Žižek, Slavoj 274, 277

SÉRIE PENSAMENTO MODERNO

Esta série provê introduções curtas, acessíveis e interessantes às principais escolas, movimentos e tradições da filosofia e da história das ideias, desde o início do Iluminismo. Todos os livros da série são escritos para que alunos de graduação tenham contato com o assunto pela primeira vez.

Títulos

Hermenêutica
Lawrence Schmidt

Fenomenologia
David Cerbone

Utilitarismo
Tim Mulgan

Existencialismo
Jack Reynolds

Naturalismo
Jack Ritchie

Pós-estruturalismo
James Williams

Racionalismo
Charlie Huenemann

Idealismo alemão
Will Dudley

Ética da virtude
Stan van Hooft

Marxismo
Geoff Boucher

Nietzscheanismo
Ashley Woodward

Friedrich Nietzsche
Uma biografia
Volumes, I, II e III

Curt Paul Janz

O músico suíço Curt Paul Janz começou seu trabalho histórico e crítico-filológico com os manuscritos de Nietzsche no Nietzsche-Archiv de Weimar, em 1959. Pouco antes desse período, Richard Blunck havia projetado e dado início ao que considerava como a primeira biografia científica completa de Nietzsche. Depois da morte de Blunck, ocorrida em 1962, Curt Paul Janz assumiu o projeto e deu-lhe acabamento. O resultado veio a público em 1978, em Munique, com a primeira edição do hoje já clássico: *Nietzsche: biographie*, em 3 volumes.

A presente biografia de Friedrich Nietzsche, de autoria de Curt Paul Janz, é uma das mais completas até hoje empreendidas. Ela segue um plano de composição que harmoniza extensão e profundidade, profusão de informações interessantes e rigor da análise hermenêutica. Condensa o essencial da vida e da obra de Nietzsche e contribui notavelmente para sua compreensão. Pela relevância dessa contribuição, ela interessará não apenas a filósofos, mas a todos aqueles que verdadeiramente se interessam pelos laços que interligam as formações sociais, as ciências e as artes.

O primeiro volume é composto com base no minucioso trabalho historiográfico de Richard Blunck, tendo por objeto a primeira infância e juventude do filósofo.

A partir do segundo volume o leitor acompanha, em sequência cronológica, com notável riqueza de detalhes historiográficos, os caminhos ao longo dos quais se forma a obra de Nietzsche, par e passo com os encontros e desencontros pessoais de seu autor, suas exaltações e depressões, sucessos e fracassos, amores e ódios.

O terceiro volume é quase todo ocupado pela circunstância da descrição dos meandros da doença até o colapso mental em Turim, que privou o filósofo da razão até sua morte. Ao final desse volume, o leitor irá encontrar um índice analítico que contempla todas as remissões feitas ao longo dos três volumes.

CULTURAL

Administração
Antropologia
Biografias
Comunicação
Dinâmicas e Jogos
Ecologia e Meio Ambiente
Educação e Pedagogia
Filosofia
História
Letras e Literatura
Obras de referência
Política
Psicologia
Saúde e Nutrição
Serviço Social e Trabalho
Sociologia

CATEQUÉTICO PASTORAL

Catequese
  Geral
  Crisma
  Primeira Eucaristia

Pastoral
  Geral
  Sacramental
  Familiar
  Social
  Ensino Religioso Escolar

TEOLÓGICO ESPIRITUAL

Biografias
Devocionários
Espiritualidade e Mística
Espiritualidade Mariana
Franciscanismo
Autoconhecimento
Liturgia
Obras de referência
Sagrada Escritura e Livros Apócrifos

Teologia
  Bíblica
  Histórica
  Prática
  Sistemática

VOZES NOBILIS

Uma linha editorial especial, com importantes autores, alto valor agregado e qualidade superior.

REVISTAS

Concilium
Estudos Bíblicos
Grande Sinal
REB (Revista Eclesiástica Brasileira)
SEDOC (Serviço de Documentação)

VOZES DE BOLSO

Obras clássicas de Ciências Humanas em formato de bolso.

PRODUTOS SAZONAIS

Folhinha do Sagrado Coração de Jesus
Calendário de mesa do Sagrado Coração de Jesus
Agenda do Sagrado Coração de Jesus
Almanaque Santo Antônio
Agendinha
Diário Vozes
Meditações para o dia a dia
Encontro diário com Deus
Guia Litúrgico

CADASTRE-SE
www.vozes.com.br

EDITORA VOZES LTDA.
Rua Frei Luís, 100 – Centro – Cep 25689-900 – Petrópolis, RJ
Tel.: (24) 2233-9000 – Fax: (24) 2231-4676 – E-mail: vendas@vozes.com.br

UNIDADES NO BRASIL: Belo Horizonte, MG – Brasília, DF – Campinas, SP – Cuiabá, MT
Curitiba, PR – Florianópolis, SC – Fortaleza, CE – Goiânia, GO – Juiz de Fora, MG
Manaus, AM – Petrópolis, RJ – Porto Alegre, RS – Recife, PE – Rio de Janeiro, RJ
Salvador, BA – São Paulo, SP